集人文社科之思　刊专业学术之声

集 刊 名：魁阁学刊
主办单位：云南大学

KUIGE SOCIOLOGICAL REVIEW 2023•1

编辑委员会

主 任 李培林 林文勋

委 员（按姓氏音序排列）

陈光金 成伯清 冯仕政 高万红 何 明 和少英 胡洪斌 李春玲
李建军 李晓斌 李友梅 李志农 廖炼忠 刘世定 马雪峰 邱泽奇
沈 原 童根兴 王春光 王天夫 杨绍军 游天龙 张文宏 张 翼
张雨龙 赵春盛 周飞舟 周晓虹 朱晓阳

主 编 谢寿光 胡洪斌
副主编 高万红 张雨龙
本辑执行主编 马雪峰 郭茂灿

编辑部

主 任 胡洪斌
副主任 马雪峰 游天龙 郭茂灿
编 辑 苏 敏 张美川 管 悦 马俊红

总第8辑

集刊序列号：PIJ-2019-370
中国集刊网：www.jikan.com.cn/魁阁学刊
集刊投约稿平台：www.iedol.cn

云南大学　/主办

本辑主题：

建构"乡土重建"的
知识基础：
从魁阁、清华国情普查研究所
到乡村社会大调查

魁阁学刊

2023年
第1辑

总第 **8** 辑

KUIGE
SOCIOLOGICAL
REVIEW

No.8

主编　/谢寿光　　胡洪斌

副主编　/高万红　　张雨龙

本辑执行主编　/马雪峰　　郭茂灿

社会科学文献出版社
SOCIAL SCIENCES ACADEMIC PRESS (CHINA)

《魁阁学刊》2023 年第 1 辑

总第 8 辑　　　　　　　　　　　　　　　2023 年 11 月出版

魁阁研究

国情普查研究所及西南联大社会学

从百县调查到中国乡村社会大调查、研究方法反思

译　文

书　评

《魁阁学刊》2023 年第 1 辑
总第 8 辑

November, 2023

Kuige Studies

Tsinghua Institute of Statistics and Census Research and sociology in National South-West Associated University

From "the Social and Economic Survey of 100 Counties" to "China Rural Social Survey" and Reflection on Research Methods

Translation

Review

卷首语

马雪峰

20世纪三四十年代，在抗日战争的背景下，中国一大批社会科学研究机构聚集昆明。从中国20世纪的学术脉络来看，有两个机构对后世学术产生了极其重要的影响：由吴文藻、费孝通先生领衔，燕京大学与云南大学合组的"社会学实地研究工作站"（"魁阁"），以及由陈达、戴世光先生领衔的"清华大学国情普查研究所"。两个机构皆位于昆明呈贡，相距不远（步行15分钟左右可达）。"魁阁"位于老县城边上的大古城村魁星阁中，"清华大学国情普查研究所"则设在距其不远处的呈贡老县城的文庙内。"魁阁"主要以村落为基本单位，以实地研究的方式开展对中国社会基本结构的研究。在费孝通的带领下，一群青年学者产出了一系列今日仍为经典的民族志报告。"清华大学国情普查研究所"的研究工作则主要集中在呈贡及滇池沿岸的人口和农业普查方面。由陈达、戴世光先生主持的呈贡人口普查，开创了中国人口普查的先河，试图以量化的方式认知中国社会。

如果从我们所身处的21世纪往回看，"魁阁"与"清华大学国情普查研究所"正好代表了20世纪中国知识人所致力于寻求的一种妥当性的知识生产方法的伟大尝试。19世纪末以降，在传统的宇宙论王权解体的背景下，建设一个现代的国家成为中国智识阶层主流性的诉求。围绕这一理想，衍生出诸多根本性的问题。其中，关键性的问题在于，建设现代中国所凭借的妥当性知识来自何处，以及以何种方法进行知识生产才能获取这种妥当性的知识。"燕京学派""魁阁""清华大学国情普查研究所"在整个1930~1940年代的工作即致力于寻求一种妥当性的知识的生产方法，以生产建设现代中国所需要的那些妥当性的知识。"魁阁"的学者们试图以社区研究为切入点，通过类型比较进而建构普适的社会科学理论来实现这一目标。"清华大学国情普查研究所"则尝试以科学的、量化的方式加深对中国社会的认识。正如北京大学张静教授所洞悉的那样，"燕京学派"

"魁阁""清华大学国情普查研究所"的学者们，以及与他们同时代的中国知识人已经意识到，对于建设现代中国这一目标而言，以往通过考据、解说、抒意、策论、颂圣等方法所生产的来自先贤圣哲的知识，不再具有妥当性。构成现代社会基础的那些妥当性的知识，被认为应该来自科学特别是社会科学。在 20 世纪上半叶有关中国社会的诸多调查研究活动中，"魁阁"及"清华大学国情普查研究所"以鲜明的问题意识、对社会科学理论建构的强调、累积性的知识生产而独树一帜。在某种程度上，这两个智识社群确立了近代中国社会科学传统的重要面向：通过"现代社区实地研究""量化的科学普查"，以及社会科学理论的妥当性建构来寻求构成现代中国社会基础的那些妥当性知识。

自 20 世纪中叶以来，整个中国社会，特别是农村社会发生了巨大的变化，中国学界有关中国乡村社会的研究经历了一系列的探索过程，如由费孝通等众多老一辈社会学家参与的，从 1950 年代中期到 1960 年代中期规模空前的中国少数民族社会历史调查；从 1980 年代中期开始，由陆学艺先生领衔，众多机构和研究人员参与的百县经济社会调查和百村经济社会调查；中国社会科学院 2016 年开始组织实施的精准扶贫精准脱贫百村调研等。地处中国西南边疆的云南大学在 21 世纪初也组织了规模巨大的中国民族村寨调查。2022 年 10 月，为了对当代中国农村社会有更全面的了解，云南大学又启动了"中国乡村社会大调查"项目，是上述探索过程的继续。

本辑内容策划之初衷，正在于想以《魁阁学刊》为平台，站在 21 世纪的今天，回望这一历程，承继前辈先贤的学术遗产，梳理有关中国乡村社会的研究方法，展望未来中国乡村社会的研究。本辑所收录的文章，除几位知名学者的文章外，大多数出自青年学者之手，许多文章显得有些稚嫩，技术上亦多有不成熟之处。感谢参与审稿的诸位先生愿意花费宝贵的时间，不辞辛劳地给出修改建议，提携后辈青年，他们是北京大学刘世定、邱泽奇、周飞舟，清华大学沈原、王天夫，中国社会科学院张翼、李春玲，上海大学李友梅，哈尔滨工程大学王立秋，云南大学刘兴育、张轲风、张美川、苏敏、郭茂灿。1930 年代末到 1940 年代中叶的"魁阁"学者，亦多是刚步入学界的 20 多岁的青年人。"魁阁"作为一个学术平台，成就了这些青年人，这些青年人也以自己的青春、热情以及理想主义成就了"魁阁"。《魁阁学刊》试图继承这一传统，为刚步入学界的青年学者提供一个平台、一次机会，以培养学界新人，为我国学界注入一些活力。我们相信，青年有理想则国家有理想，青年有活力则国家有活力。愿我们成功！

魁阁研究

"群"何以可能：社区再研究的公共维度扩展

张美川[*]

摘　要： 本文以费孝通先生提出的"扩展社会学的传统界限"论题为出发点，回顾了学界在该论题的激发下，围绕理论范式突破、学科属性界定以及方法反思等方面所取得的研究成果，并结合云南大学社会学系的三个社区再研究，探讨在公共维度扩展的视角下，和"魁阁"时期经典研究构成对话的再研究，可能具备怎样的理论及经验调查的潜力。

关键词： 扩展界限　再研究　公共维度

2003 年，90 多岁的费孝通发表了《试谈扩展社会学的传统界限》一文，从中国社会学的总体发展状况出发，指出社会学兼具"科学性"和"人文性"，尤其关注人与自然关系在文化中的不同论述对于社会学概念形成的参考意义、精神世界在社会形成中的作用、"意会"对于文化理解的重要性等问题，对中国社会学的发展产生了深远的影响。文章发表至今已20 年，这 20 年间，国内学界围绕该议题出版了众多著作，发表了众多文章。本文无意对这些研究做全面回顾，而是试图结合若干文献，考察学界在"扩展社会学的传统界限"方面所取得的重要成就。与此同时，本文将梳理云南大学社会学系的三个社区再研究，在公共维度扩展的视角下，进一步探讨社区再研究对于"扩展社会学的传统界限"可能做出的贡献，以期和学界已有研究构成对话。

---

* 张美川，男，云南大学民族学与社会学学院社会学系教师，研究领域为生命政治与治理理论、中国社会学史。

一

应星（2016）的革命研究是拓展社会学研究新视野的重要努力。在这项开拓式的研究中，应星借助韦伯、陈寅恪等人的理论，将"革命"这个社会学的经典母题重新带回中国社会学界，不仅提出了关于中国革命的社会学研究的问题意识、分析框架和基本方法，而且围绕阶级路线、民主集中制和群众路线等重要问题，运用"社会学的想象力"和事件社会学的路径，来深入理解中国共产党在革命时期形成的独特的政治文化及其所产生的复杂而深远的历史效果。应星在其文章中明确提到，革命研究在中国社会学界的缺位，既有研究主题敏感、研究资料受限等因素的影响，也有更加重要的因素，即中国社会学重建以来形成的学科整体上的局限性：中国社会学重建以来过于狭隘的经验取向和对专业分工的偏执，造成了诸多的社会学研究"有社会而无国家、重现实而轻历史、重生态而轻心态"的问题。应星认为，费孝通在晚年的反思中已经深刻地意识到了需要扩展社会学研究的传统界限。但是，我们至今没有打破个案社会学与定量社会学双峰并峙的格局，没有超越"就现实问题谈现实问题"这一偏狭视野。既然做不到"究天人之际""通古今之变"，那么要真正做到"成一家之言"也就难乎其难了。应星从三个方面来说明这一点。其一为国家-社会关系范式在中国研究中的滥用。这种滥用源于忽视中国与西方社会的巨大差别，其所导致的致命弱点是，对国家塑造新政治传统的关键阶段完全缺乏反思。其二是单位制研究的不足。国内既有的单位制研究仅停留于粗疏的治理术层面，并未深入历史层面，把握政治文化的渊源及其对人的塑造，因此，也就不能触及单位人的心态或气质层面。其三是 20 世纪中国乡村口述史研究的局限。由于口述史形式自身的局限，这些研究划定的时间范围有限，同时由于资料的特点，研究容易趋于挖掘日常生活的权力机制，开拓中国社会的底层研究。尽管这也是一个重要的研究方向，但如果以更高的总体性标准来看，底层口述史可能因其内在残缺性而视野有限。在这个基本判断下，应星认为重建 30 多年来的中国社会学仍然有严重缺陷，今日研究的规范化和精致化，并不能掩饰其中的碎片化和讨巧特性，这种局面显然与时代巨变所产生的思想空间极不相称。

应星的革命研究有理论范式方面的突破（用应星的话来说，即"努力带着总体史的眼光有选择地进入地方史研究，将政治史研究与社会史及思想史研究结合起来，理解中国共产党独特的政治文化及其所产生的复杂的历史效果"），可谓呼应费孝通先生"扩展社会学的传统界限"的典型代表。不过，这项政治文化的总体研究当中指向政治现实向度的思考，即韦伯所说的"缓慢穿透硬木板"的工作，本应成为中国社会学的一个重要发展方向，这在社会学重建之初的南开大学社会学班的多元化重建路径中已有体现。张静（2021）在回顾中认为，当时南开大学很负责，从世界各地请老师来授课，这激发了她后来对公共事务的关切和探究兴趣："当时苏（联）东（欧）剧变，我认识到政治有关整体的控制权体制，影响到所有人的生活，所以公共事务比吃穿住行更重要，你可以吃穿不那么好，也可以忍受一个比较差的房子，但如果所处的环境有问题，其影响将是基础性的"。对于学术研究而言，最关键的推动因素正是研究者对公共事务的兴趣。换言之，政治或一般而言的公共事务因其总体性和影响广泛性，天然就和社会学这个学科密切相关，这一点，从最初引入社会学的严复将其译为"群学"、列在"政治门"当中即可明显看出。由此看来，费孝通所说的"扩展社会学的传统界限"的另一个含义，是重新激发经典社会学本身已经内蕴的整体政治问题意识，只不过这个问题意识在复杂的学术与政治演进过程中被遮蔽了。

这就引出了另一个相关的社会学与人文学科（尤其是历史学）的关系问题：表面看来是社会学与其他学科的关系问题，实际上仍然是对社会学这个"场域"自身的稳定内核加以确定的问题。由于费孝通的文章强调了中国社会学对文化、精神世界的研究长期以来被科学和实用的研究所遮蔽，这点在费孝通本人的研究历程中就有明显体现。因此，后续的回应文章（陈占江，2013；田毅鹏、刘拥华，2006；刘亚秋，2015；张美川，2011）有相当一部分将重心放在费孝通的学思历程上，从而进一步挖掘这位中国社会学的代表学者（进一步则是民国时代的社会学学科）能够进行反思的深层次缘由。如刘亚秋（2015）认为，中国社会学传统中缺乏一种超然心态，而且，中国传统中内含了"功用主义"的东西，如费孝通强调的"学以致用"。因此，若单独用中国传统来"恢复"中国社会学甚至中国学术，必定有局限。吴文藻以来的社会学"中国学派"明确提出了社会学的本土化主张，但这一主张落在费孝通的研究中，可以清楚地看出，费孝通秉持"从实求知"的理念推动社会学的中国化，其中"从实"中的"实"，既是晚清以来朱次琦、康有为一脉儒家的"实学"之"实"，也是欧洲19世纪以来实证主义之"实"。这就解释了为什么早年的费孝通从实地研究获取知识并以此对复杂的中国文化进行区分，在这个过程中深受西方学术传统的影响，而对中国传统社会史研究则有一种"过分的反感"；而晚年的费孝通恰恰在这一点上通过自我反思而有所突破，形成了刘亚秋所说的社会学中国化的"第二阶段"，即"扩展社会学的传统界限"实际上意味着要更多着眼于中国思想传统。西方的传统实证研究方法在面对中国社会一些重要现象（如为天地立心、将心比心的"心"）时，表现出无能，由此需要重新梳理中学和西学的关系，开拓中国社会学的新传统。这是一条从相对狭窄的中国儒家实学、西方实证科学的传统出发，最终折返，形成更具包容性、以融合中国诸种传统（如心学）为主而指向中国社会学的新传统路径。张美川（2011）的研究则指出了在这个出发-折返的过程当中，费孝通的师承（以潘光旦的人文思想为主）对其晚年人文价值反思起到的重要作用。

田毅鹏、刘拥华（2006）在比较早的回应中，初步梳理了费孝通的这篇文章在国内社会学界引发的反响。该研究比较重要的一点在于提出了学科的人文属性是社会学的题中应有之义，而社会学和人文学科之间的交叉、互渗是社会学扩展自身传统界限的关键。尤其值得注意的是，该研究着眼于中国传统社会的"伦理本位"和礼治秩序格局，对主流社会学的实证主义方法进行了深入反思。质言之，自孔德以降，一直到帕森斯时代，实证研究方法是主流社会学的基本方法，在未来很长时期内仍然会是社会学方法的基础部分，这一点毋庸置疑。但这种方法的局限性，即便放在西方学术话语情境中，也可以借助经典社会学理论论述来呈现。在韦伯的价值论学说中，价值关联并不妨碍社会科学的客观性，甚至"正是在韦伯所意识到的社会现象以及社会行动的主体的价值意向性这些特质之上，社会科学与人文科学有了可以相互契合之处。不但在研究的对象上，而且在研究的方法上，两者都可以基于行动的主体、行动所展开和呈现的结果而开展对话。也就是说，文化与社会这两个概念是对同一个过程的不同抽象，特定时代、特点社会中的文化与社会是现实联系着的"（田毅鹏、刘拥华，2006：112）。换言之，实证主义所强调的现实"科学"的一面，缺乏人文精神的观照和价值反思的支持，这个现实是残缺不全的。实际上，当代德国学者约阿斯、克诺伯梳理了库恩的科学社会学研究当中既反对实证主义也反对波普尔的证伪主义的立场。在库恩看来，实证主义、证伪主义与科学史揭示的科学发展进程并不相符，科学进步远非持续不断地顺利进行的，相反，偶然性、科学家世代之间的身份冲突和权力冲突扮演了重要角色。这正意味着，应该从更为广阔的、具有人文价值和反思的层面来讨论科学。

我们试从另一个角度再对上述观点做延伸讨论。罗杰·加洛蒂（2008）

探讨艺术问题时提出的对现实主义的若干看法很有启示性。在加洛蒂看来，艺术中的现实主义，是人参与持续创造的意识——自由的最高形式。作为现实主义者，不是模仿现实的形象，而是模仿它的能动性；不是提供事物、事件、任务的仿制品或复制品，而是参与一个正在形成的世界的行动，发现它的内在节奏。这样一来，可以确定艺术家的真正自由是这样的：他不应该消极地反映或图解一种在他之外、没有他也已经完全确定的现实。他担负着报道战斗的任务，同时他也是一个战士，有他的历史主动性和责任。他和所有人一样，问题不在于认识世界，而在于参与对世界的改造。那么，这种参与、创造的现实和环境客观性有什么样的关系呢？加洛蒂认为，要承认环境和时代对于一部作品的产生起着某种主要的作用，然而它们并非作品的内在成分；它们向人提出问题，如果此人是一个创造者，就会回答这些问题（加洛蒂，2008：2）。归根结底，艺术不是别的，只是一种生活方式，人的生活方式不可分割地既是反映又是创造（加洛蒂，2008：3）。这些思考不可避免地又会涉及艺术中的自然问题。加洛蒂引用了波德莱尔所述的艺术创造的原则，即一个艺术家的头等大事是取代自然并反对它。以毕加索的艺术创作为例，毕加索打破了过去绘画的凝视习惯，开创了全新的对"物"的分析的局面。用加洛蒂的话来说，这种分析符合行动的人——一个积极探究世界和事物，意识到它们的变化，尤其是意识到为"改变它们"而采取行动的人——的经验。这意味着，对于造型语言来说，它对于一个不再简单地凝视，而是采取积极行动的创作者也提出了新的要求（加洛蒂，2008：23）。因此，在艺术领域，对于"这种六个世纪以来被绘画如此热切地追求的现实，当人们达到最极端的精细以抓住它的时候，却只剩下一种摸不出的尘埃、一个没有结构的世界"（加洛蒂，2008：15）。换言之，对现实的理解，如果只是最大限度地逼近、还原现实，那么有可能最终反而会丧失现实；而通过分析、行动和创造，人们能够把握的是全新的现实，一个打破原有的主客二元分化的、融合的现实。这种现实正如加洛蒂所言的有关存在的现实：毕加索美学的本质是以内部固有的、并非借自自然的原型的成分，在人类存在的暂时表象和转瞬即逝的表现之外重新创造人类存在的深刻现实（加洛蒂，2008：35）。

对现实的扩展的思考，还可以从现象学社会学对访谈方法的反思中看出，我们认为，这也是"扩展社会学的传统界限"的重要努力，与本文主题（社区再研究的公共维度扩展）有密切联系。

杨善华、孙飞宇（2005）在《作为意义探究的深度访谈》一文中，提出了三层次的文本分析一说，其中第二层次围绕文本的意义和价值进行了讨论。他们认为，重要的是"发现被访人的叙述中的精彩之处和闪光点"，并对被访人有一个"类"意义上的认识，这个"类"指的是被访人的个性特征所具有的某种共性。这又牵涉一个重要问题，即研究者必须具备社会学的全局观和理论意识，并在此基础上把握某种普遍性。正是由于有了对这种普遍性的把握，他们才能发现精彩点和被访人"类"的个性特征。在这个时候，研究者的社会学视野才开始显现。从研究者的方法实践来看（杨善华，2009），由现象学社会学围绕生活世界达成的感知与洞察，既有对被访人言外之意的洞察（这点相当重要），又有对现象本质的洞察，同时还可以对现实社会生活和制度安排中的盲点及悖论有深入洞察。就第一个洞察而言，若是明白被访人在家庭关系中所处的位置，甚至进一步把握被访人在社会结构和社区利益格局中所处的位置，就能够明白在访谈中被访人为什么回避、忽略一些事而强调另外一些事。杨善华（2009）对此举例说明，当一个领取最低生活保障金的城市贫民自豪地称自己家里从不欠债的时候，我们可以体会到这就是他的人格尊严之所在。而文格拉夫区分了"真实生活"与"被讲述的故事"，告诉我们访谈中被访人的叙述与真实生活之间显然有距离，但对这种距离的分析和判断，有助于我们深入被访人的意义世界——这是通过主观和客观相结合的方式所确定的意义关联（杨善华、孙飞宇，2005：60~61）。从这一点可以看出，现象学社会学的方法反思中涉及的现实，已远远超出实证主义所论及的现实的范畴。从上述现象学社会学的方法反思来看，"扩展社会学的传统界限"在指向社会学的学科自省或者内在"自我观察"层面时，以方法或方法论的反思为最典型的扩展途径。

以上讨论告诉我们，社会学传统界限的扩展有如下几种方式：①扩展社会学的研究领域，如经典社会学研究中曾经有过的、一度被忽略的革命研究；②反思社会学与其他学科的关系，但并非做表面的、形式上的"跨学科"研究，而是返身向内，打造具有中国传统底色的社会学新传统；③突破原有的主流实证研究方法，对现实或现实主义有新的理解；④同样是在突破实证研究方法层面，借助现象学社会学的理论资源，对原有的访谈法等方法反复捶打、反思，这样即便不能创造出新的研究方法，也至少可以对原有方法有新的理解。最后的这一社会学传统界限的扩展方式，正是本文讨论的重心。我们强调今天中国所开展的社区研究，不能完全脱离原有社会学的主流研究传统，即重视社区中的结构与功能维度，同时，还要在原有传统中进行突破，即有对向内的历史维度的反思和探讨，对社区纵贯性的历史演化逻辑要有深刻把握。最重要的是，这种向内折叠的反思更多是在历史传统演变方面进行的，但不同于现象学社会学的方法突破和洞察的"向内"①，我们认为，真正有所突破的社区研究及其方法反思，恰恰应该放在整体的公共维度内进行。这就是本文所说的社区再研究中公共维度扩展的含义所在。如果说公共维度扩展后的社区研究仍然着眼于现实，那么这种现实更多是"无边的现实主义"所理解的现实，而非实证主义视野中的现实。

二

必须说明的是，所谓再研究，指的是回到曾经生产出经典研究的田野现场，在新的问题视野及问题意识下展开的研究，无论是在理论还是在方法反思层面，都有重要的扩展与突破的尝试。本文所涉及的三个社区再研究（分别是安村、木村与河村的再研究，对这三个社区，"魁阁"时期云南大学的社会学者们分别围绕礼治秩序、公共信仰仪式的功能、基层组织等方面做出了卓越不凡的研究）最大的共同点正是在社会学传统界限的扩展方面。我们认为，这种扩展正是前文所论及的，在公共维度的扩展主旨中，把握社区的历史源流和演变，折射其中深具文化意涵的传统与现代价值的耦合、纠缠，以整体感和复杂性为理论依归，以"无边的现实主义"为经验调查的方向。

以下我们将分别介绍和梳理三个社区再研究的主要内容，探讨它们在扩展公共维度方面所取得的成绩，并初步对这些再研究所引出的深层问题加以考察。

（一）安村再研究

王莹的硕士学位论文《历史变迁下的身体与权力——以安村为视域》是在历史维度中展开的一项立足于村庄的身体政治分析。这项研究所参照的主要理论，或者赖以连缀经验材料并进行理论突破的主要基础，是福柯的身体政治理论以及与之相关联的治理理论。这是一项在上述"扩展社会学的传统界限"方向上难能可贵的本土化研究，原因有以下几点。

尽管这项研究的主要理论参照是福柯的身体政治理论，但是其对于西

---

① 在研究对象上，这个研究路径更关注个体，即个人生命历程或个人生活史，并由此洞察个体生活世界的意义所在。尽管个体的社会意义也会通过"类"的方式体现，即在"微观层次上发现民众对国家力量渗透所做的回应"，但这毕竟是以个体为优先的方法论。

方前沿理论的吸收和借鉴，始终是在为中国本土历史、社会的研究主体性服务的。换言之，所有在地化的经验资料，尤其是田野调查资料以及档案资料，既是在借助理论洞察获得新的意义、考察角度，也是对理论的反思和校正，甚至是在理论与经验资料的密切交织和对其往复讨论的过程中，获得某种本土化的理论思考。论文结论部分尝试提出的"社会主义-新自由主义治理术"以及"被献祭的身体"等概念，表现出这项研究极强的主体性品格，而且在某种程度上这项研究已经走入无人地带，探索了一些相当陌生的领域。

这项研究既有整体理论上的反思和推进，也有经过综合整理后，在地经验与理论探讨的互相参照和校正。由此，在若干重要的考察节点，论文时常有相当出色的分析创获。例如，对于改革开放以来市场所开辟的空间，应该如何在治理维度加以理解？论文一语道出实质：对民众的治理，不再规定一种合法的生活方式，而是引入市场的效应。但是与福柯对自由主义的分析不同，市场并不是目的论的，目的论的市场可以保障被治理者自身行为的合理性，而改革开放以来的市场空间具有鲜明的中国特色。又如，论文当中分析龙王寺做会的赞助款事件，通过对事件的来龙去脉的梳理可以发现，村组和村民在阐释上有不同的叙事：村组对部分村民僭越行为的默许，在于以道义施惠的方式进行"分赃"，从而维持其对公共资源的占有；而村民的策略则完全不同，是在对事先存在的不公正状况承认的基础上，进行有限度的争取。由此，失序的格局势必成为人情秩序得以展开的前提。这个重要的分析，显示出调查中发现的"深层现实"。

这项研究并非没有缺陷。在对按照历史分期形成的最后一个市场阶段进行分析时，对社会主义-新自由主义治理术这个重要概念缺乏强有力的论证，对各个历史分期的连续性及断裂性缺乏进一步探讨（这正是福柯的历史哲学当中强调过的）。最重要的是，围绕权力这个核心概念形成的身体政治分析，该研究更多强调了技术层面，而忽略了应星所强调的政治文化的稳定性的一面，尤其是"新德治"概念背后深刻的理论含义。尽管如此，该研究在村庄纵贯的历时性维度下，对材料有精准把握，对公共空间、现代性及市场有极为深入的思考，在前文所述扩展社会学研究界限方面有重要的突破和探索性的发现，其中所蕴含的意义，为将来进一步研究提供了指引。

（二）木村再研究

姚煜莹的硕士学位论文《公共生活何以可能——木村公共生活的逻辑

与演变》以社区公共生活为切入点，按照"事件社会学"的研究路径，探讨木村①不同时期的公共生活在宗教、政治和经济三重视野的观照下，呈现怎样的整体逻辑和发展脉络，以及这种村庄层面的公共生活，与更大的、具有普遍性的中国社会整体的公共生活又有怎样的共通性。在村庄层面，该研究得出一个重要结论，即公共生活的整体逻辑是研究中涉及的三次公共事件产生的内在推动力，而事件在演变过程中产生的具体公共性面向又为公共生活注入新的元素，二者构成了双向的互动过程。探讨木村公共生活的意义当然不仅限于村庄自身，按照姚煜莹的思考，将木村的公共生活分析框架作为参照个案，既是对我国推进公共领域发展的可能性做出探讨尝试，也是就公共性问题对于中国社会建设的重要意义进行的重新考察。我们认为，实际上意义并不止于此。

魁阁学者田汝康的《芒市边民的摆》是一本有关公共仪式功能的经典研究，木村研究一开始即明确了基于田汝康的研究进行再研究这一立场。田汝康的"摆"仪式研究之所以为经典，其原因在于"摆"仪式具有远远超出宗教的社会意义：这些仪式实际上整合了村庄的社会生活，形塑了将个人吸收进去的多元化组织形态，在深层次的文化或精神表达中，围绕这些仪式展开的村庄社会生活，在当时的"二战"及中西文化冲突的背景下，提示了另一种生活乃至文明的可能性。但这个傣族村庄毕竟不是世外桃源，田汝康在其著作末尾已经敏锐指出，随着战争进程以及滇缅公路的修通，村庄也在发生变化；到如今70多年的时间过去，新中国成立、社会主义革命以及改革开放和市场经济的推进，更是使得村庄发生重大变化，和田汝康进行调查的时代不可同日而语。这种多元、复杂的状况，加上半个多世纪的历史变迁导致前后对比、历史脉络梳理成为可能，依据田先生的研究进行再调查就具有了特别的意义。按照论文中引用的应星的说法："我们要研究分析的村庄，一定不能随便找。你研究的村庄，一定要精心选择，它必须要有足够的复杂性和张力。这个村庄所发生的事情，这些事情所牵动的那些人物的命运，所反映出来的历史厚度……只有具有这样的厚度和气韵，你选取的个案才会有意义。"

可以说，无论是就历史底蕴还是就现实呈现的复杂性而言，木村都是再研究的理想对象。

那么，该论文为什么以木村的"公共生活"为研究对象呢？

首先是基于公共生活在社会学理论和实践研究中的重要性。在社会学

①　即田汝康先生所调查的那木寨。按照通行的学术惯例，我们将其命名为木村。

理论中，姚煜莹这项研究梳理了两条研究路径，一是以涂尔干、帕克为代表的古典社会学或社会学早期围绕集体、群体及公众等概念，对普遍意义上的"社会"的内涵进行的深入探讨，由此我们可以得出两个启示。第一个是涂尔干所述宗教即集体生活实际上就是社会这个判断，意味着探讨宗教与公共生活的密切关联是非常重要的研究切入点。反过来，公共生活未必全部是宗教生活，因为宗教的世俗化以及复杂的演变，意味着还要从宗教生活之外进一步讨论公共生活，这就为论文下一节从宗教、政治和经济三个层面讨论公共生活的逻辑提供了理论上的可能性。第二个是帕克对"群众"与"公众"的区分，按照费孝通晚年的说法，这是从社会学最重要的基础破门而入的做法，抓住了一个极为要害的问题：如果说公众并不是简单的个体聚合，而是全新的社会事实，那么，公众、公共生活从何而来？其演变过程可以有怎样的逻辑表达？这些问题与该研究梳理的另一条研究路径有关，即欧陆社会理论当中，自阿伦特、哈贝马斯以来的政治哲学、政治社会学理论当中，从公共生活（社会）与政治的关系这一角度做出的重要研究。这些研究同样提供了深度理论启示：公共生活必然落在现实实践中，即落在人的行动领域，因此，天然具有政治品格。按照阿伦特的理解，公共生活所形塑的世界，对于其中所生活的个体而言，具有根本的存在论意义的重要性；而按照哈贝马斯的理解，公共生活展开的要素包括公众、公共舆论、公共媒介和公共场所，这些构成了国家与社会之间的相对独立、持存的公共形态，必然具有现代资本主义生活和自由民主生活的含义。① 这条研究路径的理论启发在于，公共生活的行动和政治面向，意味着它一定是变动不居的，从社会学研究方法的角度而言，要以动态的方式来加以把握。这种把握动态的研究方法，最恰切的莫过于"过程-事件"研究方法。

由此我们可以进一步讨论公共生活在实践研究中的重要性。如果说理论层面的两条研究路径均揭示了公共生活对于社会学自学科出现以来至今所具备的根本意义，进而该研究从宗教、政治和经济三个"理想类型"的划分层面展开对木村公共生活的研究。那么，正是由于公共生活及其具有的政治行动意味使其变动不居，必然在实践层面展开复杂的面向。该研究

---

① 帕克认为，民主社会的一个显著特征在于，它憎恶社会区隔，同时又保留这种区隔，因而这个社会保持了一种张力状态。民主与其他社会形式的区分正是基于这一点：民主社会拒绝制造阶级或种族等群体区隔，相反，它试图消解这些群体区隔。如此导致的结果是，区隔、距离等概念具有纯粹的个体特征，尤其在美国这样的个人主义社会，理论上，每个人都是作为个体依照其德性被评判的（Park, 1950: 258）。

实际的研究进程恰恰呼应了论题的特点，即关注到木村公共生活中的重要事件——"老和尚之死""奘房建造过程的斗争"，从这些具有代表性的事件来透视木村公共生活的演变，更由此分析其中的深层逻辑，也就是说，从实践展开中探知实践的逻辑，反过来回到历史纵观分析所得出的理论逻辑，在二者之间反复印证，进行融合分析。

以木村公共生活为研究对象，该研究所展示的深层意义，可以清晰展现。在田汝康进入木村研究的时期，木村公共生活主要基于以宗教为主导的社会结构，以及落在日常生活的教义与仪式实践。通过整合个体的社龄结构这一形式，确定了宗教公共生活的基本规范，形成了特殊的宗教道德财富观（价值观），木村的个体与社会形成稳定、平衡的状态，这种传统宗教影响下推动形成的美好、和谐生活秩序，通过田汝康的研究给世人留下深刻印象。随着滇缅公路的修通以及新政权的建立，原有封闭的社会结构被打破，木村宗教的合法性受到质疑，国家全面吸纳了个体的公共生活。该研究最具原创性的发现即在于，随着发展经济的重要性超越政治控制的逻辑，原本式微的宗教生活逐步恢复，承载公共生活的新组织"傣过群体"也应运而生，该组织正是帕克的理论论述意义上的具备理性与公共讨论的"公众"。然而，事情远远没有初看上去那么简单，用该研究结论中的话表达，"傣过群体"为宗教复苏之后木村的公共生活提供了新的可能性，正是这种可能性促使市场经济与宗教相结合，产生出几乎类似于韦伯在《新教伦理与资本主义精神》这部名著中探讨过的"选择性亲和关系"（契合性），因此，该组织推动木村经济的迅速发展，而这种发展实质上得益于村庄公共生活中蕴含的"生产性"。但是最终我们看到的图景令人忧虑，市场经济带来的消费主义、物欲横流的现实侵蚀甚至剥离了公共性中积极的行动，个人逐渐从公共生活中脱离，形成"占有性的个人"。

这项具备在地化研究的经验面向，同时又有深层次理论探讨、具备历史社会学的历史脉络追寻气质的研究，尽管存在若干瑕疵（如对宗教复苏的过程缺乏更细致的文献追踪和田野资料梳理），但总体而言，仍然是"扩展社会学传统的界限"的重要努力。

（三）河村再研究

王路的《民间宗教的社会性与个体化趋势——以河村为例》是在"扩展社会学传统的界限"的方向上，深入中国本土的民间宗教做出的又一项出色研究。

有关中国的民间宗教，众所周知的是，学术界对于中国是否有"宗教"这个问题，自民国以来就有各种争议。随着清末民初西学东渐，尤其是五四运动的科学启蒙之风渐起，中国知识界的主流（包括胡适、梁漱溟等人）均认为中国没有宗教，中国人不迷信宗教，反而避免了如欧洲所发生过的宗教战争，这是这个民族的一个优点。西方学者则以其内化后的基督教文化传统概念来理解中国的宗教，这种相对狭窄的视野导致的结果是，西方学者对中国宗教的认识存在许多误区，例如，用儒教来代表中国宗教实践的做法，实际上忽略了更为广阔的民间宗教领域。

只有在这个背景下，我们才可以理解杨庆堃、李亦园的研究的重要意义。不同于西方学者对宗教的组织化界定，杨庆堃、李亦园均采纳作为连续统一体的宽泛的宗教概念：从无神论信仰到终极价值的有神论信仰，乃至与一般生活混合而及于文化各个层面的民间信仰，举凡"天人合一"等形而上学概念，及至实物医药习惯、姓名系统、祖先崇拜仪式、择日占卜、风水地理、神明仪式以及符箓咒法等方面，这些都是李亦园所说的"普化的中国宗教信仰（diffused religion）基本假说所在"（金耀基、范丽珠，2007）。而立足本土，探讨这种独特的、意义宽泛的宗教，必然会让我们把目光转向民间宗教。

讨论民间宗教的社会性，不能只是在理论对话的层面展开，更重要的是在搜集丰富的田野资料的基础上，从理论与经验相结合的角度做深入探讨。王路的研究在田野资料的搜集方面可谓巨细靡遗。通过阅读这些资料，我们很快知道河村民间宗教在现象层面呈现的极为丰富的细节：其仪式包括村庙日常祭祀和做会仪式、天地牌位安放仪式、丧葬及超度仪式；在符号表征方面，存在有神秘性又外在表现为普通日常的事物（王路所说的"圣俗交融"），大致可以分为符咒图案、实物标本、日常祭祀必需品、声音符号这四类。河村整个民间宗教的色彩元素，构成了不同的象征系统，对这些象征系统的细致描绘，构成了王路的田野资料当中极为重要的部分。那么，这些丰富、细致的田野资料，虽然为读者呈现了纷繁复杂的民间宗教现象，但其理论意涵究竟是什么，该研究的第三章"民间宗教与社会变迁中的个体化趋势"提供了答案。

河村社会变迁中的个体化趋势，实际上是明显的现代性后果的体现：家庭小型化（计划生育对河村人口数量和结构产生了显著影响），农业生产和经营的个体化，生计方式的灵活性和市场导向（例如，站工市场的出现），生活方式的个体化。这些社会变迁中的个体化趋势和民间宗教的个体化趋势并行不悖：首先是个体性民间宗教活动引人注目，王路的研究仔细探讨了"地理先生"这个独特群体的基本特征，指出了国家制度管理方面为先生的活动留出了空间，而这个群体有自身的师承和专业技能，在村庄层面的活动相当活跃；其次，公益性民间宗教活动衰退，取而代之的是与个体化、市场化农业生计方式相适应的碎片化的宗教活动，原有的部分民间宗教活动，例如村庙做会活动则完全消失。

讨论河村社会变迁和宗教变迁中的个体化趋势，其意义正在于明确沿着涂尔干的宗教考察方向，在中国民间宗教这个试炼场中看出民间宗教的社会性特征。如上所述，河村社会变迁及宗教变迁的个体化趋势同时发生、并行不悖，这已经提供了诸多令人思考的线索。王路进一步从静态观念角度，探讨了民间宗教的神圣与世俗、时间与空间范畴，其核心要旨在于指明，"各种民间宗教的宗教仪式或活动与日常世俗活动紧密交织在一起，民众在日常生活的过程中的方方面面透射出信仰的成分。从民间宗教的仪式过程和象征系统，可以窥视乡土社会的一般结构，以及在乡土社会变迁过程中民间宗教所体现的社会秩序。民间宗教在乡土社会变迁过程中的适应与调适，以及作为透射乡土社会结构与秩序以及变迁中的社会结构调整等方面的一面镜子，实际上是民间宗教社会性的体现。民间宗教的社会性是民间宗教得以长存的基础"。换言之，如涂尔干的理论所表明的，中国民间宗教与乡土社会秩序完全同构，甚至正因为二者密切相连，才可以谈得上民间宗教的"社会性"这个说法，也才可以反过来理解民间宗教为什么是村落社会文化系统的组成部分，它对秩序的功能构建、与民间功利性的理性之适应功能，从深层次看意义非凡：民间宗教的入世、多元及功利特征，和乡土社会的实用主义价值观完全贴合、互为表里，构成乡土社会的"世界图景"。

这项研究的局限性也因此表现得比较明显。因为无论从动态的社会变迁角度，还是从静态的社会范畴、观念形态角度，都可以看出民间宗教的鲜明社会性特征，可以说宗教的就是社会的。那么，主流意识形态排斥的民间"迷信"或封建糟粕这类说法就站不住脚了，这项研究正是在这个意义上为民间宗教，间接地为中国当代乡土社会的文化正了名。① 然而，由于对民间宗教与经济逻辑之间的关系缺乏探讨，尤其重要的是，对民间宗

---

① 人类学家玛丽·道格拉斯（Douglas，1996）的《自然符号》一书对"仪式化"宗教的同情，引起史学家彼得·布朗的共鸣：和所谓"精神化"的"高级宗教"一样，常被贬为民间信仰和迷信的"低级宗教"（niedere Glaube），同样需要作为一种联结社会经验和宇宙观的符号语言被严肃对待和解读。用玛丽·道格拉斯的话来说，我们应该可以根据社会关系的形态，说出什么样的宇宙可以被建构出来。因此，王路的研究大量讨论中国民间宗教的符号表征，在某种程度上也是在探测这个文化当中的独特宇宙观。

教与国家管理之间的关联缺乏深入研究，我们并不能确定，民间宗教是独立持存的、表达乡土文化的特殊领域，抑或是随着时间和环境的变化而不断发生改变，在调整和适应中与市场、国家管理等重要方面发生复杂的博弈从而存续的。此外，从批判性的视角来看，对民间宗教的社会性的探讨确实让人看到民间宗教扎根于社会生活的基本特点，但由于这种弥散性宗教并无组织化特征，最终落到现实中，更多表现为精神与文化现象。那么我们就有必要追问，这种在地化的小传统与跨地区的大传统有关联吗？其中的功利主义、实用主义特点是历来如此，还是只是某个历史阶段的现象？既然现代性导致的个体化和碎片化趋势似乎不可避免，那么，乡土社会生活中精神文化的式微是否也是一个趋势？凡此种种，这些问题有待在以后的村落民间宗教研究中进一步探究。

参考文献

布朗，彼得，2021，《穿过针眼：财富、西罗马帝国的衰亡和基督教会的形成，350~550 年》，刘寅、包倩怡等译，社会科学文献出版社。

陈占江，2013，《返本开新：中国社会学的传统再造——重读费孝通〈试谈扩展社会学的传统界限〉》，《社会学评论》第 4 期。

费孝通，2003，《试谈扩展社会学的传统界限》，《北京大学学报》（哲学社会科学版）第 3 期。

加洛蒂，罗杰，2008，《论无边的现实主义》，吴岳添译，百花文艺出版社。

刘亚秋，2015，《从中西学关系看费孝通"扩展学科界限"思想》，《新视野》第 2 期。

潘运告，2002，《元代书画论》，湖南美术出版社。

田毅鹏、刘拥华，2006，《社会学的人文属性与社会学研究——兼论费孝通〈试谈扩展社会学的传统界限〉一文的理论意涵》，《社会》第 2 期。

杨善华，2009，《感知与洞察：研究实践中的现象学社会学》，《社会》第 1 期。

杨善华、孙飞宇，2005，《作为意义探究的深度访谈》，《社会学研究》第 5 期。

应星，2016，《把革命带回来——社会学新视野的拓展》，《社会》第 4 期。

张灏，2006，《危机中的中国知识分子：寻求秩序与意义》，新星出版社。

张静，2021，《以社会学为业》，载周晓虹主编《重建中国社会学：40 位社会学家心路历程（1979—2019）》，商务印书馆。

张美川，2011，《费孝通的师承与人文价值反思》，载中国民主同盟云南省委员会编《费孝通与云南：费孝通诞辰一百周年纪念文集》，云南大学出版社。

Douglas, M. 1996. *Natural Symbols*. London：Routledge and Kegan Paul.

Park, R. E. 1950. *Race and Culture：Essays in the Sociology of Contemporary Man*. New York：The Free Press.

How is "Qun" Possible: Expanding the Public Dimension of Community Re-Research

Meichuan Zhang

Abstract: Taking the topic of "expanding the traditional boundaries of sociology" proposed by Mr. Fei Xiaotong as the starting point, this article reviews the research results inspired by this topic, and focuses on breakthroughs in theoretical paradigms, definition of subject attributes, and reflection on methods. Combining the re-research on three communities in the Department of Sociology of Yunnan University, this paper explores what theoretical and empirical investigation potential the re-research may have in dialogue with the classic studies of the "Quige" period from the perspective of expanding the public dimension.

Keywords: Boundaries-Expanding; Re-Research; Public Dimension

《"群"何以可能：社区再研究的公共维度扩展》评审意见

王立秋[*]

从形式上看，该文是一篇难得的学术评论文章，作者致力于在评述文献的基础上与先前的研究对话，回应前人提出的问题，同时以被评述的研究为例，指出未来可能的探索方向。在学术评价越来越看重发表级别而不在乎文章内容的今天，这样的评论极其重要，因为它通过把时下同行的著作与其他同行的研究并置、联系起来考察，促进了学术的"公器性"和积累性，把孤立的个别研究纳入已有文献的网络，使文献形成对话，进一步明确了学术的发展脉络。评论的形式，也给了文章一个跳出具体的个案、专业乃至学科界限，综合性看待当前和过去研究的优势，这点也与文章倡导扩展社会学研究传统界限的内容形成了呼应。

从内容上看，该文从社会学研究传统界限扩展的角度来考察和评价文中涉及的三个社区再研究，探讨了它们在扩展"公共维度"上的突破，进而解析了这些突破带来的新的研究可能性。

文章的前半部分从文献出发，整理了目前学界关于扩展社会学研究传统界限的思考，具体而言，根据作者的总结，这一拓展可以通过扩展研究领域、反思社会学学科与其他学科的关系、以超越主流实证主义的研究方法来看现实、创造新的方法或对原有方法开辟出新的理解来实现。也许，我们也可以把这四点总结为这样一点，即让社会学"活"过来，以一种"活"的方式来研究"活"的社会。"活"的社会学是有机的、动态的、整体的，它拒绝僵死为某一时空局部的切片、某一时代潮流下的正统、某几个被尊为典范的研究案例、某几位被奉为祖师爷的人物、某个被强行拔

* 王立秋，北京大学国际关系学院比较政治学博士，哈尔滨工程大学人文与社会科学学院讲师。

高为巅峰的出发点。简言之，它拒绝成为一具只能被招魂的死尸，一出沦为笑剧的悲剧。它面对的现实是"活"的，在被塑造的同时也反过来塑造着人的认识；它认识现实的方式也是"活"的，它会努力逆着现实（against reality）去看现实，试图发现吹动现实的风暴。

从这个角度来看，该文评价的三个社区再研究，天然就具备了孕育这种"活"的目光的优势，因为它对研究者提出的一个问题是，现实变了，怎样去描述和分析这个不一样的现实。这个问题显然不能再通过简单的切片、抓拍、并置对比来回答，因为它涉及的是一个切实的、连绵变化的、"活"的现实。回答这个问题的过程，就是使现实中的"深层现实"、现实背后的形塑现实的那个宛若房间中的大象的存在现身的过程。这个以 hauntology 的形式存在的巨物，如作者所说，名唤"公共"。从这个角度来看，文中评价的三个研究也分别从作用或效果、具体表现和表面上的缺位来探讨这个维度。它们分别做出了自己的突破，标示出新的研究可能性。

最后，该文强调了"公共维度"的重要性，简言之，即社会学应当更多地关注"公共"并尝试利用各种理论和方法资源来探索"公共"。但也许，要真正突破僵死的枷锁，社会学同样应当在规范的层面走向"公共"，适当摆脱目前所处的纯粹工具性、服务性状况。

从传统到现代："魁阁"的现代化研究与理论建构

董辉虎[*]

摘　要： 作为一个现代学术共同体，"魁阁"理论关怀的中心是中国社会如何面对从传统向现代转型的"现代化"问题。本文基于乡土工业化与社会组织重建两个向度，通过回顾"魁阁"的现代化研究，以期在总体上呈现"魁阁"对于现代化的理论探索。本文认为，"魁阁"所建构的结合本土经验和世界知识的现代化理论，其核心之要义，是在发展现代工业的过程中处理好经济实践与社会建设的"契洽"关系。最后，本文指出，"魁阁"所探索的现代化理论模式，同样面临理论与实践张力的挑战。

关键词： "魁阁"　现代化　工业化　社会重建

1939 年 8 月，吴文藻创办云南大学社会学系及"燕京大学–云南大学社会学研究室"，1940 年 10 月，研究室迁往昆明郊区呈贡大古城的三层木楼"魁星阁"，因此，研究室亦称"魁阁"。在费孝通的领导下，"魁阁"在云南进行了一系列卓有成效的实地研究，产生了一批中国社会学人类学史上重要的学术论著。因其非凡的学术成就，"魁阁"成为中国社会学人类学史上的一座高峰。

自 20 世纪 80 年代中国社会学恢复重建以来，学界通过再读"魁阁"经典文本，重访"魁阁"著名田野点，整理"魁阁"学术遗产，积累了一系列很有影响的研究成果。许多学者业已指出，"魁阁"的研究尽管内容和主题并不完全一致，但贯穿其中有一个总的问题意识：中国社会如何面对从传统向现代的转型，亦即中国的现代化问题（王铭铭，2005；陈占

---

* 董辉虎，中共云南省委党校（云南行政学院）经济学教研部助教。

江、包智明，2015；杨清媚，2019；马雪峰，2020）。现有研究聚焦"魁阁"不同的研究专题，重点讨论了土地制度、乡村工业、士绅结构等内容，而对于"魁阁"总体的现代化理论模式则还未予以足够系统的呈现。基于此，本文通过回顾"魁阁"现代化研究脉络，将"魁阁"零散的现代化论述系统整合在一起，以期在总体上呈现"魁阁"对于现代化的学术探索与理论建构。

一　方法论与问题意识

20 世纪初以降，在西方现代性冲击和传统社会解体的时代背景之下，建设一个统一的现代国家成为中国知识界普遍的追求。"魁阁"的创建者吴文藻（2010：460）认为，当时中国面临的核心问题是从传统向现代转型的过程中"整个社会组织的解体"，而这一问题的症结在于"中西文化接触以来所引起的根本冲突"。因此，在吴文藻看来，中国社会学者最为迫切的工作是进行现代社区的实地研究，了解中国社会组织与变迁的整体，从而为社会建设服务。在此种关怀的基础上，吴文藻提出"社会学中国化"主张，力图通过科学地认识中国社会，进而重建中国社会。

吴文藻（2010：4）指出，"我们的立场是：以试用假设始，以实地证验终。理论符合事实，事实启发理论，必须理论与事实糅合一起，获得一种新综合，而后现实的社会学才能根植于中国土壤之上，又必须有了本此眼光训练出来的独立的科学人才，来进行独立的科学研究，社会学才算彻底的中国化"。这是吴文藻对"社会学中国化"的总体表述，具体而言，吴文藻的"社会学中国化"包含两个方面的内容。一是如何认识社会。吴文藻（2010：462）认为，认识社会有两种方式，一种是暂时了解社会而求知识，一种是专为改造现象而求知识。在吴文藻看来，前一种"走远路"的认识方式最为妥当。而要了解社会以求得知识，最为适用的方法是"比较法"与"功能法"。吴文藻（2010：468）指出，要想得到关于社会制度与变迁的知识，必须在中国找到许多有代表性的社区，进行大量系统的观察与研究，发现并记录其内部结构，对村落与外部社会的关系亦需加以研究。而在各社区的比较之外，还必须和中国过去的社会，以及欧美社会来比较，同时亦须和原始民族的简单社会来比较，从而在资料收集和理论解释上获得对于中国社会的清楚认识。

吴文藻主张要"认识社会"，但他也认为，实地研究的最终目的是为社会建设服务，所以，吴文藻"社会学中国化"主张第二方面的内容，就是社会学实地研究的实用价值。当然，吴文藻是在一种很审慎的意义上看待社区实地研究对于现代中国建设的意义的。吴文藻（2010：474）指出，实地研究对于实际工作，"其效用之重大，不是那仅仅注重实际问题，而不涉及社会普通理论的研究所可以比拟的"，但他同时指出，这种实地研究与那些"以学者而兼革命家、改良家及行政家急于速成"的做法有很大不同。在吴文藻看来，进行社会学社区实地研究，首先要运用科学的方法认识社会，其次才能谈及社会改造的意义。

正因如此，吴文藻的"社会学中国化"不仅是一种学术主张，也带有明显的现实关怀，其所回应和面对的正是中国社会从传统到现代的转型问题。在吴文藻的论述里，"社会学中国化"既是社会学这一舶来学科的方法论基础，同时亦是改良中国社会的实践性导向。作为"魁阁"的奠基人与创立者，吴文藻实际上一开始就为"魁阁"提供了一种确定的问题意识与方法论。而在吴文藻 1940 年前往重庆之后，由费孝通所领导的"魁阁"在充分实践吴文藻"社会学中国化"主张的同时，就回应"从传统到现代"这一转型问题发展出更多基于本土经验和世界知识的社会理论。

作为"魁阁"的核心人物，费孝通与吴文藻有着共同的问题意识。他认为，"中国经济生活变迁的真正过程，既不是从西方社会制度直接转渡的过程，也不仅是传统的平衡受到了干扰而已。目前形势中所发生的问题是这两种力量相互作用的结果"（费孝通，2001：20）。继而费孝通（2011：341）指出，"中国社会变迁的过程最简单的说法是农业文化和工业文化的替易……中国是在逐渐脱离原有位育于农业处境的生活方式，进入自从工业革命之后在西洋所发生的那一种方式"。如何面对这种从传统到现代的变迁过程，并且重建起人与人之间高度的"契洽"关系，成为费孝通的社会研究中"一个或隐或现的问题意识"（闻翔，2013：218）。陈占江和包智明（2015：6）把这一问题称为"费孝通之问"，即"在中国现代性进程中怎样找到传统与现代之间的接榫之处和契洽之点，如何在传统与现代之间保持富有张力的平衡并最终迈向一个美好社会"。

吴文藻的"社会学中国化"主张和费孝通的"现代化之问"，事实上成为"魁阁"的方法论遵循和问题意识。作为一个现代学术共同体，"魁阁"总体上有一个相同的研究旨趣，把社区实地研究作为自己的社会研究方法，提倡个人负责与集体讨论相结合的学风，在既定的研究计划中，通常由研究者个人选定某一社区，成果则需要在"魁阁"的"席明纳"（seminar）里进行讨论。所以，"魁阁"的大部分著述实际上是集体工作的成果（费孝通、张之毅，2021：序）。而如张静（2017：28）所认为的，所谓学派或中国学派的修成，关键在于系统的方法论逻辑不同于其他学派，而且其分析效力得到了大量工作的证实。在此意义上，"魁阁"作为具有学派或社会学中国学派意义的学术共同体，对其总体的学术工作及现代化理论建构进行呈现成为一种可能与必要。

二　"魁阁"的现代化研究

（一）作为引子的江村调查

1936 年暑期，应在江苏吴江开弦弓村帮助农民开办生丝合作社的姐姐费达生邀请，费孝通前往这个后来被他称为"江村"的社区进行了一个多月的调查。在江村这样一个深受世界经济体系影响的村子，费孝通注意到现代工商业进入乡土社会之后，不仅造成传统手工业与农业混合经济形态的崩溃，同时新的生产方式亦使得大量市镇资金流入农村，造成乡村土地权的外流，由此产生大量的离地地主，农民陷入了普遍贫困。费孝通（2001：236～239）认为，要解决农村存在的这种问题，需要尽快进行土地改革，引进科学的生产技术和以合作为原则的新工业，恢复乡土社会工业，进而增加农民的收入以摆脱贫困。而要完成中国农村的转型，最终则有赖于包括费达生等乡村精英在内的"人民如何去解决他们自己的问题"（费孝通，2001：21）。

费孝通的江村调查细致记录了江村的生产与生活情况，但他的目的并不只是完成一本关于中国农村经济生活的民族志作品。如费孝通（2001：39）所言，江村"作为在中国工业变迁中有代表性的例子"，实际上也为"鸟瞰中国农村的现代化进程，并为把握其间的问题与动力提供了可能"（周晓虹，2017：5）。当然，费孝通意识到，仅凭江村的材料来解释作为整体的中国现代化问题并不足够，可能还需要更多类型的社区进行比较研究。所以，当费孝通从英国获得博士学位回国之后，他与其所领导的"魁阁"在云南农村进行实地研究的重要目的，正是希望通过对不同乡土工业化类型的比较，透视作为整体的中国现代化，乡土工业化因此成为"魁阁"现代化研究与理论建构的一个关键线索与向度。

（二）乡土工业化与现代化

在抗战的大后方云南，费孝通与他的"魁阁"同事对不同社区进行了细致的实地研究和"类型比较"（费孝通、张之毅，2021：序）。据马雪峰

（2020：25）近年的研究和梳理，"魁阁"在云南开展实地研究的田野点至少有 17 个，包括 14 个村镇、2 个工厂和 1 个矿区。其中，费孝通和张之毅以禄村、易村和玉村调查为基础写作的《云南三村》作为"魁阁"的标志性成果，获得了较大的知名度，同时也是"魁阁"现代化研究的代表性著作。

进入禄村之前，费孝通（费孝通、张之毅，2021：9~10）心头萦绕的问题是："一个受现代工商业影响较浅的农村中，它的土地制度是什么样子的呢？在大部分还是自给自足的农村中，它是否也会以土地权来吸收大量的市镇资金？农村土地权会不会集中到市镇而造成离地的大地主？"对费孝通而言，土地问题是他此时思考乡土工业化的一个重要面向。不同于江村深受现代工商业和附近大都市的影响，禄村是一个几乎完全以农业为主的内地农村，人口众多，土地狭小，农民靠分割细小的土地维持生计。因此，在禄村，最为发达的不是手工业，而是雇工自营的农田经营方式的农业。作为完全不同于江村的一种农村结构，禄村因此成为费孝通用于比较工业化对于不同乡村结构影响的类型。在费孝通看来，如果说传统手工业发达的江村是因为现代工商业的侵入而土地权流失和乡土社会普遍凋敝，那么以农田经营为主的禄村受到的现代工商业的影响则并没有江村那么严重，禄村经济的关键实际上并非土地权流失，而是劳力利用的问题（费孝通、张之毅，2021：195~196）。

通过对江村和禄村两种中国乡村结构类型的比较，费孝通（费孝通、张之毅，2021：193）认为，"农村土地权的外流，和都市确有关系"。但不同类型的乡村所发生的情形并不一致，在靠近都市并且有传统手工业的乡村，如江村，由于不易抵挡现代工商业的竞争，容易造成乡村土地权的外流和农村佃户化；而原本不靠手工业维持的内地乡村，如禄村，面临的则是农村资本分散、劳力充斥呆滞和生产力低下的问题。依据禄村的调查材料，费孝通（费孝通、张之毅，2021：196）认为，"当都市现代工业与乡村农业竞争劳工时，农业才有改良的希望，工商业在禄村一类农村附近发达起来可以动员现在呆滞的劳力"。换言之，现代工商业既是造成江村问题的原因，同时亦是解决禄村问题的某种答案。因此，如何处理好现代工业与乡土手工业的关系，成为现代化建设的重要议题。

沿着这个思路，寻找拥有传统手工业的内地农村结构，用以同江村与禄村的情形进行比较被列入"魁阁"的调查计划。作为"偶然的发现"，位于内地的易村同时拥有造土纸的作坊工业和织篾器的家庭手工业，因而成为理想的类型比较对象。《易村手工业》的调查主要由"魁阁"的重要

成员张之毅完成。在易村，张之毅（费孝通、张之毅，2021：327）发现，
农民主要依靠织篾器所获取的收入低下，并不足以维持生活，造土纸的工
业利润较多，但所获资金集中于富户手里。并且，这些从工业里来的资金
又进入农业，成为攫取附近土地权的"金融魔手"，由此造成田价高涨，
农业成本增加，普通农民的生活难以为继。而在为《易村手工业》所作的
序中，费孝通（费孝通、张之毅，2021：224）认为，要避免出现易村的
这种情形，谋求家庭手工业与作坊工业在组织上的联系，采取合作方式来
发展新式乡村工业可能才有希望。易村调查之后不久，张之毅对云南另一
个商业较为发达的农村玉村进行了调查。张之毅（费孝通、张之毅，
2021：543~544）发现，玉村的商业资本几乎没有投在现代工业的建设上，
而是用于从事投机生意。所以，这种建立在农村经济基础上的商业，对于
农村的影响是织户劳工化和农村佃户化，实际上并没有带来农村经济的普
遍繁荣。

通过对易村和玉村的调查，张之毅（费孝通、张之毅，2021：328）
指出，不应把乡村工业看成一个单纯的实体，乡村工业这一名词"包含着
很多不同的种类，每个种类有它的特色。各种各样的乡村工业，对于乡村
经济的意义和影响，可以有很大的差别"。因此，在1945年张之毅与费孝
通等人合写的《人性和机器——中国手工业的前途》一文中，张之毅等人
就认为，在战后的经济建设中，除了发展现代新工业，为了安定民生，手
工业也应处于一个重要的地位。通过把现代化的机器逐渐应用到传统工业
的社会机构中去，一方面可以使农村经济得到新的活力，另一方面可以让
农村工业因现代技术的应用而逐渐变质，从而创造一个合适的乡村现代化
方式（费孝通，2009：48~52）。

作为几乎完全是在"魁阁"中成长起来的社会学家，张之毅的贡献还
在于，他不仅看到了工业化推动中国社会现代化转型的可能性，同时特别
强调现代中国建设中其他方面因素的影响，尤其是文化及道德的作用（马
雪峰，2020：8）。张之毅（2019：149）认为，单有道德，缺少切合国情
的政治机构与经济计划，不能建立起现代国家，但仅凭政治机构与经济计
划，没有道德去维系社会秩序，最后"一切都是空中楼阁，一切都无从谈
起"。因此，张之毅（2019：150）认为，要建设一个强盛的现代国家，
"在政制上要树立民主机构，在经济上建立新式工业，可是我们更要在社
会上倡导良善风气、奠定巩固的道德基础"。

所以，对费孝通和张之毅等"魁阁"学者而言，"工业研究并不是一
个单独的产业转型研究，而是社会转型研究"（杨清媚，2020：88），他们

的研究涉及的是现代化转型中如何处理好传统社会与现代化的关系问题。如果说皇权体制和士绅结构的解体是当时中国社会结构发生巨变的一个重要表征，那么在此种社会解体的背景下，重建社会组织以整合社会秩序就成为迫切的事项。因此，要建设一个现代国家，除将技术引进乡村、发展乡土工业化外，还需要找到现代技术与中国传统社会组织的某种有效接洽点，进而在保留传统手工业精神的基础上，探索出一条传统社会组织与现代化相适应的道路（费孝通，2009：50～58）。

（三）传统组织与社会重建

基于上述理论关切，"魁阁"的重要成员胡庆钧、谷苞等对云南农村基层社会组织所进行的一系列调查，为我们展现了"魁阁"现代化研究的另一重要向度，即现代化转型过程中社会组织的重建问题。

胡庆钧（2019a：63）在对云南呈贡河村与安村进行调查时发现，这些村子并不存在以血缘共同体为基础的宗族组织，取而代之的是名为"公家"与"会牌"的传统组织，这类组织不仅承担水利、教育等地方自治功能，而且承办上级政府的兵役、田赋等事务。同时，胡庆钧注意到乡约与管事之外的绅士权力在乡土权力结构中的地位。胡庆钧（2019b：55～56）认为，如果绅权不成为特权，农民与绅士便能保持关系的和谐，进而能维系传统社会的安定。但因为绅权并非至高无上的权力，而只是一种地方威权，所以这种权力往往需要在其他绅士的竞争与协调中获得，同时还受到上级权力结构与政府权力的控制。因此，官绅勾结容易让农村充斥大量劣绅，"劣绅变成了腐化政治机构的一个毒瘤，如何能够割治这个瘤，这是今天中国政治上面临的一个亟待解决的问题"（胡庆钧，2019c：40～41）。

在对云南呈贡化城村的研究中，谷苞（2019：134）也发现，云南的乡村社会中实际运行着另一套不同于保甲制的"大公家""小公家""铺"等传统组织。其中，大公家承担水利管理、调解、警戒、办理学校、祀奉神灵和管理财务等公务，同时还需要推行上级政府委办的事务；小公家是大公家下的行政组织，只限于推行"铺"的事务，包括举办香灯会，进行村民出生、死亡与婚姻登记等。小公家依靠共同的神灵祭祀，成为地方农民所维持的最基本和最亲密的公共组织。大公家与小公家拥有公田与公产，对于村子事务有很大影响力，因而成为塑造乡土社会团结的重要力量。

胡庆钧和谷苞的研究呈现了传统社会组织与乡土现代化转型的关系，史国衡、田汝康等学者则注意到现代工厂中传统社会组织所产生的影响。史国衡（2019：84）对昆厂的研究发现，昆厂作为生产抗战军需的国营工厂，里面的工人在抗战的情形下，本来正可以激发热情、增加效率，但这些以爱国自居的工人并不总是充满热情，而是常常发生怠工现象，生产效率并不高。史国衡（2019：84）认为，这种趋势并不能用观念或习俗等原因来解释，而应当从"厂风"入手。在昆厂的两个月，史国衡见证了工人的两次集体行动，他认为，这些行动与工人"要维持自己的尊严有关"。史国衡（2019：86）指出，这种事态主要源于工厂里工人与管理职员的对立形势，而这种对立形势，正是从传统社会组织里分化出来的。昆厂的工人多在私人小型工厂做过工，"过惯了小的团体生活"，甚至都没有脱离旧式手工业组织。进入昆厂后，传统与新的职业化关系不相适应，工人往往在官僚化的机构与人事中感觉"内心不痛快"，工人与厂方的矛盾难以化解，故而导致经常性的怠工与效率低下（史国衡，2019：92~95）。

与史国衡重视效率问题不同，田汝康更加关注现代工业化过程中的情感问题。田汝康（2019：133~140）对女工的研究发现，女工入厂做工，维持生活的经济压力并非唯一的原因，她们最直接的入厂动机"是在逃避种种原因（经济是其中之一）所引起的家庭烦恼"，比之男性，她们"出于消极的动机"，是为了"逃避传统社会结构中对于女子所加予的痛苦"。但田汝康也指出，她们即使因为种种感情不满走出家庭进入工厂，在新环境中还是留恋亲属的感情联系，依然以感情的联系组成生活团体，所以，"女工期望于工厂感情上的安慰甚至高于获取经济上的报酬"。在田汝康（2019：149）看来，工厂事实上给了女性一个解放的机会，工厂如果忽视了这方面的社会责任，则有可能会对中国的现代工业前途造成不良影响。

史国衡和田汝康的劳工问题研究表明，工业化或者说现代化实际上意味着某种新的社会组织的关系生成，如费孝通（2019：172）在《〈昆厂劳工〉书后》中所认为的，"工业建设不只是盖厂房，装机器；而是一种新社会组织的建立"，在这样的组织中"一切参加的人必须有高度的契洽"。在这里，费孝通所意指的"契洽"正是工业化过程中的某种团结关系。费孝通（2019：172~173）指出，"过去传统社会中确曾发生过契洽，每个人都能充分领略人生的意义"，但是"这种传统组织并不能应用新的技术。新技术已因分工的精密，使我们互相依赖为生的团体范围扩大到整个人群"。而要使现代工业组织达到高度契洽，史国衡的研究认为，重视工业教育是其中的一项重要工作；田汝康的研究则指出，要予以工厂里的女工更多的关注和保护，重视她们的情感与社会关系。所以，现代工业化"不但是一个物质上的革新，也同时是一个心理和文化上的革新"（费孝通，2019：174）。

在"魁阁"另一些学者的论述中，即使他们研究的主题是宗教信仰体系等内容，他们也并未完全以现代化为主题，但他们的论述展现了现代化转型的复杂面向。如陶云逵（2019：345）认为，中国边疆社会现代化转型过程包括教育、经济、政治、军事和交通的现代化，更重要的是，边政工作的重心是使边疆社会的文化变为现代化的文化，"边疆社会问题，自其全貌而言，就是文化变迁问题"。许烺光（1997：8）对西镇（West Town）的研究则指出，生活在祖先庇荫之下的当地人在应对霍乱时，既采用打醮等宗教手段，也不排斥使用药物等现代科学措施，宗教魔法与科学在喜洲人的观念里往往结合在一起，而这与当地人所处的社会组织和文化模式有关。在许烺光看来，即使现代化加速了社会变迁的过程，但这种创造了社会变迁中稳定的生活方式的文化传统模式，很难在短时间内得到根本改变。而田汝康（2008：101）的研究表明，云南芒市边民通过"做摆"这样一种公共仪式，"消耗"了个人财富积累所导致的社会差异，使得社会成为一个紧密结合的共同体，"摆不但组织了个人的人格，同时也组织了社会，使人格和社会都得到了完整"。

可以说，正是通过对这些不同类型社区尤其是农村社区现代化过程的认识与比较，以及对社会组织重建问题的重视，"魁阁"的现代化研究才展现了中国社会"从农业到工业"继而"从有组织的生活到无组织的生活的转变"（费孝通，2019：169）过程的整体图景，"魁阁"因此建构了一个总体的中国现代化理论模式。

三　建构现代化理论

在"魁阁"所处的转型时代，传统经学已经无法成为理解和解释当时中国社会变迁的思想框架，面对这一理论与实践困境，来自西方的社会学理论成为当时一批致力于改造中国的社会学者新的知识资源。王铭铭等（2016）就指出，费孝通及"魁阁"的研究与韦伯学派尤其是托尼（R. H. Tawney）的思想相关联。杨清媚（2019：235）认为，托尼关于英国从农业现代化到工业现代化的分析，对费孝通思考江村和禄村经济转型影响很深，"通过与托尼的经济史研究比较，中国的经验时时与西方关联在一起，相互交织、相互参照"。

而与面对"现代性"危机的西方学者不同，"魁阁"时期的中国社会学者，从一开始面对的就是传统解体与严重外部威胁带来的生存危机，以及由此带来的包括乡土社会在内的中国社会的整体凋敝。因此，正如马雪峰（2020：24）所指出的，如果说西方社会学在起源上所面对的是"现代性"所带来的种种后果，并试图从现代性所引起的紊乱中寻求某种秩序的话，那么中国的社会学从一开始所面对的问题，则具有某种"前现代"的性质：其所寻求的恰恰正是现代性本身。"魁阁"的学术先贤们已经深刻意识到，在抗战胜利解决民族生存危机后，建立统一的民族国家，进行现代工业化建设，将成为中国现代国家建设不可避免的路子（费孝通、张之毅，2021：11）。

在"魁阁"看来，要实现中国的现代化，首先要面对的是乡土社会与工业化的问题。在《江村经济》中，费孝通看到的是作为附近都市附庸的农村在现代工业化过程中发生的社会解体现象。在云南的实地研究中，费孝通及"魁阁"则看到了内地远离大型都市的乡土社会从传统向现代转型的不同可能，尤其是传统社会结构与现代工业之间的复杂关系。而"魁阁"进一步的研究表明，现代化不仅是工业化，更重要的是在传统社会组织的基础上，实现经济、文化、道德等方面的转型，从而达到人与社会组织的"契洽"。正因如此，"魁阁"所指涉的现代化不只是一个经济建设过程，还是一个社会建设的过程。

综上，"魁阁"的现代化理论模式可概括如下。

第一，"魁阁"时期中国社会学者的现代化研究，所回应的是中国从传统向现代转型的时代问题。在传统考据、注疏、解说和颂圣等经史传统无法成为时代道德与解释来源时，科学的社会学理论成为理解时代的某种知识资源，所以，"魁阁"所指涉的现代化不仅是建设现代国家的方式，也是评估时代文化与生活的一种价值体系。

第二，现代化是一个整体，现代化是经济与社会的统一。"魁阁"指出，现代化首要的是实现乡土社会的工业化，进而通过都市与乡村开放的市场，复兴农民经济，摆脱农民的收入低下问题。在此过程中，还需要通过工业建设推动乡土社会文化与道德转型，重塑乡土共同体与生产乡土社会秩序，而这有赖于工业资本、乡土精英和农民等主体的共同参与。同时，为了应对现代工业化所带来的人与人不相"契洽"的种种弊病，需要重视教育、文化、情感等方面的内容，从而维持整个社会的团结与秩序。因此，"魁阁"所追求的现代化意味着现代工业、文化道德和社会重建的紧密结合，经济建设与社会建设是现代化的一体两面。

第三，现代化是一种本土实践，但并不排斥将西方的现代化作为参照和学习对象。"魁阁"以"社会学中国化"为自己的理论遵循和实践追求，立足于中国实际进行了大量实地研究。"魁阁"主张首先科学地认识中国社会，进而提出基于中国经验的现代化方案，但"魁阁"同样注重对西方现代化理论的吸收与运用；并且，在很大程度上，"魁阁"所探索的现代化模式、其所涉及的工业化等内容显然是对西方早期现代化的参照和借鉴。

简言之，"魁阁"所探索的基于中国本土经验的现代化理论模式与方案，其核心要义，是处理好经济实践与社会建设的关系，在从传统到现代的过程中，尤其是在乡土传统共同体向现代社会转变的过程中，重建起与现代化相配套的道德和文化，从而整合乡土社会秩序，通过传统社会组织与工业化的"契洽"，建设一个现代国家，实现真正意义上的中国现代化。

四　理论与实践之间

"魁阁"的现代化理论始于通过社会学知识建设现代中国的想象，为此，学者们倡导"社会学中国化"主张，并进行了现代社区实地研究与类型比较，探索了有关认识与实现中国现代化的理论和方案。这样的探索立足于中国本土经验与世界知识的结合，包含特定的时代背景与学术关怀，体现了以西方现代性产物的社会学知识促进中国现代化的追求。正因如此，如马雪峰（2020：25）所指出的，"魁阁"学术社群以普适化的社会科学理论建构服务于实践性的现代中国建设的努力，必然要面对两个持久性问题的挑战，即如何处理社会科学知识与其他类型知识（比如人文性知识）间的关系，以及如何弥合建设现代中国的实用性冲动与普适化的理论建构间的张力。

无疑，这些问题构成了我们如何看待"魁阁"对于现代化理论探索的挑战，进一步而言，构成了如何将他们的理论思考与实践方案进行关联的挑战。这不仅是"魁阁"诸学者所要面对的，同样也是转型时代的我们所要面对的，"魁阁"的现代化理论因此与当下的社会现实产生了联系。而如王铭铭（2005：137）所认为的，我们对待这些前辈学者的理论探索应是一种"反思性继承"。那么，在意识到前辈学者研究的珍贵价值的同时，"魁阁"所探索的现代化理论对于当下的我们意味着什么？

在如今中国的现代化建设进程中，如何弥合现代化理论与实用性方案间的张力，依然是一项"未竟的事业"。"魁阁"的理论探索表明，在尚未找到那样一个合适的现代化方案之前，首先基于对社会现实的理解，获得对于中国社会的科学认识，或许才是妥当的。而社会现实本身的复杂性意味着不可能通过某一理论加以完全解释，现代化这一拥有复杂面向的社会历史过程，也并不能以某种单一模式加以实现。"魁阁"的现代化研究的启发正在于，现代化乃是复杂的多重过程，并非某种单向的线性发展，现代化意味着经济与社会的统一，并且总是处于一种进行中的过渡状态和地方化趋向。因此，对于中国社会学者而言，只有真正基于理解的视角来认识中国社会，吸收超越东西与内外之别的知识，或许才能找到通往建构与发展中国现代化理论与实践方案的可能。也正是在此种意义上，在中国现代化进程中，"魁阁"所建构的现代化理论，依然有其价值。

参考文献

陈占江、包智明，2015，《"费孝通问题"与中国现代性》，《中央民族大学学报》（哲学社会科学版）第 1 期。

费孝通，2001，《江村经济——中国农民的生活》，商务印书馆。

费孝通，2009，《费孝通全集》（第四卷），群言出版社。

费孝通，2011，《乡土中国 乡土重建 生育制度》，商务印书馆。

费孝通，2019，《〈昆厂劳工〉书后》，载张美川、马雪峰主编《魁阁文献·第 2 册·魁阁学者劳工社会学研究》，社会科学文献出版社。

费孝通、张之毅，2021，《云南三村》，商务印书馆。

谷苞，2019，《传统的乡村行政制度——一个社区行政的实地研究》，载马雪峰、苏敏主编《魁阁文献·第 4 册·魁阁三学者文集》，社会科学文献出版社。

胡庆钧，2019a，《公家与会牌》，载马雪峰、苏敏主编《魁阁文献·第 4 册·魁阁三学者文集》，社会科学文献出版社。

胡庆钧，2019b，《农村绅士的合作与冲突》，载马雪峰、苏敏主编《魁阁文献·第 4 册·魁阁三学者文集》，社会科学文献出版社。

胡庆钧，2019c，《论绅权》，载马雪峰、苏敏主编《魁阁文献·第 4 册·魁阁三学者文集》，社会科学文献出版社。

黄子逸、张亚辉，2021，《绅士、共同体与现代性：中英绅士理论的思想史比较》，《社会》第 1 期。

马雪峰，2020，《以社会学知识建设现代中国：张之毅"魁阁"时期的学术实践》，《西南民族大学学报》（人文社会科学版）第 4 期。

史国衡，2019，《昆厂劳工》，载张美川、马雪峰主编《魁阁文献·第 2 册·魁阁学者劳工社会学研究》，社会科学文献出版社。

陶云逵，2019，《车里摆夷之生命环》，生活·读书·新知三联书店。

田汝康，2008，《芒市边民的摆》，云南人民出版社。

田汝康，2019，《内地女工》，载张美川、马雪峰主编《魁阁文献·第 2 册·魁阁学者劳工社会学研究》，社会科学文献出版社。

王铭铭，2005，《继承与反思——记云南三个人类学田野工作地点的"再研究"》，《社会学研究》第 2 期。

王铭铭等，2016，《费孝通先生佚稿〈新教教义与资本主义精神之关系〉研讨座谈会实录》，《西北民族研究》第 4 期。

闻翔，2013，《"乡土中国"遭遇"机器时代"——重读费孝通关于〈昆厂劳工〉的讨论》，《开放时代》第 1 期。

吴文藻，2010，《论社会学中国化》，商务印书馆。

许烺光，1997，《驱逐捣蛋者：魔法、科学与文化》，台北：南天书局。

杨清媚，2019，《土地、市场与乡村社会的现代化——从费孝通与托尼的比较出发》，《社会学研究》第 4 期。

杨清媚，2020，《从乡土社会到工业社会：魁阁时期"燕京学派"的工业研究》，《学海》第 4 期。

张静，2017，《燕京社会学派因何独特？——以费孝通〈江村经济〉为例》，《社会学研究》第 1 期。

张之毅，2019，《德为本》，载马雪峰主编《魁阁文献·第 1 册·张之毅文集》，社会科学文献出版社。

周晓虹，2017，《江村调查：文化自觉与社会科学的中国化》，《社会学研究》第 1 期。

From Tradition to Modernity：The Modernization Research and Theoretical Construction of Kuige Academic Community

Huihu Dong

Abstract：As a modern academic community，Kuige's Central theoretical concern is how Chinese society faces the question of modernization during its transition from tradition to modernity. Based on the two dimensions of rural industrialization and the reconstruction of social organization，this paper attempts to sort out the researches on modernization during the Kuige period and aims to present and review their theoretical explorations of modernization in general. This paper argues that the key of the modernization theory of the Kuige academic community，which combines the local experience and international world knowledge，is to properly deal with the relationship between economic practice and social construction in the process of developing modern industry. Finally，this paper points out that the theoretical model of modernization explored by the Kuige academic community also faces the challenge of the tension between theory and practice.

Keywords：Kuige；Modernization；Industrialization；Social Construction

《从传统到现代："魁阁"的现代化研究与理论建构》评审意见

张　翼[*]

这是一篇围绕"魁阁"学术团队之相关研究成果的文献综述性梳理文章。其聚焦于现代化的主要问题——如何促进传统社会转型为现代社会而开展学术史分析，深入讨论了以燕京大学为核心而凝聚的迁入西南地区的社会学家的社区研究成果。在抗战时期，西南地区作为后方承接了大批学有所成的社会学家，在云南大学形成了以方国瑜为代表的中国历史学学派和以吴文藻为代表的社会人类学学派的学术交汇社群，给吴文藻、费孝通、许烺光、陶云逵、林耀华、杨堃、江应樑、张之毅、田汝康、周先庚等留洋归国学者提供了一个相对稳定的研究平台，使"云南大学-燕京大学社会学研究室"产生了大量对后世富有影响的民族学、人类学、社会学等基于调查研究的学术成果。

作者期望通过对"魁阁"学术共同体研究成果的再开发，提炼出那一时期的现代化话语及其方法论。这种尝试既尊重了社会发展史，也尊重了学术发展史，值得肯定。作者在讨论中对现代化的主要问题，即来自西方的基于工业化和城镇化而发展的现代化理论在中国的实践进行了学术梳理。以吴文藻和费孝通为代表的"西学中用"学派，为推进社会学的中国化做出了必要努力，并以众多的社区研究成果，探讨了贫穷落后的农业大国的现代化之路。因为农村的特质不同，所以基于调查而给出的经济与社会发展的建议也不同。因为燕京大学的学术背景，这个学术共同体对西方现代化的理解是深刻的。因为这个学术社群的研究旨趣相同，其在促进社会学的中国化上的努力有目共睹。凡此一切，都为民国时期战乱年代社会学的中国话语建设做出了重大贡献。这些学人在对中国救亡图存、国家独

---

*　张翼，研究员、博士生导师，中国社会科学院社会发展战略研究院院长。

立、民生建设等相关研究中，必然要通过与西方的对比以及对中国当时在全球的战略区位与市场区位的理解，进行自己的学术建构。

为了深化基于文献综述而得出的基本结论，特提出以下建议，供作者参考。

第一，"魁阁"学术共同体是一个复杂的群体。费孝通先生主要从社会学和人类学的视角进行了社区变迁研究。费孝通先生翻译了奥格本的《社会变迁》一书，这是一本论证非物质文化变迁决定物质文化变迁的著作，费孝通先生由此接受了科技进步推动社会变迁的理论。社区在变迁的意义上具有"发展"的现代化意义。但"魁阁"的研究，也有像周先庚这样的工业心理学视角。费孝通先生也翻译了美国哈佛大学工业心理学大师梅耶的《工业文明的社会问题》一书。在文献梳理中，应该既从社会实体的变迁或社区实体的变迁角度思考现代化，同时也应该有重视现代科技创新和工业文明来到世间的视角，尤其是来到中国引发社会心态变迁的视角。实际上，科技应用、文化变迁、新的社会心态的形成等在费孝通先生那里是逻辑地展开的。社会心态是费孝通先生创造的一个概念。社会心理结构的现代化，也需要在梳理中得到重视。所以，科技进步在现代化中的作用，既在费孝通先生那里是一个理论学习与接受问题，同时也是《江村经济》和《云南三村》等社区研究中的实践探索问题。作者的研究如果能够更重视对经典文本的分析，少引用其他学者基于他们自己的文本理解而得出的结论，新意会更为凸显。

第二，对"魁阁"有关社区现代化的学术梳理，也要与其他有关农村现代化的研究结合起来，比较不同学派之间的异同，如此才会有更多新意。很多研究是只就"魁阁"研究"魁阁"，这就很难体现出不同学派的社会学研究者对现代化问题的异同看法。比如乡建学派，就与"魁阁"学派之间存在一定的张力。乡建学派是将理论社会学与行动社会学结合在一起进行的现代化研究与现代化实践，是以社会学的现代化理想型对实体社会的社会建设和社会改造。比较不同学派的理论旨趣，更易于凸显"魁阁"学派的理论特征。

第三，从农村-城市、农业-工业、市场化与自给自足等维度思考现代化，中国的现代化与西方的现代化道路具有很强的相似性。即使在民国时期，中国与世界就是农业大国与工业大国的张力关系。那一时期，中国学人对现代化理论的探索，基本是在与西方的比较中建构自己的理论体系和实践体系的。因此，从这一宏观视角提炼"魁阁"的现代化理论，就与西方的经典现代化理论很相似。文献研究的目的在于理论创新，在于提出自己的研究假设或建构自己的理论基础。"魁阁"相关的研究，不管是《云南三村》还是《昆厂劳工》，都在微观意义或者在基于中国的实践创新意义上具有独特性。这既是对中国社会的东方文化特征的人类学考察，也是对社会学中国化的理论实践。社区的类型化研究，是"魁阁"精神的主要方法论体征。

第四，在现代化研究中，还应该关注费孝通先生在改革开放之后的现代化理论。他主持召开的一系列现代化研讨会，以及费孝通先生晚年有关现代化问题的讨论，可以与这个学派在"魁阁"时期的研究发现相呼应。这样的文献梳理，也会在结构意义上，将"青年费孝通"和"晚年费孝通"进行比较，展示其在不同时代的社会学理论特征。

总之，以费孝通先生为核心的"魁阁"学派，为后人在社区研究上做出了光辉典范。不同的视角、不同的学术梳理、不同的特质吸纳会产生不同的学理影响。

"魁阁时代"学术遗产的反思与启示[*]

蒲威东^{**}

摘　要：回顾"魁阁时代"的学术遗产，并对其进行反思，对中国乡村社会大调查的开展具有特殊的价值和意义。本文从三个方面剖析了"魁阁时代"留下的丰富学术遗产：理论指导下的"社会学调查"和运用类型比较的研究方法；以费孝通为核心的魅力型学者的作用与学术共同体构建的意义；关怀国家与从实求知的"社区研究"品格。基于"魁阁时代"的学术遗产和对其的反思，本文针对中国乡村社会大调查提出了三个方面的重要任务：一是要以时代发展的实质性问题为研究方法选择的基础；二是要建构社会调查研究的学术共同体；三是社会调查要有对国家和社会的情怀、责任与使命。

关键词："魁阁时代"　"社区研究"　中国乡村社会大调查

作为一座建筑，魁阁因一段学术佳话而闻名。1940 年为躲避日机轰炸，费孝通主持的云南大学社会学研究室迁到魁阁，历时六年。在此期间，魁阁会集了费孝通、陶云逵、许烺光、张之毅、史国衡、田汝康、胡庆钧等一批学术精英，取得了丰硕的社会调查学术研究成果，开创了中国社会学人类学史上著名的"魁阁时代"（杨清媚，2019）。因此，回顾"魁阁时代"，借鉴其有益经验，对当下中国乡村社会大调查的开展以及构建中国特色社会学学术体系具有特殊价值。

一　"魁阁时代"的学术遗产反思

专业和学科意义上的社会学产生于西方，20 世纪初开始传入中国。正

---

* 感谢谢寿光教授、陈心想教授的意见和建议，文责自负。
** 蒲威东，男，中央民族大学民族学与社会学学院博士研究生。

如在社会学美国化的过程中,科学性和有用性是其合法性的主要来源(陈心想,2019)一样,早期中国社会学作为一门草创的社会科学学科,也有类似的诉求。围绕对科学性和有用性的追求,一大批学者积极探求社会学研究的科学方法及其对国家现代化的作用。其中,以费孝通为核心的"燕京学派"在魁阁时期针对城乡经济转型,以理论为指导进行了社会学调查研究,这既奠定了他们自己的现代化理论基础(杨清媚,2020),也为理解中国近代社会的运行和发展提供了丰富的一手资料和重要的理论启示。深入剖析他们对社会问题的反思、调查对象的选择、研究方法的使用以及成员间自觉形成的共同为学术努力的精神,就能发现其中包含的丰富学术遗产。

(一)理论指导下的"社会学调查"

1. 关键人物与理论渊源

"社会学调查"又称"社区研究"。梳理"魁阁时代"的学术遗产可以发现,"社会学调查"传统的形成并非一蹴而就的,而是需要一个"知识分子网络",这个网络能够带给其成员动力与团结感并提高其学术思想影响力(陈心想、董书昊,2021)。对于"魁阁时代"的核心人物费孝通而言,吴文藻是其"知识分子网络"中的一个关键人物。由吴文藻延展开的派克、马林诺夫斯基等人也成为影响费孝通从事"社会学调查"的关键人物。

吴文藻于1928年获得哥伦比亚大学博士学位,1929年回国任燕京大学教授,1933年担任燕京大学社会学系主任。费孝通师从吴文藻,吴文藻是费孝通一生从事社会学研究的入门导师。吴文藻要建立一个根植于中国土壤的社会学以及推动社会学中国化的决心(费孝通,1996),引导着费孝通投入对中国社会自身问题的研究中去(李友梅,2020)。吴文藻通过"社区研究"理解中国的路径影响着费孝通一生的研究,并使费孝通成为"社区研究"派的核心人物。

对于"社区"的理解,吴文藻提出了一种"新观点",即从社区着眼,来观察和了解社会。社区是一个地方人们实际生活的具体表词,它有物质基础,可以通过观察得到(吴文藻,2017:432~433)。依据吴文藻的定义,社区至少包含了三个要素:"人民"是第一要素;"人民所居处的地域"是第二要素,而且社区这一单位从邻里到国家,可大可小;"人民生活的方式或文化"是第三要素,也是"社区研究"的核心(吴文藻,2017:433)。从吴文藻"社区研究"的相关著述中可以看到,他深受马林诺夫斯基、布朗以及芝加哥学派灵魂人物派克的影响。功能是"社区研究"的核心术语（刘亚秋，2022），要想正确了解社会生活的任一方面，必须从这方面与其他一切方面的关系上来探究，无论是风俗、制度还是信仰，每一种社会活动都有它独特的功能（吴文藻，2017：6）。由于功能主义的出现，社会学研究开始从"结构"向以"功能"为科学的解释与说明工具转变（吴文藻，2017：214），马林诺夫斯基和布朗被认为是此派的"主脑"（吴文藻，2017：217）。芝加哥学派对城市人类生态学的研究为吴文藻的"社区研究"提供了直接的理论参考（李晓壮，2023）。此外，派克主张实地社会调查，反对"讲坛"式社会理论，以身作则地领导青年学子去开辟新的研究途径这一行为也深深影响着吴文藻（吴文藻，2017：190）。

1936 年，费孝通前往伦敦政治经济学院，师从马林诺夫斯基攻读博士学位，马氏指导了费孝通的博士论文写作，又使其更加深受功能学派的影响。当然，费孝通前往英国跟随马林诺夫斯基学习是吴文藻的特意安排。功能主义作为一种理论范式，萌发于社会学家孔德、斯宾塞，后又经马林诺夫斯基与布朗的努力得到进一步发展（段塔丽，2017）。

把文化看作满足人类生活需要的人工体系是马氏所开创的功能学派的基本观点，功能学派认为文化是有功能的，这种功能就是满足生活需要的能力，而生物需要居于人生活的首要位置（费孝通，1995）。再到后来，受行为学派影响，马氏认为需要是指群体和个体生存的必要条件，因此，在马氏的文化框架里分列了基本（生物）、派生（社会）、整合（精神）三类不同层次的需要（费孝通，1995）。因而费孝通认为，文化要从其在现实生活中所发挥的实际功能去理解，文化是一个功能性的整体，文化的功能归根结底在于满足人的生物性需要（谢立中，2007）。此外，马氏基于田野调查来研究人文世界和言必有据的实证论的现代科学研究方法也深刻影响了费孝通（费孝通，1995）。

费孝通一方面受到马林诺夫斯基的功能主义影响，另一方面也受到布朗的结构功能主义影响。虽然布朗和马氏同属于功能主义阵营，但是二人的理论取向存在巨大分歧。布朗的观点是功能并不直接表现在是否有用上，功能反映了社会结构和社会过程之间的相互联系。布朗强调，可以从社会结构对团结和整合的需求来解释文化要素（朱荟，2007）。布朗的功能论观点源自迪尔凯姆，把结构的功能作为社会整合的需要。因此，受布朗影响，再加上接触迪尔凯姆后的强化，费孝通的学术取向偏向了布朗的功能论（雷李洪、陈心想，2021）。

2. "禄村"：理论指导的呈现

在功能主义理论的影响下，费孝通在"魁阁时代"开展了大量社会学调查。在理论指导下进行社会学研究是费孝通在"魁阁时代"对自己之前研究方法上的缺陷进行反思与修正后获得的成果。在《云南三村》一书的序言中，费孝通反思了自己在实地研究过程中存在的方法论上的不足。在写作《花蓝瑶社会组织》时，他曾尽力避免对理论的过多运用，甚至认为实地研究者只需要事实，不需要理论，在江村进行调查时也主张不要带任何理论下乡，直到前往英国读书，费孝通才发现原有认知的不足。在实地调查中，如果没有理论作为指导，所得到的材料是零星的且无意义的（费孝通、张之毅，1990：11）。由此，费孝通回忆起布朗在燕京大学的演讲内容，布朗针对当时的社会调查风气，指出另外一种不同的研究，即"社会学调查"。概括地说，"社会调查只是某一人群社会生活的闻见的搜集；而社会学调查或研究乃是要依据某一部分事实的考察，来证验一套社会学论或'试用的假设的'"（费孝通、张之毅，1990：12）。据此标准，费孝通认为《花蓝瑶社会组织》一书虽挂了"社区研究"的名字，但本质上仍是社会调查报告，《江村经济》是从"社会调查"到"社会学调查"或"社区研究"的过渡作品，而《禄村农田》则是贯彻"社区研究"方法的尝试（费孝通、张之毅，1990：12）。

因此，从《禄村农田》与"魁阁时代"的其他研究作品来看，大部分体现了"社会学调查"的要求，贯穿着社会学理论的指导，体现了功能主义的方法论色彩（刘翔英，2020）。比如，从江村到"云南三村"，费孝通逐渐将理论看作一个假设，以现有理论为出发点，有的放矢地去找研究对象，进行观察、分析和比较，这本身就是理论和实际相结合；再如，费孝通在分析当地农村的土地问题时指出，不能把土地问题看成一个独立问题，一方土地制度的形态其实是整个经济处境的一个侧面表现（费孝通、张之毅，1990：9）。此外，在《禄村农田》中，费孝通试图寻找禄村经济制度得以产生的社会性因素。一方面，禄村的雇工制度保障了农业生产的稳定性，还将村民划成不同类型的群体，而这些群体对待劳动的态度又成为农业资本积累的重要影响因素；另一方面，禄村经济的发展缺乏理性精神，但又带有消遣经济的性质，在费孝通看来，农业制度的变革应结合农村实际。费孝通注重社会制度，但不拘泥于理论本身，将迪尔凯姆的社会事实纳入，重点着眼于个体的社会性（袁磊、孙其昂，2016）。

3. 类型比较法

无论是江村还是"云南三村"，个案调查都不能完全反映或代表中国农村的情况。如何从个案调查的结果走向对总体的认识，是个案研究者面临的挑战（风笑天，2010）。然而，正如费孝通所说，他的研究也并不限于这几个小村，他的目的是要全面了解中国社会，实现由点到面地了解中国农村，处理好从个别到一般的问题（费孝通、张之毅，1990：7）。针对这个问题，费孝通给出了类型比较法，可以说"类型比较"的理论方法是费孝通整个"社区研究"的工作核心指引。

何谓类型比较法？费孝通认识到，中国的农村并不是固定的一种形式，但也不是千变万化的，而且农村的社会结构并不是"万花筒"，而是在相同条件下会产生相同的结构，不同条件下会产生不同的结构。条件可以比较，结构也可以比较，将相同或相近的进行归类，反之，则区别开来，这样就出现了不同的类型（费孝通，1990：7~8）。之后，将不同类型的农村依次开展"麻雀式"解剖，弄清基本结构及特征。然后将类型与类型再进行比较，不断扩大实地观察的范围，按照已有类型去寻找不同的具体地区，进行比较分析，逐步分析出中国农村的各式类型，也就是由一点到多点，由多点到更大的面，由局部接近全体，达到对中国农村乃至中国社会的全盘认识（费孝通，1990：8）。由此来看，运用类型比较法也有两点值得注意，一是必须首先发现类型，二是要善于鉴别不同的类型（刘豪兴，2004）。

类型比较法在"云南三村"研究中表现得最充分。"云南三村"延伸了江村经济的三个类型，禄村以雇工自营的农田经营方式和小土地所有者占多数为特征，处在受现代工商业影响的初期，尚未面临江村手工业破产的厄运；易村代表了以手工业为基础的内地农村，它一方面可以和开展手工业的江村做比较，另一方面能够与以农业为主的禄村进行比较（费孝通、张之毅，1990：209）；玉村则是一个半商品性的农村（费孝通、张之毅，1990：337），经营了大片商品性菜地，交通方便，与城镇联系密切，在土地制度上是从禄村到江村的过渡形式（费孝通，1990：5）。费孝通通过对不同类型的农村进行"社会学调查"和比较分析，提炼出了彼时中国农村的多个本质特征。费孝通曾讲道："从《江村经济》到《云南三村》，还可以说一直到 20 世纪 80 年代，城乡关系和边区的研究，中间贯串着一条理论的线索，《云南三村》是处在这条线索的重要环节上，而且在应用类型的方法上也表现得最为清楚。"（费孝通，1990：6）

（二）"社会学调查"的展开：魅力型学者与学术共同体

抗战时期，费孝通从英国留学归国，取道越南抵达昆明后加入了吴文藻创办的云南大学社会学系。此处先后聚集了张之毅、史国衡、田汝康、谷苞等多位志同道合的青年人，参与艰苦的"社会学调查"和研究，并发表了大量具有影响力的论著，开创了著名的"魁阁时代"。因此，有学者提出，"魁阁时代"的工作风格和学风是早期中国现代学术团体的一个雏形，而这个团体形成的重要因素则是其领袖的学术地位和个人魅力（谢泳，1998），费孝通在此完成了这个使命。使用学术界常用的词语，我们把这个团体叫作"共同体"，一个学术性共同体。

有学者总结了彼时魁阁的组织特征：具有共同理念、靠核心人物的魅力凝聚、无组织制度、具有非经济性（赵云曙，2021）。因此，魁阁可谓是一个依靠成员的自觉行为运转的松散组织，而费孝通本人在其中发挥了重要作用。换言之，费孝通的学术地位和个人魅力对魁阁起到了重要的凝聚作用。这种学术地位和魅力可以用韦伯提出的"卡里斯玛"（charisma）品质来表达。

"卡里斯玛"一词是早期基督教的语汇，就基督教的僧侣政治而言，索姆（Sohm）的《教会法》最早阐明了这一概念的实质（韦伯，2010：322）。而韦伯对"卡里斯玛"的理解与索姆存在颇多差异，尤其是韦伯将"卡里斯玛"理解为"一种人格品质"，"正是由于这种品质他被看做不同寻常的人物，被认为具有超自然或超人的、至少是特别罕见的力量和素质"（韦伯，2010：351）。此外，由于这种超凡魅力权威是基于对某个个人的罕见神性、英雄品质或者典范特性以及对他所创立的规范模式或秩序的忠诚，因此，服从的对象是被证明具有超凡魅力的领袖本人，凡是他的启示、品质、榜样特性影响所及，相信他的超凡魅力的人就会服从（韦伯，2010：322）。张之毅曾讲到他进入魁阁的动机，"当我在联大快要毕业的那一年，我才认识了费孝通先生，他是到联大来带课的，立刻我对他的讲授感受到特殊的兴趣，于是我决定跟随他做研究，这是我加入魁阁的简单动机"（转引自胡庆钧，1948）。费正清到访魁阁后曾高度评价费孝通，认为费孝通是这里的"头儿和灵魂"，他拥有吸引和凝聚朝气蓬勃的青年的天赋。"他的创造性头脑，热情、好激动的性格，鼓舞和开导他们，这是显而易见的。反过来，他们同志友爱的热情，生气勃勃的讨论，证实了他们对他的信任和爱戴。"（阿古什，1985：79）由此来看，费孝通非凡的个人魅力是其获得追随者承认的重要前提。

魁阁学术共同体的形成，一方面是由于费孝通的学术地位和个人魅力带来的感召力，另一方面，魁阁成员的学术背景、研究问题、学术研究精神也是造就"魁阁时代"学术辉煌的重要原因。正如韦伯所说，服从超凡魅力权威的群体基于情感上的共同体关系构成了"超凡魅力共同体",这种共同体的形式使他们没有具体的规则体系和特权,其主要依据自身的创造意志(韦伯,2010:354)。"魁阁时代"虽然没有成文的规则和约定,但成员彼此之间有自觉形成的共同为学术努力的信心和精神,这决定了他们为人处世的基本态度(谢泳,1998)。谢泳曾根据费孝通、胡庆钧、田汝康等人的回忆文字,梳理了魁阁成员的生平和学术背景,他们之间有很明显的师承关系:魁阁的核心成员比费孝通小近十岁,这个年龄结构保持了两代学者之间的学术活力,这些成员主要来自西南联合大学和清华大学,因而他们之间也有较强的亲和性(谢泳,1998)。

魁阁学术共同体在研究问题上主要聚焦农村、工厂及少数民族地区的各种不同类型的社区,采取理论与实际相结合的原则,运用类型比较法,开展农村经济生活、农村经济社会和现代工厂、边区少数民族历史现状和风俗、内地基层社区的权力结构和社会关系等调查,以认识中国的农村社会,找寻解决农村贫穷问题的根本出路。从知识生产的视角来看,比如对于"云南三村"的研究,费孝通虽从江村入手,但所要生产的却是可以用来认识并解释整个农村社会的社会科学知识。费孝通曾写道:"我当时觉得中国在抗战胜利之后还有一个更严重的问题要解决,那就是我们将建设成怎样一个国家……我有责任,用我所学到的知识,多做一些准备工作。那就是科学地去认识中国社会。"(费孝通,1990:6)

魁阁学术共同体的研究精神也是其成果丰硕的重要原因。魁阁的学风直接继承了马林诺夫斯基研讨班的传统,特点是采取理论和实际相结合的原则,每位研究者都有自己的研究主题,到选定的社区里去进行实地调查,然后在"席明纳"(Seminar)里集中讨论,个人负责编写论文。这种研究工作方法激发了个人创造性并受到集体讨论的启发(费孝通、张之毅,1990:4)。胡庆钧将魁阁学术共同体的优良风气归纳为四个方面:自由研究的风气、尊重个人表现、公开辩论和伙伴精神(胡庆钧,1948)。此外,1945 年,费正清夫人在访问魁阁后还曾谈到魁阁学者们的同甘共苦精神:"(魁阁)物质条件很差,但艰苦的工作精神和青年人明确的工作目标,给人深刻的印象。"(阿古什,1985:78)费孝通也曾谈道:"这一段时间的生活('魁阁'时期),在我的一生里是值得留恋的。时隔愈久,愈觉得可贵的是当时和几位年轻朋友一起工作时不计困苦,追求理想的那一片真情。战时内地知识分子的生活条件是够严酷的了,但是谁也没有叫过苦,叫过穷,总觉得自己在做着有意义的事。"(费孝通、张之毅,1990:3)

遗憾的是,魁阁虽然成为现代学术共同体的雏形,但由于当时内战爆发，费孝通的离去使魁阁失去了灵魂，加上战争妨碍了魁阁成员的留学教育，所以当战争结束后，他们普遍面临留学问题，这也客观上造成了魁阁的解体（谢泳，1998）。魁阁的解体验证了"卡里斯玛"的宿命。"卡里斯玛"支配（超凡魅力权威）只能存在于初始阶段，它无法维持长久稳定，要么形成一种传统，要么变得理性化，要么二者兼备（韦伯，2010：357）。

（三）"社区研究"的品格：关怀国家与从实求知

从《江村经济》到"魁阁时代"的"云南三村"及其他社会学调查，费孝通与魁阁成员对我国不同类型农村社区的现状及变迁做了深刻分析，他们直指当时中国农民的贫穷问题和帝国主义入侵及工业化大生产带来的农村凋敝。上述一系列实践展现了魁阁学者对中国社会问题的反省，更重要的是呈现了一批中国社会学家对建设现代国家的想象与思考（马雪峰，2020）。

知识的生产需要知识生产者以自身文化基础为依托，而其中的理论态度和实际态度非仅具有个人性质，其基础仍是集体目的（曼海姆，2014：314）。因此，对于现代国家的想象与思考，从知识社会学的角度理解，即费孝通与魁阁成员的学术训练背景和学术社会网络对他们知识结构的塑造，以及社会和政治因素带给他们直接的社会体验在驱动着他们。当然，这还是不能很好地理解他们对彼时现代国家探索的深层动因。换句话说，还有一种力量在驱动他们自主性地参与到这场知识生产的活动中，使他们生产的知识都与国家、民族命运紧密相连，并偏向现实社会服务和伦理。这种结构性的力量是中国的文化传统（胡洁、周晓虹，2023），这种文化传统在魁阁学者身上则体现为民族情感的以及学以致用、从实求知的实践品格。

对于民族情感的考察，彭圣钦、周晓虹等学者提出中国传统知识分子首先具有"民族性"传统特征，并可追溯至古代中国的"士"身上，尽管传统"士"阶层在新的社会结构中完全崩塌，但他们仍像传统"士"一样，坚持文化民族主义式观点，与西方的现代性进行比较和对抗，其中变更的不过是他们所使用的知识资源（彭圣钦、周晓虹，2023）。比如费孝通将自己一生的学术抱负与国家、民族的命运密切结合在一起。他认为，每个学者都是有祖国的，"若是研究者国家灭亡了，他会和其他的国民一般受到痛苦"，而挽救民族的正确道路就是"从认识中国来改造中国"（费孝通，1980）。总而言之，在解放以前，推动魁阁学者们开展社会学调查的是我们国家民族的救亡问题，寻求国家民族的出路也就决定了他们调查研究的题目。

"从认识中国来改造中国",这其中就贯穿了费孝通所倡导的"从实求知"的态度。"从实求知"即从实际里面得到知识,把知识总结出来(费孝通,2000)。作为一种原则,"从实求知"反对唯书、唯上、脱离实际、贩运洋货的风气,要求遵循理论联系实际,学术要为社会服务(费孝通,1998:3);作为一种方法论,"从实求知"要求社会学调查要弥合、跨越理论与现实之间的鸿沟(周飞舟,2023);作为一种能力,"从实求知"要求研究者面对变动不居的社会生活实际,能够做出正确的权衡、获得深切的体会,还要求研究者对"从实求知"这套认知架构内涵的知识底蕴进行理解、反思与建设(汪丹,2017)。"从实求知"是费孝通的一贯主张,"魁阁时代"的一系列学术成果的诞生,就源自脚踏实地、"从实求知"的科学方法与鲜明主张。

二 "魁阁时代"学术遗产对中国乡村社会大调查的启示

从 2023 年初开始,云南大学牵头对云南 42 个县(市、区)的 300 多个行政村开展了中国乡村社会大调查。"这次大调查是在向吴文藻先生、费孝通先生的魁阁学派致敬,是云南大学历次社会调查研究秉承的魁阁精神的继承与发扬。"(许子威、臣昕月,2023)2023 年 3 月,中共中央办公厅印发了《关于在全党大兴调查研究的工作方案》,阐明了调查研究的极端重要性,调查研究是谋事之基、成事之道。因此,回顾"魁阁时代"的学术遗产,我们获得了其对中国乡村社会大调查的几点重要启示,有助于推动社会学服务中国式现代化建设。

(一) 以时代发展的实质性问题为研究方法选择的基础

通过"社区研究"的方法来研究中国社会是费孝通本土方法论中最具特色的卓越贡献之一,类型比较法则是整个"社区研究"工作中的指南(官欣荣,1995)。"魁阁时代"的研究在类型比较法的使用上表现得最为清楚,而且"社区研究"逐渐成为中国社会学界占主导地位的社会调查方法。但是,早期中国社会学的研究方法不仅有吴文藻和费孝通等力推的"社区研究",还有以陶孟和、李景汉为代表力推的"社会调查"。

"社会调查"的提出时间早于"社区研究",比较著名的有陶孟和的北京生活费调查、李景汉的定县调查、陈达的劳工调查等。根据统计,1927

年至 1935 年，大小规模的调查报告共完成 9027 个，涉及农村、都市、人口、土地、工业、婚姻、民俗、贫穷、犯罪等领域（阎明，2010：78～79）。时至今日，"社会调查"依旧是中国社会学主要的研究方法，如中国人民大学的中国综合社会调查、中国社会科学院的中国社会状况综合调查、北京大学的中国家庭动态追踪调查以及云南大学的中国乡村社会大调查。

按照李景汉的定义，"社会调查"是"以有系统的科学方法，调查社会的实际情况，用统计方法，整理搜集的材料（包括制表绘图，求得百分比、平均数等项），分析社会现象构成的要素"（李景汉，2019：11）。他进一步指出，"社会调查固然是学理的研究，而主要的目的是实用"，"不是为调查而调查，乃是为改良社会而调查"（李景汉，2019：12）。陶孟和也曾说："这个调查除了在学术上的趣味，还有实际功用。一则可以知道我国社会的好处……一则可以寻出吾国社会上种种，凡是使人民不得其所，或阻害人民发达之点，当讲求改良的方法。"（陶孟和，2011：59）

李景汉在开展"社会调查"时，会力图全面地呈现地方社会状况，"社会调查"的内容涵盖社会多方面。当然，"社区研究"派并不反对数字，也不否定调查时应当利用表格，但他们不迷信数字，所用的表格并不是在调查之前制作的，他们主张"表格是工具不是主人"，这一点是其和"社会调查"派根本不同的地方。但是，在"社区研究"派看来，"社会调查"始终还是"一种静态的描写"（吴文藻，2017：454），而"社区研究"的进步之处在于，"它不但要叙述事实，记录事实，还要说明事实内涵的意义，解释事实发生的原因"（吴文藻，2017：435）。

其实，"社会调查"和"社区研究"分别代表了一种认识中国社会的可能途径，其现实意义在于我们应该客观地看待上述研究方法的"争论"。"社会调查"善于把握社会多方面的事实，"社区研究"精于理解社会事实的联系与意义，二者各有所长。时至今日，综合这两种方法的研究思路会更有助于我们理解整体中国社会，并成为推进中国社会学本土化的努力方向（何钧力、陈心想，2022）。

学者陈心想回顾了社会学美国化的历程，认为社会学美国化从美国土壤里重塑社会学的气质，摆脱欧洲的人文和思辨风格，以统计量化技术为契机，结合实用主义哲学意识形态，发展出了美国化的社会学。但是它也偏向了过度重视技术的一端，而技术决定主义的经验研究带来了知识的碎片化（陈心想，2019）。因此，我们应该从美国社会学发展中学习经验、吸取教训，中国乡村社会大调查乃至中国特色的社会学学术体系建构应该保持对研究方法的宽容和平衡，从重视时代发展的实质性问题出发，以多元方法为宗旨，兼具科学性和人文性双重特性（陈心想，2019），来选择理解中国社会的方法。

（二）建构社会调查研究的学术共同体

"共同体"一词是社会学家滕尼斯在《共同体与社会：纯粹社会学的基本概念》中提出的一个概念（滕尼斯，1999：52）。"学术共同体"则最早出现于 1942 年英国科学家、哲学家波兰尼（M. Polanyi）的《科学的自治》一文。该文提出今天的科学家不能孤立地实践他的使命，而应属于专门化科学家的一个特定集团（欧阳光华、胡艺玲，2018）。共同体是基于小联合体而形成的，用社会学的视角可以将其理解为小的社群与联合体，是一种共享某种共同学术范式、旨趣的学者群体（王浩斌，2015）。

虽然"魁阁时代"尚未提出"学术共同体"的概念，但是费孝通曾写到，魁阁就是一个各学派的混合体（潘乃谷、王铭铭，2005：9）。可以说，最小的学术共同体就是学派（王浩斌，2015）。因此，早期中国社会学有多个学术共同体，如以孙本文为代表的"综合学派"、以瞿秋白等人为代表的唯物史观学派、以吴文藻和费孝通为代表的"燕京学派"（周晓虹，2012）。此外，还有以梁漱溟为代表的"乡村建设学派"以及以陈达和潘光旦为代表的社会学"清华学派"（闻翔，2016）。当然，作为混合体的"魁阁学派"还是以以费孝通为代表的"燕京学派"为核心。综合上述可以看出，虽然部分学派的内部异质性较强且存在较大学术张力，但学术性和共同性是学术共同体的基本特征，其共同性则主要是指学术共同体内部的相同或相近的目标、价值及信念。

除学术性和共同性外，"魁阁学派"作为学术共同体还有一个更为突出的特征——开放性，开放性是促进学术研究发展的必要属性。如"魁阁时代"的陶云逵，他师从德国人类学家费舍尔。德国学派注重历史、形式、传播，从各文化的相异之处入手，与英国学派在很多地方针锋相对。但是陶云逵经常参加魁阁的交流与讨论，费孝通在与陶云逵的交往中领会到了"反对"的建设性，陶云逵也成了费孝通的"畏友"（潘乃谷、王铭铭，2005：9~10）。

中国乡村社会大调查是云南大学历史上的第四次大调查，重返"魁阁学派"的共同体建构能够获得调查研究的深刻启示。中国乡村社会大调查的开展离不开老师与学生的共同投入，笔者作为其中一员深度参与了调查。875 名参与调查的师生便是一个大的学术共同体，而 42 个样本县

（市、区）则组成一个个小的学术共同体。近年来，谢寿光教授在中国社会学调查和研究中曾提出"师生共同体"的概念，以期形成一个促进师生彼此学习与发展的有机系统，实现整体大于个体之和的研究效应。

因此，借鉴魁阁学术共同体的经验，作为一个"师生共同体"，在中国乡村社会大调查中，一方面要拥有学术精神，形成"大调查"的群体意识；另一方面，学科间应有充分开放的姿态，比如社会学、人类学、民族学等学科就应以开放、融合的思维接受与其不同学科、不同观点和不同方法的加入，使调查的成果能够以不同视角、不同经验进行科学和开放的互动与批判，避免孤立的研究团体因有限的研究视野、单一的研究方法以及较少的研究资源等问题而影响研究成果的科学性（欧阳光华、胡艺玲，2018）。

（三）社会调查要有对国家和社会的情怀、责任和使命

中国社会学与中国社会现代性变迁紧密相连，一批思想进步的学者，为了寻找西方工业革命冲击下国家和民族的出路，开始引进社会学，并积极推动社会学在中国的本土化。"魁阁时代"的学者们也在思考现代工商业发展对传统农业社会带来的挑战以及工业化与农村发展的矛盾等一系列问题。而"社会学调查"就在这样的背景下记录了社会变迁的过程，提供了现代化方案。

回顾西方早期的社会调查可以看到，虽然彼时美国"芝加哥学派"对布斯式的"社会调查"也提出了批评，并认为只有"社会学调查"能够透过现象找到研究问题并从材料中抽象出社会的组织模式及模式的形成过程（何钧力，2023），但无论是"芝加哥学派"的社会学调查还是英国布斯的社会调查、美国匹兹堡社会调查，都是面对工业化和城市化引发的社会问题而展开的，表现出强烈的社会关怀和公共参与精神。换句话说，社会问题凸显的时代背景定义了"社会调查"的认识论内容（何钧力，2023）。

中国当前面临"百年未有之大变局"，广泛而深刻的社会变革正在发生，新问题新现象新挑战不断涌现。乡村治理、城镇化与城乡社会发展，单位、企业与劳工关系，家庭、婚姻、人口问题，公共服务等都值得我们关注（魏礼群，2021）。此外，数字时代来临，这一方面给社会连接、社会生产与生活方式带来了根本性变革；另一方面，数字技术为数据生产与数据分析提供了便利条件，社会研究得以采用"大数据"的方式展开（王天夫，2023）。因此，中国乡村社会大调查必须要有对国家和社会的情怀、责任和使命，直面社会变迁中的真问题，不断回答时代之问。

中国乡村社会大调查还应成为理论建构的起点，尤其要构建中国特色社会学理论体系，这是走出社会学理论困境的必然选择。学者王天夫总结了从收集社会调查材料到建构理论体系的五个重要原因：社会学学科本土化的要求；学科发展历史性机遇；参与理论对话并对社会变迁一般理论的发展做出贡献的要求；建构自主知识体系的要求；中国式现代化的理论阐释组成部分（王天夫，2023）。剖析"魁阁时代"的研究成果，无论是对"云南三村"的研究，还是对劳工、矿工、女工等现代工商业影响下的社会群体的深入调查，都能看到魁阁学者对于调查对象的选择与分析中，包含着深刻的社会变迁的理论建构（刘翔英，2020）。比如费孝通始终关注社会变迁对于社会结构以及生产生活方式的影响，"一个受现代工商业影响较浅的农村中，它的土地制度是什么样的？在大部分还是自给自足的农村里，它是否也会以土地权来吸收大量的市镇资金？农村土地权会不会集中到市镇而造成离地的大地主？"（费孝通、张之毅，1990：7），这其中既有费孝通以现代化实现救亡图存的理论认识，也有他希望通过对社会变迁的描述和理解，以改变功能主义轻视历史的局限性（潘乃谷、王铭铭，2005：99）。

三　结语

本文梳理了以费孝通为核心的"魁阁时代"的学术遗产，并提出了这一学术遗产对当前中国乡村社会大调查的一些启示。自"魁阁时代"至今，80 多年过去了，中国乡村发生了巨大变化。党的二十大报告指出要"全面推进乡村振兴"，并强调"全面建设社会主义现代化国家，最艰巨最繁重的任务仍然在农村"。当前，城乡二元对立产生的问题尚未完全解决，规模返贫风险仍是全面推动乡村振兴的直接挑战（燕连福、毛丽霞，2023）。

因此，中国乡村社会大调查要继续怀有对国家和社会的情怀、责任和使命，以时代发展的实质性问题为基础，选择适合的研究方法持续展开。一方面，可以尝试以县域社会为方法，来观察中国的社会结构和运行机制（王春光，2020），并注重不同类型乡村的微观研究，尽力获取县、乡、村、户四级更为微观的调查数据；另一方面，在时间维度上，可以加强对同一地区不同时间节点乡村发展水平的追踪关注，从动态过程中把握乡村发展的客观规律。此外，要构建拥有共同价值的"大调查"学术共同体和"师生共同体"，并加强不同学科之间的互动交流，加深对乡村振兴的认识，积极解决乡村发展中的各类问题。

参考文献

阿古什，戴维，1985，《费孝通传》，董天民译，时事出版社。

陈心想，2019，《社会学美国化的历程及其对构建中国特色社会学的启示》，《社会学研究》第 1 期。

陈心想、董书昊，2021，《学科新造：中美社会学先驱严复与吉丁斯比较研究》，《清华社会科学》第 1 期。

段塔丽，2017，《20 世纪早期费孝通社会调查研究工作的学术取向》，《思想战线》第 1 期。

费孝通，1980，《迈向人民的人类学》，《社会科学战线》第 3 期。

费孝通，1995，《从马林诺斯基老师学习文化论的体会》，《北京大学学报》（哲学社会科学版）第 6 期。

费孝通，1996，《开风气育人才》，《北京大学学报》（哲学社会科学版）第 1 期。

费孝通，1998，《从实求知录》，北京大学出版社。

费孝通，2000，《从实求知》，《社会学研究》第 4 期。

费孝通、张之毅，1990，《云南三村》，天津人民出版社。

风笑天，2010，《调查社会，认识中国：费孝通〈社会调查自白〉给我们的启示》，《中南民族大学学报》（人文社会科学版）第 6 期。

官欣荣，1995，《从"云南三村"看费孝通社区研究与本土方法论的贡献》，《云南学术探索》第 1 期。

何钧力，2023，《李景汉"社会调查"的现代国家想象》，《社会学评论》第 2 期。

何钧力、陈心想，2022，《认识中国："社会调查"，抑或"社区研究"》，《书屋》第 4 期。

胡洁、周晓虹，2023，《为中国式现代化服务：社会学学科建设 40 年》，《社会学研究》第 2 期。

胡庆钧，1948，《费孝通及其研究工作》，《观察》第 23~24 期。

雷李洪、陈心想，2021，《迈向以人为本的社会学——费孝通晚年学术历程反思及其启示》，《南京师大学报》（社会科学版）第 4 期。

李景汉，2019，《李景汉文集第五卷·实地社会调查方法》，洪大用、黄家亮组编，中国人民大学出版社。

李晓壮，2023，《中国社区研究谱系论》，《北京工业大学学报》（社会科学版）第 2 期。

李友梅，2020，《从费孝通〈江村经济〉谈知识生产》，《江苏社会科学》第 5 期。

刘豪兴，2004，《认识中国社会——费孝通社会研究方法述评》，《社会》第 11 期。

刘翔英，2020，《理论指导下的社会学调查：魁阁的中国社会学研究》，《社会科学》第 3 期。

刘亚秋，2022，《社区研究中的田野精神——以费孝通早期实地研究为例》，《河北学刊》第 5 期。

马雪峰，2020，《以社会学知识建设现代中国：张之毅"魁阁"时期的学术实践》，

《西南民族大学学报》（人文社科版）第 4 期。

曼海姆，卡尔，2014，《意识形态与乌托邦》，李步楼、尚伟、祁阿红等译，商务印书馆。

欧阳光华、胡艺玲，2018，《开放与坚守：一流大学跨国学术共同体探析——以哈佛燕
　　京学社为例》，《黑龙江高教研究》第 6 期。

潘乃谷、王铭铭，2005，《重归“魁阁”》，社会科学文献出版社。

彭圣钦、周晓虹，2023，《社会学本土化与中国知识分子传统——绵延不断的学术追寻
　　（1930—2022）》，《开放时代》第 3 期。

史国衡，1946，《昆厂劳工》，商务印书馆。

陶孟和，2011，《孟和文存》，上海书店出版社。

滕尼斯，斐迪南，1999，《共同体与社会：纯粹社会学的基本概念》，林荣远译，商务
　　印书馆。

汪丹，2017，《负重任而走远道——费孝通先生的治学精神与思想启迪》，《江苏社会科
　　学》第 2 期。

王春光，2020，《县域社会学研究的学科价值和现实意义》，《中国社会科学评价》第
　　1 期。

王浩斌，2015，《学术共同体、学术期刊与学术评价之内在逻辑解读》，《中国社会科学
　　评价》第 3 期。

王天夫，2023，《中国特色社会学建设的历史机遇与时代想象力》，《河北学刊》第
　　4 期。

王天夫，2023，《作为社会思想与记录社会变迁的社会调查——兼论学科自主知识体系
　　的建立》，《社会发展研究》第 1 期。

韦伯，马克斯，2010，《经济与社会》（第 1 卷），阎克文译，上海人民出版社。

魏礼群，2021，《社会调查：为中国特色社会主义社会学夯基垒石》，《社会治理》第
　　3 期。

闻翔，2016，《陈达、潘光旦与社会学的“清华学派”》，《学术交流》第 7 期。

吴文藻，2017，《论社会学中国化》，商务印书馆。

谢立中，2007，《从马林诺斯基到费孝通：一种另类的功能主义》，《南昌大学学报》（人
　　文社会科学版）第 2 期。

谢泳，1998，《魁阁——中国现代学术集团的雏形》，《北京大学学报》（哲学社会科学
　　版），第 1 期。

许子威、臣昕月，2023，《一场中国乡村社会大调查》，《中国青年报》4 月 18 日。

阎明，2004，《一门学科与一个时代——社会学在中国》，清华大学出版社。

燕连福、毛丽霞，2023，《全面推进乡村振兴的主要任务、现实挑战与实践路径》，《西
　　北农林科技大学学报》（社会科学版）第 4 期。

杨清媚，2019，《“魁阁时期”燕京学派的经济人类学研究探析》，《社会学评论》第
　　4 期。

杨清媚，2020，《从乡土社会到工业社会：魁阁时期“燕京学派”的工业研究》，《学
　　海》第 4 期。

袁磊、孙其昂，2016，《费孝通和中国社区研究：历史功能论的实践》，《河南师范大学
　　学报》（哲学社会科学版）第 2 期。

赵云曙，2021，《"魁阁之魂"——费孝通》，《群言》第 5 期。

周飞舟，2023，《社会学的方法自觉：从实求知》，《中国社会科学报》7 月 4 日。

周晓虹，2012，《孙本文与 20 世纪上半叶的中国社会学》，《社会学研究》第 3 期。

朱荟，2007，《简论费孝通功能主义思想》，《中国民族》第 9 期。

Reflection of the Academic Heritage of the "Kuige Era" and Its Implications

Weidong Pu

Abstract：Reviewing and reflecting on the academic heritage and experience of the "Kuige Era" has special value and significance for the development of Chinese rural social survey. This article analyzes the rich academic legacy left by the "Kuige Era" from three aspects, includiny "Sociological Investigation" under the guidance of theory and the method of pattern comparison, the role of charismatic scholars with Fei Xiaotong as the core and the significance of academic community construction, and the "community research" character of caring for the country and seeking knowledge from practice. Based on the academic experience and reflection of the "Kuige Era" scholarship, this study offers three important implications for Chinese rural social survey. Firstly, the choice of research method should be based on the substantive issues of the development of the times. Secondly, we should construct the academic community of sociological investigation and research. Finally, sociological investigation should have feelings, responsibility and mission for the country and society.

Keywords：the "Kuige Era"；Community Research；Chinese Rural Social Survey

《"魁阁时代"学术遗产的反思与启示》
评审意见

刘世定*

"魁阁时代"是中国社会学创立过程中的一个重要时代，是一个值得作为研究对象的时代，也是一个值得今天的社会学者考察其学术遗产的时代。蒲威东以《"魁阁时代"学术遗产的反思与启示》为题进行研究，选题很有价值。

论文第一部分对"魁阁时代"的学术关怀、研究方法、组织方式进行了回顾。这对于不熟悉那段历史的读者来说，是有意义的。但作者把这部分称作"反思"，在我看来，并不准确，因为回顾和反思是有差别的。反思不仅有对以往时代的回顾，而且包含对那个时代的已有看法的非重复性的再认识。在这部分中，我们基本上看不到非重复性再认识的内容。不过，在文章的其他部分，我们还是多少可以看到一些带有反思性的内容。例如，在"魁阁时代"学术遗产对中国乡村社会大调查的启示部分，关于魁阁学派采用的"社区研究"方法和该学派没有采用的"社会调查"方法的关系的讨论，就带有反思性。遗憾的是，讨论限于一般常识，除了表明在中国乡村社会大调查中既要采用"社区研究"方法也要采用"社会调查"方法外，很难说在方法上有什么"启示"。

我认为，该文已经注意到了"魁阁时代"的某些学术思想，是可以进行更深入讨论的。

例如，关于"社会学调查"和"社会调查"的区分及关系，就是一个涉及社会科学经验和理论研究方法的问题。按照费孝通教授回忆布朗在燕京大学讲演中的界定，"社会调查只是某一人群社会生活的闻见的搜集；而社会学调查或研究乃是要依据某一部分事实的考察，来证验一套社会学

---

* 刘世定，北京大学中国社会与发展研究中心研究员，浙江大学讲座教授。

论或'试用的假设的'"。在这里，布朗所言只是对"社会调查"和"社会学调查"的原则区分。然而现实的调查，常常具有两类调查混合的特点。我们知道，在有理论假设的"社会学调查"中，很难做到可控条件下的检验。虽然有时会遇到自然实验条件，有时也可以通过随机对照实验方法来接近可控条件实验，但不完美检验毕竟是常态。在这样的条件下，以检验某种理论假设为目的的"社会学调查"，常常不得不适度扩大调查范围，以增加不完全可控条件的信息，避免误判。这些不完全可控条件的信息是否有用，事前常常不很清楚。在这个意义上，我们也可以说，这样的"社会学调查"带有某些"社会调查"的特征。这里蕴含的方法问题在于，"社会学调查"不仅需要事前设计，而且事后调整也非常必要。

又如，"类型比较法"也是一个可以探讨的主题。在该篇论文中，是从如何从个案调查的结果走向对总体的认识引出费孝通的"类型比较法"的，然而，费孝通教授提出"类型比较法"是"探索出一个从个别逐步进入一般的具体方法"。从个案走向总体是一回事，从个别进入一般是另一回事，其间的差异并不难澄清。在这里，我固然要提醒作者需要注意二者间的差异，不能混为一谈，但我认为更有意思的是，如何通过"类型比较法"探索从个别进入一般。

按照通常的理解，通过不同类型的比较找出共性，便完成了从个别到一般的研究程序。但我认为这种理解还没有完全把握费孝通教授更深的思想意涵。费教授的"类型比较法"的核心思想在他为《云南三村》所作的序言中得到表述："在相同的条件下会发生相同的结构，不同的条件下会发生不同的结构。条件是可以比较的，结构因之也可以比较的。"从这段论述中可以看到，"类型比较法"的最关键环节是条件比较。结合对一般性的探讨可知，费孝通教授要探讨的一般性是给定条件下的一般性。这正是在理论模型中考察一般性的思路。因此，我们可以将费孝通教授的思想看作是在社会学研究中通过案例分析探讨理论模型建构的先驱探索。

"魁阁时代"的学术思想值得深入挖掘，上面只是举出了两例。

吴文藻与"魁阁":结合档案资料的梳理[*]

丁　靖^{**}

摘　要：作为云南大学社会学系和"魁阁"的总设计师，吴文藻带领并支持年轻的"魁阁"学人们扎根云南，开创性地进行了一系列本土化的实地调查与研究，产出了非凡的调查成果，丰富了现代社区研究的理论与模型，也为探索建设现代中国做出了智识性的准备。本文试图结合民国时期云南大学社会学系档案与相关研究梳理吴氏为"魁阁"建立与发展所制定的基本框架，及"魁阁"学人们在此框架下所进行的实地研究，进而验证其社会学本土化方案对于建设现代中国的可能性。

关键词：吴文藻　"魁阁"　社会学本土化　社区研究

1930 年代末至 1940 年代中叶，在吴文藻等的支持下，云南大学先后成立了社会学系、社会学研究室；在吴氏制定的基本框架下，"魁阁"学人在云南各地开展了一系列实地研究。对于这些实地研究所呈现的对于吴文藻社会学本土化理想的实践，学界虽有诸多梳理，但多不完全，本文利用民国时期云南大学社会学系的档案资料，试图对吴文藻的本土化思路及在其支持下的"魁阁"时期的实地研究做一个系统的补充性梳理，为学界建构一幅"魁阁"实地研究的完整图景，并为通过建构理论来进行知识生产提供某种可能性。

一　云南大学社会学系的成立

1937 年，熊庆来到省立云南大学任职。在尊重学校历史的基础上，结

---

* 本文系在作者硕士学位论文的基础上修改而来。

** 丁靖，女，山东烟台人，社会学硕士，山东省烟台市福山区崇文中学教师，研究方向为中国社会学史。

合云南本地实际条件和情况，他把云南大学的使命明确为造就地方建设人才，就本省天然物产加以研究，以期成为西南学术重镇。出于这种考虑，教育思想先进的熊庆来意识到教育对边疆发展与治理的重要性，建立云南大学社会学系以促进边疆发展的想法也由此出现。而推进边疆行政、社会、文化等的建设必须有受过社会学专业训练的人才，因此他开始积极延揽社会学相关人才来校任教。

1938 年 3 月，熊庆来在武汉开会时从时任教育部次长顾毓琇处得知吴文藻离开燕京大学可南来工作，便极力邀请吴氏到国立云南大学工作。恰逢当时中英庚款董事会在云南大学设立讲座，吴文藻又是中国社会学界公认的知名学者，熊庆来认为其符合讲座的要求，便以云南大学名义极力向中英庚款董事会要求增加一席讲座，以一年为限，由吴文藻担任讲座教授（刘兴育，2009：157）。

1938 年 8 月，吴文藻偕妻（冰心，即谢婉莹）、子及学生（李有义、郑安仑、薛观涛）到昆，开学后吴氏在文法学院担任教授。[①] 按照吴氏原来社会学本土化的主张，其已初步完成了前两步：理论框架已确定，并安排跟随来的学生（教员薛观涛、郑安仑、李有义）开始扎根在云南这片土地上，运用社区研究的方法进行本省社会经济调查。同时，他一面开始上课，一面准备社会学系的筹建，为其第三步"培养能够独立进行社会学调查研究的高质量人才"做足准备。

经过熊庆来与吴文藻多方奔走筹措物资、寻求人力等的支持，1939 年6 月 19 日，《熊庆来呈请教育部设立社会学系》一函再次被呈，函件将此时学校成立社会学系对于学校教育、边疆建设的紧迫性，资金支持可使社会学系得以基本运作等情况做了简要汇报。函件提到抗战爆发、国家动荡，后方建设刻不容缓，开发边疆顿成重务，学校拟于 1939 年 8 月成立社会学系，并按照教育部颁发的社会学系科目要求进行课程设置。函件分析了云南本地的地区形势、风俗、政治、经济、社会等方面的特点，认为云南省可资研究的资料丰富，可为社会学治学提供极大便利，是社会服务人员的理想工作地，因此需要有研究社会问题且训练社会服务型人才的学术机构。当时的云南省教育落后、经济缺乏、人力不足，云南大学成立多年却未成立社会学系，因此更有成立社会学系之必要。

原来因经费不足而无法成立社会学系的困难得以解决。中英庚款董事

---

① 《函请河口督办署吴文藻教授偕眷属及学生数人来滇请予放行由》（1938 年 7 月 28 日），云南省档案馆藏，云南大学全宗，档案号：1016-001-00343-011。

会 1939 年为社会学教授、研究员、研究生来校授课及研究提供津贴；北平燕京大学希望与云南大学合作，继续训练其社会学系学生，以两校名义向美国罗氏基金会寻求协助；中国农民银行提议每年为云南大学提供国币一万元，作为云南农村之社会经济调查的经费，社会学系成立可以用该部分经费做调查研究之用；同时学校也将每年拨出国币一万元作为社会学系常年经费，用于聘请教员与购置图书。

1939 年 7 月 1 日，教育部部长陈立夫同意云南大学成立社会学系，并提出要求："应注重社会实际问题之调查研究，以训练社会服务之人才。"同年秋季，社会学系开始招生，吴文藻任首任系主任。

社会学系成立之初，因日寇侵略，社会学系的研究工作多处于不稳状态。1940 年 10 月，昆明遭到轰炸，本校校舍被毁，经陶云逵帮助，社会学系于 1940 年将昆明校本部社会学研究室迁至昆明郊外、一片松树林中的呈贡魁星阁，即后来的"魁阁"。

二 吴文藻与社会学系的发展

吴文藻与"魁阁"之间的联系存在着一个重要枢纽，那就是他对云南大学社会学系的创建与规划。在吴氏的规划下，社会学系学人开始一边调查研究一边教学，在他们的研究过程中逐渐形成了一个知识群体——"魁阁"。吴氏本土化的实践是在建系前便存在的，而其为社会学系发展做出的方案与努力也是之后"魁阁"发展的根基。

早在燕京大学时，吴文藻便首先进行教学上的改革，用中文编写教材，加入中国材料，并用汉语授课，便于学生的理解。教学改革后，吴文藻又提出社会学中国化（也即本土化）的主张，他认为应该找出有效的理论框架来改造中国的社会学，并根据中国国情进行研究。

经过长期的研究、思考，吴文藻最终确定了英国社会人类学的功能学派框架，对中国社会的认识主要结合布朗、派克提出的社区研究，通过对乡村、城市、民族地区这三种社区进行社区研究，以期对中国社会全貌有一个整体性认识（刘雪婷，2007）。可以看出其本土化的主张是一种验证性的主张，理论与方法融合在一起，在治学、调查研究的同时也注意人才的培养，从而为根植于中国土壤的本土化的社会学努力（吴文藻，1935）。

对于践行社会学本土化理念的关键一环，吴氏是如何培养可以独立进行研究的社会学人才的呢？吴氏在云南大学所待时间不过两年，却促成了对整个中国社会学界具有重要影响的"魁阁"知识社群（马雪峰，2020）。

其本意是通过延揽人才，在云南这片大地上延续燕京学派的理论、方法与精神（通过其接受司徒雷登建议，建立云南大学-燕京大学社会学研究室/实地调查工作站便可看出），对边疆社会问题进行调查研究，同时，培养、训练服务社会的高质量人才。

（一）举人才，聚人才

吴文藻善于挖掘人才，且对于人才的培养与帮助从来都是不遗余力的。到云南大学后，吴文藻积极延揽并培养教职员，将其作为系内社会调查、学生培养、学术研究的第一步。吴氏同中英庚款董事会的研究人员如江应樑、岺贤璋等人共同进行专题研究工作，作为中英庚款董事会协助科学工作人员周杲、江应樑、费孝通的保证人①，为协助科学工作人员中未支薪人员费孝通联系学校补发费用②。他还热心帮忙指导同事的研究，江应樑曾两度来校，第一次是1938~1940年，其受中英庚款董事会资助，由吴文藻指导帮助其对云南摆夷进行研究。

教职员需要培养，首先需要延揽一定质量与数量的人员。为了社会学系的教学研究工作，社会学系开办不久后，吴文藻便邀请陶云逵到系任教。1938年12月，陶云逵作为云南大学中英庚款董事会协助科学工作人员在系内讲授民族学和人口问题③，在吴氏离校后兼代系主任一职直到1942年。

1938年11月，费孝通博士毕业回国后追随吴氏来系任教，在吴文藻的支持下，率先进入云南省楚雄州禄丰县的禄村进行社区研究，并帮忙筹建燕京大学-云南大学社会学研究室（"魁阁"），以便延续吴氏社会学本土化的思路，作为"魁阁"的总助手带领年轻的学者们在云南省进行社区研究，践行吴氏"学术救国"的目标。

瞿同祖也是早年吴文藻在燕京大学的学生。1939年夏，受吴文藻邀请，瞿同祖到达昆明④，之后在校内讲授中国社会史、中国经济史课程。

---

① 《请领协款书（周杲、张维华、丁道衡、江应樑、岺家梧、白寿彝、岺贤璋、费孝通）》（1938年10月28日），云南省档案馆藏，云南大学全宗，档案号：1016-001-00183-011。

② 《为本会协助科学人员费孝通继续补助事函云南大学》（1940年2月2日），云南省档案馆藏，云南大学全宗，档案号：1016-001-00183-017。

③ 《陶云逵的职务变动通知书》（1940年），云南省档案馆藏，云南大学全宗，档案号：1016-001-00423-005。

④ 《函送教育部本校教员齐祖誤瞿同祖等证件著作请鉴核示遵由》（1943年5月18日），云南省档案馆藏，云南大学全宗，档案号：1016-001-00361-023。

因瞿同祖长于社会学、历史学等课程，他又在云南大学讲授此类课程，因而他在任教过程中写成《中国法律与中国社会》一书，享誉学界（瞿同祖、赵利栋：2007）。

抗日战争时期，西南地区因具备地理位置、物资、边疆文化优势而成为中国高校内迁的最好去处。1938 年 4 月，国立西南联合大学在昆明成立，这是在整个中国教育史上极具影响力的八年联大教育。西南联大的到来为云南大学的发展创造了契机，借此，学校积极与西南联大联系争取优秀教师来校任职，人脉较广的吴文藻也积极聘请西南联大优秀教师来系兼课。1938 年，他邀请潘光旦来校为社会学系同学演讲①，并在之后邀请李树青来系任教。

在校时，吴氏积极联系教师来校任教并为其发展提供各种支持，离校后他仍关心系内师资情况。吴氏离校后得知林耀华归国，极力推荐其到云南大学社会学系任教。吴氏还积极邀请许烺光来云南大学担任社会学系副教授。② 1941 年，李有义为暑期参加教育部蒙藏高等教育司办理的公私立大学学生暑期边疆服务团代筹经费，吴文藻予以支持，学校提供津贴研究费三百元，另一部分由教育部蒙藏高等教育司补助。③ 李有义在吴氏及各方支持下参加了该边疆服务团，在四川西北部的黑水地区考察，著有《黑水纪行》等文章。

吴文藻在云南大学时期，社会学系经历了从无到有的过程，教师也从几人逐渐稳定在 10 余人，这些人成为"魁阁"的支柱人员，使得授课及调查的开展更加方便。即便在吴氏离开学校后，"魁阁"学人仍按照他制定的研究框架继续进行云南汉族农村、城镇、少数民族研究，产出了丰硕的"魁阁"成果。

（二）开课程，育人才

吴氏的人才培养是其学术生涯的一大特质，其在云南大学社会学系的人才培养既包括对教职员的培养，也包括对学生的培养。费孝通曾在其回忆中提到"吴老师不急于个人的成名成家，而开帐讲学，挑选学生，分送

---

① 《潘光旦来校对社会学班同学演讲》（1938 年 6 月 25 日），云南省档案馆藏，云南大学全宗，档案号：1016-001-01018-011。
② 《为聘许烺光为本校社会学系副教授事函管理中英庚款董事会》（1941 年 4 月 30 日），云南省档案馆藏，云南大学全宗，档案号：1016-001-00190-044。
③ 《为云南大学李有义参加暑期边疆服务团旅费不足数函云南大学》（1941 年 11 月 10 日），云南省档案馆藏，云南大学全宗，档案号：1016-001-00098-002。

出国深造, 继之建立学术基地, 出版学术刊物, 这一切都是深谋远虑的切实功夫, 其用心是深奥的"(费孝通, 1996)。吴文藻在云南大学对学生的培养更是尽心尽力。

1939 年社会学系招有第一批 6 名学生 (4 男 2 女): 安庆澜、朱丹 (女)、萧祥麟、黄清、常则馨 (女, 试读生)、常以谦 (试读生)。其中, 3 人为云南省内生源。1940 年新增一年级学生 4 人 (均为男生): 陈兢华、刘象寅、陈行智、王志诚。[①] 其中, 2 人为云南省内生源。

尽管生源不多, 但吴文藻仍根据之前在燕京大学的教学经历, 用心设置适合学生学习的本地课程。1939 年, 家族社会学等课程由吴文藻主讲。经济社会学一课由费孝通主讲, 这是社会学系一年级新生课程。1940 年开始, 课程已经初具规模: 一年级全院必修课 36 学分, 包括基础学科的教育及专业课社会学的入门, 非常适宜地加入了社会问题讨论班。社会学系二年级专业课程开始增多, 必修课内容有民族学、中国社会史、社会问题讨论班; 选修课内容有土地问题、宗族制度、人口问题。从课表中可以看出, 社会学系的课程在逐渐丰富, 虽然课程较基础, 但课程的设置注意结合所处地域边疆形势, 之后的社会学系课程在此基础上不断向本土研究靠拢并增设课程, 这都能反映吴文藻社会学本土化的学科设计与实践。

20 世纪 30 年代的中国社会学、人类学处于草创时期, 相关人才较少, 因此在本土化实践的基础上培养专才是吴文藻的重点 (赵定东、郑蓉, 2013)。当时, "请进来"与"派出去"的人才培养模式是学界人才培养的典范。进入云南大学后, 吴文藻在其明确的本土化主张指导下, 继续培养具备独立研究能力的本土人才, 带领、指导教员进行学术研究, 为学生设置课程并进行实践培养, 力图为中国社会学的发展培养新的社会学接班人, 也为"魁阁"后期的人才培养提供了方向。

三 吴文藻与"魁阁"研究

吴文藻一直提倡从社区看中国, 在社会学理论方法学习的基础上进行社区研究, 通过实地调查研究中国社区, 以本土化思路观察社会现象, 进而探索中国发展道路。根据其部落社区、乡村社区、都市社区的三种社区分类, 吴文藻结合云南本地情况, 主要制定了对于云南农村、边疆建设方

[①] 《国立云南大学学生名录廿九年度》, 云南省档案馆藏, 云南大学全宗, 档案号: 1016-001-00287-023。

面的研究框架，由费孝通这一总助手带领"魁阁"学人进行研究。

(一) 农村经济调查

吴文藻到校半年便发表了《云南大学与地方需要》一文，直指省立云南大学为有效"适应国家与地方需要"，首先需要师生一致认识云南省在建国征途中的重要地位。想要完成建国大业，必须先从地方建设做起，而健全地方行政机构与开发地方生产并驱进行是有效的。他指出，对农村的建设有助于达到民族复兴的目的，因而，通过农村社区实习进行农村的研究及服务是可实现此种计划的路径（吴文藻，1939）。在中国农民银行资助下，"魁阁"学人们开始进行云南省社会经济调查①，这是吴文藻到云南大学后进行社区研究的第一大步。

当时国家的农村建设方案多由沿海诸省的农村制定，与沿海地区相比，内地农村有其独特之处，而云南地处边疆且受现代工商业影响较小。因此，阐明云南农村现状是建设云南农村事业的初步必要工作。1938 年冬与 1939 年春，受中英庚款董事会资助，费孝通率先在禄丰县研究该地的社会经济，基于此项试验性调查的成果，社会学系成立后发展较大规模的农村社会经济调查成为可能。

1939 年 9 月，学校设立了"国立云南大学农村社会经济调查委员会"，吴文藻为该委员会主席，主要负责召集会议、处理研究计划经费预算等；费孝通为研究主任，负责具体的研究调查工作，如研究地点的选择、指导研究工作、委任研究助理、每一季度向委员会报告研究情形，并支配预算内研究费用；李有义为副主任，研究员则有张之毅、郑安仑。第一次委员会会议初步通过了《云南省农村社会经济调查计划纲要》（以下简称《纲要》）及《云南农村社会经济调查者应注意各问题纲目提要》（以下简称《纲目提要》）。其中，《纲要》主要内容为该调查计划的缘起、研究方法及组织、研究站的选择、预算支配等。该计划受中国农民银行资助，由社会学系与政治经济系共同负责筹划（从《纲要》及会议记录中可以看到负责及调查人员为社会学系教职员）。该计划缘起于当时农村经济破产、农民经济恐慌，农村复兴建设需要对农村社会经济现状有正确及充分的知识，而这种知识则需要学术机关利用科学方法进行农村实地调查，同时这种调查又能充实大学教程、发展中国社会科学。而之前费孝通所做的实地

---

① 《函呈教育部社会学系及农学院与中国农民银行合作合同请鉴核备案由》（1942 年 4 月 3 日），云南省档案馆藏，云南大学全宗，档案号：1016-001-00537-007。

考察能了解当地情形，以具体问题为导向，充分及精密地了解云南各地农村，以回答输入外来资本与技术对提高农村生产力及增进农民福利是否为最有效的路线这一问题，这对于本省农建方案有切实的参考价值（刘兴育、朱军，2010：111~112）。

该研究工作采用抽象比较法，需要研究者长时间参与当地人民日常生活，观察其所有社会经济制度的结构，之后，同他地比较异同，以求得出普遍性的结论。该研究以费孝通的禄村研究为基础，扩大研究范围及区域至省内三五个研究站，每一个研究站以一个农村为研究中心，由一个研究员与一个助理住在该村进行观察研究。该研究从 1939 年 8 月开始，最初由费孝通带领研究员赴各地（汉族村落）调查选择研究站，之后则由其帮助研究员进行初步考察（刘兴育、朱军，2010：112~113）。

关于调查者需要注意的问题则在《纲目提要》中罗列出来：该村地理及社会背景、生产活动、生产工具的所属问题、土地制度、财产的承袭、技术知识的传递、劳工、消费、资本的形成、流动财富机构、市场以及社会变迁的经济含义（刘兴育、朱军，2010：114~115）。大纲具体、全面地罗列出调查中需要注意的各种问题，学人们在实地调查中可以参考大纲进行查漏补缺。

禄村与费孝通之前调查的江村虽然都属于汉族村庄，但因地处内地，与沿海的农村生活习惯不同，社会发展更有差异，带着从江村研究中一系列未解决的问题，费孝通以社区研究的方法分析尚未受现代工商业影响的农村经济、农村土地，将这种以小地主为主、以雇工自营为依托方式的禄村土地经济结构与地少人多、受近代工商业影响的江村经济结构相比较，完成《禄村农田》一书（费孝通、张之毅，1999）。

费孝通先是带着张之毅赴禄村进行社会学的实地调查研究，经过两个月的调查研究后，他们发现禄村只有农业，没有乡村工业可供调查。两人便又找到新的农村社区——易村（今李珍庄村），由张之毅独自进行比较研究，并写成《易村手工业》。1940 年和 1941 年，张之毅又奔赴玉村（今玉溪中卫村）进行实地调查研究。这一农村社区有从禄村到江村的土地形式的变革，又有易村开始出现的经济业态的发展，属于靠近城镇、传统经济开始被现代经济渗透的菜园子，而其又未完全突破小农经济的束缚，属于新类型的农村社区。通过对土地与金融问题的调查，最终，张之毅将调查报告写成《玉村农业和商业》。

很显然，这种整体的实地研究实现了吴文藻所倡导的理想的社区研究工作。在《云南三村》中，通过对禄村这一社区的整体性眼光关联到其他村庄，也通过与之前的江村相观照，及与易村、玉村不同社区经济文化模式的比较整合，将社会学本土化的思路实践到研究中，进而为建设现代中国找到总体性方法与模型。

虽然费孝通、张之毅的禄村、易村、玉村以农村经济社会调查为主题，但这其中已经涉及了基层社会秩序的议题，社会制度是维持社会秩序的壁垒（吴文藻，1941），因而对农村行政及财政的制度研究对于建设现代中国就是一个相当重要的专题，年轻的"魁阁"学人谷苞、李有义、胡庆钧参加了这一专题的研究。通过调研，谷苞选择了符合研究计划、相对较近且方便调研的呈贡县归化镇进行乡村行政及财政研究。通过对传统基层社会秩序的调查，谷苞发现个人的生活与公共的生活几乎打成了一片，与李有义的尾则村村寨秩序依靠内生性的管事、伙头及相关祭祀活动不同，在乡、保、甲三层基层政权下，村落中有一套"大公家""小公家""铺""排"的传统组织。他将这一具有内生性特点的基层社区整理成《化城村乡的经济传统》。胡庆钧对安村的调查发现，安村内的基本组织单元为会，全村有十个会，大村八会，小村二会，各会均有自己的会期。与谷苞的调查有相通之处的是村内也有"大公家"，是在各会之上形成的，主管本村公共事务，最终胡庆钧著成《呈贡基层社会结构》一书。

对于农村的研究，除了进行汉族农村、村内结构的研究外，更要考虑云南本土民族众多的情况，进行不同社区调研。费孝通在当时的《云南农村社会经济调查的研究计划》中言及："内地对于回教徒之歧视，使教徒间之团结加强，而且发生超地域之联系。回教徒间互相团结、相互救济，因此，特别适合从事内地运输贩卖甚至走私行业，这在云南经济中占一特殊又重要之地位。大营村为滇中回教中心之一，研究者以教徒资格才能得到研究机会。"[①] 考虑至此，费孝通计划了不同类型的农村社区调研，由安庆澜负责玉溪大营这一社区的回教徒经济生活调查。社会学系第一届毕业生安庆澜的毕业论文《宁村之农业与手工业》便是在此基础上完成的。

在"魁阁"学人们的研究中，费孝通发现农业的发展已经不可避免地遇到了现代工商业，传统农业的发展也开始出现了转向。因而，建设现代中国不仅需要农村模型来提供理论支撑，还需要考虑顺其规律而进入的工业维度。从农业转向工业的过程中，实际上是一种现代性问题。现代文明在对传统农业文明产生冲击的过程中，传统农民如何转型以获得生存？

---

① 《云南农村社会经济调查继续工作计划及经费概算》（1942 年），云南省档案馆藏，云南大学全宗，档案号：1016-001-00107-003。

（张美川、马雪峰，2019）而这种转型又是如何产生一种张力来作用于为建设现代中国而努力的？基于此，史国衡的昆明中央电工厂的新工业兴起与农民改业研究及个旧锡矿矿工调查、田汝康对云南纺纱厂女工与家庭的研究尝试性地进行了调查探索，通过对在农业基础上的新工业的研究，为建设现代中国提供了新方向。

在"魁阁"学人们围绕农村社区进行的调查研究中，费孝通、李有义、张之毅、郑安仑、薛观涛、谷苞、田汝康、安庆澜对云南禄丰、易门、路南、昆阳、晋宁、玉溪、呈贡等的社会经济状况的调查，是受中国农民银行资助进行的①，主要关注云南农村经济社会发展；谷苞、田汝康、胡庆钧则兼关注农村基层社区社会秩序；史国衡、田汝康则关注到了在农业基础上生发出来的新型工业问题。学人们始终紧紧"围绕现代工商业城市经济影响较浅的内地农村的社会经济结构，进而研究怎样提高内地农民的生活"（费孝通，1991）这一目标，以求为建设现代中国提供农村模型，也为抗战时期社会学的发展做出了历史性贡献，更使得云南大学社会学系的创立与发展有较深厚的根基和较大的机遇。

（二）边疆研究

考虑到云南地处西南边疆，民族众多，当时的社会问题较多，可以研究的问题也很多。吴氏非常重视边疆特别是西南边疆研究。对于边疆的研究既能尽快发展云南大学社会学系，使其快速成长，又能延续吴氏在燕京大学的本土化实践路径，验证其本土化思路的可行性，因而他为"魁阁"学人们制定了为边疆建设而进行的边疆教育与边疆建设研究方案。

1. 边疆教育研究

关于边疆教育研究，吴文藻曾于1939年春发表《论边疆教育》一文，该文是第三次全国教育会议在重庆召开时，吴文藻所做的发言，主要就边疆教育原则进行了讨论。他认为发展边疆各民族的文化是建设现代化民族国家的当前急务。要使"多元文化"熔于一炉，成为"政治一体"，他主张学习欧洲政治经济上采取中央集权主义，在教育文化上采取地方分治主义。吴氏提出的第二点是促进教育事业发展，这是发展国内民族文化的基本工作。他认为教育不应限于学校，而应适应实际生活环境。虽然推行汉化教育，但应在尊重土著民族价值观念、生活习俗等的基础上进行调适。

---

① 《函呈教育部社会学系及农学院与中国农民银行合作合同请鉴核备案由》（1942年4月3日），云南省档案馆藏，云南大学全宗，档案号：1016-001-00537-007。

为边地青年、边地发展等考虑,注重以平民教育、职业教育为主体,高等教育的推行需因时制宜,逐步推行,使人才各得其所、各尽其用。而推行边疆教育,需先建设边疆教育学的理论,以及拥有通晓民族学的语言学家,共同推进建设边疆教育学的初步工作,之后国内各个专家再讨论修订(吴文藻,1939)。可以看出,这篇文章也是其社会学本土化思路具体化的论据。

我们推测,基于吴氏敏锐的关注,云南大学社会学系曾经做出了该研究计划,主要关注边疆教育的一般形式和对云南省边疆地区内边疆教育的实地考察,但是从已有档案中并没有找到计划实施及研究成果的佐证。

2. 边疆建设研究

1939 年,李有义与郑安仑赴路南开始独立开展边疆农村社区的社会经济状况调查,尾则村是汉夷杂居的村子,且仍然有庄园经济。李有义通过 6 个月的深入研究,考察了当地的历史背景,以经济发展状况为主线对尾则村的社会结构与社会变迁进行了探索并将调查结果写成了《汉夷杂区经济》一书,为之后学者研究类似尾则村这类民族杂居且以少数民族为主体的村子提供了经验与思路。

1941 年,田汝康被派往边疆做调查,他运用在"魁阁"中学到的科学理论与复杂实践相结合的实地调查研究方法,将芒市边民的宗教仪式——做摆整合出来(傅德华、于翠艳,2010:127),基于边民人生的每个阶段都围绕"摆"展开,著成《摆夷的摆》一书,由费孝通亲自刻印油印稿,后修改为《芒市边民的摆》,并发表于"社会学丛刊"(乙集)中。这一重要著作受到费孝通的高度重视,赢得了其很高评价。至今,这本著作仍是当代社会学、人类学学子学习调查研究的必读书。

吴文藻除了支持教员进行社区研究外,还逐步完善系内设施,至 1943 年时,研究室中有关边疆的图书有两万余种,社会学系教师结合云南当时情况,打算增加西南边地民族史、西南边地语言、回教及佛教史科目[1],可以为教员的研究提供理论参考,产生了诸如李有义的《汉夷杂区经济》、许烺光的《驱除捣蛋者》以及《祖荫下》[2]这些边疆调查的典范。

吴文藻学术救国的本土化实践中提到了关于中国边疆地区的考察,在

---

[1] 《奉令呈拟具本校社会学系设置边疆建设科目及讲座概况请教育部核示》(1943 年),云南省档案馆藏,云南大学全宗,档案号:1016-001-00098-017。

[2] 《社会系设置边疆建设科目及讲座概况》(1943 年),云南省档案馆藏,云南大学全宗,档案号:1016-001-00098-017。

中国边疆选定若干非汉族的地方社区，进行精密考察，由一个省扩大到数个省，进而到全国。吴氏在某一社区内以整体性眼光关联不同文化因素，扩大至多社区并运用比较的方法进行整合，进而为整个中国的现实问题找到一个总体性解释。而这一兼具辐射性与实用性的社区研究思路，正是建设现代中国的知识论据。

"魁阁"成立的一个重要目的是为建设现代中国做智识上的准备，身处边疆的"魁阁"学人们按照总设计师吴文藻制定的社会学本土化基本框架进行实地调查研究，产出了大量研究成果。

四　余论

如前所述，虽然吴氏自身并没有具体进行实地调查（吴文藻，1982），但"魁阁"学人们的学术实践中始终贯穿着吴文藻所坚持的社会学本土化这一理念及方法，即"以试用假设始，以实地证验终，理论符合事实，事实启发理论；必须理论和事实糅合在一起，获得一种新综合，而后现实的社会学才能根植于中国土壤之上，又必须有了本此眼光训练出来的独立的科学人才，来进行独立的科学研究，社会学才算彻底的中国化"（吴文藻，2010）。他认为近代中国的核心问题是受西方文化的冲击而导致的整个中国社会的解体。而要解决这一问题就需要在中国的土地上了解中国国情。社区是人类社会互动的一种广大区域（吴文藻，1940），因而通过社区研究，可以观察、了解整个社会。因此，"魁阁"知识社群所做的这些努力正是吴氏社会学本土化构想的第一次大规模实践（马雪峰，2020）。

通过吴文藻为"魁阁"学人们规划的方向及"魁阁"学人们开展的广泛社区研究，可以发现社区研究并不是对某一个村、某一座城市的研究，而是在一定时空区域下对一定人口的生活方式或文化的研究。研究注重的是物质文化、象征文化、社会文化、精神文化等方面，运用现代社区的实地研究及比较研究的方法，通过对不同社区的实地研究进行比较，以关联、了解整个中国社会（吴文藻，2010），进而找到改良方向。基于此种思路，可以通过建构理论的方式来进行知识生产，从而达到建设现代中国的理想。

结合抗战、民国时期的相关文献以及对云南大学社会学系的整体梳理可以知道，吴文藻当初预想的燕京学派继续进行社区研究的大试验区——"魁阁"，是近代中国社会学史上进行社会学本土化实践的里程碑。在吴文藻制定的本土化调查研究基本框架下，"魁阁"知识社群严谨求实，在云南这片大地上开展了一系列实地调查与研究，试图通过研究不同社区类型来认识、了解广阔的中国社会，并试图为云南、内地乃至国家发展提供科学的、兼具学术与实践的支撑。在今天，我们仍然可以看到吴文藻与"魁阁"为我们带来的兼具科学性与实用性的调查研究盛宴，这为建设现代中国做了智识上的准备，更为当代学人的调查研究提供了参考与反思。

参考文献

丁靖，2021，《"魁阁"时期云南大学社会学系本土化的实践》，《魁阁》第 4 期。

费孝通，1991，《译者的话》，载雷蒙德·弗思《人文类型》，费孝通译，商务印书馆。

费孝通，1991，《重返云南三村》，《中国社会科学》第 1 期。

费孝通，1996，《开风气，育人才》，《北京大学学报》（哲学社会科学版）第 1 期。

费孝通、张之毅，1999，《云南三村》，天津人民出版社。

傅德华、于翠艳，2010，《"魁阁"的重要成员田汝康先生》，《近代中国》第 20 辑。

《国立云南大学社会学系概况》，1948，《中央日报》（昆明版）7 月 3 日第 6 版。

瞿同祖、赵利栋，2007，《为学贵在勤奋与一丝不苟——瞿同祖先生访谈录》，《近代史研究》第 4 期。

刘兴育，2009，《云南大学史料丛书——校长信函卷（1922-1949）》，云南民族出版社。

刘兴育、朱军，2010，《云南大学史料丛书·学术卷（1923 年–1949 年）》，云南大学出版社。

刘雪婷，2007，《拉德克利夫-布朗在中国：1935-1936》，《社会学研究》第 1 期。

马雪峰，2020，《以社会学知识建设现代中国：张之毅"魁阁"时期的学术实践》，《西南民族大学学报》第 4 期。

潘乃谷、王铭铭，2005，《重归"魁阁"》，社会科学文献出版社。

陶云逵，2012，《陶云逵民族研究文集》，民族出版社。

吴文藻，1935，《中国社区研究的西洋影响与国内近况》，《晨报》第 102 期。

吴文藻，1939，《论边疆教育》，《益世报》第 2 期。

吴文藻，1939，《云南大学与地方需要》，《云南日报》2 月 5 日第 2 版。

吴文藻，1940，《民主的意义》，《今日评论》第 4 期。

吴文藻，1941，《论社会制度的性质与范围》，《社会科学学报》第 1 卷。

吴文藻，1981，《北方社会学发展杂忆》，《社会》第 00 期。

吴文藻，1982，《吴文藻自传》，《晋阳学刊》第 6 期。

吴文藻，1990，《吴文藻人类学社会学研究文集》，民族出版社。

吴文藻，2010a，《社会学丛刊（总序）》，载吴文藻《论社会学中国化》，商务印书馆。

吴文藻，2010b，《现代社区实地研究的意义和功用》，载吴文藻《论社会学中国化》，商务印书馆。

张静，2017，《燕京社会学派因何独特？——以费孝通〈江村经济〉为例》，《社会学研究》第 32 期。

张美川、马雪峰主编，2019，《魁阁文献·第2册·魁阁学者劳工社会学研究》，社会科学文献出版社。

赵定东、郑蓉，2013，《民国时期江浙籍主要社会学家记事》，中国社会科学出版社。

Wu Wenzao and Kuige: Combining with the Sorting of Archival Materials

Jing Ding

Abstract: As the chief designer of the Department of Sociology and Kuige at Yunnan University, Wu Wenzao led and supported young Kuige scholars to take root in Yunnan. He pioneered a series of localized field investigations and research, producing extraordinary research results, enriching the theory and models of modern community research, and making intellectual preparations for exploring the construction of modern China. This paper attempts to combine the archives and related research of the Department of Sociology at Yunnan University during the Republic of China period to sort out the basic framework development by Wu for the establishment and development of Kuige, and Kuige scholars' field research within this framework, to verify the possibility of their sociological localization plan for the construction of modern China.

Keywords: Wu Wenzao; Kuige; Localization of Sociological; Community Research

《吴文藻与"魁阁"：结合档案资料的梳理》评审意见

刘兴育[*]

1930 年代末至 1940 年代中叶的云南大学社会学系尤其是"魁阁"，一直是社会学界研究的热点。大多数研究文章提到的"魁阁"研究成员，仅限于费孝通、张之毅等学人，而很少提及吴文藻，似乎吴与此关系不大，包括我过去写的有关文章都持这种观点。丁靖写的《吴文藻与"魁阁"：结合档案资料的梳理》，以敏锐的眼光、充足的事实透彻地阐述了吴文藻在社会学系及"魁阁"的作用、地位。如文章所说，1938 年 8 月吴文藻到昆后，按照社会学本土化的主张，其已初步进行了前两步。理论框架已确定，并安排跟随其而来的学生（教员薛观涛、郑安仑、李有义）开始扎根在云南这片土地上，运用社区研究的方法进行本省社会经济调查。同时，他一面开始上课，一面准备社会学系的筹建，为其第三步"培养能够独立进行社会学调查研究的高质量人才"做足准备。在熊庆来的支持下，吴文藻一手筹办了社会学系并任首任系主任，建立社会学研究室即"魁阁"。这些都是大家熟悉的事实，而文章中提出："吴氏本土化的实践最初是在建系前便存在的，而其为社会学系发展做出的方案与努力也是之后'魁阁'发展的根基。""吴氏在云南大学所呆时间不过两年，但却促成了对整个中国社会学界具有重要影响的'魁阁'知识社群。其本意是通过延揽人才，在云南这片大地上延续其燕京学派的理论、方法与精神（通过其接受司徒雷登建议，建立云南大学-燕京大学社会学研究室/实地调查工作站便可看出），对边疆社会问题进行调查研究；同时，训练服务社会之高质量人才。"这是具有创新性的观点。文章列举了大量事实来证实吴文藻"举人才，聚人才"以实现社会学本土化的思路。

---

[*] 刘兴育，云南大学研究员。

　　文章写道，费孝通作为"魁阁"的总助手带领年轻的学者们在云南省进行社区研究，践行吴氏"学术救国"的目标。文章开篇便将吴文藻称为云南大学社会学系和"魁阁"的总设计师。用"总设计师""总助手"分别来形容吴文藻、费孝通在"魁阁"的作用、地位，用词巧妙又恰当，是一个具有新颖性的提法。

　　文章立论高远，论据充实，论述紧扣主题，是篇有价值的文章。读后我认识到吴文藻在云大期间为实现其所提出的社会学中国化的治学理念，实施了一整套强有力的措施。费孝通、张之毅等学人沿着吴文藻指明的道路和方向，不怕艰难困苦，运用集体智慧，做出了非凡的业绩，影响了几代人。"魁阁"成员应包括吴文藻这位设计大师。

　　借此再说点题外话。2023 年 8 月 28 日，我采访熊庆来之子熊秉衡时，他谈到，1938 年 3 月，他父亲到武汉去开会，当时的教育部次长顾毓琇就告诉他吴文藻先生有南下的意思，所以他父亲回校之后，就写信给吴文藻，邀请吴文藻到云大来创办云大的社会学系，很快就得到了回信。吴文藻在信中表示愿意到云大来。那个时候正值抗日战争的开始，中英庚款董事会就提出了一项措施，支持北京、天津大学的名教授到抗战的大后方设立讲座，中英庚款董事会可以为这些教授提供资助。他父亲就发电报给顾毓琇和中英庚款董事会的总干事杭立武。中英庚款董事会董事长朱家骅亲自复函云大说："嘱补助社会学讲座一席，并以吴文藻先生任教授等由；准此，查本会补助边省大学，聘请教授经费，余额有限，原难再增讲席，惟为协助贵校起见，自当勉予同意，以一年为限。"吴文藻得到这个消息后就马上和夫人冰心女士以及几位学生启程到昆明。吴文藻先生夫妇来到昆明之后，他父亲暂时安排吴文藻一家住在学校西侧的映秋院，后来去了呈贡。

作为方法的再研究：以禄村的实地研究为中心

刘兴旺*

摘　要： 本文通过对禄村再研究理路的考察指出，作为方法的再研究包括两个层面。一是在田野点层面，呈现田野点自身的变化时，检视"恒常"，也注重对田野点的历时性、现状性的考察。二是在先行研究者层面，反映先行研究者理论视角、心态的变化，或考察先行研究者尚未关注的抑或仅提及的经验现象，以及对照性调查先行研究者所观察的现象。在再研究的实践中，后续研究者同时考察田野点与先行研究者两个层面，方能在经验事实上有所增添，抑或在理论上有所建树。本文对有关禄村再研究理路进行梳理，以期为社会学再研究提供方法论的借鉴与启示。

关键词： 回访　重访　获知工具　禄村

"作为方法"概念由日本学者竹内好首创，后经沟口雄三、孙歌等人的发展与引入，意在强调内在的多样性和对主体性形塑的观照，并具有批判性的话语（曾军，2019）。那么，何谓"作为方法的再研究"？本文以禄村①实地研究的文本为分析的蓝本，试图阐述作为方法的再研究的意涵及其方法论意义。

一　回访、重访与再研究

1938年11月至1939年10月，费孝通曾经两次前往禄村开展实地调

---

* 刘兴旺，云南大学民族学与社会学学院社会学专业博士研究生，主要的学术兴趣为"魁阁"田野点的重访与再研究、乡村社会变迁研究。

① 禄村，现为云南省楚雄彝族自治州禄丰市金山镇大北厂村。

查，并于 1940 年底，将禄村的研究成果《禄村农田》发表在"社会学丛刊"的乙集部分（费孝通、张之毅，2006：10）。直至 1990 年，费孝通才回访禄村。早在 1983 年，钱成润、史岳灵与杜晋宏已展开禄村的追踪调查，并将部分调查结果于 1984 年在《彝族文化》上发表（费孝通，1991）。①俨然，禄村是一个典型的深受研究者回访、重访与再研究的"已有"田野点。然而，何谓回访？何谓重访？又何谓再研究？学术界对此三个概念的定义，至今仍未达成共识。

部分学者基于"已有"田野点的归属，对回访、重访与再研究三个概念进行各自的定义。他们将人类学研究者对自身曾经做过调查的田野点的再次访问称为回访（revisit）（黄娟，2014），又称作重访（兰林友，2005）。而再研究（restudy）则被他们定义为对他人曾经做过调查的田野点进行重新调查研究（兰林友，2002；黄娟，2014）。此外，有学者不立足于"已有"田野点的归属，不管田野点是否为研究者自身曾经研究过的，将对"已有"田野点的再次访问与研究统称为回访（庄孔韶，2004），或将此用国内人类学界的"跟踪调查"，抑或海外人类学界的"再研究"的概念统称（王铭铭，2005）。

从回访、重访与再研究三个概念的多元定义来看，学术界对其定义可以分为两个大类。如果考虑"已有"田野点的归属问题，研究者再次访问自身曾经调查研究过的田野点为回访或重访。同理，研究者再次访问他人的田野点则为再研究。倘若不区分"已有"田野点的归属，研究者对"已有"田野点的再次访问与研究统称为回访、跟踪调查（国内也称追踪调查）或再研究。概念的本身就是研究者的主体性与情境多样性的反映，回访、重访与再研究的多元定义也不例外。但对此三个概念的如上多元定义，难免会引起读者的疑惑：回访究竟是研究者再次访问自身曾经调查研究过的田野点还是他人的？研究者再次访问自身曾经调查研究过的田野点是不是再研究（也就是说，回访与再研究有何关系？毕竟研究者对自身田野点的再次调查研究存在修正自己以往看法的可能性②，也是间隔性回访的目的所在）？

为了减少读者的困惑，本文将研究者重返自身的田野点进行再次的调

---

① 此处仅列举了最早对禄村开展再研究的成果。截至 2023 年 8 月，据笔者所知，学术界已有诸多关于禄村再研究的成果，至少有 4 本著作、1 篇期刊论文、1 篇硕士学位论文。下文将陈述有关文本的具体内容，此处暂不赘述。

② 林德对米德尔敦的回访再研究便是修正自己前后看法的例证，具体内容见下文，此处暂不展开。

查研究定义为回访①，研究者前往他人的"已有"田野点进行调查研究为重访。回访或重访的目的不是寻求时段内的前后一致性，而是理解和解释随着时间推移的差异（Burawoy，2003）。因此，回访与重访同属于再研究的范畴，我们又可以将再研究分为回访再研究与重访再研究两种类型（有关回访与重访的定义与类型，详见表1）。诚然，学术界对禄村的再研究已包括回访再研究与重访再研究两种类型。

表 1 回访与重访的定义与类型

再访类型	定义	再研究类型
回访	对自身田野点的再次调查研究	回访再研究
重访	对他人"已有"田野点的调查研究	重访再研究

二 禄村的回访再研究

1936 年，费孝通在大瑶山受伤后的康复期间，接受了姐姐费达生的建议，前往江苏省吴江县庙港乡开弦弓村（学名"江村"）参观访问（费孝通，2001：1）。在江村，费孝通看到了当时农村手工业的崩溃、农民生活的贫困化以及土地权的外流等问题（费孝通，2006：5）。当时江村的状况使费孝通认识到，农村手工业的崩溃虽与西方现代机器工业的冲击有关，但不是当时中国农村的迫切问题。他甚至认为，农村手工业的破产是新中国建设过程中不可避免的，也是中国迟早必然面临的国际问题的一部分（费孝通，2001：238~239）。在费孝通看来，人民的饥饿问题才是当时中国农村真正的问题（费孝通，2001：236），农民的土地通过高利贷逐步集中到离地的市镇大地主手中，农民的生活越发贫困，而只有合理有效的土地改革，才可解除农民的痛苦，稳住农民的阵地，进而一致对抗外国的侵略者。因而土地问题已成为当时中国农村更为生死攸关的问题（费孝通，2001：239）。

带着对江村土地制度问题的思考以及满腔浓厚的家国情怀，刚到昆明两个星期的费孝通便迫不及待地前往禄村开展社会调查。在《云南三村》

---

① 前文，黄娟文中回访的英文为"revisit"，与兰林友文中重访的英文"revisit"相同，是因为两人将研究者对自身曾经做过调查的田野点的再次访问称为回访或重访。此处，笔者将回访的英文用"return"表示，一是，"return"本身就具有"返回"之意；二是，表明笔者对回访、重访与再研究的理解与黄、兰两人不同。

的序言中，费孝通如是解释他迫切地开展社会学调查的缘由：

> ……我当时觉得中国在抗战胜利之后还有一个更严重的问题要解决，那就是我们将建设成怎样一个国家。在抗日的战场上，我能出的力不多。但是为了解决那个更严重的问题，我有责任，用我所学到的知识，多做一些准备工作。那就是科学地去认识中国社会。（费孝通，2006：3）

诚然，费孝通彼时所具有的对中国社会的问题意识，仍为对江村土地制度问题的进一步思考。江村是以离地地主为主的土地制度，费孝通试图从传统手工业的崩溃和现代工商业势力的侵入来寻求解释（费孝通，2006：5）。然而，当时的费孝通敏锐地意识到，如此解释江村的土地制度，仅靠江村的田野材料不足为凭，尚需运用类型比较的方法。与江村不同，禄村地处西南内地，受现代工商业的影响尚小。于是，费孝通带着这样的问题意识来展开禄村的调查研究：

> 一个受现代工商业影响较浅的农村中，它的土地制度是什么样的？在大部分还是自给自足的农村里，它是否也会以土地权来吸收大量的市镇资金？农村土地权会不会集中到市镇而造成离地的大地主？（费孝通，2006：6）

在《禄村农田》中，费孝通将禄村的研究主题进一步明确为现代工商业发展过程中土地制度所发生的变迁（费孝通、张之毅，2006：12）。在禄村，费孝通看到了一个以农业为主要生产事业的内地农村结构：众多人口挤在狭小的地面上，靠土地的生产来维持很低的生计；村中住着大量的小土地所有者，他们雇用便宜的劳力，自己却不下田劳作，形成一种消遣经济；禄村拥有发达的雇工自营的农田经营方式，土地权成为劳动者和不劳动者的分界（费孝通、张之毅，2006：12~13）。显然，禄村雇工自营的小土地所有者的土地制度，与江村以离地地主为主的土地制度不同：禄村的土地分散在大量的在村小土地所有者手中，村中及周边村庄有大量的可供雇用的廉价劳力；而江村的土地权聚集在少数离村的市镇大地主手中，村中却住着大量的佃户。

1990年5月，费孝通回访了禄村。从回访再研究的成果《重访云南三村》一文来看，本次回访再研究，费孝通关注的是禄村社会经济结构的变迁。尽管费孝通关切禄村的主题，仍属于宏大层面的农村社会经济的结构，但与 1940 年的禄村书写又有所不同。在《禄村农田》中，费孝通关注的焦点为禄村的土地制度。而回访禄村时，费孝通扩展了考察的维度，上升到禄村的社会经济结构这一更为宏观的层面。

在《重访云南三村》一文中，费孝通借助钱成润、史岳灵与杜晋宏三人的田野材料，以及自身回访时的所得，分时段呈现禄村 50 年社会经济结构的变迁。1942~1952 年，禄村村民开始将土地卖给城里的富户，贫富分化严重，土地权外流，禄村雇工自营的农田经营模式逐步解体（费孝通，1991）。到 1980 年代初公社制改革后，禄村的社会经济结构进一步变迁：农业之外的基建、运输、冰棍、塑料厂等工副业发展了起来（费孝通，1991）。这与 1940 年以农业为主要生产事业的禄村相比，俨然为两幅迥异的经济图景。

费孝通对禄村的回访再研究，致力于反映禄村社会经济结构的变迁。与《禄村农田》相比，禄村的回访再研究不仅关注禄村的土地制度的变化，也关注经济要素的其他方面，向我们展现了一幅禄村社会经济结构变迁的全景图。

人类学回访再研究的作品举不胜举，而社会学却略显滞后。尽管如此，林德夫妇（Robert S. Lynd and Helen Merrell Lynd）的米德尔敦（Middletown，也译为中镇）研究是社会学回访再研究中为数不多的经典。1924 年，林德夫妇对美国的一座城镇——米德尔敦进行了初次实地调查，他们仅记录所观察到的现象，并不为了证明某种理论而研究。在此研究目的下，林德夫妇以 1890 年为考察的起点，对米德尔敦人的谋生、持家、教育子女、消闲、宗教仪式与社区活动六个大类的活动进行观察记录（林德、林德，1999：11）。即便在《米德尔敦：当代美国文化研究》的末尾，林德夫妇也并未基于观察的数据进行理论的总结。1935 年，林德与五名研究生回访了米德尔敦（Lynd and Lynd，1937：4）。他们仍然对 1925 年米德尔敦人的六个大类的活动开展对照性调查，描述并解释各类型的变化，同时补充了诸如 X 家族的经验材料（林德夫妇 1925 年的访问，并未提及 X 家族对米德尔敦人的支配）（Burawoy，2003）。此外，林德夫妇的此次回访与初次访问的最大区别为，此次回访具有明确的问题意识与理论关怀，面对米德尔敦的变迁，林德夫妇采用了一种资本主义理论[1]，将米德尔敦

---

① 1925~1935 年，林德夫妇意识到自由放任的资本主义是行不通的，计划是必要的，工会也应得到支持，他们对资本主义采取了一种较为敌视的态度（Burawoy，2003）。

变迁的外部力量与其内部的统治模式作为主题（Burawoy，2003）。而初次访问只是记录他们观察到的现象。[①]

　　费孝通对禄村的调查与对大瑶山、江村的调查完全不同，禄村研究具有清晰的理论意识。除与江村的土地制度进行类型比较外，禄村研究也有与英国社会经济史家托尼（R. H. Tawney）进行对话的目的[②]。回访禄村时，费孝通主要呈现禄村社会经济结构变迁的经验事实，据此侧面阐述自己的富民思想，并未像林德夫妇回访米德尔敦那样，带入明确的理论视角。费孝通与林德夫妇相异的回访再研究的路径，给我们提供了回访再研究的理路：呈现田野点自身的变化或反映研究者的理论视角抑或心态的变化（理路一[③]）。

三　禄村的重访再研究

　　1984 年以来，钱成润、史岳灵与杜晋宏每年间断性地重访禄村，并将重访再研究的成果先后以论文、著作的形式发表或出版。1985 年，他们将重访禄村的阶段性研究成果《禄村经济发展情况调查》在《云南社会科学》上发表。因禄村的社会调查仍在继续，钱成润等从禄村的历史概况、1949 年以来的经济发展状况、未来展望以及存在的问题四个方面，简要地呈现禄村经济发展的状况（钱成润、杜晋宏、史岳灵，1985）。

　　钱成润等有关禄村重访再研究的最终成果《费孝通禄村农田五十年》，于 1995 年由云南人民出版社出版。与《禄村经济发展情况调查》相比，《费孝通禄村农田五十年》一书详细地展现了 20 世纪 30 年代末至 90 年代初，禄村社会经济结构的变迁以及村民的物质生活状况（钱成润、杜晋宏、史岳灵，1995：20~192）。此外，该书的第一章向我们呈现了禄村的自然景观、彝汉关系的历史及其变迁，以及与禄村有关的村庄（叽拉，仅在书中简要提及的地名）、历史人物（王文毅）（钱成润、杜晋宏、史岳

---

① 此处列举林德夫妇的米德尔敦研究以及回访的例子，意在与费孝通的回访再研究做比较。《禄村农田》一书具有明确的问题意识与理论观照。而费孝通的禄村回访再研究，仅呈现了 50 年来禄村社会经济结构的变迁，并未对此进行理论的分析。在某种程度上，这让我们看到费孝通研究禄村的问题意识的变化：从初访禄村时与江村的比较、托尼的对话，到回访禄村时侧面阐述自己的富民思想。笔者将林德夫妇的米德尔敦研究与费孝通的禄村研究做对比，可以清晰地呈现回访再研究的理路。为减少读者的困惑，特此说明。

② 关于此，费孝通在《云南三村》英文版的序言中有交代。

③ 为方便下文归纳作为方法的再研究的意涵，笔者先将本文的再研究理路在文中相应的位置编为理路一、理路二……，依次类推。

灵，1995：9~16）。在该书的第七、第八章中，钱成润等又详细地呈现了禄村的所在地——金山镇，以及禄村的周边村庄叽拉的情况（钱成润、杜晋宏、史岳灵，1995：193~240）。

与费孝通的禄村研究相比，钱成润等拓展了禄村研究的范围。费孝通的研究并未涉及禄村的自然景观、彝汉关系变迁的历史、叽拉、禄村的历史人物以及金山镇五个方面的内容。钱成润、杜晋宏与史岳灵对禄村的重访再研究的典型性在于，他们拓展了禄村研究的范围，对费孝通尚未关注的或仅提及的经验事实进行考察①。据此，我们可以得到一种重访再研究的理路：考察先行研究者尚未关注的或仅提及的经验现象（理路二）。

1989~1999 年，加拿大学者宝森（Laurel Bossen）屡次前往禄村开展田野调查（宝森，2005：26）。宝森从女性的视角，探讨中国妇女与农村发展的议题。正如前文所述，费孝通所探讨的是禄村土地制度的议题，并未关切社会性别的问题。因此，宝森对禄村的重访再研究与费孝通的禄村研究所关切的主题完全不同：前者为社会性别关系，后者为土地制度。

与先行研究者的理论视角不同的重访再研究，与之前的研究之间存在连续性的可能。关于这一点，宝森如是写道：

> ……最明显的不同在于，费氏侧重于农地制（land tenure）的经济学研究，而我则以社会性别关系为着眼点。尽管我们有不同的优先关注事项，但费氏对毛泽东时代之前（1949 年以前）的关注和我对毛之后时代（1976 年以后）的关切之间事实上存在着相当多的连续性。（宝森，2005：27）

在《禄村农田》中，有关性别的描述是零散的。笔者以费孝通所描述的禄村农作中的男女分工为例，以展现宝森对禄村的重访再研究与费孝通研究之间的连续性。费孝通曾如此描述禄村农作中男女分工的情形：

> 男女分工在禄村是很明显的现象。大体上说来，男子所做的工是

---

① 《在禄村书写文明——以圣谕坛为主线的复调民族志》一文也是对费孝通《禄村农田》一书仅提及的经验事实进行考察的重访再研究。《禄村农田》所提及的圣谕坛是一个供不下田劳作的“消闲”阶级消遣的民间宗教组织，1939 年时的费孝通对其持厌恶的态度。杨春宇以费孝通提及的圣谕坛为主线，考察隐藏在禄村的文明；鸾书作为圣谕坛中的文字书，是相对民族志而言的另一种书写文明；圣谕坛与鸾书是区别于现代化文明计划而又与之有所交叠的“文明的进程”（杨春宇，2020）。

比较吃重，体力的消耗比较大，好像收谷时，女子只管割稻和运稻、捆柴等工作；男子则管掼稻、背谷子等。种豆时，男子管开沟，女子管点豆。收豆时，男子管收过豆之后的挖田工作，女子管割豆和打豆。在工具上，男女大体上也有分别：锄头是男子所有的工具，镰刀是女子所有的工具。（费孝通、张之毅，2006：27）

宝森在禄村实地调查时，曾经请有经验的农妇根据农活的类型和劳动分工，概述1996年的禄村的农业进度安排，并将之与禄村1939年的情况进行比较，结果表明：禄村以往60年农业劳动中的男女分工的变化相对缓慢（宝森，2005：117）。宝森如是阐述这个比较的结果：

> 依然是男性领域的农活包括稻田犁地（通常由雇来的男人用拖拉机来耕地，假如地块太小的话，则以牲口拉犁来完成）、锄蚕豆田以及用打谷机打谷。对妇女来说，连续性主要体现在手工插秧和用镰刀割稻上，还有就是用手工操作的工具播种、收割和打豆。（宝森，2005：119）

宝森也观察到，有些现象并非如费孝通所描述的那样。例如，宝森并未观察到锄头同男性的社会性别有任何关系，禄村的妇女拿着锄头同男人一起在田间劳作，并非如费孝通所说的"锄头是男子所有的工具"（宝森，2005：121）。尽管如此，宝森在与费孝通的理论视角完全不同的情况下，在很多事实上还能与费孝通保持连续性，这在重访再研究领域并不多见。

在西方人类学的重访再研究领域，存在一个后续研究者致力于否定先行研究者的传统。这方面的经典案例莫过于弗里曼（Derek Freeman）对玛格丽特·米德（Margaret Mead）的批判。米德通过对萨摩亚人（Samoans）的研究，认为青春期的萨摩亚人并未表现出任何危机或压抑，他们的生活有条不紊，几乎没有冲突（米德，2010：150～151）。1983年，弗里曼出版了有关萨摩亚的重访再研究的著作《马格丽特·米德与萨摩亚：一个人类学神话的制造与破灭》。他在书中否定了米德的多处结论，认为萨摩亚社会并非如米德所宣称的那样没有冲突与强奸，而是一个充满冲突与攻击行为且强奸犯罪率很高的社会（兰林友，2005）。

与弗里曼的重访再研究不同的是，宝森不但从不同于费孝通的女性视角出发，展现禄村变迁过程中的社会性别关系，更为重要的是，还在很多事实上与费孝通保持连续性。而这种前后的连续性凸显了宝森的重访再研究的特色：对社会变迁进程中"不变"的要素（"恒常"）进行考察①。因此，我们可以概括出另一种重访再研究的理路：考察社会变迁进程中田野点的"恒常"（理路三）。

2005 年，由社会科学文献出版社出版的、有关禄村重访再研究的另一本著作《土地象征：禄村再研究》问世。张宏明从《禄村农田》中确立的两条主线——土地制度与消遣经济背后的宗教仪式出发，运用历时性的研究框架（明清、民国和 1949 年以来三个时段），分别对土地制度、宗教仪式进行考察，进而呈现土地在三个不同时期的象征意义（张宏明，2005：8~29）。诚然，作为跟踪调查的再研究，既要与先行研究保持连贯性，又要突出自身的特点。费孝通聚焦民国时期禄村的土地制度问题，而张宏明的重访再研究却将禄村的考察时段延长至明清时期。正因如此，明清时期禄村的土地与宗教仪式的图景方得以呈现。张宏明的禄村重访再研究，向我们展现了重访再研究的另一种理路：历时性考察田野点（理路四）。

此外，云南省社会科学院农村发展研究所的王献霞、崔江红历时 7 年，对禄村展开重访再研究。他们以农田为研究对象，探讨在国家制度建构的新社会背景下，禄村的农田与村民的关系、农田的功能及变迁，以及促使农田功能变迁的历史条件和社会基础（王献霞、崔江红，2021：19）。与张宏明的历时性研究不同，王献霞、崔江红以对照性调查与现状性调查同时推进的方式开展再研究。他们将《禄村农田》中的内容进行对照性调查，对比变化情况，以描述禄村的变迁历程（王献霞、崔江红，2021：20）。因此，王献霞与崔江红的重访再研究所呈现的理路为：对照性调查先行研究者观察的现象，现状性调查田野点的情况（理路五）。为方便查阅，笔者将再研究的理路汇总如下，详见表 2。

表 2 再研究的理路

编号	内容	再研究者
理路一	呈现田野点自身的变化或反映研究者的理论视角抑或心态的变化	费孝通

---

① 在社会变迁研究中，我们更多考察时间段内发生变化的要素，而往往忽视了那些"恒常"。实际上，诸如意识层面的结构性观念、风俗习惯与行为规范等，往往难以迅速地改变，成为社会变迁中的"恒常"，构成中国社会的底蕴（杨善华、孙飞宇，2015）。对社会变迁进程中"恒常"的考察，也是重访再研究的理路之一。

续表

编号	内容	再研究者
理路二	考察先行研究者尚未关注的或仅提及的经验现象	钱成润、杜晋宏、史岳灵
理路三	考察社会变迁进程中田野点的"恒常"	宝森
理路四	历时性考察田野点	张宏明
理路五	对照性调查先行研究者观察的现象，现状性调查田野点的情况	王献霞、崔江红

四　作为方法的再研究的意涵及方法论意义

今后进一步研究这些新的课题，我还是将继续采取我过去的实事求是研究方法。一切要从已发生的事实为基础，观察和描述"已然"。用可以观察到的事实为材料，进行比较和分析，探索在事物发展中可能发生的情况，做出设想，然后通过思考，引发出"或然"。最后以实践去检验其正确与否，经过历史的对证，得出"果然"或"不然"的结论。（费孝通，2009：21~22）

以上为费孝通研究新课题的方法，他以已发生的事实为基础，从"已然"出发，引发出"或然"，最后通过实践的检验和历史的对证，得出"果然"或"不然"的结论。据笔者对这段话的理解，费孝通所说的"已发生的事实"，其实是我们认识社会的"获知工具"①。如此，何为再研究的"获知工具"？

倘若我们仔细揣摩表2中所列举的五种再研究理路，不难发现，再研究的"获知工具"为田野点和先行研究者。理路一的前半部分"呈现田野点自身的变化"，其"获知工具"为田野点；后半部分"反映研究者的理论视角抑或心态的变化"，其"获知工具"为先行研究者。同理，理路五的前半部分"对照性调查先行研究者观察的现象"，其"获知工具"为先行研究者；而后半部分"现状性调查田野点的情况"，其"获知工具"为田野点。此外，理路三、理路四的"获知工具"为田野点，而理路二的"获知工具"为先行研究者（再研究的"获知工具"详见表3）。

---

①　笔者所说的"获知工具"是指我们认识和解释世界的工具、基础。

表 3 再研究的"获知工具"

获知工具	理路
田野点	理路一前半部分、理路三、理路四、理路五后半部分
先行研究者	理路一后半部分、理路二、理路五前半部分

注：尚需说明的是，笔者将再研究的"获知工具"分为田野点、先行研究者，并非强调在人类学、社会学再研究的实践中只关注田野点或先行研究者其中之一；相反，研究者要对两者进行综合考察。此处，笔者意在在方法论层面做类型划分。

如果，区域视域下的"作为方法"所指的是，某一地方性知识客体成为作为主体的我们审视和解释世界的工具（王铭铭，2021）①，那么，再研究范式下的"作为方法"对应所指的是，某一田野点和先行研究者客体成为作为主体的后续研究者检视已有经验事实和理论，进而增添经验材料抑或建构理论的"获知工具"。因此，作为方法的再研究的意涵，也理应从田野点与先行研究者两个层面进行理解。

在田野点层面，主要涉及"呈现田野点自身的变化"（理路一前半部分）、"考察社会变迁进程中田野点的'恒常'"（理路三）、"历时性考察田野点"（理路四），以及"现状性调查田野点的情况"（理路五后半部分）四个方面的内容。四种理路被整合到田野点层面后，表述理路意涵的词语存在重叠（例如，田野点、考察）。鉴于此，田野点层面的作为方法的再研究意涵的整合表述为，在呈现田野点变迁时，检视"恒常"，也注重对田野点的历时性、现状性的考察。

"作为方法"这一话语，强调内在多样性和批判性。在田野点层面，多样性主要表现在对田野点的历时性考察和现状性调查方面，前者可以展现先行研究者未曾描绘的历史图景，后者则可以呈现田野点的多元现状。而呈现田野点的变迁又为批判的一面，至少补充了先行研究者之后的经验

① 实际上，王铭铭对普遍性解释意义上的"方法"持批评态度。他认为，这种解释是将具有特殊性的地方性知识升华为具有普遍解释力的思想，此举正与西方普遍论者的做法殊途同归。在他看来，"××作为方法"应有的含义是，经由深入某个有限地理单元（区域或国家）的地方性知识，我们要能发现在思想上超越地方性知识的办法（王铭铭，2021）。此处，笔者仍然引用区域视域下的"作为方法"的含义的表述形式。此举的理由有二：其一，笔者只是借用这种含义表述的形式，以便推演自己的概念；其二，此处笔者所讨论的不是地方性知识的特殊性化为普遍性的问题，也不是寻找思想上超越地方性知识的办法问题，而是阐述作为方法的再研究的意涵及其方法论意义。诚然，王铭铭对普遍性解释意义上的"方法"的批评与在思想上寻找超越地方性知识办法的学术建议，理应引起民族志研究者的重视，也让笔者深受启发。

事实。

在先行研究者层面，涉及三个方面的内容："反映研究者的理论视角、心态的变化"（理路一后半部分）、"考察先行研究者尚未关注的或仅提及的经验现象"（理路二）与"对照性调查先行研究者观察的现象"（理路五前半部分）。同理，先行研究者层面的作为方法的再研究意涵的整合表述为，反映研究者理论视角、心态的变化，或对先行研究者尚未关注的抑或仅提及的经验现象的考察，以及对照性调查其已观察的现象。尚需说明的是，作为主体的研究者的理论视角或心态的变化，恰为主体性形塑的体现，也让批判成为可能。同时，对先行研究者尚未关注的或仅提及的经验现象的考察，以及对照性调查先行研究者观察的现象，也展现了田野点的内在多样性。

总之，作为方法的再研究包括两个层面，一是在田野点层面，在呈现田野点变迁时，检视"恒常"，也注重对田野点的历时性、现状性的考察；二是在先行研究者层面，反映研究者理论视角、心态的变化，或对先行研究者尚未关注的抑或仅提及的经验现象的考察，以及对照性调查已观察的现象。

作为方法的再研究的意涵之内容的两个层面，是一个整体性的关系。也就是说，在再研究的实践中，后续研究者既要深耕田野点，又要精研先行研究者的已有成果，以便接续其探讨的话题或在此基础上转向其他的议题。如此，后续研究者既可以在经验材料上有所增添，又可以在理论上有所建树。

那么，作为方法的再研究有何方法论意义呢？从民族志研究的困境来看，反思性民族志有两个困境：一是在我们自身之外有一个世界，但民族志研究者只能通过与这个世界的关系来认识它；二是民族志研究者是这个世界的一部分，但也只是这个世界的一部分（Burawoy，2003）。作为方法的再研究的问题意识，强调同时考量田野点与先行研究者两个再研究的"获知工具"。如此，困境方得改善。就民族志研究的第一个困境而言，某一田野点的后续研究者可以通过先行研究者的作品，对其所要研究的这个世界有更多的认识。同理，对于民族志研究的第二个困境，后续研究者也可以通过先行研究者所收集的经验事实，拓宽自身观察的视野。在这个意义上，笔者对禄村再研究理路的考察，为禄村或其他田野点的后续研究者奠定了知识基础。

从范式维度来看，范式是学术共同体在某时段内认可的研究方法的源头，而研究者又最先受范式的支配，对学科某一领域的把握，需从确定从事这种研究的团体入手（库恩，2012：88、151）。因此，禄村回访或重访再研究的理路，可以为后续的研究者对禄村或其他学术名村的追踪调查提供研究方法的借鉴与启示。

五 余论

本文以禄村的实地研究为中心，在此基础上，总结禄村再研究的理路。那么，禄村的再研究何以成为普遍性参考意义上的方法？倘若对这样的问题不做交代，势必会被扣上"化特殊性为普遍性"的帽子。笔者以禄村的再研究为论述的中心，主要出于以下两点考量。

一是，禄村为 20 世纪三四十年代费孝通曾经研究过的村庄，围绕禄村的土地制度，费孝通收集了详实的一手资料。从知识生产的角度来看，费孝通为禄村的再研究提供了对话的资料基础。尽管官方或其他机构也有关于禄村某方面的数据，但这样的资料与先行研究者所提供的经验事实有很大的不同：前者偏向官方的数据统计，后者则是经验现象的学理思考。也正因如此，禄村的再研究方能成为再研究"大家庭"中的一员。

二是，从禄村已有再研究的作品来看，的确有我们尚需重视的理路，如理路三——考察社会变迁进程中田野点的"恒常"。学术界对社会变迁的研究大多是从"变"的角度开展的，对"恒常"的关注不够。而宝森与费孝通的连续性，正如宝森自己所说的，"费氏对毛泽东时代之前（1949年以前）的关注和我对毛之后时代（1976 年以后）的关切之间事实上存在着相当多的连续性"（宝森，2005：27）。那么，以具有深厚的学理性经验事实基础的学术名村为再研究的考察对象更具有启示意义。

参考文献

宝森，2005，《中国妇女与农村发展：云南禄村六十年的变迁》，胡玉坤译，江苏人民出版社。

费孝通，1991，《重访云南三村》，《中国社会科学》第 1 期。

费孝通，2001，《江村经济：中国农民的生活》，商务印书馆。

费孝通，2006，《〈云南三村〉序》，载费孝通、张之毅《云南三村》，社会科学文献出版社。

费孝通，2009，《农村·小城镇·区域发展》，载费孝通《费孝通全集》（第 15 卷），内蒙古人民出版社。

费孝通、张之毅，2006，《云南三村》，社会科学文献出版社。

黄娟，2014，《反思回访与再研究：历史、场景与理论》，《中国农业大学学报》（社会
　　科学版）第 1 期。

库恩，托马斯，2012，《科学革命的结构》（第四版），金吾伦、胡新和译，北京大学
　　出版社。

兰林友，2002，《华北村落的人类学研究方法》，《中央民族大学学报》第 6 期。

兰林友，2005，《人类学再研究及其方法论意义》，《民族研究》第 1 期。

林德，罗伯特·S.，林德，海伦·梅里尔，1999，《米德尔敦：当代美国文化研究》，
　　盛学文等译，商务印书馆。

米德，玛格丽特，2010，《萨摩亚人的成年——为西方文明所作的原始人类的青年心理
　　研究》，周晓虹等译，商务印书馆。

钱成润、杜晋宏、史岳灵，1985，《禄村经济发展情况调查》，《云南社会科学》第 1 期。

钱成润、杜晋宏、史岳灵，1995，《费孝通禄村农田五十年》，云南人民出版社。

王铭铭，2005，《继承与反思——记云南三个人类学田野工作地点的“再研究”》，
　　《社会学研究》第 2 期。

王铭铭，2021，《“家园”何以成为方法?》，《开放时代》第 1 期。

王献霞、崔江红，2021，《新禄村农田》，社会科学文献出版社。

杨春宇，2020，《在禄村书写文明——以圣谕坛为主线的复调民族志》，《社会学研究》
　　第 5 期。

杨善华、孙飞宇，2015，《“社会底蕴”：田野经验与思考》，《社会》第 1 期。

曾军，2019，《“作为方法”的理论源流及其方法论启示》，《电影艺术》第 2 期。

张宏明，2005，《土地象征：禄村再研究》，社会科学文献出版社。

庄孔韶，2004，《回访的非人类学视角和人类学传统——回访和人类学再研究的意义之
　　一》，《西南民族大学学报》（人文社科版）第 1 期。

Burawoy, Michael. 2003. "Revisits: An Outline of a Theory of Reflexive Ethnography." *A-
　　merican Sociological Review* 68（5），645-679.

Lynd, Robert S. and Lynd, Helen Merrell. 1937. *Middletown in Transition: A Study in Cultural
　　Conflicts.* Harcourt, Brace and Company, Inc.

Restudy as a Method: Focusing on Field Research in Lu Village

Xingwang Liu

Abstract: The main idea of this thesis, via the examination of Lu Village's restudy paths, is that the restudy as a method reaches two aspects: field site and prior researcher. When presenting the changes of the field site itself, it examines the "constancy" and also focuses on the examination of the field site's the diachronic and current situation. The other is the prior researcher: it reflects the changes of the researcher's theoretical perspective and attitude, or examines the o-verlooked phenomena or has only been mentioned by the prior researcher, as well as the observed phenomena through comparison survey. In practice, the sub-sequent researcher juxtaposes the two aspects of the field site and the prior researc-her for adding to the empirical fact or building up the theory. Above all, this arti-cle may present methodological reference and inspiration for sociological restudy.

Keywords：Return；Revisit；Awareness-Raising Tool；Lu Village

《作为方法的再研究：以禄村的实地研究为中心》评审意见

李友梅

李友梅[*]

　　该文尝试运用"作为方法"话语来探讨，在社会学与人类学的田野调研中，"再研究"或"重访"作为一种体系化的方法论/研究范式的可能性。作者将费孝通对于禄村的实地调查、回访，以及钱成润、史岳灵等学者进行的后续追踪调查与知识生产当作研究文本，并在此基础上梳理出研究者们进行"再研究"的五种理路。为阐释"再研究"的方法论意义，作者将"再研究"的"获知工具"分离为"田野点"与"先行研究者"，并呈现此两种类型/层面与"再研究"的五种理路之间的对照关系。总体而言，该文的理论对话与文本解读存在偏差，问题意识不够清晰，研究意义与学术价值不够凸显。具体而言，该文尚有以下几处值得商榷。

　　1. 作者对于"回访、重访与再研究"的定义难以凸显"再研究"的学术意义与价值。通过"回访"和"重访"的划分方式，作者在"禄村再研究"的学者之间做了理论对话，而这些学者有各自的学理问题和主要关怀，而且不在同一个层面。例如，作者将费孝通与宝森的禄村研究进行了直接的"对话"，而在两位学者的问题意识及其背后的研究关怀与逻辑存在巨大差异的前提下，可比性存疑。需要注意的是，费孝通在不同阶段的问题意识是不断发展的，理解费孝通的关键点在于他不断回到研究地点是为了更好地认识实际生活、为人民解决问题，主要从文化变化和比较的视野来看问题。因此，停留在对"回访"和"重访"的概念层面的比较，停留在"同一田野点"的简单关联，无法把握费孝通和其他研究者的关键问题意识和思想脉络。

---

*　　李友梅，上海大学社会学院教授，中国社会科学院-上海市人民政府上海研究院第一副院长，中国社会变迁研究会会长。

2. 文章没有明确说明"作为方法"话语与"再研究"之间的关系。需要厘清的是,"作为方法"话语何以赋予"再研究"方法论意义,以及在哪种程度上,如何使得"再研究"可以对体系化的方法论提供支持。在以往的研究中,"××作为方法"话语往往被学者们用来赋予某一地理空间单元、社会情境区位甚至是个体以主体间性(王铭铭,2021)。在该文中,作者想"创新"这种用法,但没有给出其路径的清晰阐述。在文中,作者提到"笔者只是借用(作为方法)这种含义表述的形式,以便推演自己的概念",这种涉及全文理论资源/分析工具使用的关键表述最好在前文做出清晰的阐述,否则前后文似乎矛盾,使读者不容易理解作者的分析理路。

3. 作为方法的再研究的方法论意义体现不明显。作者呈现以往的学者进行"再研究"过程中形成的五种理路,并将这五种理路归入"两个层面"。但这些理路是相对零散并缺乏有机联系的。作者在第四部分的最后写到作为方法的再研究的意涵、民族志层面的方法论意义,并将其上升到范式维度,但缺乏对该范式即体系化的分析框架的界定性阐释。

综上,关于该文的修改建议如下。

1. 该文的学理性问题意识需要进一步凝练,并在文章开头/第一部分清晰地呈现出来,并体现于该文各个部分的标题之中,要把"再研究"真正提升到方法论层面。

2. 作者在将费孝通和其他学者进行比较时,要深入认识费孝通的问题意识、研究出发点和关心的时代问题以及他的学术使命。在费孝通的研究中,他始终尊重的是"从实求知",作为他的方法论,这个"实"里面既有"现实",也有"史实",他注重通过文化变化来认识现实,把文化变化放到历史中作为一种史实来认识。因此,需要更好地读懂费孝通。

王铭铭,2021,《"家园"何以成为方法》,《开放时代》第 1 期。

接续与延伸：对四个"魁阁"再研究团队实践的梳理与考察

卫兰芳[*]

摘　要："魁阁"再研究是指对"魁阁"时期诸田野点进行回访、追踪研究的学术实践。本文旨在梳理刘尧汉、王铭铭、李立纲、马雪峰等带领的四个"魁阁"再研究团队的学术实践，考察其对"魁阁"时期田野点进行追踪研究的学术成果，探讨"魁阁"再研究接续与延伸前人学术活动的形式、特征与启示。研究发现，这四个再研究团队的实践与布洛维（Michael Burawoy）提出的经验主义式、再建构式、结构主义式再研究类型具有一定的契合性，但又具有本土色彩。前人研究是接续的起点，通过重述与反思前人的研究成果，比对前后社会的差异，结合研究者自身的学术训练、生活经验、时代背景等要素，形成了不同的接续进路与再研究主题。以此为基础开展再研究，不仅继承了前人的学术遗产，还延展了学术的研究空间，在学术史和社会史层面均有重要意义。

关键词："魁阁"　再研究　学术实践

一　"魁阁"学术遗产及再研究

一般认为，"魁阁"学术遗产由"魁阁"的学术财富和"魁阁"精神两部分构成（张媚玲、张曙晖，2011），其中最重要的遗产是理论指导下的社会学调查（刘翔英，2020），也就是学术财富（详见表1）。"魁阁"是以吴文藻倡导的"社区研究"为中心而开展调查研究工作的（周美林，

＊　卫兰芳，云南大学民族学与社会学学院社会学专业 2022 级硕士研究生。

1993)，在吴文藻的思想号召下，一批青年和费孝通一起完成了内地农村的社会学研究工作（费孝通，1996）。因关注角度的差异，"魁阁"学术研究的主题涉及农村的经济生活、社会结构、宗教活动、文化教育等多个方面。社会学恢复重建后，陆续有学者返回"魁阁"时期的田野点进行再调查，以再研究的形式承继先辈们留下的学术遗产。

表1 "魁阁"时期社会学系研究计划及成果

研究地点			研究者	研究成果
滇缅公路沿线	禄丰县	大北厂村	费孝通	《禄村农田》
		鸡拉村*		
		李珍庄村	张之毅	《易村手工业》
	大理	马九邑村		《榆村经济》
		喜洲	许烺光	《祖荫下》
		双鸳村	田汝康	
	芒市	那木寨		《摆夷的摆》
滇越铁路沿线	呈贡	归化区	谷苞	《化城村乡的经济传统》
		大小河口村、安江村	胡庆钧	《呈贡基层社会结构》
	玉溪	中卫村	张之毅	《玉村农业和商业》
		大营	安庆澜	《经济与生活》
		大村	薛观涛	
	路南县	尾则村	李有义	《汉夷杂区经济》
		堡子村	郑安仑	《堡村商业》
昆明		云南纺纱厂	田汝康	《内地女工》
		昆明中央电工厂	史国衡	《昆厂劳工》
个旧		个旧锡矿		
康藏印缅边区			田汝康、许烺光等	
保山一带、永平及腾冲边境战区			张之毅、游钜颐	

注：此表根据丁靖发表在《魁阁》2021年第1期上的论文《"魁阁"时期云南大学社会学系本土化的实践》中的表5改编。

*费孝通先生研究禄村时提及的村子，因其是当时少数民族山区的代表性村落，后面在开展再研究的时候，将其一并纳入。

再调查或再研究①在社会科学领域是一个较为常见的现象，源于前人著述的田野意义和后来者具备的学术史意识（梁永佳，2005：4），其兴盛与学者的研究兴趣以及对真理的追求有很大关系。"一方面，旧著作所反映的地方社区生活早已发生了巨大变化，现如今人们有兴趣了解那里的新貌，另一方面，学界亦关心那里的时空转换与变迁的本质"（庄孔韶，1999），对"魁阁"时期田野点的再研究就是在这些指引下开展的。笔者整理文献后发现，这些再研究横向牵扯的田野点范围较为广泛，纵向时间跨度也较大，内容丰富且复杂。

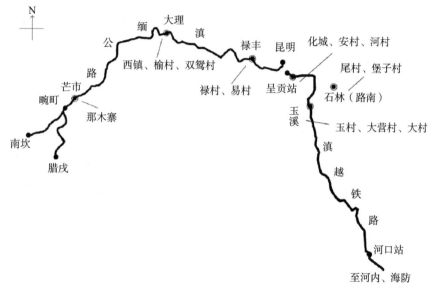

图1　"魁阁"十四村田野点分布

注：作者根据文献资料绘制而成。

"魁阁"时期完成研究的田野点共有17个（十四村、两厂一矿），厂矿在社会变迁中消失，而村大致沿滇缅公路和滇越铁路（见图1）分布。郑安仑研究的堡子村、薛观涛研究的玉溪大村、安庆澜研究的玉溪大营

①　再研究最早可以追溯到1941年，美国人类学家刘易斯（Oscar Lewis）回访了雷德菲尔德研究的特波茨兰，得出了截然不同的结论，而后韦纳、弗里曼、庄孔韶、覃德清等人陆续对他人的田野点做再研究（兰林友，2005）。国内的再研究自20世纪末开始，庄孔韶回访了林耀华的金翼黄村，兰林友回访了杜赞奇的华北诸村，周大鸣回访了葛学溥的凤凰村等。再研究是对其他学者研究的田野点的再访问，与学者回到自己田野点的回访相互区别。原费孝通先生在20世纪末对云南三村进行了重访，这在一定意义上属于回访的内容，因此本文不将其纳入分析的范围。

村、田汝康研究的大理双鸳村，至今还未找到任何相关的研究成果，薛观涛研究的玉溪大村至今还无法确定其具体的位置（马雪峰，2023：1）。因此，所有的再研究主要聚集在 10 个田野点上：禄村、易村、玉村、尾村、安村、化城、河村、西镇、那木寨、榆村①。此外，《禄村农田》中多次提及的鸡拉村也有学者开展过再研究工作。

对这些田野点的再研究，最早可以追溯到 20 世纪 80 年代，1983 年楚雄彝族文化研究所的刘尧汉带领团队完成了禄村 50 年的追踪与易村调查。20 世纪 80 年代末到 21 世纪初，一批国外的学者来到这些田野点开展再研究，如美国学者那培思（Beth Notar）在 1994~1995 年对西镇东北三个村落、1990~1999 年加拿大学者宝森（Laural Bossen）对禄村的再研究工作。到了 21 世纪，对"魁阁"时期田野点的再研究主要以国内学者为主。自2000 年起，中央民族大学段伟菊和张华志率先进入西镇进行再研究，同时，北京大学张宏明、梁永佳、褚建芳分别进入禄村、西镇、那木寨完成再研究。后来，2006 年，云南省社会科学院农村发展研究所完成了对鸡拉村的调查；同年，复旦大学刘豪兴完成了费孝通的夙愿，对玉村进行了再研究。而后从 2012 年开始，云南大学马雪峰、张美川等带领了一批学生完成了对 11 个村镇的实地研究。同一时期，云南省社会科学院农村发展研究所在 2013 年将重点学科建设项目确定为"'云南三村'再研究"，随即由李立纲等人组建研究团队，开展了对"云南三村"的再研究工作。除上述之外，还有一部分学者也完成了一些较为零散的再研究。

可见，已有的"魁阁"再研究相当丰富。"魁阁"时期田野点的研究是在吴文藻的设计框架下，由费孝通组织完成的学术实践，因此具有综合性。后世的再研究一定程度上承继了团体多点田野的特点，团队实践在当前"魁阁"再研究中占据主导地位。为此，本文主要聚焦团体再研究层面，对刘尧汉、王铭铭、李立纲、马雪峰等带领的四个再研究团队的实践和成果进行梳理。

在梳理的过程中，不免牵扯到类别化。张宏明曾将再研究按照国内、国外进行类型划分，当时国内的再研究被称为"跟踪调查"，主要注重跨越时间去收集后续资料与原有资料形成连贯的社会事实序列，与国外注重不同思想对田野点解读的再研究有所不同（张宏明，2005：1~2）。但再研究形式多样，并非国内、国外的简单二分。布洛维根据研究关注的角度——内部与外部、建构主义和现实主义的交叉分类，认为再研究可以划分为反

---

① 文中田野点名称均沿用"魁阁"学者所起的学术代称，可参见"魁阁"时期的系列著作。

驳式、再建构式、经验主义式、结构主义式四种类型（Burawoy，2003）。布洛维的类型划分几乎可以涵盖所有的再研究，但其类别建构主要以国外的再研究为基础。因此本文将按照再研究文献出版的先后顺序，对四个对"魁阁"时期田野点开展再研究的研究团队的学术实践进行梳理和分析，最后援用布洛维的类型划分以探究共性，同时也会注意这些田野点再研究所具有的个性，以展示当前"魁阁"再研究的现状，并探讨"魁阁"再研究接续与延伸前人学术活动的形式、特征与启示。

二 禄村、易村的经济发展

社会学、民族学等学科恢复重建以来，各地相关的研究机构随之重建和兴起。1981 年楚雄州成立楚雄彝族文化研究室，1983 年楚雄彝族文化研究室更名为楚雄彝族文化研究所，刘尧汉应邀出任所长。到了研究所之后，他便一心培养当地青年学者做实地研究，在具体研究的时候，"主要采取实地调查、文献古籍考证和地下文物考古三结合的研究方法，尤其重视实地社会调查、挖掘第一手资料"（刘尧汉，1995：39）。最后的研究成果被编辑成了一套"彝族文化研究丛书"（林雷，2021：59~63），《费孝通禄村农田五十年》（1995）就是其中的一部。刘尧汉不仅研究彝族的文化，对农村经济的发展也较为关注（林雷，2021：63~64）。当时因社会主义现代化建设需要，通过对比前后社会、探索农村经济发展的客观规律，在刘尧汉的指导下，钱成润、杜晋宏、史岳灵等成立了禄村调查小组（钱成润等，1985）。所以在对禄村进行研究的时候，即便关注到了鸡拉村具有的民族特色，但主要还是围绕经济发展的主题，通过对禄村、易村及相关村镇的社会经济发展规律的探究，试图明晰农村经济的发展轨迹。

钱成润等在研究过程中主要以费孝通和张之毅的研究为起点，对前人的研究成果进行整理和复述。他们从《禄村农田》中归纳出职业分化、土地占有、农田经营方式、劳动力问题四个部分，认为《禄村农田》是围绕着农民如何经营农田以及在此基础上的一套社会关系展开的（钱成润等，1995：20）。之后便转向了对《易村手工业》的总结，认为易村的发展状况在一定意义上回答了禄村研究的问题，发展工业是解决乡村剩余劳动力问题的方法（钱成润等，1995：9~36）。在对前人研究总结和复述的基础上，形成了农民生计与农村产业的基本视角，从而观察村镇的发展与变迁。

这项再研究在具体分析的过程中，以禄村的纵向发展为主，以国家农田制度改革为节点，将禄村的发展过程划分为解放前十年、土地改革、合作化以后、家庭联产承包责任制四个阶段，每一阶段运用上述在《禄村农田》中所归纳的四个部分展开具体的分析。历经国家制度的改革与社会变迁，禄村的经济结构发生了历史性改变，1990 年之后农田收入退居第二位（钱成润等，1995：45~179）。这一变化过程主要建立在农田所有权、农田制度、农田经营、农田收益等之类的变迁要素基础上。同时，他们还对禄村人仍以造福子孙为主的消费观念进行了描述（钱成润等，1995：177~179），秉承了实事求是的调查原则。

钱成润等在研究时借鉴了前人的分析方法。费孝通在《禄村农田》中选择了五个不同类型的农户进行分析，借以说明禄村人民生计的一般情形（费孝通、张之毅，1990：126~140）。钱成润等也采用了这种方式，选取了不同类型的五户，以观察其收支具体情况和生活水平差异（钱成润等，1995：179），同时对易村以及与禄村有关的鸡拉村、金山镇的现状进行描述，用以横向比较禄村的情况。他们发现，易村由原来的农、工、商兼具变成了单一的农田经济（钱成润等，1995：241），鸡拉村不再依附于禄村等坝区村庄，与禄村之间形成了新的山-坝关系。而作为当时禄村上一级的金山镇，在发展乡镇企业的过程中，辐射周围的农村，与禄村之间形成了一种 80 年代城乡关系的缩影（钱成润等，1995：213）。易村的变化和禄村形成了鲜明的对照，鸡拉村和金山镇在一定意义上作为新的田野点，关注的核心仍然是经济结构，展现了禄村与外部社会的经济联系。

总之，钱成润等主要想呈现费孝通、张之毅之后禄村所历经的变化，正如《费孝通禄村农田五十年》导言中所提到的，"假如这能让广大的读者了解一个农村 50 年间的真实发展与变化，为大家提供一个实例来研究和解决现实问题……我们的目的也就达到了"（钱成润等，1995：4）。这种变化建立在前人研究的基础上，在阅读与重述前人研究文本的过程中，形成了基本的研究视角。在做具体研究时他们还会借鉴前人的分析方式，对新时空背景下的社会事实进行分析。同时，还会纳入学者们自身的思考，将禄村之外的汉-彝关系、城-乡关系一并纳入考察的范围。尤其是对鸡拉村的分析，展现了"中华彝族文化学派"的特点。更为重要的是，这在一定意义上属于新田野点的开辟，为后世开展再研究奠定了文献基础。

三 "滇缅沿线"三村的反思性继承

2000 年，云南省政府设立"省校合作"项目，借此机会，王铭铭等提议对云南省著名人类学田野点开展再研究工作。课题立项之后，他们便选择了几个田野点进行追踪调查，禄村、西镇、那木寨是关注的重点，由张宏明、梁永佳、褚建芳分别完成研究工作。这三个田野点恰好延续了沿滇缅公路分布的选点特点，正好代表了三种不同类型。在这三个田野点开展再研究，主要考虑有三："（1）云南在抗战时期是社会学、人类学的学术重镇，在学科史上占有重要地位；（2）如果通过'再研究'来重读历史和考察现实，我们就可以对社会变迁和学术继承与范式进行探索；（3）这个课题可以为培养研究生提供条件、创造环境。"（潘乃谷、王铭铭，2005：294）

反思性继承最早便来自王铭铭对张宏明、梁永佳、褚建芳展开的"魁阁"再研究的特点总结，以此表明对两个不同历史时期中国人类学探索的联系与差异的看法（王铭铭，2005）。三位学者在各自的田野实践过程中提炼出了各自的分析框架，围绕着土地制度（张宏明）、地域崇拜（梁永佳）、人神交流（褚建芳）展开。该研究团队采取的再研究方式主要是在继承前辈的学术事业的同时，联结更为广泛的学科问题，给出自己的解释。也就是说，在意识到前人研究珍贵的同时，基于学术自主性，在前人开拓的学术空间的基础上，强化问题意识，为学术积累提供知识（王铭铭，2005）。由于田野点的差异及学者所受到的学术训练、生活经验以及思维方式等的影响，三位学者的研究展现了三种不同的反思路径。

张宏明在对禄村的再研究中，接续前人研究主题，并将其放入特定的历史背景中，更深层次地理解前人研究。他在导言部分明确指出，"继续费先生在《禄村农田》中确立的两条主线，加强对制度化背景的理解，把禄村的土地制度与公共仪式放在国家的体制中来做整体把握"（张宏明，2005：8）。历史视野的引入突破了费孝通横剖分析的局限。在对土地制度和公共仪式进行历时性梳理时，张宏明发现土地在国家视野中具有不可让渡性，而公共仪式本质上便是这种性质的一种象征形式，这进一步阐明了费孝通提出的"生产-消暇经济"背后所蕴含的逻辑（张宏明，2005：8）。同时，透过整个发展演变过程，可以看到国家与社会之间是一种相互嵌套的复杂形式。这些研究所得并非意外之获，而是对前人研究主题深入的结果。

与禄村情况不同，20世纪50年代，在民族识别工作中，西镇当地的族群被识别为白族，与许烺光的典型汉人观点相区别，引发了国内外关于西镇族属的激烈争论，不同学者从各自的角度出发展开了探讨。梁永佳在进行西镇再研究时，并不希望去整合已有研究和再研究的研究取向，而是希望通过反思前人的成果，尝试提出新的研究路径（梁永佳，2005：2），为此他把研究视角放入社会空间和仪式领域。无论是汉族认同还是白族认同，集中展示的是地方特色，而在西镇，汉族与白族的特点都是存在的，无法从某个单一的角度去完整地把握或概括西镇地方所具有的特点。所以他使用了复合文化的概念去分析西镇所呈现的多元社会，用地域观念集中展示复合性。梁永佳认为，许烺光把西镇人写成汉人，在于他接受了用国家容纳社会的民族-国家观（梁永佳，2005：230），这与许烺光所处的时代背景密切联系，因此无论是哪种族属都是一种国家认同的表述。而国外学者则是以他者的眼光进行考察，缺少汉语人类学家的关怀，因此形成了不同的看法。文化的复合性能够恰当地解释这类争论现象，同时这一概念又蕴含了西镇所具有的文化特色和地方特殊性（梁永佳，2005：230）。

褚建芳则采取了另外的反思路径，完成了关于芒市的再研究。他"先从实求知，根据事实材料得出自己的结论。在此基础上，再回过头重新审视前人的原初研究。对其可取的地方加以利用，对其不恰当的地方，则可弃置不用，或加以修正"（褚建芳，2005：2）。通过调查比对，褚建芳发现田汝康当时的观察描述大都是真实可靠的。虽然同样从仪式的角度出发，但褚建芳实际上是把田汝康的研究作为一种历史文献加以参考和利用，并在此基础上对田汝康的观点加以深化和拓展，从人神交流的角度，揭示与分析其中所蕴含的"特殊"交换逻辑及等级秩序的关系（褚建芳，2005：3）。他对仪式功能的解读，从田汝康的"为什么"，走向了"是什么"以及"如何"（褚建芳，2005：3）。

综上，张宏明在研究过程中对费孝通的"消暇经济"进行了辨析。梁永佳在西镇学术史梳理过程中，形成了汉族与白族交融的文化视角。褚建芳发现那木寨傣族与神之间不仅是人单一的"散财"关系，人还渴望从神那里获得"积"与"得"，为了补充对后者的分析，他重新建构了"人神交换"的分析框架（王铭铭，2005）。从这三条反思路径可以看出，反思角度可以从前人研究的关注角度出发，也可以比对前人研究的结果，亦可以对系列再研究文本进行反思，虽然路径各异，但其中都蕴含着学者的自身思考。同时，王铭铭在指导的过程中还引导研究者关注其他有关研究主题的文本，以及纳入时间维度，在重访故地时追踪社会人类学学科发展的时间线索（王铭铭，2005），这有利于拓展研究的学术空间。可见，研究的反思方向和主题形成过程之间的差异，主要与研究者的学术训练、生活经验、思维方式等密切相关。虽然议题多样，但始终紧扣前人研究的主题，研究过程以及得出的研究成果都与"魁阁"保持对话。

四 "云南三村"经济结构的更替

2012 年，云南省社会科学院农村发展研究所在年终会议上总结指出，不仅要顺应云南省社会科学院智库建设需求，更应加强基础理论研究，以理论研究为指导，增强智库研究的学理性（王献霞、崔江红，2021：3）。因此该研究所将 2013 年的重点学科建设项目确定为"云南三村"再研究，随即由李立纲等人组建研究团队，开展了"云南三村"的再研究工作。之所以这些研究被称为再研究，是"因为前有费孝通先生和张之毅先生的研究，后人对他们研究过的对象进行研究，就是'再研究'"（张源洁等，2021：16），"回应"是系列再研究开展的基本出发点（李立纲等，2021：169）。

虽然对三个村的再研究分别由不同学者完成，但该团队的再研究基本都包含三个层面，在《手工业消失的易村》中解释了这几个层面："对易村现状的研究；对当年张之毅易村研究行为的研究（由此还适当延伸到对历史上易村的研究）；对当年易村研究成果《易村手工业》的研究。"（李立纲等，2021：2）若要开展第一个层面的研究，免不了接触甚至深入后两个层面。通过对前人研究的综合考察，能够更加准确地把握研究主题，从而形成理解当前社会的视角。李立纲团队对"云南三村"的再研究依旧围绕着社会经济结构层面，易村研究仍从手工业展开，禄村研究的主题依旧为农田，而玉村研究则将农业和商业拆解为土地、市场、人口等要素。

尽管学界对禄村持续关注，但 2005 年以后就没有了系统性的研究成果。而随着 2005 年社会主义新农村建设启动，禄村格局和村庄建设发生了明显的变化（王献霞、崔江红，2021：11）。在这样的背景下，王献霞、崔江红开展了禄村再研究工作。在开始研究前，该团队首先对前人的研究文本进行解读，对一个典型"中国内陆传统农村社区"形成了基本认识，同时描述了当时（2013～2018 年）禄村的情况，用以比对禄村前后的差异。在发展过程中，禄村的农田制度自 20 世纪 30 年代历经了土地私有制、土地集体化、家庭承包经营、土地承包权调整四个阶段，农业经营、农田效益、劳动力利用以及家庭生计等都发生了显著的变化，仅分析禄村内部农田变化不能够将其发展的原因穷尽，因此王献霞、崔江红（2021）引入了外部拉力作用进行分析。研究发现，国家制度消除了"懒"的基础，社会主义市场经济体系建设的推进使得禄村人变得精明，同时大量的土地被征用，禄村人告别土地而从事其他行业，禄村并没有沿着 20 世纪 30 年代预计的道路前行（王献霞、崔江红，2021：178~192）。

与 20 世纪 80 年代钱成润等的调查发现一致，易村手工业走向了消亡，但在世纪之交易村的生计方式又逐渐变得多样，不再单一依靠农田经营。易村已成为一个社会学研究中的乡村手工业的个案，同时也是社会学研究乡村工业变迁的一个经典案例（李立纲等，2021：38）。李立纲等学者在再研究的过程中，主要带着自己的理解去解读易村这个乡村手工业变迁的经典案例。在进入前他们仍然从前人的研究出发。易村的手工业主要由造纸和竹编两种构成，这两种手工业的原料都为竹子，因此竹子被认为是易村研究的核心线索（李立纲等，2021：55）。李立纲等提炼出这个观点之后，便展开了对竹子的历史、资源、功能、潜在利用价值、前景等的探讨，继而梳理了造纸和竹编的兴起、发展、衰亡的过程（李立纲等，2021：50~71），使我们能够对易村手工业的兴衰过程有一个全面的认识。可见，以传统手工业为主的易村未能完成机械化，由此手工业消失在发展的进程中，这在一定程度上验证了前人所提出的"除非乡村工业在技术上和在组织上变了质，它才能存在，才能立足在战后的新世界里"（费孝通、张之毅，1990：223）的观点。

易村在手工业消亡之后回归了农业种植，因此这项再研究成果又对易村的土地农田情况、土地制度、产业变化进行了梳理。张之毅时期的易村土地所用劳动力已达到经济学上的耕种边际（费孝通、张之毅，1990：215）。而后来由于基础设施的完善，农药、化肥等的使用，农田利润上升，吸引了越来越多的人回归农业（李立纲等，2021：124），但粮食种植只能满足基本所需。之后易村在发展过程中，出现过大量种植西瓜（1999~2003 年）的情况。在 2004 年以后，反季节蔬菜种植成为家庭收入的主要来源（李立纲等，2021：130~133）。随着国家战略的实施和基础设施的完善，易村的经济结构几经变化，踏上了一条现代化的建设道路。

相较于其他两村，玉村的变化更为显著。张源洁等在开展再研究前，从张之毅对玉村的农业和商业的分析中，拆解出土地、市场、人口等要素，以此对玉村进行考察。玉村在一定程度上代表了中国城郊农村发展的特殊类型（张源洁等，2021：259），其转变主要发生在 20 世纪 80 年代中后期并持续到 90 年代中期。1983 年玉溪撤县建市，玉村被纳入规划之中，开始大量征地。"1984 年玉村耕地有 2230 亩，到了 2017 年玉村耕地仅有 359.45 亩。"（张源洁等，2021：100）在城市化的过程中，商业不断发展，个体经济逐渐繁荣，形成了以商带工、"乡脚"相连的格局，并且出现了大量新的社会问题，如旧村改造、户口留存之争、市民化等。这些与玉村的经济发展联系密切，属于社会秩序层面，因此专门有一章（第十一章社会治理）用以分析玉村各个阶段新的社会治理体系的生成以及其所带来的影响。虽然张之毅当时并没有对社会治理进行分析，但是研究者通过研究前人对玉村的描述，总结出了当时的玉村实行的是一种传统乡绅的治理模式（张源洁等，2021：234），使之与不同阶段的社会进行比较。

综上，该研究团队在开展再研究前均会整理前人研究，以形成再研究的分析起点，但在研究分析过程中会不断纳入新的社会事实加以考察，从而对各村的经济结构变化进行全面解读。在城市化的过程中，禄村的土地不断被征用，而玉村的土地已经被征用，因此这两个村庄的经济结构已经由以农业为主转为其他形式。易村在手工业消亡之后转向了农业生产，但随着社会发展，多种生计方式替代了农业。禄村、易村、玉村走上了不同的发展道路，可以被视为县城城郊农村发展、乡村工业变迁、城市城郊农村发展三种不同类型，一定程度上延续了费孝通的类型比较法。

五　"魁阁"六村社会结构的变迁

孙立平等（1994）曾对我国改革开放后 15 年的社会结构变迁进行了总体描述和概括性分析，发现当时中国社会结构已经并还在发生重大变迁。"魁阁"距今已有 80 余年，时间跨度较之更大，社会结构变迁更为显著，纵贯剖析社会能够认识中国社会转型的过程。由马雪峰带领的"魁阁"再研究团队便是基于这样的想法，带着对前辈们所关怀的问题的理解，以共时性维度分析现状，并将其与前人的研究结果进行比对，以此深入考察社会结构的变迁。需要指出的是，该团队的研究主要依托国家社科基金项目"魁阁九村（镇）再研究"，虽然现已完成了对 11 个村的实地研究，出版了《魁阁时期村庄再研究》（共四卷，2023），但已出版的内容只包含对六村（易村、玉村、尾村、安村、化城、西镇）的再研究，为此本文主要分析现有正式出版的六村社会结构研究，同时也会适当兼顾已完成的其他村再研究。

这六个村庄在魁阁时期，尾村由李有义研究，其主要对汉夷杂区经济形态、政治活动以及婚姻制等层面进行了详尽的描述；而呈贡化城和河村则分别由谷苞和胡庆钧研究，主要集中在对地方政治结构和社会组织层面的探讨；易村和玉村研究则由费孝通和张之毅完成，集中在对经济结构层面的分析。除这六村外，其他田野点的主题各具差异，可见，"魁阁"研究所蕴含的社会结构是一种宽泛意义上的结构，即从经济、政治、婚姻、家庭、人口、宗教生活等方面考察，只是每个田野的侧重点有所不同。因此，该团队综合了这些学术关怀，并结合各田野点前人的研究主题，围绕村落空间、经济生活、社会组织、精神生活四类主题展开，先根据研究主题比较前后社会结构的差异，而后将这些研究主题放入具体田野点的历史维度进行变迁过程的考察。

从感官层面来看，最为明显的变化是物理空间形态的改变，尤其是传统村落空间向城市规划空间的转变。在发展过程中，化城、安村、玉村都经历了这一巨变过程，对化城的规划定位从明星小镇到新型社区再到旅游小镇，曾经的"归化"村已成为"规划"村（徐辉等，2023：149~173）。安村在旅游文化名城项目开发过程中，传统信仰体系被打破，经济要素取代社会关系成为空间的主要特征，玉村也早已转变为"玉城"（刘兴旺等，2023：152）。对这些变化的观察，均以先前研究者所描述的地方形态为起点。物理空间变化的背后蕴含着社会空间以及社会秩序的更迭，在描述空间形态变迁的基础上，分析其背后所蕴含的影响要素，由此可以发现这些田野点的空间变迁主要是在城市化浪潮的推动下，在国家话语、政治运动以及市场经济的多重因素交织作用中实现的。同时，个人主义思想也会影响空间形态与秩序的变迁（赵立鹏，2019：76）。

深入地方社会，研究围绕经济生活、社会组织、精神生活等内容展开。易村从土纸工业转向大棚蔬菜种植，村庄结构从宗族村庄共同体转向大社会政治架构影响下的地域共同体（刘兴旺等，2023：3~128）。尾村在国家与市场的交织作用下，走上了现代化的道路，现代国家向市场借力，将尾村的经济结构推向开放的网络市场（石芳穗、杨雪琼，2023）。化城集市早已从联结"街子圈"共同体成员的场域，逐步被纳入了世界资本主义体系，成为仅满足日常生活所需的一个普通市场（徐晖等，2023：174~198）。虽然结构变迁分析的主题各异，但都以早期研究的社会事实为依据展开叙述，并分析引发变迁的原因。

空间形态、经济生活与社会组织都是社会变迁过程中变化较为显著的社会要素，可以从不同的历史阶段去具体把握。其实这些外在社会要素的变化反过来也会对人造成影响。精神生活方面的再研究便集中在对这个层面的探讨。西镇的社群观念就是一个典型的例子，之所以西镇人的族属认同会发生变化，是因为西镇社群身份想象与建构在不同"关系"中所具有的"流动性"意义（董辉虎、董殷江，2023：79），同时地方社群的秩序观念也会随着社会变迁而发生变化（董辉虎、董殷江，2023：96）。

其实，无论是空间形态、经济生活、社会组织，还是精神生活，都与秩序联系密切，秩序集中体现在共同体内部。村庄最为常见的共同体便是地域共同体，田野点就是地域共同体的一种展现形式。对"魁阁"田野点纵向秩序演化的分析发现，经济、权力、公共事件、民间信仰等要素均会对共同体产生影响。生计方式发生转变，村落共同体由此逐渐解体，但家庭共同体并不一定随之一并解体。在玉村发展过程中，"房子"为家庭内部的成员提供了一种温和自主的被纳入市场经济体系的机会（刘兴旺等，2023：149）。但这只是因经济形态而维持的一种阶段性形态，如果这种经济形态被打破，那么家庭共同体仍然面临着解体的风险。

通过上述分析可以发现，该研究团队研究的田野点较多，其"社会结构"的基本视角的形成得益于前人研究，兼顾了"魁阁"时期村镇研究的主要内容。在对每个田野点的具体研究过程中，可以从物理空间状况、地方生计方式等前人研究文本所陈述的社会事实出发，也可以从"云南三村"的经济生活、社群的价值观念等前人的研究主题展开，以此完成与前人的对接。对接之后的研究，不仅仅包含对社会事实变化的陈述，还包含对变化过程的解读，在变迁描述的基础上运用当代的理论分析框架，提出自己的见解。正如马雪峰所提及的，其赞同王铭铭与潘乃谷的观点，认为再研究不是重复论证，也不是理论阐释的极端相对化，而是反思性承继。

六　结语

"魁阁"时期田野点呈现的田野群特点，在再研究时展现得也较为明显，本文中四个再研究团队的学术实践为我们系统呈现了这一独特性，在总体设计的框架下完成了对多个田野点的再研究。在具体过程中又展现了再研究所具有的共同性，都牵扯对前人学术研究的接续与延伸。通过上文的分析可以发现，四个"魁阁"再研究团队的学术工作（详见表2）分别在不同时期开展，关注视角因研究目的以及背后的影响要素而各有不同。但总体而言，再研究的主题主要有经济结构、公共仪式、社会结构三种类型。这些主题的形成与前人研究联系密切，均从前人的学术研究出发。

"云南三村"研究由费孝通和张之毅完成，主要从经济结构展开，后世在开展再研究的过程中继承了前人的学术关怀。在具体田野点再研究的总体设计上，刘尧汉等和李立纲等带领的研究团队则以经济结构为研究主题，在不同的时间节点，对田野的经济形态以及在此之上的社会形式展开了全面的梳理与分析，展现了各个田野点的经济结构变迁与社会形态转变。王铭铭团队在进行再研究的时候，主要从人类学的角度进行思考，对

禄村的土地制度、西镇的地域崇拜以及那木寨的人神交流进行了反思，关
注到了乡村社会与现代性之间的文化差异，强调公共仪式研究对于乡土社
会研究的重要性（王铭铭，2005）。而马雪峰带领的研究团队研究的田野点
最多，他们综合了"魁阁"时期田野点研究的总体特征，从社会结构的研
究主题出发，根据各个田野点所具有的特色，展开了具体的研究。虽然各
个团队开展再研究的形式不一，但都注意到了时空变迁，并且在研究过程
中不断纳入新的社会事实，运用新的研究方法与理论展开分析与探讨。

表 2　四个"魁阁"再研究团队的研究情况

再研究时间	再研究团队	正式出版的田野点 再研究成果	研究地点	研究主题
1984~1995 年	刘尧汉等	《费孝通禄村农田 五十年》（1995）	禄村、易村	经济结构等
2000~2005 年	王铭铭等	《土地象征》 《地域的等级》 《人神之间》（2005）	禄村、西镇、那木寨	公共仪式等
2013~2021 年	李立纲等	《新禄村农田》 《手工业消失的易村》 《玉村商业和农业》（2021）	禄村、易村、玉村	经济结构等
2012~2023 年	马雪峰等	《魁阁时期村庄再研究》 （共四卷，2023）	易村、玉村、尾村、 安村、化城、西镇 （未出版研究成果 涉及田野点： 禄村、河村、那木寨、 榆村、鸡拉村）	社会结构等

　　通过对四个再研究团队学术实践的梳理，笔者试图结合布洛维的再研
究类型划分。可以发现，本文中的这四个再研究团队的学术实践并没有涉
及布洛维所提及的反驳式再研究。将视野重新放入整个"魁阁"时期田野
点的再研究领域，这类再研究仍然不存在，这主要与社会学中国化联系密
切。"魁阁"时期的研究是在吴文藻的总设计之下开展的，属于社会学中
国化的实践部分。社会学中国化主要包含两点：进行现代社区实地研究、
发展社会科学理论。以学术为中国社会改良服务（马雪峰，2020），其根
本目的在于认识中国和服务中国社会（冯仕政，2022）。"魁阁"时期的研
究建立在这些目的和宗旨上，从微观社区出发理解中国社会，由此生产出
了妥当性的科学知识。加之"魁阁"时期的研究与再研究之间的时间跨度
较大，其间中国社会历经巨变，很多内容无法一一核对，因此引发争议的

可能性不大。

同时，这与国内再研究传统——尤为重视前人的研究成果有关。这四个再研究团队在实践过程中，均从前人的研究出发，十分重视当时的社会与前人社会的差异，带着研究者自身的思考，形成了不同的接续与延伸路径。以此为基础，在中国的社会情境中面向人类整体进行新的知识生产，其中不免牵扯科学与政治张力的问题，可以窥见当前中国社会学自主知识体系建设的部分特点。对于新一代研究者来说，要从前辈走过的学术道路中温故而知新，"魁阁"这个概念及它所代表的一切，有着不可多得的价值（王铭铭，2005）。再研究不仅可以承继前人的学术遗产、延续田野点的学术生命力，还可以追踪学科发展的时间线索、拓展学术研究的空间，无论是在社会史层面还是在学术史层面，均发挥着重要作用。

参考文献

褚建芳，2005，《人神之间——云南芒市一个傣族村寨的仪式生活、经济伦理与等级秩序》，社会科学文献出版社。

丁靖，2021，《"魁阁"时期云南大学社会学系本土化的实践》，《魁阁》第 1 期。

董辉虎、董殿江，2023，《魁阁时期村庄再研究 第三卷 喜洲》，社会科学文献出版社。

费孝通，1996，《开风气育人才》，《北京大学学报》（哲学社会科学版）第 1 期。

费孝通、张之毅，1990，《云南三村》，天津人民出版社。

冯仕政，2022，《范式革命与中国社会学自主知识体系的建构》，《社会》第 6 期。

兰林友，2005，《人类学再研究及其方法论意义》，《民族研究》第 1 期。

李立纲等，2021，《手工业消失的易村》，社会科学文献出版社。

梁永佳，2005，《地域的等级——一个大理村镇的仪式与文化》，社会科学文献出版社。

林雷，2021，《刘尧汉学术实践研究》，硕士学位论文，云南大学。

刘翔英，2020，《理论指导下的社会学调查：魁阁的中国社会学研究》，《社会科学》第 3 期。

刘兴旺、矫镇合、李伟玉，2023，《魁阁时期村庄再研究 第四卷 易村 玉村》，社会科学文献出版社。

刘尧汉，1995，《〈费孝通禄村农田五十年〉序》，载钱成润、史岳灵、杜晋宏《费孝通禄村农田五十年》，云南人民出版社。

马雪峰，2020，《以社会学知识建设现代中国：张之毅"魁阁"时期的学术实践》，《西南民族大学学报》（人文社科版）第 4 期。

潘乃谷、王铭铭编，2005，《重归"魁阁"》，社会科学文献出版社。

钱成润、杜晋宏、史岳灵，1985，《禄村经济发展情况调查》，《云南社会科学》第 1 期。

钱成润、史岳灵、杜晋宏，1995，《费孝通禄村农田五十年》，云南人民出版社。

石芳穗、杨雪琼，2023，《魁阁时期村庄再研究 第二卷 尾村》，社会科学文献出版社。

孙立平、王汉生、王思斌、林彬、杨善华，1994，《改革以来中国社会结构的变迁》，《中国社会科学》第 2 期。

王铭铭，2005，《继承与反思——记云南三个人类学田野工作地点的"再研究"》，《社会学研究》第 2 期。

王献霞、崔江红，2021，《新禄村农田》，社会科学文献出版社。

徐辉、刘湘琦、王冠华、马雪峰、周游、于耀，2023，《魁阁时期村庄再研究 第一卷 安村 化城》，社会科学文献出版社。

张宏明，2005，《土地象征：禄村再研究》，社会科学文献出版社。

张媚玲、张曙晖，2011，《中国早期社会学研究的回顾与反思——以"魁阁"学术集团为对象》，《学术探索》第 3 期。

张源洁、张云熙、谢晓洁等，2021，《玉村商业和农业》，社会科学文献出版社。

赵立鹏，2019，《禄村社会变迁与空间重构》，硕士学位论文，云南大学。

周美林，1993，《费孝通与魁阁研究室》，《江苏社会科学》第 2 期。

庄孔韶，2004，《人类学专著〈时空穿行——人类学重访的文化实践〉联合撰写邀请信》，载庄孔韶等《时空穿行——中国乡村人类学世纪回访》，中国人民大学出版社。

Burawoy, Michael. 2003. "Revisits: An Outline of a Theory of Reflexive Ethnography." *Americam Sociological Review* 68: 645–679.

Succession and Extension: An Overview and Examination of the Practices of Four "Kuige Sholars" Re-Research Teams

Lanfang Wei

Abstract: "Kuige" re-study refers to the academic practices of revisiting and tracing the field sites of the "Kuige" period. The purpose of this paper is to sort out the academic practices of the four "Kuige" re-study teams led by Liu Yao-han, Wang Mingming, Li Ligang, and Ma Xuefeng, examine and discuss their academic practices of restudy as well as to explore their academic achievements of restudy in these field sites of "Kuige" Period. This article examines the academic results of their tracking research on the field sites of the "Kuige" period, and explores the forms, characteristics and inspirations of the "Kuige" re-study that succeed and extend the academic activities of their predecessors. The author finds that the practices of these four re-study teams are somewhat compatible with the empiricism, reconstruction, and structuralism types of re-study proposed by Michael

Burawoy, but at the same time, they have the local features. The previous research is the starting point of the succession. And through retelling and reflecting on the previous research results, comparing the differences between society before and after, and combining with the researcher's own academic training, life experience, and the background of the times, different succession paths and themes of re-study have been formed. Based on this, the restudy teams not only inherit the academic legacy of their predecessors, but also extend the academic research space, which is of great significance in both academic history and social history.

Keywords："Kuige Sholars"；Re-Study；Academic Practice

《接续与延伸：对四个"魁阁"再研究团队实践的梳理与考察》评审意见

苏　敏*

社会学学科重建以来，中国学人们通过多样的方式联结旧学、开创新局，除了有意识的学术补课、平台建设外，还有实地研究的再次启动。卫兰芳的论文便聚焦中国社会学学科重建以来四个"魁阁"再研究团队的学术工作，依循各团队实地调研的时间，总结其核心主题和关键维度，对四个学术团队的"魁阁"田野点再调查和最终出版的作品进行了基本的梳理和初步的分析。

如文中所言，1980年代初云南地区社会文化研究的重建工作为第一轮"魁阁"田野点再研究提供了契机。2000年云南省政府"省校合作"项目则为北京大学和云南高校之间的合作打开了窗口，双方对学科史意义上的云南位置达成了共识，文中所言的第二个"魁阁"再研究团队便是在这一背景下产生的。几乎同时，云南省社会科学院和云南大学分别开始了与"魁阁"相关的再研究计划。前者以农村发展研究所为核心机构，尤为关注经济主题，希望加强基础理论的研究以指导智库建设；后者则以云南大学民族学与社会学学院为基础平台，围绕社会结构的变迁这一主题对"魁阁"时期的多个田野点进行了追踪调研，多名硕士研究生和本科生在此条件下完成了自己的学位论文。

该文集中探讨了"魁阁"田野点再调查实践中的团队工作，捕捉到了"魁阁"时期村镇社会研究的核心关怀与主要的学术视角，对于我们跨越时空认识"魁阁"研究与"魁阁"再研究之间的承继、沟通，乃至超越性的努力颇有助益。该文在结论部分回应了社会学家布洛维对海外社会学与人类学的再研究案例所做出的类型划分，指出中国社会学与人类学界的

---

*　苏敏，云南大学副教授，香港中文大学人类学博士，研究方向为食物与文化、魁阁研究等。

"魁阁"再研究具有本土色彩，并具体结合文中的团队实践进行了简要的说明。这样的梳理能促进我们对中国社会学学科建设的方向与路径的思考。

　　总体来看，该论文结构清晰、语言流畅，分析逻辑较为连贯。该文因主题所需仅讨论了四个学术团队的再研究工作，舍弃了国内外一些个体学者的再研究成果，从系统认识"魁阁"再研究成果的角度而言仍有待丰富。此外，文中对于再研究团队实践的一些分析主要引用了当事学人在其出版物中的表述，这一方式尽管能够清晰地呈现各团队对自身学术工作的认知，但就对最终出版物的阅读深度来看，则有望拓展。至于不同团队的学术呈现之间的学理联结，也值得继续发掘。

在"契洽"中重建家园

——以"魁阁"时期的工业研究为例

周　游[*]

摘　要：20 世纪三四十年代，由费孝通主持的"魁阁"学派在 8 年的"魁阁"时期产出累累硕果。诚然，"魁阁"的研究起点是中国如何进行现代化建设。"魁阁"关注乡土社会向城市和工业社会建设的过程，尤其是以都市现代工厂为代表的"大工业"。现代工业建设不仅牵涉城乡之间的有机联结，还关乎中国现代工业长久发展的基础性问题。本文从"魁阁"的工业研究文本出发，梳理"魁阁"对中国工业现代化的建设方案，并阐释作为重要理论意涵的"契洽"思想。

关键词：现代工业　"魁阁"　"契洽"

20 世纪三四十年代，一批受过专业社会学训练的青年学者，在当时动荡的社会和困苦的生活下，积极开展各类社会调查研究，尝试找寻国家建设与复兴的道路。以费孝通为重要组织者的"魁阁"学派（后称"魁阁"）就是其中的代表之一。在特殊社会背景下孕育出的"魁阁"，其学术研究旨趣于"内"是何以建设现代中国，于"外"则是如何与世界接轨。当传统中国"遭遇"现代时，其所对应的社会结构也会发生变化。人们如何适应这种变化，同时又不至于在社会中产生较大的社会后果，这就是"魁阁"希望在现代化建设中想要找寻的答案。可是，当"魁阁"研究刚迈过"开头难"的坎时，却在特殊社会历史背景下遭遇学科停办，许多研究计划也不得不终止。费孝通在进入千禧年时讲到，"目前，中国有两个问题：一个是工业到农村里面去，成为乡镇企业。一个是农民出来到工厂里面去，成为城市工人。这两个过程是很有意思的，这是中国的一个大

---

*　周游，云南大学民族学与社会学学院、西南联合研究生院民族学博士研究生。

转变,真正社会的转变就是人的转变嘛。许多在西方已经看不到了的事情,在中国还存在。只是中国更复杂一点,前现代的问题还没有解决,现代问题和后现代的问题却已拥上来了"(费孝通、方李莉,2000)①。费氏对"魁阁"时期工业研究的中断感到遗憾:"本来我刚开了一个门,想从中国最早的工业化,也就是农民怎样变成工人开始研究,我想跟上去,让史国衡继续做下去。但后来他到美国去念书了,回来后,抗战胜利了,他也不继续搞了,再后来他到清华去搞事务工作了。这个研究就没人搞了,就中断了。"(费孝通、方李莉,2000)

在"魁阁"看来,未来将是全球交互密切的时代,如何与世界接轨,以及从现代工业中汲取本土经验用以重建中国社会就显得非常重要。换言之,"现代工业何以在中国扎根"成为一个亟待回答的问题。工业建设并非一座孤岛,其如何与乡土保持持续的互通至关重要。费氏于千禧年时的发言,体现了他终其一生的学术关注与社会关怀,学术关注指的是"城乡农工",而社会关怀则是志在富民的"大同"思想。"魁阁"具有极强的现实关怀,其开展社会研究的目的是"重建中国",重建后的中国是城乡间高效互通和国际间紧密往来的国家。质言之,"魁阁"在面对现代工业建设这一"前现代"问题上,有着更深刻的关怀。本文以张美川、马雪峰主编的《魁阁文献·第2册·魁阁学者劳工社会学研究》和费孝通的著作为核心文本,呈现"魁阁"对于中国现代工业建设的贡献,并阐释"契洽"的理论意涵。

一　"魁阁"时期的工人与工业

抗日战争时期,为延续中国人才薪火,众多高校纷纷迁至西南地区。费孝通在完成英国的博士学业后,于当年(1938年)回国,执教于云南大学,由此开启了中国社会学的"魁阁"时代②。"魁阁"颇为高产,且出版物多为精品。在《昆厂劳工(书后)》中费氏坦言,"魁阁"提倡社会学调查或社区研究,对社会问题进行新解释,继而进行新理论的生产(费孝通,2019:152~153)。"魁阁"对工人群体的关注源于抗日战争的社会背景,沿海工厂大量迁入西南地区,随之而来的问题是,在工业基础薄弱的西南地区,外来的工业能否维持与发展。在第一部分,笔者将简单梳理

---

①　此为费孝通与方李莉的对谈,下同。
②　即从1938年至1946年,共8年(费孝通,1999c:479)。

"魁阁"对工人与工业的研究。

(一) 从农民到工人

"魁阁"对现代工业与工人的研究以史国衡的《昆厂劳工》为代表。玉村研究呈现了农民在农业破产后出走家乡、寄居他乡的生活境况，而工厂成为这些出走农民讨生活的一种选择（费孝通、张之毅，2006）。在很长一段时间内，中国知识分子认为中国的自救之道应该是农村建设，在当时却出现一些不同的声音，认为工业化可能才是立国的唯一途径。费孝通指出，"那是中国现代化工业的开始，是真正的开始"（费孝通、方李莉，2000）。

诚然，农民在进入现代工业并成为工人的过程中会遇到很多困难。祖辈以农业为生的农民为何选择进厂？在当时的战争状况下，逃避兵役是入厂的首要因素，其次则是出于经济动机，或为了提高社会地位与逃避社会纠纷，女工们则是为了远离来自家庭的痛苦[①]。工人们最先遇到的困难便是传统作坊与现代工厂的差异，前者强调"完整物件"的制作流程，殊不知，现代工业的制造流程已将产品生产拆解为诸多环节，流水线式的分工与合作能够极大提高生产效率。在旧传统"遭遇"新工业时，人们在传统农业生产中对时间认知的积习[②]，直接导致生产效率的低下。对于入了厂的农民而言，农业生产中的"灵活性"常让他们不时怀念，同时他们将罪责归于人事管理者的死板。再者是工人们的"团体生活"各具差异，"谁也没有控制别人的权威，所以骤然间找不出生活的条理"（史国衡，2019a：79）。质言之，传统家庭中的亲长权威与未培育严格的自治体统，导致工人们心神不安、各行其是。工厂也在努力提供机会帮助劳工适应工作，如开设教育补习班、提供休闲娱乐的设施，但结果却与厂方所期望的大相径庭。甚至厂方在医疗和保险上的努力并未获得工人们的信任。

史国衡意识到了积习分析的局限性，于是转而关注职员[③]与工人的对立。史国衡认为，出现对立是因为传统社会中"劳心"与"劳力"的分野，即"劳心者治人，劳力者治于人"（史国衡，2019：91）。职员们得益于教育背景或技术能力而"身居其位"，但缺少在人事方面的能力，"书生"管理者固然是现代系统化的教育培育出来的人才，是实行工业标准化

---

① 这些痛苦来自继母的虐待、婆婆的压迫以及与丈夫的不和。
② 即农业劳动中"或忙或闲"的时间观念。这种对时间的不敏感，类似于一种块状的时间观，与现代工业中对时间的精细化安排无法契合。
③ 职员是指"不靠做工赚工钱，却是领薪水，办理笔墨事务，或是支配别人做工的人……也就是工人所攻击的对象"（史国衡，2019a：89）。

的干部，但是在工人看来则是一个不近人情的形象，这类似于韦伯意义上"没有灵魂的专家"。人们对等级的关注甚至有超过技术的势头，国营工厂因此被工人们戏称"官僚习气"十足，言外之意即在调侃现代工厂似乎并没有那么"现代"。诚然，现代工业组织强调工作与责任的划分以及个体间的平等，而工人效率和职员等级都让现代工业组织建设面临挑战。需要指出的是，受到"现代训练"的管理者们容易先入为主地将工人们化约为简单的经济人，认为薪资是引起工人不满甚至退厂的因素，而未考虑工人们的心理与情感需求。这种心理与情感需求在女工中更为明显，她们在工厂中以感情联系来组织团体生活。女工们凭借亲属网络进厂，同时依靠亲属、同乡、宗教等网络组织和拓展厂内的集体生活（田汝康，2019）。传统的"分野"遗风和"过度先进"的人事管理制度对现代工业建设提出了挑战。

诚然，现代工厂诞生的目的是生产和盈利，而工人对现代工厂和经济关系却存在某种误解，使得工厂成为工人的收容所和救济院（田汝康，2019：144、149）。工人们"寻家"与"造家"的行动是工厂未曾预料到的，"工业建设不只是盖厂房，装机械；而是一个新社会组织的建立。在这新社会组织中我们得利用科学知识所发生的新技术来谋取人类共同的幸福。在这组织中一切参加的人必须又高度的契洽"（费孝通，2019：172）。质言之，在现代工业的安顿与本土经验的特殊性之间是人们渴望"新家园"的集体诉求。

（二）"赌徒"与本土工业模式

"魁阁"的工人研究是为了认清工业建设初期所面临的问题。个旧锡矿是本土工业发展模式的一个代表。个旧以锡矿闻名于世，产量曾居世界前五。个旧的繁荣拜国际市场所赐，而当市场形势发生变化时，政府无力兜底与国际交通不畅，让即使是累代经营的厂商也无力维持。诚然，个旧从昌盛跌落至冷市，与个旧锡矿本身的发展模式脱不开关系。概言之，个旧矿业的成败全靠"矿王爷的意旨"，虽然名义上被称作实业，但是大有赌博意味，"胜了，或则挥金如土，或则知足引退。负了，则以有了结一切"（史国衡，2019c：191）。从政府层面来讲，政府定价与不考虑实际的生产成本会使工人堕入愈加严重的境况，工人的基本福利更是无法得到保障，工人甚至成为血汗工厂中的奴隶。于国际市场而言，技术进步与生产流程规范化会让产品在国际市场的销售中占据价格优势，但是个旧锡矿老板则无技术改进或规范生产的意识。

史国衡对本土工业模式的考察纳入了更广阔的制度与国际视野。若说家是安放个人情感与心灵的地方，那么现代的管理制度就是建起"家"的框架。"凡举厂区交通、水利、治安、环境卫生、工人进退、劳资纠纷、开采技术至讲求、产销合作制创立，皆在有改进之必要。"（史国衡，2019b：183）在笔者看来，这些方面是构成"家屋"的框架与砖瓦。

二　乡土社会的境况

诚然，"魁阁"将研究重点转向城市工业是为了处理现代化进程中城乡之间如何协调的问题。费孝通一生关注"城乡农工"的议题，在第一部分中我们阐述了当时中国工业与工人的发展情况，在第二部分我们需要分析当时乡土社会的境况，以及费孝通是如何实施"重建"现代中国的计划的。现代化经历了个体"离家出走"、拥抱个人主义的过程，但个人主义因本身的局限性而无法撑起现代社会，对现代性的反思可以被视作"回家"的过程，中国现代化的特殊性就在于需要协调舶来的文明与"家庭"传统之间的关系，再造自身文明（肖瑛，2020）。"魁阁"在 20 世纪的研究中已经深刻反思了"走出家"与"再建家"的问题，并将其阐释于作为理论的"契洽"思想之中。

（一）乡土农业的问题

费氏在《乡土重建》的后记中提到《乡土中国》与《乡土重建》是同时开始写作的，《乡土中国》在于勾勒中国传统社会的基本结构，并从中抽象出一些基本概念，比如人们熟知的差序格局。呈现完基本结构后，下一步工作便是在《乡土重建》中"把这传统结构配入当前的处境里去看出我们现在身受的种种问题的结症，然后再提出一些积极性的主张来，希望有助于当前各种问题的解决"（费孝通，1999b：418）。

"魁阁"在方法论上强调类型学的划分，故而在《云南三村》中呈现农业不同的发展状态。禄村与易村皆远离城市，前者的农田数量多于后者。禄村离地地主几乎没有，土地权流转限于村内，而易村可吸纳的资本较为有限，富人倾向于将资金用于向外获取土地权，而村内土地则向少数人聚集。玉村是离城市最近的村子，富人离乡不离土，其土地问题最严重，社会解体也最为明显，有近 1/5 的无地赤贫者，农业经济的破产让这些农人离开乡土，流离于城市与他乡之间。三个村落所具有的土地问题是村落共同体在面临市场进入时出现的不同情况，但都是围绕土地所展开的问题，其中以农民佃户化与农业破产危害最为严重。地主们主动离地而寄生于城市中，农民则因农业经济的破产而被迫离地①。

（二）城乡之间的关系

乡土社会的衰落并不止于土地问题，还有城乡关系的恶化。从历史上看，"乡村是传统中国的农工并重的生产基地。它们在日常生活中保持着高度的自给"（费孝通，2022：21）。人们对物品交换的需求常在"赶街"或"集市"中得到满足，也就是费孝通意义上的市镇②，但市镇本身却并不是生产基地，而以消费为主。简言之，市镇需要劳役与粮食，但其并不以生产去交换，而是靠地租与利息的征收。费氏认为，正是消费与生产的二分，让"乡村与市镇间说不上经济的互助，而可能是一项负担"（费孝通，2022：22~23）。

尤其是当传统社会在与西方社会发生密切的经济关系时，城乡之间的关系发生了重大的转变（费孝通，2022：22~23）。费氏认为，作为工商业社区的"都会"以推销和生产现代商品为主。现代商品严重打击了乡村手工业，以畅销的洋纱样布为例，其夺走了乡村中重要的手工业的收入，加之乡村在交通上的不便，更使得农民在粮食上的收入并未因此提高，反而使乡村经济雪上加霜。农民丧失了用以补贴生活的手工业，"他们不能不早日出售农产品，不能不借债，不能不当东西，结果不能不卖地"，当时的乡村与都市（传统市镇与现代都会）关系落入相克的境地（费孝通，2022：24）。

从行政制度上来看，基层行政僵化与士大夫责任和使命的遗忘使得地方自治机构腐烂（费孝通，2022：77）。乡土社会中包含着赖以维持其健全性的习惯、制度、道德、人才，在过去的百年中不断地受到侵蚀和冲洗，而剩下贫苦、疾病、压迫与痛苦（费孝通，2022：78）。乡土社会中重要的人才，成了回不了家的乡村子弟，"是不愿意也是不能，大学毕业了，他们却发现这几年的离乡生活已把他们和乡土的联系割断了……异于

---

① 费氏在此似乎接受了"费正清假设"，即西方工业文明导致了中国社会的剧烈变迁，让乡土社会走向凋敝。学术界对这个假设存在许多质疑，在魏斐德这一代的学者看来，在西方带来所谓的"冲击"之前，中国本身的社会结构就已经发生了很大的变化，传统很可能已耗尽自身活力。此处为云南大学社会学系张美川老师的提醒。

② 市镇与都市的区别在于前者是没有受到现代工业影响的"城"（四围农村易到的中心，处于交通要道，是乡村的商业中心），而后者是受到现代工业的影响而出现的"城"（费孝通，2022：28）。

乡下人，不愿与之为伍，西洋教育悬空于乡土社会"（费孝通，2022：83～84）。质言之，城乡之间的有机联系中断了。所以，当时中国城乡之间有机连接断裂后所呈现的就是一副乡间经济瘫痪和行政僵化、都市经济恐慌与行政腐败的景象（费孝通，2022：87）。

（三）改造寄生阶级与中国现代化道路

农民面临着农业与手工业的破产。基层社会中的"劳心阶级"脱离乡土，有些沦为市镇中的寄生阶级，有些则背弃士大夫的使命。于乡村而言，问题在于如何改造寄生的地主阶级，使其能够适应新局势，另建新生活，即如何将地主转化为生产者。诚然，不可直接消灭地主，他们的出路只有从民族工业（现代工业）中去考虑。但地主阶级本身存有改造的脆弱性，他们贱视技术，与工艺保持距离，于是让文艺代替工艺，而"玩弄文艺"成为一种象征标记（费孝通，2022：111～112）。地主"玩弄文艺"的资本是脱离农业生产之后的"有闲趣味"，这就是工厂中劳心与劳力的分野的基础。厌恶及贱视和具体事物的直接接触，使人对自然现象缺乏感情上的爱好（费孝通，2022：112）。技巧或工艺不入流的原因在于，他们关心的是社会身份与他人眼中的褒贬，即所谓面子（费孝通，2022：112）。这正是工人调侃管理者重视等级与面子而非职责的原因所在。诚然，地主阶级具有进入工业的文化基础①，但是地主最根本的出路不只是放弃形式上的特权②，更重要的是需要抛弃从这特权里养成的一套生活方式，包括志趣和态度（费孝通，2022：114）。在笔者看来，内地工人入厂前大多从事农业生产，大多缺乏文字基础，这是通过补课也无法补足的先天劣势。由此看来，工业对于地主而言，确实是最好的出路，二者可以形成互补。

为了呈现整体的社会面貌，我们已经提供了很多材料。中国现代化建设的特殊性在于并未落入欧洲社会"羊吃人"的残酷境遇中，农民未在大规模的强制离土中变成无产者。工厂对于劳工而言，可能仅是一个临时的避难所或救济院。工人在面对教育欠缺、晋升局限，以及来自职员阶层的另眼相待时选择离开工厂。中国的现代工业建设如同植物根须那般想要奋力地抓住每一粒松动的沙土。所以，如何安顿中国的现代工业？

---

① 即文字基础。
② 即放弃土地。

三 重建"家园"——"契洽"思想的发展

（一）重新组织生活

诚然，在生产方式的巨大转变中工人的集体生活陷入混乱，"他们在家乡本来生活上是有秩序的，可是一旦进入这新环境，没有了传统的维持秩序的权威，大家就毫无顾忌，这显然不只是习惯问题，而是说他们有在秩序生活中过活的能力和经验，可是新环境并没有利用他们这种能力去建立秩序"（费孝通，2019：172）。工业化程度的加深不断动摇着原本的社区生活，"社会规范的权力已被忽视，亲属的联系已被拆散……个人间的系联一断，社会的重心也就不再契洽，而在于当前的利害，换一句话，人不得不集合而集合，而不是出于自愿的去经营共同生活"（费孝通，2019：170）。质言之，工业生产情境下的人之合作从自动转为了被动，也从传统有组织的社会生活进入无组织的现代生活之中。在西方社会中，韦伯指出了资本主义与新教伦理的亲和性，因为教徒在此世的成功会被视作上帝的眷顾，现实的生活意义都是为了荣耀上帝，并且希望在彼世的审判中成为上帝的选民。新教伦理成为个人在现实生活中努力的内驱力。对于内地工人而言，即使身处抗战环境之下，其生产积极性也未能被调动。工人在抛弃了农业生产惯习与乡土关系之后，难以寻得作为持续内驱力的"意义"，所谓的"机械生活"仅是在维持工作上的联系，并未获得"内心中契洽的共同目的"（费孝通，1999a：396）。"一个人从农村里出来到工厂里做工，若是没有效率，主要原因也许并不是在他从农村里带来的生活习惯和现代工厂的工作环境不合，而是在工厂里并没有发生一种使工人们甘心效力的社会情境。"（费孝通，2019：165）

以此来看，中国现代工业的建设确实遇到了一定的阻碍，但引进新技术用来提高生产力水平的现代化趋势是无法避免的。现代化并非意味着需要按部就班英美苏式的"洋化"／"西化"模式。"我们可以输入机器，可是也许决不能输入社会方式，社会方式需要自己创造的，要在人民的习惯中生根，要能配合其他各种社会制度。"（费孝通，1999a：393）换言之，照搬思路是将中国社会视作一张可以随意复刻的白纸，而忽略其历史根蒂（费孝通，1999a：387、393）。从长远与根本的角度上讲，"魁阁"的工作既是完善和调适人与机器的关系，又是找寻现代人安身立命的"意义"，在现代工业生产中重新组织工人的新生活。

（二）机械文明的经验

从西方社会的工业文明建设经验来看，传统经济学所构建的"经济人"假设将人化约成一个合理计算的经济动物，也将社会视作只受供需关系影响的自由市场。"每个人若能用理智来打算怎样得到最大的利益，社会上才能有最有效的分工体系。"（费孝通，2019：172）"人之合作出于己之私利"以及"成功即道德"的信念让人们不再束缚于社会身份，从上到下都集中力量来推动新的生产力（费孝通，2019：173）。在美国社会中，人们相信通过个人奋斗与自由竞争会有美好未来，如洛克菲勒的成功故事不断鼓舞人们在所谓的经济秩序中怀揣对未来的期待。但经济上的自由主义与个人主义的传统共同塑造了自由竞争这一严苛的丛林法则，资本家对降本增效的执迷，直接使妇女与儿童暴露在工业的伤害中。费氏在重返英伦时关注到工党政府承认人民工作与健康的权利，并且将失业救济视作社会进步，而非个人在市场竞争中的失败（费孝通，1999a：505）。

费氏在 20 世纪 40 年代的访美经验使其深刻认识到，西方社会借助机械设备提高了生产力，继而获得了再生产的资本积累，最终获得享受的资本主义精神决定了资本主义发展终将受到限制（费孝通，1999a：395）。同时，工业化的急速发展导致经济寡头的形成，从而反作用于政治，财阀与政客所形成的"财阀政治"出卖平民的利益（费孝通，1999a：317～378）。托拉斯（trust）的出现宣告资本主义所谓的自由市场走向寡头垄断的境地，这终究让"幸福单车"脱了轨。西方机械工业所出现的问题只能通过对症下药加以修正。换言之，费氏认为西方社会的"契洽"已成为死局。虽然西方的机械文明有种种流弊，但是中国建设并不可因噎废食。于中国社会而言，现代工业的建设要处理好人与机械以及利用机械时人与人的关系，西方的经验警告我们不可将传统精神破坏之后再去设法恢复，而要在引用机械进入生产过程时就将传统精神保持住，不可重走西方的旧路（费孝通，1999a：397～399）。

（三）"契洽"的建立

虽然西方社会孕育了现代工业，但其自身也面临着社会结构调适的问题。现代化伴随着韦伯意义上的目的理性而来，"以越来越精确地计算合适的手段为基础，有条理地达成一特定既有的现实目的"（韦伯，2004：492）。在势如洪水般的西式现代化进程中，世界每一个角落都成为其侵袭的目标。从关涉每个个体的意义上看，个体间的联结可能在现代化进程中被打得更散，被置于愈加分散的境地，从而将人类置于波兰尼意义上的"撒旦的磨坊"之中。为了避免落入西方发展的窠臼，"保卫社会"也是"魁阁"的一项使命。诚然，"魁阁"认为中国本身不具备培育欧洲式团结的土壤，作为理论的"契洽"思想建立在对西方通则的反思之上。

何为"契洽"？"契"字在《说文解字》中的解释是"大约也。从大从刧"。"大约"意为各个侯国之间签订的公约，"从大从刧"则是指"刻记"。分开来看，"大"是"天大、地大、人亦大。故大象人形"（指"人"），"刧"中的"丰"指刻记的标志，"刀"则是刻记的工具。所以"契"本身的意思是正式的契约文本。"洽"在《说文解字》中的解释是"霑也。从水，合声"，引申为和睦与融洽之意。质言之，"契洽"本身的含义就是在契约关系中达到融洽与和睦的状态。《昆厂劳工》中的"契洽"与涂尔干的社会团结之间具有紧密的联系，目的都是达成社会的和谐状态，但是在具体的操作过程中则有不同取向。涂尔干志在以职业教育的方式重塑"道德"，而费氏则倾向于借助"契洽"的传统①。诚然，"契"——社会契约论——是西方政治哲学中极为重要的一部分，蕴含着"司法-社会"之间的社会理论向度，"洽"则是以涂尔干为代表的社会团结理论②。"魁阁"则认为中国需要本土的新理论③，因为"契洽"关系本是传统社会实现配合的关键，而当时的任务就在于重建"契洽"。"契洽是指行为前提的不谋而合，充分的会意；这却需要有相同的经验，长期的共处，使各人的想法、做法都能心领神会。换一句话说，任何人之间的亲密合作，不能是临时约定，而需要历史的养成。"（费孝通，2022：9）传统社会中的"契洽"是亲属结构与儒家礼仪之间的配合。在现代工业组织中，则需要新的"结构与礼俗"来实现"契洽"，这需要调和在现代工业组织中建立的契约关系，也需要在长时段中形成融洽的关系。作为西方世界宗教文明知识产物的"社会契约"与"自然状态"是缺少亲属视角的，而中国传统文化中的"生生"理念可以达成个体间的互惠相通（谭同学，2023）。换言之，"契洽"思想亦是建构本土化团结理论的尝试。

中国传统社会中的"契洽"基础是什么呢？费孝通在概括中国传统经

---

① 从社会背景上看，二者都处于技术快速发展、社会急速变迁的时代。

② 费孝通（1999c：481）直言，涂尔干式的社会观是其在20世纪40年代的主要学术倾向。

③ 即社会学中国化的工作要求。"我们的立场是：以试用假设始，以实地证验终。理论符合事实，事实启发理论，必需理论与事实糅合一起，获得一种新综合，而后现实的社会学才能根植于中国土壤之上，又必需有了此眼光训练出来的独立科学人才，来进行独立的科学研究，社会学才算彻底的中国化。"（吴文藻，2010：4）

济结构的本质时提到，中国是匮乏经济（economy of scarcity），而西方社会是丰裕经济（economy of abundance）。匮乏经济基于中国作为传统农业国家的性质，"以亲属关系作结构的纲目是同儒家以礼作社会活动的规模相配合的。礼，是依赖着相关个人自动地承认自己的地位，并不是法。法是社会加之于各人使他们遵循的轨道。自动的合作，必须养成于亲密、习惯、熟悉的日常共处中"（费孝通，2022：9）。这是中国传统社会得以"契洽"的土壤。从这个层面来讲，费氏用"契洽"这个概念来解释勒·普雷（Le Play）和涂尔干对工业社会最高程度的道德团结的憧憬（杨清媚，2020）。费氏清晰地认识到，"在这过渡时期因为社会的解组，生产关系并没有建立在人和人的契洽之上，因之传统的结构，这些潜在结构一方面固然满足着人们的社会需要，另一方面却阻碍了新技术的有效利用"（费孝通，2019：175）。费氏并不是要重新走上传统的旧路，而是在强调对传统的改造是重新"培土"的过程。

在西方社会，人们强调在现代工业组织中的工作与责任的划分，提倡个体间的平等。以昆厂案例来看，"劳心"与"劳力"的分野阻碍了现代工业建设，需要重新改造。费氏意义上的"契洽"与他对中国社会的总体判断有关[1]。简单来讲，虽然费孝通认为在国家竞争间大工业的存在是必需的，但于社会发展而言，乡土工业的现代化才是中国社会从乡土转向工业社会的基础（杨清媚，2020）。这种乡村工业显然代表着一种"小工业"。诚然，传统社会本身具有"契洽"的基础，从可行性上看是最容易实现再造的地方，这是战后经济建设中极其重要的部分。对于现代性的判断，韦伯认为"现代性生发于有特许权的城市，中国的城市仅为乡村的投影"，故而将西方现代性的论断集中于城市，而费氏则认为村镇关系是产生现代性的关键（杨清媚，2021）。费氏的把握与判断源自其佚稿《新教教义与资本主义精神关系》，这深刻影响到费氏对小城镇的研究，其提出的"离土不离乡，进厂不进城"意味着人可以在精神结构上具有现代性意识，而在社会结构与组织层面为传统留下发展的空间（王铭铭等，2016；杨清媚，2016）。

从"大工业"的层面来看，中国传统的社会结构与历史传统在现代化进程中不可将现代化理论直接移植，这由"东方经济"的特殊性所决定（闻翔，2021）。"大工业"对技术和资本的依赖性更强，并且是以人的精神世界的彻底转变为前提，人的异化问题无法从根本上得到解决（杨清

---

① 可参见费孝通的《乡土重建》。

媚，2020）。史国衡从锡矿产业中看到了中式亲属关系在现代产业建设中的弊端。因为在现代经济制度中，传统共同体的组织原则并不利于现代管理（杨清媚，2019）。在个旧锡矿产业中，同族同乡关系与参与合作的政治经济关系之间，无制度性的保障会阻碍工业发展，采矿工人甚至无法获得基本的人权保障。"东方经济"中乡村工业的典型模式相对于现代工业而言，"有点像用老式武器进行一场新式战争"，所以"中国老式的社会模式是永远不能有效地、平滑地与现代工业化相叠加的"（史国衡，2011：3）。史国衡（2011：3）强调，"现代工业化的基础是普适法律体系，而不是大量不相关的和自私的特殊族群单位"。诚然，中国已经步入了国际合作的潮流之中。从科学里得到力量可以提高我们的生活水平，也可以加快我们的死亡，问题在于，不能因为技术发展、工业社会的种种病象，就完全走回头路。对"契洽"内涵的阐释在史国衡这里得到拓展，其认为在工业化进程与经济联系日趋紧密的格局中，应寄希望于国家组织与新技术的配合来对"野蛮生长"的产业进行改造。在对昆厂和个旧锡矿的研究中，可以窥见我国工业建设存在不同向度的问题。前者是工厂内部面临的社会解组，即工人脱离于先前的熟人关系纽带，而无法在厂内生活中达成新的"契洽"关系。后者则从宏观层面显示，管理者所嵌入的传统社会权力结构与价值观念未让民族工业迈向现代化的转型（闻翔，2021）。

可以说，现代工业得以长久安顿的基础就在于个人情感与制度理性的相互配合。质言之，完整的"契洽"图景，就是让工人过上"有制度有组织的生活"。"制度"代表着国家与理性，这是现代国家与科学理性所要求的，是国家对于个人的保护，也是技术与理性对于现代工业社会中效率的保证。"组织"[①]则是情感的安顿之处，使个体得以重回"有组织的生活"，以达到社会完整的状态。从这段引述可以看到费孝通所指的个人需求与社会需求的契合。

在完整的社会里，社会要求个人做的事，养孩子、从事生产，甚至当兵打仗，个人会认真地觉得是自己的事。这就是笔者所谓"个人觉得和团体相合"的意思，要使人对于社会身份里的活动不感觉到是一种责任，而是一种享受，即孔子所谓"不如好之者"的境界。至少要先使人对于他所处的关系有认识，活动、生活、社会三者要能结合起来。这里，在笔者看

---

① "现代机械文明的日趋复杂，特别是在比较高度的工业社会化的国家里，需要有相应的高度的组织。这种组织不能只限于在这复杂的局面中的物质要素，它不可避免的要扩及社会的本身，并通过社会而扩及个人的道德和心理的生活。"（费孝通、方李莉，2000）

来，必须要有一个完整的人格，就是个人的一举一动都得在一个意义之下关联起来，这意义又必须要合于社会所要求于他的任务（费孝通，2022：15）。

进一步讲，费氏为何不使用"团结"而使用"契洽"？因为"契洽"是定位于都市的大工业所要求的特殊的团结方式。"契"本身就有制度与契约之意，具有明显的现代性取向，而"洽"则是合作的历史传统。"契洽"本是译自帕克（R. E. Park）的社会学中的基本概念（费孝通，1998：206），即人文区位学中共生体系（symbiosis）和共识体系（consensus）的概念①。其用于回答"人之异于禽兽者何在"，原因即人心相通，可以借此达成共识。尤其是在人类事务日益复杂的全球化境况下，更需要作为整体的人类的"契洽"，"这个世界上的人类将要产生一个全球化的共生体系，但没有相应的在其上层的共识体系里完成一个道德秩序"（费孝通，2002：334）。尤其是在经历过全球性的战争事件后，费氏认为匮乏经济与丰裕经济的两种恶性循环，给人类分别带来贫穷与危险，"中国的社会变迁，是世界的文化问题，若是东方的穷困会成为西方社会解体的促进因素，则我们共同的前途是十分暗淡的。我愿意在结束我这次演讲之前，能再度表达我对欧美文化的希望，能在这次巨大的惨剧之后，对他们文化基础作一个深切的研讨，让我们东西两大文化共同来擘画一个完整的世界社会"（费孝通，2022：18）。

四　讨论

费孝通见证过西方社会中极致理性与人整体意义丧失后的结果，从而愈加重视避免由农业社会迈向机械社会时所产生的剧烈变动，期望顺利完成农民向工人的转变。在《昆厂劳工（书后）》中费氏这样说道："过去传统社会中确曾发生过契洽，每个人都能充分领略人生的意义，可是这种传统组织并不能应用新的技术。新技术已因分工的精密，使我们相互倚赖为生的团体范围扩大到整个人群……我们也不应成一个悲观主义者而觉得人类贪了物质上的便利，出卖了灵魂，更因灵魂的丧失，连肉体都不能保

---

① 费孝通（1998：206）援引帕克的观念以说明人与人之间的两种关系："一种是把人看成自己的工具，另一种是把人看成也同样具有意识和人格的对手。前者的关系他称作 Symbiosis（共生），后者关系他称作 Consensus（契洽）……同心同德，爱大家为了一个公共的企图而分工努力，就是帕克所谓的 Consensus。在这种契洽关系中，才发生道德，而不单是利害了；在这里才有忠恕之道，才有社会，才有团体。"

存……我们可以承认治疗性的人事调整的价值，但是我们觉得，我们还有一个责任去讨究一个比目前工业更可能适合于应用新技术，更能有效率，也更能促进人类幸福的组织。"（费孝通，2019：174~175）当前的中国社会集合了前现代、现代与后现代的问题——费孝通将自己所经历的中国社会中发生的深刻变化概括为两大变化和三个阶段，简称"三级跳"——使得当下工人与工业建设情况更为复杂（费孝通、方李莉，2000；麻国庆，2005）。尤其是在叠加地域和民族因素后，各地发展差异可能会让工人与工业建设处于愈加繁杂的境况。费氏对现代工业初期建设研究的遗憾恰在于，"契洽"这一需要长时段的"培土"工作因时代原因而被搁置，这一研究"空白"需要学界积极填补。

在笔者看来，"契洽"思想是基于现实经验的本土理论，从现实意义上讲，其是在回应与解决现实问题。"契洽"包含着对西方工业建设的反思，不仅考虑到现代工业中技术的理性维度，更考虑到社会结构中亲属关系与儒家礼仪中所蕴含的情感维度，以及对人本身意义的反思。诚然，"魁阁"是士大夫以天下为己任的延续，无处不体现着对人类的总体关怀。个体在团体中得以安顿心灵，得以筑成"家园"。"工业建设，实在是一个很重要的社会变迁过程，在这个过程里，包括生活方式的转变，两种不同文化的调适、社会价值的重新规划，人们的心理状态更得在这种冲击动荡之下求其平衡。"（史国衡，2019a：129）我们不得不反思，这与我们当下的工业建设有多少契合度呢？"魁阁"的工业研究不仅是为了安顿现代工业，更根本的是以"契洽"来安顿进入现代工业的现代人，使其在新"家园"中过上有意义、有组织的新生活。

参考文献

费孝通，1998，《乡土中国 生育制度》，北京大学出版社。

费孝通，1999a，《费孝通文集》（第三卷），群言出版社。

费孝通，1999b，《费孝通文集》（第四卷），群言出版社。

费孝通，1999c，《费孝通文集》（第十二卷），群言出版社。

费孝通，2002，《师承·补课·治学》，生活·读书·新知三联书店。

费孝通，2019，《昆厂劳工（书后）》，载张美川、马雪峰主编《魁阁文献·第2册·魁阁学者劳工社会学研究》，社会科学文献出版社。

费孝通，2022，《乡土重建》，湖南人民出版社。

费孝通、方李莉，2000，《工业文明进程中的思考》，《民族艺术》第2期。

费孝通、张之毅，2006，《云南三村》，社会科学文献出版社。

麻国庆，2005，《费孝通先生的第三篇文章：全球化与地方社会》，《开放时代》第
　　5 期。

史国衡，2011，《个旧矿城：工业的社会研究》（未出版），姜忠良译，转引自闻翔，
　　2021，《"东方经济"与中国乡村工业化的社会机制——重访史国衡的个旧矿城研
　　究》，《学术月刊》第 4 期。

史国衡，2019a，《昆厂劳工》，载张美川、马雪峰主编《魁阁文献·第 2 册·魁阁学者
　　劳工社会学研究》，社会科学文献出版社。

史国衡，2019b，《论个旧锡矿》，载张美川、马雪峰主编《魁阁文献·第 2 册·魁阁学
　　者劳工社会学研究》，社会科学文献出版社。

史国衡，2019c，《云南旧式锡矿业的机运与风险》，载张美川、马雪峰主编《魁阁文
　　献·第 2 册·魁阁学者劳工社会学研究》，社会科学文献出版社。

谭同学，2023，《契约国家抑或民生政治——基于亲、礼与非对称互惠的思考》，《开放
　　时代》第 3 期。

田汝康，2019，《内地女工》，载张美川、马雪峰主编《魁阁文献·第 2 册·魁阁学者
　　劳工社会学研究》，社会科学文献出版社。

王铭铭、苏国勋、渠敬东、周飞舟、孙飞宇、杨清媚、王楠，2016，《费孝通先生佚稿
　　〈新教教义与资本主义精神之关系〉研讨座谈会实录》，《西北民族研究》第 1 期。

韦伯，马克斯，2004，《韦伯作品集：中国的宗教 宗教与世界》，康乐、简惠美译，广
　　西师范大学出版社。

闻翔，2013，《"乡土中国"遭遇"机器时代"——重读费孝通关于〈昆厂劳工〉的讨
　　论》，《开放时代》第 1 期。

闻翔，2021，《"东方经济"与中国乡村工业化的社会机制——重访史国衡的个旧矿城
　　研究》，《学术月刊》第 4 期。

吴文藻，2010，《社会学论丛（总序）》，载陈恕、王庆仁编《论社会学中国化》，商
　　务印书馆。

肖瑛，2020，《"家"作为方法：中国社会理论的一种尝试》，《中国社会科学》第
　　11 期。

杨清媚，2016，《费孝通读韦伯》，《读书》第 7 期。

杨清媚，2019，《"魁阁时期"燕京学派的经济人类学研究探析》，《社会学评论》第
　　4 期。

杨清媚，2020，《从乡土社会到工业社会：魁阁时期"燕京学派"的工业研究》，《学
　　海》第 4 期。

杨清媚，2021，《城乡关系及其现代化：对费孝通〈江村经济〉与〈茧〉的比较》，《社
　　会》第 3 期。

Rebuilding People's Home in "Qi Qia"

——Taking Industrial Research during the "Kui Ge" Period as an Example

You Zhou

Abstract: In the 1930s and 1940s, Fei Xiaotong presided over the "Kui Ge" school, which produced fruitful results during the eight-year "Kui Ge era". Admittedly, the starting point of the "Kui Ge" research was how China was modernizing. "Kui Ge" was concerned with the process of transition from an agrarian society to urban and industrial construction, especially "giant industry" represented by modern urban factories. The construction of modern industry involves not only the organic connection between urban and rural areas, but also the foundations for the long-term development of modern industry in China. Based on the texts of "Kui Ge"'s industrial studies, this article examines "Kui Ge"'s construction program for China's industrial modernization and explains the idea of "Qi Qia" as an important theoretical connotation.

Keywords: Modern Industry; "Kui Ge"; "Qi Qia"

《在"契洽"中重建家园——以"魁阁"时期的工业研究为例》评审意见

沈　原[*]

　　该文以民国时期的"魁阁"学派关于工业研究的几部重要著作为入手点，探讨费孝通、史国衡等老一辈社会学家关于中国工业化的探索，立意深刻。在社会学，尤其是劳工社会学里，关于现代工业发展与传统社会文化的关系，历来是一个重要论题。例如，近年来"加尔各答学派"的查克里巴蒂对早期印度黄麻工人的研究，以及国内当代学者闻翔等人对民国劳工社会学的研究，都一再触及这一论题。问题的核心在于，现代经济建设必定引入机器生产，但此种机器生产及其组织如何处理与传统社会文化的关系，这确为东方后发展国家工业化陷入的困境之所在。这也是"契洽"得以提出的根源。该文作者紧紧扣住这一环节铺陈叙述，遂使再度回返"契洽"的研究的理论意义和现实意义得以凸显。

　　在我看来，费孝通等关于"契洽"的论说，多半属于猜测。当今的研究若能更进一步，结合当下实际境况，将"契洽"加以具体化，方可展现其更大价值。如费氏毕生所关注的"农民变工人"问题，在当今条件下需何等社会安排才能避免冲突而顺利实现？农民进入不同的工厂体制，受到不同工业力量和工厂制度的形塑，当如何吸纳和借助传统社会关系才能实现"契洽"？窃以为以上均系值得加以探究之题。故特望日后能将"契洽"研究推进到此等地步，而非停留于纸面，陷于人云亦云、泛泛空论之中。

　　另有数点值得商榷之处。例如，该文将"契洽"之"契"释为"契约"之契，似有望文生义、远离原意之嫌。此外，该文看上去文体臃肿，行文中亦有若干不妥之处，需要润色改正。

---

*　沈原，清华大学社会学系教授、博士生导师。

莲池会与喜洲的性别结构：对《祖荫下》的一个补充

董殷江[*]

摘　要：本文通过梳理许烺光 20 世纪 40 年代初有关大理洱海地区社会结构的研究，认为许氏针对大理洱海地区的研究所提供的田野经验呈现了一种更具儒家父权结构的社会性别结构面向；通过对许氏的性别结构研究和大理洱海地区莲池会的探索研究的比较与讨论，认为许氏所述仅是大理洱海地区性别结构的一面。实际上，莲池会的存在为解释该地区性别结构提供了更多可能。在这一意义上，许氏的性别结构研究为我们探索大理洱海地区性别结构的多种可能性提供了思考方向。

关键词：性别结构　许烺光　莲池会

20 世纪 40 年代初，许烺光研究了大理洱海地区一个叫喜洲的村子，并先后写下《祖荫下：中国乡村的亲属、人格与社会流动》（以下简称《祖荫下》）和《驱逐捣蛋者：魔法、科学与文化》两部著作。在书中，许氏以喜洲民家人的"家"、亲属制度与人格特征为代表分析了整个中国的家庭、宗族、社会流动，此种研究方法在学术界引起了巨大的反响，同时也受到了广泛的争议。80 多年后的今天，重新审视许氏的研究，我们发现，当把莲池会代入研究时，大理洱海地区的性别结构呈现另一种面向。

一　《祖荫下》中的性别结构与田野事实

在对喜洲的研究中，许烺光（2001）用"富不过三代"和朝代更迭引

* 董殷江，云南大学社会学硕士，德宏职业学院教师，研究方向为社会人类学、社会心理学。

出自己对喜洲文化的思考。由于经济条件和社会地位的不同，相同的社会行为产生的结果也不尽相同。在喜洲，这种社会行为则是以祖先庇佑为中心内容的一切活动（许烺光，2001：7）。因此，《祖荫下》一书从现实世界与灵魂世界、祖先庇佑下的生活与劳动方式、续香火、与祖先接轨的现代教育等多个方面分析了喜洲人是如何在祖先的庇佑下生活的。在这种固有的文化模式中，对喜洲人产生重要影响的两个因素是权威和竞争。许氏认为，在喜洲，不同地位的人具有不同的基本个性类型特征，而地位个性类型可分为男性、女性、富人、穷人四类。

在都具有基本个性类型特征的前提下，女性比男性更服从权威。权威既指家长对孩子的权威，也指丈夫对妻子的权威。因此，性别疏远成为喜洲文化中重要的一个面向，一方面，女性被认为是男性的附属品，从属于男性，在日常生活中应该遵从"三从四德"；另一方面，性别疏远极力消解男女之间的一切性爱表示，其目的在于强化父子关系，贬低夫妻关系，从而保证大家庭理想的实现（许烺光，2001：49）。此外，父子同一和大家庭的理想互为支柱，形成了一种剥夺了年轻一代独立性，又使得年轻一代能够承袭他们祖先父辈财富和荣誉的社会制度（许烺光，2001：7）。这种社会制度导致的直接结果是富家子弟不仅可以继承父亲的社会地位、名誉，还可以继承父亲的财产；而穷人无可继承，其后代只能依然贫穷。竞争由此出现。可以说，竞争是从父权因素缘起并一脉相承的。

许氏运用当时美国人类学界最新的文化与个人理论将喜洲形塑为中国文化的典型，提出喜洲人比汉族群体更具汉族特征，因此侧重于从儒家的父权文化角度看待喜洲的结构性问题。在喜洲，家、田地、市场和店铺是人们日常谋生的重要活动场所。在家里，家务活大部分由女性承担，包括洗熨衣服、煮饭烧菜、缝缝补补和照顾小孩等（许烺光，2001：54）。同时，女性也要承担地里的农活，如播种、收获、除草、打场之类的活计（许烺光，2001：56）。在经济活动方面，许氏认为，当时喜洲所有的女性或多或少都与买卖有关。在当年一个涉及 51 户人家的调查中，15 岁以上的女性成员共计 86 人，其中有 48 人从事纺织活动。纺织活动大多是在家中进行的，属于女性私家经营的一部分。她们自己买来棉纱，将棉纱洗净晒干后，用自家的织布机将其织好，然后将织好的布拿给染布商着色，最后拿到定期的集市上卖。在市场上，女性总是比男性多。除了买卖布匹以外，她们还买卖蔬菜、种子、瓦罐、大米、糕点等（许烺光，2001：56）。

在喜洲，男性与女性虽大多从事商业活动，但也有明显的区别。首先，女性的工作相较于男性而言更为辛苦，除了私家经营外，女性还要承担家庭中的主要家务活，如洗衣、做饭等，每天都需要早起。而男性则与女性相反，早上可以晚起，然后与邻居谈论闲事，用自己喜欢的方式度过一天。其次，女性所从事的商业活动范围较小，多在家附近；而男性所从事的商业活动相较于女性的商业活动更为庞杂，活动范围较大，大多往返于下关、剑川之间，有的甚至与我国上海、香港，缅甸，印度都有贸易往来。最后，喜洲的大商帮中，并没有女性参与经营。因为他们认为，女性参与公司的管理经营违背了当时社会结构中最为重要的一部分——"男女授受不亲"的原则。通常这类公司规模较大，可以与天津、上海的一些大商号相媲美，在昆明、上海、香港、仰光、海防等地都设有分公司（许烺光，2001：61）。

然而，喜洲的女性从事经济活动并非为了生计，而是为了寻求精神上的安慰，她们比男性更希望得到灵魂世界的称赞和补偿。许氏认为，喜洲女性的个性结构表现出两个明显的特点。第一，相较于男性，女性更大限度地受制于命运。命运可以看作是她们永远的栖息地，这也是女性更加信仰来世、频繁参加信仰活动的原因。第二，在喜洲的教育模式中，女性教育被忽视，女性最为重要的是孝敬公婆、服从丈夫，而不是培养自己的个性，甚至其个性是被压制的（许烺光，2001：230）。

在喜洲，女性地位的提升在于其生子，即生男孩。因为有了男孩，家里的香火便有人继承，香火不断就意味着这一宗族能够继续传宗接代（许烺光，2001：65）。一位男性，如果上了年纪仍然没有子嗣，那么他的邻居会对他十分同情，更不要提这一境况中的女性。"母亲"这一词语更多是生理意义上的，没有生育男孩的"母亲"虽能通过过继的方式养育男孩，但其社会地位并不会有所提升，与养子的关系也不会像亲生的那般亲密。人们认为，没有儿子的人，死后会在另一灵魂世界漂泊，无处可归，靠别人的施舍度日。即使日子艰难，女性也不可选择用离婚来结束自己悲惨的婚姻家庭生活，她们只能在夫家无休止地干活，直到去世。男性则可以通过纳妾的方式来弥补正妻不能生育的遗憾。从某种程度上讲，女性除了结婚便没有多余的价值。若是一名女性过了适婚年龄仍未结婚，那么她只能选择出家或者在家里修行巫术，成为一名巫婆。若是一名女性结婚后无法生育子嗣，那么她需要听从公婆、丈夫的话，为丈夫挑选一名小妾。若丈夫去世，她则需要将丈夫弟弟的孩子过继为自己的子嗣。因此，许氏将女性称为"处于祖先庇佑边缘的群体"（许烺光，2001：219）。

作为"处于祖先庇佑边缘的群体"，女性更加向往灵魂世界的称赞和补偿，于是"在大理洱海地区有这样一群女性，每当遇到本主寿诞、各神仙的寿诞、农历初一十五时，她们便会自发地组织起来，有的在庙里烧香拜佛、有的敲木鱼、有的念经……她们不仅会在生前为自己准备好死后的归宿，而且不断规范自己生前行为以此积阴德，以求自己死后灵魂的平安"（许烺光，2001：115）。虽然许氏在其著作中提到了莲池会，但其并未对莲池会进行深入分析，只是简单地认为其是女性为了死后的灵魂平安而修身念佛的组织，忽略了莲池会在女性群体中的重要作用。

许氏的分析固然突出了当时喜洲特有的社会性别结构，但这种分析模式将男性形塑为积极的角色，而女性则作为消极的角色始终在旁观。实则不然。在"祖先的生活"一章中许氏提到"女人们修身拜佛是为了积阴间之德，她们更高一层的愿望便是能够成为神仙（佛）"（许烺光，2001：116）。在此番描述中，女性求神拜佛具有功利性，这种功利性表现为宁愿放弃生前财富的积累，以求获得阴德，甚至成为神仙的可能。实际上，女性求神拜佛是以家庭为单位进行的，例如，在固定的会期里，女性会通过莲池会进行集体活动，以吃斋念佛、捐献功德等方式祈求神灵、祖先泽佑全家。作为行动者的她们并不认为自己所参与的各类莲池会活动是对父权制的一种顺从和屈服，在她们看来，参加莲池会活动是一种精神实践，抑或一种身体的实践。通过这种实践，莲池会成员不仅可以帮助家户成员获得神灵、祖先的庇佑，而且得以成为虔诚的主体，并能将这些实践作用于日常生活之中，使她们在日常生活中可以不断修正自己的品性，以时刻保持虔诚的状态。

二 莲池会的概况

莲池会作为大理洱海地区女性参与各种仪式活动、寻求超越性的载体，形成了以接金姑、绕三灵、接阿太为主体的信仰圈和以本主信仰为主体的祭祀圈。

（一）莲池会的历史渊源及基本构成要件

莲池会这一名称来源于佛教，据当地民间传说，是因观音菩萨曾专门为大理妇女讲授"莲华经"而得名（赵静，2016：119）。此外，莲池会经文中还有"唐僧创下莲池会"的句子（徐敏，2011：54）。因此，从传说来看，莲池会产生于唐朝初年（张明曾，2006）。南诏大理时期，上层统治者借助佛教的力量对大理地区进行统治，并以"阿吒力教"为当时大理地区的正统宗教（何志魁，2011：20），莲池会便成为白族妇女的重要信仰载体。后来，"阿吒力教"逐步走向衰落，加上佛教禅宗的传入，与道教、儒家思想等融合在一起，进一步加快了莲池会的发展，并一直延续至今，遍布大理白族地区的各个地方（张娇，2016：22）。

　　妇女加入莲池会不限族别、不限籍贯，但也有一定要求：一说需要年满55岁且已停经的妇女；一说需要家里的孩子都已成家，且有孙子辈的妇女；还有一种说法较为简单，认为只要年满50岁的妇女即可加入。所在地点不同，要求也不尽相同。经母为莲池会的总负责人，负责掌管莲池会的一切事务。经母的选任具有一定的条件：上任经母离世后才能推选下一任经母，所选经母在本村要有一定威望，而且要有善念、有善根，信奉本主以及其他神灵，自身注重修行。虽对年龄没有一定要求，但一般要在90岁以上。除经母外，莲池会的成员各有分工，有的负责念经，有的负责点香，有的负责打杂，具体因人而异，在入会时可自行选择。但不论干什么，都要求谈吐要有善根、心里要有善心、举止要有善行。

　　莲池会依托本村的本主庙开展各类祭祀活动，与本主庙之间是隶属关系。一个本主庙可以容纳一个甚至多个莲池会，莲池会负责对所在本主庙进行日常管理。同时，莲池会也会管理与本主庙相邻近的观音庙、文昌庙等。从信仰空间来看，本主庙与村子的划分密切相关，莲池会会因本主庙的管辖范围而自动整合，多个莲池会共同在一个本主庙内开展活动并不冲突。

（二）莲池会的祭祀圈与信仰圈

　　在大理地区，人们习惯于将自己身边的人物神化，或者说将部分神灵"人物化"，使得人神之间的距离缩短。以金姑这一人物形象展开的接金姑、绕三灵、接阿太三种民间信仰活动就是将普通人神化，以缩小人神之间的差距。这三种民间信仰活动是喜洲人一年祭祀活动中较为重要的几个部分，同时，也是莲池会一年中最为重要的几个会期。

　　　　传说金姑是白国国王张乐进求的三女儿，张乐进求不满其私自与细奴逻成亲，欲与其断绝父女关系。有一天，洱河灵帝给张乐进求托梦，告诉他细奴逻福气比他还大，城隍也将此梦告诉张乐进求，张乐进求才允许金姑带着细奴逻回白国相认。金姑回白国待了一段时间后，便在人们的送别中返回巍山。

　　在绕三灵之前，村民们要将金姑接到小邑庄的玉案祠，据说这里所居住的是金姑的二姐张姑太婆。到了距离绕三灵只有一天的时候，村民们又要将金姑接到大理古城南的城隍庙，因为城隍庙里居住的是金姑的舅舅，金姑在回巍山之前得去和舅舅告别（张云霞，2017：13）。农历四月二十二日早上在城隍庙送别金姑，下午回到神都本主庙祭拜，安慰刚刚送别女儿的阿太。因此，送金姑离开后便是绕三灵的开始，也有的人认为送金姑本就是绕三灵中的一环。

阿太是金姑的母亲，白国国王张乐进求的王妃，是喜洲董姓的姑娘。相传阿太深受百姓爱戴，被尊称为"董国母"，后被大理洱海地区人们奉为神。每年农历九月初一，喜洲人都要将阿太接回娘家喜洲，这一活动被当地人称为接阿太。

在许氏笔下，妇女们拜见阿太的一个重要原因是"求子"，她们会从阿太脚上拿去一双鞋，将鞋带回家中后把鞋带燃成灰烬吞入腹中。而后，重新做一双新鞋还给阿太。待到农历的九月初一，有了儿子的母亲们便会再次来到圣源寺拜谢阿太，还没有儿子的妇女也会再来求阿太早日赐子（许烺光，2001：67）。阿太这一人物形象在大理洱海地区人们心中十分神圣且立体，她代表的是大理一直推崇的"国母崇拜"，为统治阶级塑造了修身、齐家、治国、平天下的大家族观。

与金姑有关的第三个民间信仰活动是绕三灵，该信仰活动源于当地流传的一个民间传说故事。

> 最开始的时候，大理坝子还处在一片汪洋之中，白族先民都生活在苍山上，每日在苍山林间耕作，如此往来，便是最早意义上的"绕山林"。后来，观音降服了罗刹，建立了妙香国，离去之时将她的护法之一五百神王留在了大理，成为了建国皇帝。于是每年农历四月，建国皇帝就与白族村民一起采摘桑叶，载歌载舞，形成了"绕桑林"（大理白族自治州《白族民间故事》编辑组，1982：25）。

清末民初时，杨琼在《滇中琐记》中写道："大理有绕山林会，每岁季春下浣，男妇坌集殆千万人，十百人各为群，群各有巫觋领之。男子则头簪纸花，足著芒鞋，纨其袴，绸其襦，袒裼衣襟，高低其裤缘。其为老妇，则颈挂牟尼珠[①]，背负香积囊，垂带而塞裳，戴笠而持杖，装饰与男子异，而独红纸花则皆插之。男者犹执巾秉扇，足踏口歌，或拍霸王鞭……"（方国瑜，2001：302）

---

① 即佛珠。

从这一记录中不难得知，莲池会自古至今一直都是绕三灵中比较重要的主体，这不仅与绕三灵的历史缘由有关，而且与妇女们的信仰有关。在绕三灵中，她们大多烧香、拜佛、念经，也有的负责煮饭、烧菜。与从各地赶来的游客相比，她们更多的是虔诚的信仰和对灵魂世界的向往。

据许氏记载，每到农历正月初八，狗街尽头唐梅寺的庙会香火不断。人们都结伴到此处朝拜观音菩萨，因此处的观音塑像周围全是神态各异的男婴，所以此处的观音也被称为"送子观音"。凡是没有子嗣的夫妻都会带着香、蜡烛、表来赶庙会，以求菩萨赐子。每对夫妻都需在香炉里将香和蜡烛点燃，然后虔诚地将点燃的香和蜡烛供奉在菩萨案桌前。临走时还要从庙里带回去一些香和蜡烛，然后等待菩萨的赐子（许烺光，2001：66）。实际上，大理洱海地区没有子嗣的夫妻去此处朝拜神灵，还有另一种说法。南诏大理时期十分重视国母信仰，大理国开国国王段思平的母妃在唐梅寺修行，后为纪念其母妃，人们便在唐梅寺的正殿塑了她的神像。该塑像的膝前和怀里塑有两个小孩，两小孩作求乳状。家中的新生婴儿满一百天的时候人们要到唐梅寺烧香，称之为"百日香"；满周岁时也需要去庙里进香，称之为"百岁香"。殿前的柱子上写着"圣母赐子婴儿顺利诞生，痘神除疾花童健康成长"。因此，段思平的母妃被洱海地区的人们称为"子孙娘娘"，也叫"缝衣母"。每年的正月初八是子孙娘娘的寿诞，洱海地区各地的村民、莲池会成员都会来这祭拜，其目的在于求子、求婚姻。在这两种迥然各异的说法中，不论是将神灵人物化，还是将人物神灵化，都表达了人们对灵魂世界的尊重和敬畏。他们认为，能不能生孩子、生男生女都是由神灵决定的，于是他们虔诚地进行朝拜。在第二种说法中，段思平的母妃作为女性的代表人物，和阿太一样在洱海地区人们心中有着至高无上的地位。可见，女性的社会地位并非如许氏所言那般低下，当用神圣性视角进行探索时则呈现另一面向。

在祭祀圈和信仰圈中，在对灵魂世界有所求的人们中，更为重要的便是莲池会成员。在帮助各家户求子、求婚姻这种村落内部小范围的祈祷中，莲池会发挥了极为重要的作用，各家户会将所求写在表文里，最终这些表文会由莲池会成员通过烧表文、念经的方式由童子送到神灵手中。在这里，莲池会承担的是与神灵沟通的重要职责，而这种职责是男性所不能替代的。除村落内部小范围的祈祷外，莲池会还负责村落共同意愿的祈祷，换句话说，莲池会还需以村落的名义到村落外部进行祈祷，譬如参加接金姑、绕三灵、接阿太等活动。与村落内部的祈祷不同，这是全村的集体意愿，是村落整体的外部祷告。

三 性别结构的多种可能性

在有关喜洲性别结构的研究中，许氏强调男性与女性之间的社会地位差距较大，这是由当时的社会结构所决定的。"年少从父，出嫁从夫，夫死从子"便是女性一辈子的生活写照。在这种受传统儒家文化影响的历史语境中，权力、制度等词语大多与男性密切相关，是女性所不能接触的范畴。然而在莲池会这一背景下，妇女可以以莲池会为依托，通过念经、放生等形式实践自己虔诚的信仰，这种实践使得莲池会成员获得了一定程度的社会地位，同时拥有对仪式的主导权和话语权。

（一）象征性、神圣性因素影响下的性别结构

大理洱海地区历史上的女性故事很多，一直流传着"观音七化"的传说。细奴逻的妻子浔弥脚和兴宗王的妻子梦讳送饭给正在山顶耕地的细奴逻和兴宗王，三次在半山腰遇到观音化身的梵僧，并三次将手中的饭赠予梵僧。在第四次相遇时，即使梵僧的身边出现种种怪象，她们仍将手中的饭菜赠予。梵僧被她们的真诚所感动，便问她们有什么愿望，她们并没有及时回答。梵僧便授记，"鸟飞三月之限，树叶如针之峰，奕叶相承为汝臣属"。后来，细奴逻建立蒙舍诏，又称南诏（连瑞枝，2007：68 ~ 72）。这一传说中，浔弥脚、梦讳与梵僧结缘，为后来细奴逻建国以及王权的巩固提供了神圣性结构，浔弥脚和梦讳成为君权神授的重要载体。

除浔弥脚和梦讳的故事外，洱海地区还流传着关于沙壹的故事。在《白古通记》中，六诏的始祖被尊称为阿育王，阿育王与天女生下了三个儿子。其中三儿子骠苴低，妻称沙壹。沙壹得知骠苴低意外淹死在水中后，便在水边哭泣，忽然间有一浮木漂来，沙壹便坐在浮木上哭泣，"感而孕，产十子"。浮木曰龙，最小的儿子谓"九龙兄弟"，长大后便娶了山下的十女，所繁衍的后代，就是六诏的始祖（王叔武，1979：57）。在这一传说故事中，不可忽视的是沙壹这一关键人物，因其感而孕，产十子，第十子所繁衍的后代便是六诏的始祖。沙壹与外部联结，为六诏的存在奠定了神圣性结构基础，代表了王权的合法性和神圣性，并将六诏纳入同一祖先系谱中，使得零碎的六诏势力重新得到整合。

沙壹虽是洱海地区一直流传的一个神话人物，但其对当地的影响十分深远，以至于南诏大理时期十分重视国母信仰。由此产生的阿太、段思平的母妃等女性神话形象一度影响着当地的民间信仰，同时，也强调了女性

地位自古以来并不低下。据连瑞枝记载，南诏大理时期为了使王权能有效地统治各地并整合各个地方的势力，王室便通过攀附在各种不同文化资源的祖先系谱图上，将零散的部落整合成一个个具有合法性基础的统治阶级贵族社会（连瑞枝，2007：15）。这种祖先系谱图强调三个重点。一是祖先，祖先是世系来源的合法性定位，也是系谱图中较为核心的内容。二是联姻，通过对佛教与南诏大理时期王室之间神话故事、典故的梳理，连瑞枝发现，女性之所以在白族地区占有重要地位，是因为譬如沙壹等一系列白族妇女在佛教与王室之间的"搭桥"作用。沙壹是大理地区有名的一个神话人物形象，以沙壹传说为基础产生了一系列神话传说。在这一系列传说中，最有意思的是形成了一组组充满联结人群意味的系谱关系。王室的女性通过与黄龙、梵僧的姻亲关系，将人的世系关系与神相结合，从而达到赋予国王和贵族社会合法性的目的。三是兄弟关系，主要表现为邦国共治的精神，即他们认同一个共同的祖先来源（连瑞枝，2007：16）。在这种结构性因素中，女性扮演着尤为重要的角色，联姻成为扩大王权的主要方式。"外来者"权力的神圣性赋予了王室王权的合法化，正是这种内外的结构性因素使得王权得以整合。因此，王室成员若想在政治上取得一定的地位，追其根本，必然要有一个合法的神圣性根源，而这个根源很多时候来源于母亲。这一视角打破了许氏所描述的"年少从父，出嫁从夫，夫死从子"的传统局面。相反，女性是独立于男性的群体，是体现神性重要的载体，以至于洱海地区至今仍流传着一句谚语"mux dix zil daox, mux maox zil duox"，意为"无父犹可，无母不成"。

（二）打破"抵抗/从属"的二元分析结构

历史语境中女性的神圣性和象征性意义决定了其在社会结构中的地位和作用，然而受现实因素的影响，性别结构的演变并非某种静止或固定的状态，而是一个动态的演变过程。社会性别也会随着个体的成长、群体的发展逐渐被建构，这种动态的演变过程便形成一种性别张力。多数人认为，女性的一生需要从属于男性，由男性来定义，以及莲池会所做之事大多是封建迷信之事等。然而，被误解的女性并没有奋起反抗，反而放弃颠覆规范的权力运作，从现有的社会结构和规范出发。表面上看，这是对社会结构和规范的服从，实际上是在用她们特有的方式展现自己的价值。这里，我们引用沙村莲池会上一任经母去世时的悼文进行分析。

节奠年满九十三，节奠你赴蟠桃会。全体会友跪拜，祭你本猪利羊、本汝鸡〇①、安汤水饭等盖上柱。灵前一炉香，麦乐阿折摆尼肯，供糖供果摆欺汪，情茶阿柱奠你，干拉情来加。节奠阿时你登病，会友阿格常张香，出院央好东，慰问老人家。节奠活苍〇双贼温寸苍晓旺双，大尼啃处小的苦，服侍古火理应当。闫老倒位自艾玉，该收尼自保本收，不该收尼非要他，阿时节奠你背号时时咪你端。

〇叙你人品，人人夸奖它，佛门进了四十几，高利干当比干当，从不与人争高低，团结和睦过日汪，〇叙你情义，情义比海宽，进了佛门嗯念经一字一句教给她，干〇为人讲道德何话错语妞本双，一心拜佛妞诚意，修得功果〇本当。节奠教导直闹冷。冬天吃冷水，谨记席等端。〇叙你功劳，功劳岛作娘井造山登宣保交，你闹功劳超过他。公元二千年，观音殿〇处观音庙，钱文不够走四方，约登会友斗功德，精神很虎香，观音殿院处求恨人安佛也安。阿更社会非之求，莲池会员大增加，旧庙阿院保遍格，买老房地哉处好，欠耒汝恨阿香给恨后代妻享福，灭闹本吹雨本淋。二〇一二年文昌庙利处腔，庙住处恨怎三院，资金花了百万汪。什物摆恨歪记百前人人记心昌。钱文来自群众手。节奠你志好当家，服侍羞灰四十几，起早贪黑不怨他。人到中年万事修，私心杂念本咪三，酒肉穿肠过，佛自心中留，一心想修念，滴滴记心昌。

庙位处求老，哉咪牌坊端，牌坊动土你参加，牌坊本处求。节奠你先安，气利忍登阿苗老再咪牌坊端。你闹功劳与清白，留给后代安。节奠背来你安席。牌坊阿省城功他，后双〇利移牌坊，哉干你魂加，愿你九泉得安息，佑我合村得平安，唱不完的杨家戏，叙本完闹你供果，你在村中当表率，后代怀念他。会友阿香咪你端梦格狠安。伏难哀哉尚乡会。

这篇悼文是沙村上一任经母过世后由沙村洞经会会长所写。洞经会由村子里的男性组成，会长一般为德高望重的男性。悼文从上任经母的人品、情义、功劳三部分进行叙述。一是人品。93 岁的高龄已迈入佛门四十几年，一生之中心胸宽广，不与人争高低，时刻用善根、善念、善心约束自己的言行。二是情义。对于后入会的成员，一字一句教其经文，教会其用虔诚的状态靠近神灵，并将这些品质渗透到一个人的所有行为中。这种虔诚的状态帮助其在仪式性的祈祷中更好地向灵魂世界表达自己的诉求，

---

① 悼文中的"〇"表示原文书写潦草、无法识别的文字。

并改变自己的灵魂。同时，莲池会作为一个修行的重要空间，帮助成员在这个空间里通过念经、祭祀等方式不断修行，以便能在内部状态——意图、欲望和思想的运动——和外部行为——手势、行为、言语等——之间建立协调关系，将实践行为视为内在变化的载体，由此形成虔诚的主体。三是功劳。为建观音殿、文昌庙起早贪黑、四处募捐，将所募捐到的钱财——一划分，小心使用，取之于民，用之于民，在建庙、日常管理中不掺杂一丝私心，心怀村民，以村落共同意愿为自己修行的主要目的。

从这篇悼文中可以看出，经母不仅承担了村里各种寺庙的建设主持任务，还承担了整个莲池会的基本管理任务。因此，莲池会对经母的要求极高，不仅德行要好，而且在村里要有一定的威望。这种威望不仅来源于她们自己的脾气秉性，也来源于她们在村民需要时帮助村民的行为，比如孩子周岁、结婚、家里建新房等都会邀请经母和莲池会的成员去念经，她们又在这些实践之中不断完善自己，形成一个更加虔诚的主体。在这一分析框架下，莲池会成员的个人行为或者群体行为并没有对其所处的社会结构进行抵抗或者顺从，而是一种内在的、不容易被发现的、处于权力领域内部的表现形式。

许氏的分析固然是对大理洱海地区性别结构的一种思考，但重新审视许氏的研究我们发现，莲池会为分析该地区的性别结构提供了一种可能性，即性别结构并非单一的、静态的，而是受多种因素影响的，呈现动态趋势。妇女通过参加莲池会的各类仪式活动走进公众之中，通过虔诚的行为和态度帮助家户成员获得神灵、祖先的庇佑，并通过公共仪式实现村落公共意愿，这种内外联结的方式使得整个村落的家户意愿和共同意愿得以表达。在这一意义上，许氏的性别结构研究无疑为我们审视大理洱海地区性别结构的张力提供了可能性。

参考文献

巴特勒，朱迪斯，2009，《性别麻烦：女性主义与身份的颠覆》，宋素凤译，上海三联书店。

大理白族自治州《白族民间故事》编辑组，1982，《白族民间故事》，云南人民出版社。

方国瑜，2001，《云南史料丛刊》，云南大学出版社。

何志魁，2011，《白族民间妇女组织"莲池会"的道德教育功能探析》，《红河学院学报》第1期。

连瑞枝，2007，《隐藏的祖先：妙香国的传说和社会》，生活·读书·新知三联书店。

梁永佳，2005，《地域的等级——一个大理村镇的仪式与文化》，社会科学文献出版社。

林美容，2008，《祭祀圈与地方社会》，台北：博扬文化事业有限公司。

施萍萍，2016，《朱迪斯·巴特勒的性别操演理论研究——基于其主体理论的考察》，硕士学位论文，杭州师范大学。

王叔武，1979，《云南古佚书钞》，云南人民出版社。

徐敏，2011，《民间宗教"莲池会"的嬗变》，《广西社会主义学院学报》第 3 期。

许烺光，2001，《祖荫下：中国乡村的亲属、人格与社会流动》，王芃、徐隆德译，台北：南天书局。

张娇，2016，《大理白族民间组织——莲池会——及其社会功用》，《大理大学学报》第 3 期。

张明曾，2006，《白族村落中的莲池会》，载林超民等主编《南诏云南大理历史文化国际学术讨论会论文集》，民族出版社。

张云霞，2017，《金姑的背影——大理绕三灵的历史人类学研究》，云南人民出版社。

赵静，2016，《白族民间传统信仰组织莲池会的场域空间与惯习》，《科学·经济·社会》第 1 期。

Bourdieu，Pierre. 1977. *Outline of a Theory of Practice.* Trans. R. Nice. Cambridge：Cambridge University Press.

Foucault，Michel. 1980. "*Truth and Power*" In *Power/Knowledge：Selected Interviews and Other Writings 1972–1977.* New York：Pantheon Books.

John，Christman. 1991. "*Liberalism and Individual Positive Freedom.*" *Ethics* 101：343–359.

Mahmood，Saba. 2005. *Politics of Piety.* UK：Princeton University Press.

Lianchihui and the Gender Structure of Xizhou：A Supplement to under the Ancestors' Shadow

Yinjiang Dong

Abstract：By studying the social structure of Erhai area in Dali in the early 1940s, this paper concluded that the field experience provided by Francis L. K. Hsu presents a social gender structure orientation with the patriarchal structure in Dali, the paper concluded that the aspect of the gender structure in Dali, but in fact, the existence of Lianchihui provides more possibilities to explain the gender structure in this area. In this sense, Francis L. K. Hsu's study on gender structure provides us to explore the various possibilities of gender structure in Erhai area of Dali.

Keywords：Gender Structure；Francis L. K. Hsu；Lianchihui

《莲池会与喜洲的性别结构：对〈祖荫下〉的一个补充》评审意见

张美川 *

　　该文敏锐地捕捉到许烺光《祖荫下》一书中性别结构问题的复杂意涵：在父子关系主轴线索下，女性的地位仅仅是表面上单一、从属，同时功能上不可或缺，还是本身蕴含了需要细致推敲的、更多潜在的可能性？全部由女性成员组成的莲池会的运作，尤其是经母参与到当地权威活动中这一事实，既意味着女性主体性的存在（构建更丰富的关系网），也意味着喜洲的性别结构蕴含了更多的可能性。在此意义上，该文构成了对许烺光先生的有益"补充"。

　　该文在方法上似乎还可以进行更复杂的分析，如，不仅仅单独论述莲池会，还要探讨洞经会与莲池会的内在关联及功能分化，以及莲池会对成员的年龄要求所呈现的年龄、代际与文化的联系，从而在结构分析方面更加细化。整体而言，该文的问题意识以及丰富的田野资料，让我们得以思考复杂的传统社会究竟有哪些可以与现代接榫的可能因素；对性别结构进行的深入分析，亦可让我们评估延续至今的性别结构发生变迁的可能性与变迁程度。

---

　　* 张美川，北京大学社会学博士，云南大学社会学系教师。

国情普查研究所及西南联大社会学

以西南联大社会学系为主线讨论中国社会学自主知识体系构建的历史逻辑[*]

以西南联大社会学系为主线讨论中国社会学自主知识体系构建的历史逻辑[*]

杨海挺　石　敏[**]

摘　要：构建中国社会学自主知识体系，是习近平总书记对中国社会学界提出的重大任务，也是中国社会学家孜孜以求的学术自觉意识。为了阐释构建中国社会学自主知识体系的历史逻辑，本文以西南联大社会学系几代学人的学术思想为逻辑主线，讨论发展中国特色社会主义社会学的学术理路。研究认为，构建中国社会学自主知识体系需要明确辨析社会学中国化、社会学本土化两个概念的内涵和外延，更多使用社会学中国化这一科学概念；还需要解决特定历史时期学院社会学和马克思主义社会学之间区别化研究的问题，分析其中关注中国国情、中国实践的学术理路，尤其是在中国社会学恢复重建以来将马克思主义理论自觉应用在社会学学科建设、学术科研之中，推动了中国特色社会主义社会学在实践基础上创新发展、中国社会学的国际化发展的学术理路。

关键词：中国特色社会主义社会学　社会学中国化　马克思主义社会学　西南联大社会学系　中国社会学自主知识体系

* 　教育部人文社会科学研究项目"西南联大社会学系的社会调查研究"（21XJA840001）阶段性研究成果，长安大学中央高校基本科研业务费专项资金资助项目"西南联大社会学系与发展中国特色社会主义社会学"（300102502610）阶段性研究成果。

** 　杨海挺，副编审，历史学博士，《长安大学学报》（社会科学版）编辑部主任，研究方向：社会学史、西南联大史；石敏，讲师，管理学博士，西藏民族大学管理学院硕士研究生导师，档案管理教研室主任，研究方向：档案管理学、西南联大史。

一　问题的提出

习近平总书记提出"不断发展中国特色社会主义社会学"（习近平，2020）的重大任务以来，发展中国特色社会主义社会学、构建中国社会学自主知识体系成为拓展社会发展新局面的迫切要求，是我国进入新发展阶段的重大课题。党的二十大报告进一步提出，要"深入实施马克思主义理论研究和建设工程，加快构建中国特色哲学社会科学学科体系、学术体系、话语体系，培育壮大哲学社会科学人才队伍"（习近平，2022）。深化对习近平总书记关于社会科学领域重要论述的研究，立足中国国情推进中国特色社会主义社会学知识创新、理论创新、方法创新，把握好习近平新时代中国特色社会主义思想的世界观和方法论，坚持好、运用好贯穿其中的立场、观点、方法，推动中国社会学在实践基础上的理论创新，是新时代中国社会学界肩负的重大任务。

近年来，学术界从多个学科、多个角度，持续对构建中国社会学自主知识体系展开讨论。学术界普遍认为，中国的社会学研究还存在一些短板，"对于重大社会变革和社会议题的回应能力还相对较弱"（洪大用，2020），在理论方面需要"坚定中国特色社会主义社会学的理论自觉和理论自信，不断形成社会学新的理论成果"（魏礼群，2020）。因此，学术界提出了构建中国社会学自主知识体系的方法（李友梅，2020）、原则和主要内容层次（谢志强，2020），指出了需要关注的重大时代命题（张林江，2022）和现实问题（龚维斌，2020），还对理论、研究方向等重大问题进行了初步的讨论。

学者们普遍认为，20 世纪三四十年代的中国社会学，倡导"从中国土壤中生长出中国社会学"（景天魁，2015），在教学、研究体系、学派的分化、学术刊物的建设等方面都逐步走向完备，出现了生机勃勃的社会学活动的中心——"中国学派"（宋国恺，2011：48），被认为是在"思想质量上除北美和西欧之外的世界上最繁荣的社会学所在"（张文宏，2017）。因此，中国几代社会学人形成的"用脚底板丈量中国大地"的优良传统，成为社会学的基本功和优势（龚维斌、张林江，2020），对 20 世纪以来的研究成果加以总结和概括，对于发展中国特色社会主义社会学会有许多启发（谢立中，2020），以历史思维来推进中国社会学创新发展（李友梅，2022），是构建中国社会学自主知识体系的重要理路之一。

从上述研究来看，讨论中国社会学自主知识体系的路径、方法等方面的研究成果颇丰，而从学科学术发展史的角度来进行研究的成果较少，这导致部分现有研究对国外的理论讨论多，对中国老一辈社会学家开创的优良传统关注少，部分关于中国社会学自主知识体系的研究缺乏历史的学理基础。

为了弥补现有研究的不足，进一步完善中国社会学自主知识体系，本文以西南联大社会学系为中国社会学的代表性学术团体，以其中的代表性学者的代表性观点为主线，讨论构建中国社会学自主知识体系的历史逻辑。西南联大社会学系拥有卓越的人才队伍，代表学者有陈达、李景汉、潘光旦、吴泽霖、李树青、陈序经、陶云逵、周覃孜、费孝通、袁方、全慰天等，还有吴文藻、戴世光等兼职教授，学生代表有张之毅、史国衡、刘绪贻、胡庆钧、周荣德、苏汝江等，这些学者长期支撑着中国社会学的半边天（杨海挺，2022：114~117），形成了中国社会学发展史上重要的魁阁学派、文庙学派等，是社会学中国化的领军集体（杨海挺、石敏，2014）。对他们学术历史的复述与重构，是包括社会学家在内的研究者的基本使命（周晓虹，2021：9）。以此为理路，讨论构建中国社会学自主知识体系需要解决的传承与创新等关键问题，能够更好地回答新时代发展中国特色社会主义社会学的理论和实践问题。因此，本文聚焦于社会学中国化与社会学本土化等关键概念、马克思主义社会学和学院社会学等重要学术派别，试图厘清构建中国社会学自主知识体系的历史发展脉络。

二　社会学中国化的新内涵

社会学恢复重建以来，中国的社会转型和经济发展为社会学提供了更丰富的中国特色实践经验。如何用发展的理论构建中国特色社会主义社会学话语体系，成为近年来中国社会学界需要解决的重大问题之一。社会学中国化或社会学本土化是社会学从西方传入中国以来，学术界长期讨论的核心概念和重要问题（周晓虹，2019），近年来关于社会学中国化或社会学本土化的讨论成为学术热点，热度达到历史新高（彭圣钦、周晓虹，2023）。但是当前学术界常常将这两个概念等同或者并用（李强，2018），厘清"中国化""本土化"这两个概念的历史发展脉络，讨论各自的内涵和外延，对于构建中国社会学自主知识体系具有重要的学术意义。

（一）社会学中国化的提出

从严复翻译《群学肄言》开始（王宪明，2008），中国学者在翻译、引荐西方社会学著作时，自觉与中国传统文化相结合发展出社会学语言词汇。这种中外文化相互交融在中国社会学发展中的体现，是西方社会学在引入中国之初，就完全被纳入中国的话语系统和观念系统，但是作为新的种子它也在改变着这一话语系统和观念系统（李培林，2000）。社会学中国化的萌芽，就蕴含在这一话语系统和观念系统的发展变化之中。

晚清以来，中国传统意义上的社会调查伴随内忧外患的政治与社会环境的变化开始较多地出现，成果主要是有关物产、风俗、交通等的游记体记述。直到陶孟和、陈达、李景汉、吴泽霖等中国第一代社会学留学生先后归国后，学科意义上的社会调查才开始纷纷涌现，但是从事社会学研究的中国学者都面临着如何用西方的知识解释中国社会现实的问题（周晓虹，2012）。1930 年中国社会学社成立时，孙本文就提出"建设一种中国化的社会学"（孙本文，1932：19），其是最早正式地、明确地倡导社会学本土化的学者（郑杭生、王万俊，2000：118）。孙本文在翻译国外社会学著作方面成果卓著，尽管"他的著作多属于思想和理论的二传手之作"（李培林，2000），但是正好说明了孙本文对早期西方社会学在中国的传播贡献颇大。与孙本文不同，西南联大社会学系的陈达、兼职教授吴文藻等专家学者，在翻译西方著述、指导社会调查、培养社会学人才的过程中，形成了独特的社会学中国化理念。

陈达作为中国第一代社会学、人口学理论与方法研究中国化的杰出代表，师从美国著名社会学家奥格本（W. F. Ogburn）。奥格本的社会学研究有浓重的统计学倾向，在他的开拓下，形成了美国化风格的量化社会学传统（陈心想，2019）。陈达在与人口、劳工等相关的社会调查量化研究方面有着卓越成就。当时轰轰烈烈的社会学调查运动（黄兴涛、夏明方，2008），正是在统计学方法的支撑和对其的运用之下出现的（杨海挺，2022：10）。陈达的社会调查能够在很大程度上代表当时中国社会学研究的主要方法，同时代表着当时的社会学中国化的主流是调查研究对象的中国化。

吴文藻提出社会学中国化，一方面源于他在引荐功能学派、扎实指导社会调查基础上产生的客观学术需求，另一方面源于他对以陈达为代表的同时期国内其他社会学流派依赖统计方法、量化解决实际问题所发现的不足。吴文藻敏锐地发现，以"社区研究来和已往的社会调查相比，我们可以作譬喻：社会调查譬之照相，社区调查譬之电影。照相所代表的生活是横断的、一时的、局部的、静态的；反之，电影所代表的生活是纵贯的、连续的、全形的、动态的"（吴文藻，2010：206）。因此，要利用社会学发现和解决中国的实际问题，单靠统计式量化社会调查是行不通的，需要纳入社区研究，关注社区中的"复杂的种族关系""社会传统的势力""基本的社会态度"等，如此才能"推动解决精神与文化建设齐头并进"。吴文藻在综合国外社会学多种研究范式的基础上，明确提出了社会学中国化及其路径，即"以试用假设始，以实地证验终。理论符合事实，事实启发理论，必须理论与事实糅和一起，获得一种新综合，而后现实的社会学才能植根于中国土壤之上，又必须有了本此眼光训练出来的独立的科学人材，来进行独立的科学研究，社会学才算彻底的中国化"（吴文藻，2010：4）。吴文藻的社会学中国化理念，综合和改良了西方社会学、人类学的研究理论和方法，多位社会学、人类学、民族学的专家受此影响（章立明等，2014：67），对后来中国社会学、民族学、人类学的发展产生了重大影响。

孙本文、陈达、吴文藻等提出的社会学中国化，不仅是他们个人学术素养的体现，更代表了当时社会学界对关注中国问题和建设中国学术使命的回应。这种学术使命在中国社会学界传承至今，成为构建中国社会学自主知识体系的一种精神源泉。

（二）社会学本土化的提出

1979 年 3 月，在党的理论工作务虚会上，邓小平指出："政治学、法学、社会学以及世界政治的研究，我们过去多年忽视了，现在也需要赶快补课。"（邓小平，1994：180~181）邓小平的这一讲话，带来了中国社会学恢复重建的春天。

社会学恢复重建以来，社会学界经历了"接轨"与"自觉"两个阶段（周飞舟，2018）。但这个时期的"接轨"，伴随着拉丁美洲、非洲、亚洲等发展中国家社会学学科发展中出现的本土化运动（郑杭生、王万俊，2000：70）。在费孝通、郑杭生等的倡导之下，社会学的中国化和本土化问题，成为社会学界经典的学术命题。

费孝通对社会学中国化的认识，一方面来自吴文藻和 20 世纪三四十年代中国社会学界形成的"自觉"基础之上的新传承。费孝通明确说，"我们不仅要古为今用，还要洋为中用，从旧中国和从世界各国吸收一切有益的养分。这就需要我们实事求是地对过去的和外国的各种社会学成果进行去伪存真的批判接受"（费孝通，2009）。另一方面来自社会学中断期间，费孝通在参与民族识别等工作历程中，对中国传统文化与马克思主义相结合产生的"文化自觉"。"中国丰厚的文化传统和大量社会历史实践，包含着深厚的社会思想和人文精神理念，蕴藏着推动社会学发展的巨大潜力，是一个尚未认真发掘的文化宝藏"（费孝通，2003），"深入发掘中国社会自身的历史文化传统，在实践中探索社会学的基本概念和基础理论，是中国学术的一个非常有潜力的发展方向，也是中国学者对国际社会学可能做出贡献的重要途径之一"（费孝通，2003）。因此，需要建立"一门以马列主义、毛泽东思想为指导，密切结合中国的实际，为社会主义建设服务的社会学"（费孝通，2009）。在此基础上，费孝通前瞻性地提出"文化自觉"，为我们文化自信的发展做出了铺垫；提出"人民社会学"（周飞舟，2021），与中国共产党"坚持以人民为中心的发展思想"内在一致；提出"美美与共"，为中国社会学发展提供了国际视野。

郑杭生是主张社会学本土化的代表性学者，甚至可以说，社会学本土化这一概念是在郑杭生的孜孜推动下得以在学术界广泛传播开来的。郑杭生具有深厚的马克思主义哲学基础，他的社会学本土化研究，呈现以下特点：一是在话语体系之中，把社会学本土化等同于社会学中国化，给出了明确的定义（郑杭生，2004），并将中国社会学的本土化发展纳入世界社会学本土化运动之中；二是将马克思主义、邓小平理论同中国社会学的发展相结合，发展了中国特色的社会学研究理论和内容（郑杭生、童潇，2009），继费孝通提出"文化自觉"之后提出了"理论自觉"（洪大用，2018）。

与费孝通谨慎地使用中国化、本土化这样的概念不同，郑杭生以及后来的学术界，进一步拓展了本土化的社会学研究外延，促使中国社会学再次在国际社会学界占有了较为重要的地位。但是，从语源角度看，indigenization（本土化）一词的出现是"近代以来与殖民主义发展的历史进程相伴随的，最初被用来指殖民者为了更加有效地管理殖民地而在政治统治中吸收部分殖民地的人员、制度和文化，随着 20 世纪以来第三世界民族解放运动的发展，不少获得独立的国家又会在强化民族认同的动机之下推动某种特定的组织、制度和文化的本土化运动"，具有一种"对于社会科学知识不同程度的'反普遍主义'立场"（李宗克，2015：16）。如果长期用社会学本土化来指代不断发展的中国社会学，会有削足适履之嫌，不能明确指代中国社会学业已形成的全部理论、方法特色。因此，我们需要明辨内涵与外延，谨慎使用。

（三）社会学中国化、社会学本土化的话语体系

社会学中国化、社会学本土化长期以来作为一个概念的两种表述方式在学术界混合使用。从上文中的梳理可知，社会学中国化和社会学本土化并不是同时出现的，二者具有不同的时代背景和学术内涵。20世纪80年代社会学恢复重建后，中国社会学界延续了20世纪三四十年代孙本文、吴文藻等的表述方式，主要使用"中国化"一词，强调发现和解决中国问题；20世纪90年代社会学界对"本土化"和"中国化"两个术语的使用频率趋于接近；21世纪以来，"本土化"一词的使用频率开始超过"中国化"（李宗克，2015：35），这个时期与国际社会学界接轨和对话的机会增多了。中国特色社会主义进入新时代，中国社会学界需要面对时代问题，提出构建中国社会学自主知识体系的新理念、新思路、新办法，首要任务就是辨析关键概念，科学表述、规范使用。这就需要我们规范使用社会学中国化、社会学本土化这些通用的表述方式。

社会学中国化，不仅仅要寻找一种有效的理论构架，用这种理论构架来指导对中国国情的研究，并培养出用这种理论构架研究中国国情的独立科学人才（刘玉照，2007），更要与时俱进，不断发展出中国社会学新的理论，更好地解决好中国实践问题。近代以来，中国的社会科学大都经历了中国化的历程，只有马克思主义中国化取得了历时性的巨大成就，形成了中国化时代化的理论、概念成果。社会学中国化，也需要参照马克思主义中国化的理论方法和历史逻辑，以中国自身的历史和经验为基础。社会学中国化具有中国社会学发展的学术优势和时代特点，是具有中国特色的社会学学术话语。因此，社会学中国化应该在陈达、吴文藻等老一辈社会学家扎根中国的土壤之上，在习近平新时代中国特色社会主义思想指导下，构建成体系的学科理论和概念。

社会学本土化，是一种使外来社会学的合理成分与本土社会的实际相结合，增进社会学对本土社会的认识和在本土社会的应用，形成具有本土特色的社会学理论、方法的学术活动和学术取向（郑杭生，2004）。中国社会学的本土化，是中国社会学融入世界社会学发展浪潮的重要部分，是中国社会学恢复重建以来，与世界社会学展开对话进程中，产生的一种自觉、自省的学术理路。该理路是世界社会学业已形成的或正在流行的理论、方法，在发现、分析、解决中国问题进程中与中国实际相结合而形成的。这种本土化，作为世界社会学发展潮流中的学术话语，尽管能够在一定程度上解释中国社会学发展起来的特色学科理论，但是并不能作为关键概念指代中国特色社会主义社会学的理论、立场与方法体系。因此，社会学本土化应该是中国社会学走出去与世界社会学进行对话时，在强调理论或方法共同性基础上，讨论研究范围、目的、问题的特殊性，强调了中国社会学的世界意义。

由此可见，社会学中国化和社会学本土化应该是具有不同内涵与外延的两个概念。社会学中国化是中国社会学界近百年来一直孜孜追求的独立学科理论和概念。随着马克思主义中国化时代化新的飞跃发展，在习近平新时代中国特色社会主义思想指导下的中国特色社会主义社会学，将在研究立场、理论创新、科学认识等诸多方面形成独特的学科体系、学术体系、话语体系，社会学中国化就是中国特色社会主义社会学的标识性概念。社会学本土化的产生、发展与世界社会学的本土化潮流密不可分，是中国社会学向国际化迈进、有效融入世界社会学知识圈（胡翼鹏，2020）需要的一般化概念，具有"接受国际概念、丰富其理论内涵、增加其变量的文化差异性"的研究策略，是本土知识国际概念化（边燕杰，2017）、中国社会学走出去、中国话语迈向国际化不可或缺的特定范畴。因此，社会学中国化与社会学本土化并不是同一个概念的两种表述方式，而是具有明显差异性的两种研究范畴，科学认识、规范使用两个概念，是在历史逻辑基础上构建中国社会学自主知识体系首先要明确的话语体系问题。

三　从马克思主义社会学到中国特色社会主义社会学

党的二十大报告指出，"我们要以科学的态度对待科学、以真理的精神追求真理"，"拥有马克思主义科学理论指导是我们党坚定信仰信念、把握历史主动的根本所在"（习近平，2022）。中国社会学自主知识体系的构建，同样离不开马克思主义科学理论指导。马克思、恩格斯并没有对他们的社会学思想从逻辑联系上做系统的阐发（库诺，2006：2），但是他们的历史唯物主义的基本理论和方法原则，被共产党人作为马克思主义社会学的基础理论和方法论，在各国社会主义革命和社会主义建设中起到了理论指导的作用（刘少杰，2019）。列宁发展了马克思主义的历史唯物史观，指出马克思"探明了作为一定生产关系总和的社会经济形态这个概念，探明了这种形态的发展是自然历史过程，从而第一次把社会学放在科学的基础之上"（列宁，2016：12）。之后，马克思主义经典作家逐渐为马克思主义社会学建立起了比较系统的基本理论和方法原则，形成了较为完整的基础理论体系，使马克思主义社会学拥有了同实证社会学和解释社会学具有明显区别且不可替代的学术地位（刘少杰，2019），在全世界产生了广泛的影响。中国的马克思主义社会学伴随着马克思主义在中国的传播萌生，中国社会学的发展自早期阶段开始就有着深厚的马克思主义理论传统（文军、高艺多，2019），展现出强大的生命力，在新民主主义革命时期和改革开放以来，为中国革命实践和现代化建设提供了理论与实践指导。但是学术界对马克思主义社会学的研究，还存在与学院社会学区别化的讨论倾向，或将马克思主义社会学指代中国特色社会主义社会学的研究趋向，需要从历史逻辑角度进行考证和辨析。

（一）马克思主义社会学和学院社会学相互区隔的研究困境

社会调查作为认识国情的科学方法，在 20 世纪上半叶的中国曾轰轰烈烈地开展。在这一进程中，中国共产党早期的理论家，在历史唯物主义的理论指导下，将马克思主义社会学同中国社会实践结合起来（吴增基等，2018：44），也进行了多种多样的社会调查。尤其是 1930 年毛泽东在《反对本本主义》中提出"没有调查，没有发言权"，并对社会调查的方法和重要性进行了系统论述（毛泽东，1982），使得调查研究作为我们党制定和实施正确的政策与策略的科学保证（孟建柱，2006）。同时期，李大钊、瞿秋白、李达等在北京大学和上海大学创建马克思主义社会学的学科体系、培养社会学专业人才，宣传了历史唯物史观，并发表了颇为客观的研究成果，为中国后来的马克思主义社会学发展探索了路径。

社会学传入中国后，在中国形成了两大阵营：学院（派）社会学[①]和马克思主义社会学（陈新华，2009：241），其中历史唯物史观、西方社会学和国学又成为影响中国社会学学术思想形成的主要因素（李培林、渠敬东，2009）。学术界长期认为，学院社会学强调对社会的"改良"，即"贬低政治制度的变革而重视社会基本现实的变迁"，以孔德为代表的"社会学的社会改良思想和维护社会秩序的思想，受到革命理论家马克思的激烈批判"（李培林，2000）。因此，1949 年以前"学院派社会学与马克思主义社会学作为对立阵营存在的局面是贯彻始终的"（陈新华，2009：242），"用马克思主义研究社会学的，被排斥在社会学界之外"（杨雅彬，2010：390）。孙本文曾在《当代中国社会学・凡例》中说："本书认为唯物史观的著作不属于纯正的社会学"（孙本文，2011），被认为代表了当时社会学者"否认马克思主义社会学作为科学的存在"（陈新华，2009：239）。学

---

①　学院社会学，即学院派社会学，是指由在大学里从事教学和科研的社会学家形成的学术团体或派别。本文主要参考学术界传统的表述方式，用其指代除马克思主义社会学之外的高校和科研系统的其他社会学流派。

院社会学"在社会学传播过程中对马克思主义社会学的一味排斥与否定，
更是引起了马克思主义者的声讨"（陈新华，2009：242）。1952 年高校院
系调整后社会学被取消，其原因是，"马克思主义社会学实际上是历史唯
物主义，历史唯物主义完全可以代替马克思主义社会学的研究；西方的社
会学是资产阶级的社会学，资产阶级社会学受其阶级性和唯心史观的影响
便丧失了科学性，是'资产阶级伪科学'，自然在取消之列"（常向群，
2018：432）。以袁方为代表，他反思了取消社会学的教训，认为"社会学
是一门帮助人们认识社会、研究社会、改造社会的社会科学"，"在引进、
学习国外理论和经验时，不能照抄照搬，要与中国的实际相结合"，还要
"求同存异，鼓励不同学派，为社会主义服务"（袁方，1999：198~200）。
这在社会学恢复重建以来，得到了较多的重视，也为构建中国社会学自主
知识体系提供了一个反思的视角。

　　不可否认，20 世纪上半叶中国学院社会学并没有直接采用马克思主义
理论作为指导，"一些社会学学派与马克思主义的区隔事实上是存在的"
（《中国社会学史》编写组，2021：19）。社会学取消的原因固然与未能真
正全面科学地看待社会学与马克思主义之间的关系、参照苏联高等教育的
做法等有关，但是也需要把这样的学术观点，置于历史时期的时代背景和
政治场景中来考量；还需要考量当时中国学院社会学家只关注社会学理论
的联系、区分，而不在学术合法性问题上厚此薄彼的学术传统有关（罗兰-
伯格，2014：9）。于是我们就能站在更高的层面，来分析和讨论学院社会
学与马克思主义社会学的殊途同归。

（二）从学院社会学到马克思主义社会学

　　社会学恢复重建以来，中国社会学界迈开步伐，大踏步向前。这个时
期，社会学的发展有两条主线：一条是费孝通、雷洁琼、袁方等老一辈社
会学家扛起的恢复重建大旗，中国社会学的"五脏六腑"很快发展完善，
人才培养取得显著成就；另一条是西方社会学的再引入，在西方研习社会
学的中国留学生，进一步将西方社会学的理论、方法、人物思潮等引入和
推荐到学术界之中，对中国社会学的发展产生了重要影响。

　　以费孝通、雷洁琼、袁方等为代表，他们经历过特殊的时代的洗礼，
已经在传统的学院社会学基础上，能够较为全面和清晰地领悟马克思主义
和社会学的关系，回望过去，他们并没有否定马克思主义社会学，也没有
否定历史唯物主义，而是这样阐述："我们的老一辈（包括我在内）没有
运用马列主义的立场、观点、方法来研究和教授社会学，这也是一个时代

的情况。当时马克思主义理论就根本上不了讲台"（雷洁琼，2008）。在
1949 年之前，由于国民党政府的扼制和镇压，在高等学校的社会学教育教
学活动中，马克思主义社会学始终没有一席之地（国务院学位委员会办公
室，1999：310）。但是这并不等于学院社会学没有关注到马克思主义社
会学。

陈达在 1935 年 10 月曾到苏联考察生育、风俗、教育等，借助他人的
口述——"资本主义者通常拿盈余当作一切努力的最重要的宗旨，那就未
必与国家与人民的利益相符"来传达共产主义组织关注人民利益的独特
性，后来也一直关注苏联的相关社会学研究进度，在修改劳工问题讲义大
纲时，还选读了一些苏联的相关研究成果（陈达，1946：137）。吴文藻对
马克思主义社会学有一定的了解，他曾指出"有以社会学为社会问题的研
究者，亦有以社会学为唯物史观或辩证法的研究者"（吴文藻，2010：3）。
如果说中国的第一代学院社会学家对马克思主义或马克思主义社会学的理
解停留在纸面上，那么第二代学院社会学家就已经能够将马克思主义内化
为理论和方法，并且进行了研究和实践。

费孝通提出，"我们用科学的方法在自己的国土上，在马列主义毛泽
东思想指导下调查、研究、认识社会，建立我国人民自己的社会学"（费
孝通，2009）。戴世光也曾说，"马克思主义哲学思想指导我开始对国际上
的统计科学（也即数理统计学）进一步作出唯物的、辩证的科学解释"，
"应该在统计科学研究中应用唯物辩证法"（戴世光，1983）。第二代学院
社会学家的这一转变，促使社会学恢复重建以来的前 10 年，社会学中国化
呈现鲜明的理论导向，有鲜明的马克思主义理论指导特征，马克思主义社
会学迎来了井喷式发展（赵万里等，2020：12）。20 世纪 90 年代以后，随
着留学人员的陆续回国，我国社会学开始大量引进美国社会学的统计调查
和研究方法，力图快速与国际上的社会学研究"接轨"。但是到了 21 世
纪，社会科学的研究取向乃至大学教育的学科建设走的却是一条"接轨"
名义下的"全盘西化"之路（周飞舟，2022）。因此，第二代学院社会学
家孜孜努力建构起的马克思主义理论指导下的学院社会学和马克思主义社
会学相融合的理论与方法，逐渐被新的学院社会学取代，马克思主义社会
学又成为社会学的分支或某一学派。

近年来的中国社会学史著作大都将马克思主义社会学作为独立的派
别，与社会学其他学派进行并列研究（《中国社会学史》编写组，2021），
马克思主义社会学因为无法对现实的中国社会发展做出应有的学科回应而
被称为"清冷低沉"（沈东，2019）。一定程度上可以说，这样的社会学史

研究，并没有完全突破学院社会学和马克思主义社会学之间的传统研究边界，1949 年之前学院社会学和马克思主义社会学区别或对立研究的困境仍然存在。与之相对应，还有研究提出了广义马克思主义社会学和狭义马克思主义社会学之别，即突出马克思主义意识形态对社会学的指导地位和作用的是广义的马克思主义社会学，将马克思主义社会学作为社会学的分支学科和学派来研究的是狭义的马克思主义社会学（赵万里等，2020：7）。尽管广义的马克思主义社会学研究体系还不够成熟（常向群，2018：434），但是在社会学中国化进程中，这是突破学院社会学和马克思主义社会学传统研究边界的一条有效路径，即需要一种与时俱进的新的发展理论来指导中国社会学的话语体系，如此才能解决学院社会学和马克思主义社会学区别或对立研究的困境。

中国特色社会主义进入新时代，我们需要用当代中国马克思主义、二十一世纪马克思主义——习近平新时代中国特色社会主义思想的立场、观点、方法观察时代、把握时代、引领时代，"作出符合中国实际和时代要求的正确回答，得出符合客观规律的科学认识，形成与时俱进的理论成果，更好指导中国实践"（习近平，2022）。因此，全面贯彻习近平新时代中国特色社会主义思想，辨析学院社会学和马克思主义社会学殊途同归的历史逻辑，能够为重新审视中国社会学理论和话语体系，构建中国社会学自主知识体系提供独特的研究视野。

（三）中国社会学自主知识体系的历史理路

构建中国社会学自主知识体系需要在理论和实践方面有新的发展创新。而中国社会学长期以来存在的难题就是，中国的社会学与马克思主义社会学的关系没有廓清（常向群，1992：546）。习近平总书记提出"发展中国特色社会主义社会学"的重大任务后，中国社会学的话语体系就需要由"马克思主义社会学""中国特色的社会学"（王康，1992：332）转向"中国特色社会主义社会学"。中国特色社会主义社会学是建立在马克思主义中国化时代化基础上的，同中国具体实际相结合，同中华优秀传统文化相结合，明晰了中国的社会学同其他社会学之间的关系，是社会学中国化进程中的具有继承性、民族性、原创性、时代性的概念和理论，解决了中国社会学长期以来缺少被国际社会理解和接受的新概念、新范畴、新表述的关键的理论与话语体系问题。

构建中国社会学自主知识体系，需要明确话语体系兼具的两个逻辑。一是在中国早期社会学中国化进程中，以西南联大社会学系陈达、李景汉、吴文藻等第一代社会学家为代表的学院社会学起到了主流的作用，为社会学中国化进行了卓有成效的理论建构、方法实践，他们的历史贡献需要被高度重视，这对当前社会学中国化更具有深远的借鉴意义。二是准确辨析学院社会学和马克思主义社会学的关系，客观看待历史时期马克思主义社会学与其他学院社会学的不同。但是我们也要看到这样的边界并不是绝对的，马克思主义社会学不仅发展出了诸多新的思想理论或学术流派（刘少杰等，2021），而且从法国（罗兰-伯格，2014：2）、美国等的其他多个社会学流派吸收或借鉴了马克思主义社会学的实践原则、辩证思维方式和矛盾分析方法（刘少杰，2019）。在这一进程中，以费孝通、袁方、戴世光等为代表的西南联大社会学系的第二代社会学家又在社会学中国化进程中起到了开拓作用，为中国特色社会主义社会学的繁荣发展做出了卓越的贡献。这些是构建中国社会学自主知识体系不可忽视的关键问题，在解决这两个历史问题基础上的话语体系发展，才是秉承学术传统、尊重客观实际的科学发展。

构建中国社会学自主知识体系，需要坚持以马克思主义为指导，用马克思主义中国化时代化的科学理论引领中国社会学的实践。社会学恢复重建时，以费孝通为代表，提出了社会学中国化一些基本的共识。袁方认为，建设具有中国特色的社会学需要重视"历史唯物主义与社会学的关系""中外关系""古今关系""理论与实践的关系"（袁方，1991）。这些是建设具有中国特色的社会学应该处理好的几个关系，在党的二十大报告中也有提及，对构建中国社会学自主知识体系仍然有较大的启示意义。近年来，马克思主义社会学的发展进程落后于再引进的西方社会学，在话语体系上也缺乏新的突破，落后于马克思主义中国化时代化的发展步伐。自经济社会领域专家座谈会以来，学术界针对构建中国社会学自主知识体系进行了一些讨论，出版了一批成果，仍然有较大的理论探讨空间。

当前，社会学家们主要着眼于解决新时代改革开放和社会主义现代化建设的实际问题，在习近平新时代中国特色社会主义思想指导下的中国社会学理论探索和创新不够自信。费孝通、袁方、戴世光等的学术历程表明，中国社会学的发展，需要坚持马克思主义科学理论指导，需要运用其科学的世界观和方法论解决中国的问题。因此，当中国特色社会主义进入新时代，我们需要深入学习贯彻习近平新时代中国特色社会主义思想，自觉坚持以马克思主义为指导，以习近平新时代中国特色社会主义思想的创新理论来指导新的实践，并贯穿研究和教学全过程，转化为清醒的理论自觉、坚定的政治信念、科学的思维方法。

　　解决中国实际问题，是社会学中国化主要的学术诉求，是对中国社会学恢复重建 40 余年来历史实践的反思，对于科学运用马克思主义、加强中国社会学学科建设具有重要意义（冯仕政，2022）。在社会调查的实践方法下（赵万里等，2020：35），学院社会学和马克思主义社会学以认识中国和改造中国为目的进行了大量的实践（周晓虹，2019）。以劳工问题的研究为例，劳工问题是学院社会学和马克思主义社会学共同关注和研究的重要领域，学院社会学家陈达的劳工研究关注工人生活、劳工立法等议题，认为劳工应该脱离政党政治；马克思主义社会学家邓中夏的劳工研究更关注工厂内部的权力关系、工人运动等议题，强调劳工运动与政党政治密不可分，以劳工运动的社会革命为最终取向（闻翔，2018：193、231、237）。这两种看似迥别的方向，却蕴含着中国社会学长期在学术与政治之间寻求平衡的流动的传统，这一传统就是中国社会学长期关注实践、解决中国实际问题而形成的学术体系。

　　党的二十大报告指出，"实践没有止境，理论创新也没有止境"（习近平，2022）。以西南联大社会学系为代表，在中国社会学的历史发展进程中，有注重社会调查的优良传统。中国社会学的经典著作，大都是在社会调查基础上完成的。构建中国社会学自主知识体系，要继承和发扬这种注重社会调查、关注实践的优良传统，同时对国外的理论、概念、话语、方法，要有分析、有鉴别，聚焦实践中遇到的新问题，以习近平新时代中国特色社会主义思想的世界观、方法论为指导，结合中国社会学新的实践不断推进理论创新，用新的理论指导中国特色社会主义社会学新的实践，向国际社会学界输出中国智慧、中国方案，繁荣发展"世界眼光与中国气派兼具的中国社会学"（郑杭生，2014）。

四　结语

　　随着中国社会学第三个春天的到来（陈光金，2021），面对中华民族伟大复兴战略全局和世界百年未有之大变局，中国社会学界以史为鉴、开创未来，就要把握好习近平新时代中国特色社会主义思想的世界观和方法论，坚持好、运用好贯穿其中的立场、观点、方法，笃行不息，发展具有中国智慧、中国方案、中国力量的中国特色社会主义社会学学科体系、学术体系、话语体系。西南联大社会学系的几代学人，在 20 世纪三四十年代举起了社会学中国化的大旗，在社会学恢复重建以来紧密结合中国国情，将马克思主义理论应用到了中国社会学理论创新、指导实践之中，为中国社会学自主知识体系构建做出了符合时代要求的应有的贡献。

参考文献

边燕杰，2017，《论社会学本土知识的国际概念化》，《社会学研究》第 5 期。

常向群，1992，《马克思主义社会学论稿》，河南人民出版社。

常向群，2018，《马克思主义社会学论稿》，东北师范大学出版社。

陈达，1946，《浪迹十年》，商务印书馆。

陈光金，2021，《加快发展中国特色社会主义社会学》，《中国社会科学报》6 月 23 日。

陈心想，2019，《社会学美国化的历程及其对构建中国特色社会学的启示》，《社会学研究》第 1 期。

陈新华，2009，《留美生与中国社会学》，南开大学出版社。

戴世光，1983，《统计科学研究五十年》，载北京图书馆《文献》丛刊编辑部、《吉林省图书馆学会会刊》编辑部编《中国当代社会科学家·第 6 辑》，书目文献出版社。

邓小平，1994，《邓小平文选》第 2 卷，人民出版社。

费孝通，2003，《试谈扩展社会学的传统界限》，《北京大学学报》（哲学社会科学版）第 3 期。

费孝通，2009，《费孝通全集：第 9 卷 1981—1982》，内蒙古人民出版社。

冯仕政，2022，《社会学的实践与实践的中国社会学》，《社会学评论》第 3 期。

龚维斌，2020，《发展中国特色社会主义社会学需要研究重大理论和现实问题》，《社会治理》第 10 期。

龚维斌、张林江，2020，《中国特色社会主义社会学：理论基点、学术渊源与学科品格》，《南京社会科学》第 11 期。

国务院学位委员会办公室编，1999，《社会学》，高等教育出版社。

洪大用，2018，《超越西方化与本土化——新时代中国社会学话语体系建设的实质与方向》，《社会学研究》第 1 期。

洪大用，2020，《加快发展中国特色社会主义社会学》，《社会治理》第 10 期。

胡翼鹏，2020，《关系社会学：迈向国际化的中国话语》，《武汉大学学报》（哲学社会科学版）第 6 期。

黄兴涛、夏明方，2008，《清末民国社会调查及其学术内蕴》，《中国图书评论》第 11 期。

景天魁，2015，《从社会学中国化到中国社会学普遍化》，《人民日报》11 月 23 日。

库诺，亨利希，2006，《马克思的历史、社会和国家学说：马克思的社会学的基本要点》，袁志英译，上海译文出版社。

雷洁琼，2008，《代序二：在纪念著名社会学家吴景超教授学术思想讨论会上的讲话》，载吴景超《第四种国家的出路——吴景超文集》，商务印书馆。

李培林，2000，《中国早期现代化：社会学思想与方法的导入》，《社会学研究》第

1 期。

李培林、渠敬东，2009，《20 世纪上半叶中国社会学学术史》，载李培林、渠敬东、杨雅彬主编《中国社会学经典导读》（上），社会科学文献出版社。

李强，2018，《改革开放 40 年与中国社会学的本土化、发展及创新》，《社会科学战线》第 6 期。

李友梅，2020，《发展新时代中国特色社会主义社会学正逢其时》，《社会治理》第 10 期。

李友梅，2022，《以历史思维推进中国社会学创新发展》，《人民日报》5 月 16 日。

李宗克，2015，《社会学本土化：历史与逻辑》，上海人民出版社。

列宁，2016，《什么是"人民之友"以及他们如何攻击社会民主党人》，人民出版社。

刘少杰，2019，《马克思主义社会学的学术地位与理论贡献》，《中国社会科学》第 5 期。

刘少杰、翟岩、营立成、陈氚、吴时辉，2021，《马克思主义社会学笔谈》，《福建师范大学学报》（哲学社会科学版）第 1 期。

刘玉照，2007，《社会学中国化与中国社会学的学科建设——从吴文藻到费孝通》，载李友梅主编《江村调查与新农村建设研究》，上海大学出版社。

罗兰-伯格，劳伦斯，2014，《走出西方的社会学：中国镜像中的欧洲》，胡瑜译，社会科学文献出版社。

毛泽东，1982，《反对本本主义》，载毛泽东《毛泽东农村调查文集》，人民出版社。

孟建柱，2006，《序言》，载中共中央文献研究室毛泽东研究组编《寻乌调查与马克思主义中国化的起步》，中央文献出版社。

彭圣钦、周晓虹，2023，《社会学本土化与中国知识分子传统——绵延不断的学术追寻（1930—2022）》，《开放时代》第 3 期。

沈东，2019，《当代中国马克思主义社会学的再出发》，《毛泽东邓小平理论研究》第 9 期。

宋国恺，2011，《中国变革：社会学在近代中国兴起的视角》，中国社会科学出版社。

孙本文，1932，《中国社会学之过去现在及将来》，载中国社会学社编《中国人口问题》，世界书局。

孙本文，2011，《当代中国社会学》，商务印书馆。

王康，1992，《社会学史》，人民出版社。

王宪明，2008，《严译名著与中国文化的现代化——以严复译〈群学肄言〉为例的考察》，《福州大学学报》（哲学社会科学版）第 2 期。

魏礼群，2020，《发展中国特色社会主义社会学》，《社会治理》第 10 期。

文军、高艺多，2019，《西方社会学对马克思主义理论的立场演变及其反思》，《天津社会科学》第 5 期。

闻翔，2018，《劳工神圣：中国早期社会学的视野》，商务印书馆。

吴文藻，2010，《论社会学中国化》，商务印书馆。

吴增基、吴鹏森、孙振芳主编，2018，《现代社会学》，人民出版社。

习近平，2020，《在经济社会领域专家座谈会上的讲话》，《人民日报》8 月 25 日。

习近平，2022，《高举中国特色社会主义伟大旗帜 为全面建设社会主义现代化国家而团结奋斗》，《人民日报》10 月 26 日。

谢立中，2020，《浅谈"中国特色社会主义社会学"》，《社会治理》第 10 期。

谢志强，2020，《发展中国特色社会主义社会学的基本构想》，《社会治理》第 12 期。

杨海挺，2022，《西南联大在云南的地理与人口国情调查实验》，中国社会科学出版社。

杨海挺、石敏，2014，《抗日战争时期云南呈贡县的"魁阁"与"文庙"：社会学中国化进程中的两大学派》，《云南民族大学学报》（哲学社会科学版）第 6 期。

杨雅彬，2010，《近代中国社会学》（上），中国社会科学出版社。

袁方，1991，《建设中国特色的社会学》，载徐经泽主编《社会学中国化——中国大陆学者的讨论》，山东大学出版社。

袁方，1999，《社会学百年》，北京出版社。

张林江，2022，《中国特色社会主义社会学的逻辑主线与时代命题》，《南京社会科学》第 1 期。

张文宏，2017，《本土化：中国社会学学科体系、学术体系和话语体系创新的必然路径》，《济南大学学报》（社会科学版）第 3 期。

章立明、马雪峰、苏敏，2014，《社会文化人类学的中国化与学科化》，知识产权出版社。

赵万里等，2020，《马克思主义社会学研究》（第一辑），中国社会科学出版社、南开大学出版社。

郑杭生，2004，《社会学本土化及其在中国的表现——中国特色社会学理论探索的梳理和回顾之三》，《广西民族学院学报》（哲学社会科学版）第 1 期。

郑杭生，2014，《〈社会学评论〉发刊词》，《社会建设》第 1 期。

郑杭生、童潇，2009，《中国特色社会学理论的探索之路——在建国六十周年之际访著名社会学家、中国人民大学郑杭生教授》，《甘肃社会科学》第 5 期。

郑杭生、王万俊，2000，《二十世纪中国的社会学本土化》，党建读物出版社。

《中国社会学史》编写组编，2021，《中国社会学史》，高等教育出版社。

周飞舟，2018，《行动伦理与"关系社会"——社会学中国化的路径》，《社会学研究》第 1 期。

周飞舟，2021，《将心比心：论中国社会学的田野调查》，《中国社会科学》第 12 期。

周飞舟，2022，《社会学本土化的演进与本位》，《中国研究》第 1 期。

周晓虹，2012，《孙本文与 20 世纪上半叶的中国社会学》，《社会学研究》第 3 期。

周晓虹，2019，《社会学的中国化：发轫、延续与重启》，《江苏社会科学》第 6 期。

周晓虹主编，2021，《重建中国社会学——40 位社会学家口述实录：1979—2019》，商务印书馆。

Historical Logic of the Construction of Independent Knowledge System in Chinese Sociology

——Taking the Sociology Department of Southwest Associated University as the Main Line

Haiting Yang and Min Shi

Abstract: The construction of the independent knowledge system of Chinese sociology is a major task proposed by the General Secretary Xi Jinping to the Chinese social circle, and it is also the academic consciousness pursued by Chinese sociologists. In order to explain the historical logic of constructing the independent knowledge system of Chinese sociology, this paper takes the academic thoughts of several generations of scholars in the Department of Sociology of Southwest Associated University as the logical main line to discuss the academic path of developing socialist sociology with Chinese characteristics. The research points out that the construction of the independent knowledge system of Chinese sociology needs to clearly distinguish the connotation and extension of the two concepts of sociology sinicization and sociology localization, and make more use of the scientific concept of sociology sinicization. It is also necessary to solve the habit of differentiating research between college sociology and Marxist sociology in the historical period, and analyze the similarities and differences in the academic scientific road that focuses on China's national conditions and Chinese practice, especially after the restoration and reconstruction of Chinese sociology, which consciously applies Marxist theory to the construction of sociological disciplines and academic research. It has promoted the innovative development of socialist sociology with Chinese characteristics on the basis of practice and the international development of Chinese sociology.

Keywords: Socialist Sociology with Chinese Characteristics; Sinicization of Sociology; Marxist Sociology; College Sociology; Southwest Associated University; The Independent Knowledge System of Chinese Sociology

《以西南联大社会学系为主线讨论中国社会学自主知识体系构建的历史逻辑》评审意见

张轲风*

该文立足于中国社会学自主知识体系构建，选题较为宏大，是当前的学术热点。但目前相关研究存在以下欠缺：研究深度把控困难，太浅则泛泛而谈，太深则内容庞大。该论文选取了两个较小的切入点，一是将西南联大社会学系作为研究对象，二是把历史逻辑作为线索，较好地解决了文章选题可能存在的欠缺问题。

社会学中国化和社会学本土化在学术界长期等同使用是大家的共识，该文对这两种表述提出质疑，并且用比较准确的数据和资料，论证了这两种表述的语意来源、历史发展，认为应该用"社会学中国化"来指代中国特色社会主义社会学研究中所形成的范式，论证过程较为客观，能够自圆其说，其结论较为可靠。

马克思主义社会学有其鲜明的发展脉络，与中国社会学中的其他学派有明显的不同，该文第二节的立论符合学术实际，比较了以西南联大社会学系为代表的学院社会学学术思想和马克思主义社会学的发展脉络，提出二者之间的区别蕴含着这样的传统：中国社会学长期在学术与政治之间寻求平衡的流动。这个传统成为学院社会学与马克思主义社会学殊途同归的关键，也是构建中国社会学自主知识体系需要阐释好的基本传统。这是该论文的一个亮点。

该文也存在一些不足，从全文来看，文章提出了两个重要的研究方向，但并不等于历史逻辑的全部。文章倾向于对社会学家们的学术思想的分析，对于中国社会学历史时期运用的具体调查方法、统计方法、分析方法等，以及社会学的诸多分支学科的陈述略显薄弱，且涉及较少。

---

* 张轲风，云南大学历史与档案学院历史系教授、博士生导师。

该文聚焦的西南联大社会学系，从全文来看，并非对所有学者都有论及，对潘光旦、吴泽霖、陈序经等学者着墨较少。对马克思主义社会学和学院社会学的讨论，也有意犹未尽之感。这可能反映了该文在资料利用方面还有所不足。

另外，社会学恢复重建后的 20 世纪八九十年代，学术界对于社会学如何恢复、怎么重建进行了大范围的讨论，也取得了相对一致的认同，可以说，那个时段的大讨论明确了中国社会学至今的主要发展趋向，文章对这一部分相关资料的关注也较少。

构建中国社会学自主知识体系这样的选题较大，文章讨论的历史逻辑角度也有诸多可以拓展的领域，或许是限于篇幅，文章并没有全部展开。

总之，瑕不掩瑜，就论文整体而言，立论高远，具有质疑精神，论证过程符合学术规范，结论也经得起推敲。学科自主知识体系的构建，依托优秀的传统文化，离不开前人的研究基础，与当前学术和社会需要密切相关，需要有更多不同学科背景的学者从不同角度参与研讨。

在多元共融中走向"中国化"

——老清华社会学系的调查传统

何雪吟*

摘　要：自 1926 年成立至 1952 年，清华社会学系在社会调查方面取得了令人瞩目的成果。本文以老清华社会学系的整体发展史为线索，以该系师生从事的社会调查为核心，梳理和总结了该系的社会调查传统，及该系在特殊时代背景下，在中国社会调查与社会学学科建设历史中的地位。老清华社会学系的社会调查工作，一方面体现了中西结合、探索中国化道路的特色，另一方面呈现了多元共融、不同学派共生的格局，在许多方面，该系是中国早期社会学发展的一个缩影。

关键词：老清华社会学　社会调查　社会学中国化

一　引言

对于"社会调查"，著名社会学家、社会调查专家李景汉给出了如下定义："社会调查，是以有系统的科学方法，调查社会的实际情况，用统计方法，整理搜集的资料，分析社会现象构成的要素。由此洞悉事实真相，发见社会现象之因果关系。"（转引自洪大用、黄家亮，2019：11）其中，整理资料的方式主要包括制表绘图，并求得各类参数；对于因果关系的分析达到一定程度时，就可以总结事实关系之中的定律。社会调查的目的，一方面是改造社会，另一方面是启迪民众。

民国时期，中国大地上蓬勃兴起的社会调查运动是一定时代精神的反映。从社会学学科在中国成形开始，开展社会调查，就不仅仅是研究的一

　＊　何雪吟，清华大学社会科学学院社会学系博士研究生。

种范式，还是一种社会思想，这种"理解社会的根本性与基础性的哲学视角与价值观念"（王天夫，2023），为中国历史传统脉络中的社会认识模式带来了革命性的变化。

在这段意义重大的历史时期，老清华社会学系扮演着十分重要的角色，是"中国社会学史上绕不过去的一个存在"（闻翔，2016）。成立于 1926 年的老清华社会学系，为民国时期社会学教学与研究的一大重镇，在陈达、潘光旦两位系主任的带领下，吴景超、李景汉、费孝通、吴泽霖等诸多著名学者都曾在此任教。作为中国社会学的学科奠基者，他们兴趣领域不同，研究方法各异，甚至在很多方面有立场或观点上的争论，却能够在借鉴和切磋之中进步，共同致力于认识、服务和改造社会。

同时代各高校建立的社会学系中，老清华社会学系在学术能力、社会声望、实践影响力、学科建设等方面，无疑堪称标杆与旗帜。学界对作为一个团体的老清华社会学系的关注，更多聚焦于西南联大时期的"文庙"，与吴文藻、费孝通在"魁阁"的工作相呼应（杨海挺、石敏，2014）。然而，西南联大时期清华的社会调查风格离不开长期的积累，本身也是背后清华特色的凝练反映。对标"燕京学派"的叙写方式虽然将两种研究思路形象化地表示了出来，但不能完整地体现老清华社会学系在治学与调查方面的特色。究其根本，正是由于该系内部思想丰富性、风格异质性的存在，其社会调查的传统不能全然以类比"学派"的思路来局限和框定；而作为一个早期建制相对完善的高校社会学系，这也是它最具典型性、最有魅力之处。

本文试图以老清华社会学系的整体发展史为线索，以该系师生从事的社会调查工作为核心，对其社会调查传统进行梳理和总结。在中国社会学的早期发展过程中，该系之所以占据特殊地位，一方面是由于其作为中西学术交流的"桥头堡"，最能够反映一门现代"科学"如何经由留学生引入中国，又不断在"中国化"过程中扎根中国大地；另一方面也是因为该系既汇集了理论观点、方法取向不同的各类学者，能够包容各类学术思想，又能在各家争鸣的局面中形成一定的社会调查特色，兼具复杂性与个性，是当时社会学学科发展状况的一种微缩展示。

二 1926 年前：一个"大时代"的来临

（一）调查的风潮

清末民初，现代意义上的社会调查在中国兴起。彼时正值社会的剧烈变革时期，无论知识、制度还是文化，一切都处在被重估、重塑的浪潮中，社会各领域都滋生着废旧立新的动力。

官方层面，早在清末新政时期，清政府就越发认识到调查工作的重要性，"调查各件，关系重要，得随时派员分赴各国各省实地考察"，"惟是考察各省事实以为斟酌损益之方，较之考察外国规制犹为切要"。清政府中央各个职能部门几乎都发布过命令，要求其下级单位或地方政府从事与其职能相关的各种调查，也着手创立了三级统计行政体系（李章鹏，2021：91，105，245）。之后，国民政府也非常重视社会调查，于1929年颁布了《中央常会通过之社会调查纲要》，推行的调查活动遍布社会各领域。在一批技术官僚的推动下，国民政府还建立了"超然主计制度"，1931年设主计处统计局，1932年颁布统计法，随后要求各省成立统计组织，明确每十年进行一次国势调查（朱君毅，1947；李章鹏，2021：205~207）。受制于当时的种种条件，国民政府推行统计行政的效果有限（吕文浩，2020）。但这些努力已充分表明，推动社会调查乃是国家治理走向科学化、现代化的大势所趋。

除官方推动的社会调查之外，还涌现了大量社会力量主导的社会调查，包括相对独立的学术机构、学者个人或其核心团体、各种社会团体等，如一些高校社会学系、北平社会调查所、中华平民教育促进会总会、华洋义赈会等。不同主体出于社会改良、社会服务或学术研究等不同目的，有意识地运用询问、观察或问卷等途径搜集资料，了解某种社会事实、社会现象或区域性社会概貌，已堪称一个引人注目的潮流，也就是"社会调查运动"（范伟达、范冰，2015：13）。

这场运动并非由某些孤立的个人、组织所发起，而是一个剧变时代多种力量交织的产物。在社会领域，随着与西方文明的深入接触，民众特别是上层知识分子对待社会与人生的态度发生了巨大变化。韦伯在描述中国人的精神世界时，认为中国社会是一个由纯粹世俗的功利主义理性所统治的"人际关系本位"的社会，在功利主义的熏陶之下，中国人缺乏一种此世生活与超俗命定之间的紧张性，只能顺从于天然给定的、具体的社会关系，而不能驾驭一种抽象的、具有改变现实之力的信念（韦伯，2004：297，315）。五四时期的新派人物们恰恰试图扭转上述局面，认为"自然"的状态必须被"人为"的状态取代，前者象征着因循守旧、未经反思，后者则象征着改变现实、建构理性。从"无意识的时代"进入"有意识的时代"，意味着无论做什么事，都要首先问一句"为什么"；而运用理智思维和自由意志创设社会关系与政治组织的一个前提，就是对社会与组织的运行形成明晰的、科学的理性认识。对于五四前后的青年人来说，人生"上进"的第一步就是研读社会科学、参加一定的组织，而从事有组织的社会调查也被视为一项意义重大的社会活动（王汎森，2018：51，95）。

在学术领域，当社会学以"群学"的名义传入中国时，严复、梁启超与同时代的其他人，多少受到享誉世界的斯宾塞的影响。他的社会有机体论将国家和社会视为有机体，其中的各部分各司其职，局部与整体环环相扣，促使有机体健全运转。综观民国时期学者对社会学和社会调查的看法，社会有机体论的影响随处可见。人们相信，通过理清社会各个"部分"的基本事实，相互结合，构成因果，就能把握其运行逻辑，形成对社会整体的真理性认识。例如，言心哲认为，社会调查就是给人口、卫生、教育、经济等不同方面的社会事实"开一个清单""开一笔账目"，这样做了之后，就能够从中"找出一切社会问题的优点和缺点，形成的因子"，最终作为社会改良的依据（转引自范伟达、范冰，2015：5）。李景汉也以"发现社会现象因果的关系"为社会调查的最高使命，借此，希望实现由"社会工程师"管理人类社会的共同生活（李景汉，1941a）。具体而言：

> 社会调查主要的工作是调查研究人类社会的行为，从所归纳的结果里，就可以发见在某种情况之下，可以发生某种社会行为，同时又可以发见，某种社会行为的发生不外乎由于某一种或某几种的原因。如此从因果关系的顺序，可以推测社会行为的发生不发生。既然能够推测未来社会行为的发生不发生，就能以人力控制这种未来的社会行为。（转引自洪大用、黄家亮，2019：12）

例如，盗窃现象增多是一个亟待解决的难题。通过社会调查，人们发现贫穷、赌博、吸毒等原因都可能导致盗窃。那么，为了缓解盗窃问题，"单自严惩贼匪方面用力是不易成功的"，一个更科学、更符合社会科学逻辑的途径是从治理毒品入手，"最好是设法使人不染白面的嗜好，渐次减少吸白面的人数，或从根本的原因上下手，断绝贩人白面的来源，彻底铲除白面的流毒，盗窃行为的问题自然就解决了"（洪大用、黄家亮，2019：12）。

新文化运动中，知识分子之间关于"问题"与"主义"的论战反映了两种思想路径的争端：是个别地解决实际问题，还是对盘根错节的社会问题进行一个总体性的清算？诚然，当人们深入分析种种社会问题时，容易发现社会确实像个有机体，不同的线索交织在一起，牵一发而动全身，任何问题都很难得到局部解决。然而从事实来看，社会调查者所从事的工作不仅仅是针对"问题"，也不仅仅是应循"主义"。在一门具有现代科学属性的学科视角下，重要的问题不在于高呼"打倒"、力行"破坏"，而是在整理国故、认清现实的基础上进行于社会有益的"建设"。这种工作必须以科学的方法、客观的态度为基础：

> 一个国家社会也如同一盘机器，这一架中国机器，已成为一件动转不灵的老古董，不是随便弄一弄就弄得好的，非认真的请精明的机器师详细精密的察看一下，着实修理一下不可，至少亦有大擦油污、去锈迹涤污、重新油润的必要。这步察验的工作就是社会调查的功用。（洪大用、黄家亮，2019：2）

（二）舶来的方法

老清华社会学系正是在举国进行社会调查的风潮之中成立的。20 世纪20 年代，美国纽约社会及宗教研究院鉴于对"中国社会经济情形有系统的研究尚不够发达，拟开一研究所，极力提倡。派遣美克尔博士来华，与各方面商洽"。他们聘请了陈达等人为筹备委员，赴各地调查，而接洽调查的结果之一，就是在清华大学等校成立中国第一批社会学系（清华大学校史编写组，1981：177）。1926 年，清华大学社会学系成立后，陈达教授任第一届系主任。从清华学堂"留美预备学校"到社会学系创建的历程来看，老清华社会学系一方面是中西学科经验与思想交汇的前沿，另一方面是西方专业人士通过社会调查来了解中国社会的一个窗口。

美国社会科学的影响极大塑造了中国较早一批社会调查者的工作模式。自从较为规范化的布斯式调查在 1912 年前后传入中国，"事先制定表格、调查员按表提问填写、汇总数据、进行统计"的工作流程就逐渐成为社会调查中的主流（李章鹏，2021：207～208）。较早的代表，就是 1914年北京社会实进会组织的人力车夫调查，调查了北平 302 个人力车夫的生活，运用了一些简单的表格。更成系统的研究，华北首推甘博及其《北京的社会调查》，华南首推葛学溥及其《华南的乡村生活》。这两项调查的内容覆盖面极广，而且系统性极强。前者涉及历史、地理、政府、人口、健康、经济、娱乐、娼妓、贫穷、救济、宗教等，是以美国罗素赛奇基金会已成功推行的"春田调查"为标杆的。

不难发现，较早一批在中国实行的著名社会调查，或多或少都有国外人士的参与。他们致力于在中国进行社会调查，一个原因是中西方传统中关于社会生活的认知体系本身存在一定矛盾。换言之，西方人赖以形成理性认识的"数据""精确性""科学性"等，在中国已有的地方记录中很难觅得，而"先儒烈女""山川历史"等零碎的材料，又很难具备现代社会科学研究的参考价值。在与中国既有材料相接触时，西方人发现难以用一种"现代的"分析工具来认识中国事实，而经验性的感知又有很强的局限性。在需要向西方人描述自己的国家时，即使一名中国学生穷尽所能，也找不出有关的准确资料，以至于李景汉惋惜道："在外人心中的中国社会虽然未必是漆黑的一团，但总是模模糊糊的看不清楚。"（转引自洪大用、黄家亮，2019：23）

在老清华社会学系成立前，美国教员迪特默就已经在清华大学开设了社会调查相关课程。1914 年起，他组织选修课程的学生调查了清华园周围195 户居民的家计生活费，利用这些数据估算该区域住户家庭消费结构中食物、衣物、燃料照明、房租等项目的比例。研究发现，中国居民的生活水平远低于美国调查得出的标准线。当人们试图对中国家庭的消费结构和生活水平进行解释时，恩格尔等学者基于美国经验得出的理论框架并不总是适用（Dittmer，1918）。这表明了将西方较为成熟的社会科学理论"移植"到中国社会所面临的困难。正因如此，用中国的社会调查结果解释中国社会也就显得更为必要。

但是，这位经验丰富的专业调查者也在论文中着力强调了在中国从事社会调查的困难之处：为了获得最终呈现的 195 户居民的数据，实际需要调查 300 户以上；在被调查者提交的 200 多份报告里，能够使用的不足100 份。无效调查报告的比例如此之大，原因在于被调查者既无知识又充满戒备心。即便已经筛选和舍弃了大量的案例，迪特默还是谨慎而坦诚地表明，这篇文章中的数据不能确保可靠性，更不必提代表性，只能寄希望于未来能够有人克服困难，找到一种在中国做出科学的社会调查的方法。"这些数据是否代表了典型的东方或者典型的中国，只有时间和其他相似的调查能够给出答案。"（Dittmer，1918）

（三）学成归国

细数民国时期众多著名社会学者的教育、任职背景，常常能从中看到清华的影子。陈达于 1911 年进入清华学堂，1923 年回国，自此长期执教于清华大学；潘光旦于 1913 年进入清华学校，1934 年到校任教；与潘光旦同年入校的吴泽霖于 1946 年到校任教；吴景超于 1915 年进入清华学校，

1931 年任教授；吴文藻于 1917 年考入清华学校；李景汉自 1935 年在清华任教；费孝通于 1933 年考入清华大学，于 1947 年到校任教。这些学者的研究兴趣各异，但大多曾通过清华的渠道留学海外，学成归国后，无论是否任教于清华，都在国内学界和社会活动方面取得了突出成就。这也非常符合清华建立时的定位和开办社会学系的初衷。回顾中国最早一批社会学者的学习和研究生涯，正如谢泳（2005）所言，相对于同时代其他学科的学者而言，他们是受训练最好的一批学者，因为当这一批年轻的、科班出身的学生接触到社会学时，这门学科本身的历史还不长，他们在国外读书时往往能够接触到这门学科的创始级人物或者影响极大的学者，例如派克、博厄斯、本尼迪克特、布朗、马林诺夫斯基等。

与国际学术标准的接触，一方面提高了中国青年学者的专业水平，另一方面也促成了一种在文化比较环境中进行自我反思的复杂心态。归国从事社会调查的青年学者多有认识现实的渴望，特别是对"数据"的需求近乎饥渴。1930 年，陶孟和在一篇讨论中国失业问题的文章中，清晰地表明了国内学术界欠缺社会调查、欠缺对社会的数字性认识的情况。

> 凡是要讨论一个社会问题，最不可缺少的东西，是事实，是许许多多的事实，供我们分析、计算、研究、讨论。然而关于中国的失业，我们便寻不到许多的事实作讨论的基础……现在没有人知道目下中国失业的总共有多少人，多少男子，多少女子；没有人知道失业者都是属于哪几类的职业；除非从社会一般情形来观察，没有人敢说他知道在中国失业的根本原因是什么。（陶孟和，1930）

吴景超是一位从清华出国、回清华任教的社会学者，倡导发展都市经济以救济农村，走上现代化道路。他熟稔西方国家发展政策案例，在专著中能够轻松地用其他国家的材料进行比较，在列举一些西方国家农业发展的相关数据时，吴景超如数家珍。与之形成鲜明对比的是，在就中国问题发表看法时，能够使用的精确事实依据明显变得非常有限，只能凭借粗略却已不可多得的数据做文章。例如要论证"农村已无路可走"这一看似简单的断言，其实也并不容易："我说农村中已无路可走，是根据一些简单的数字而下的结论。中国的可耕地，虽无统计，但中外各专家的估计……中国在农业中谋生的人，据估计，在全人口 70% 至 80%……"（吴景超，2008：70，75）有时，吴景超需要回答"中国道路"的相关问题，却不得不通过其他国家的数据比较来得出规律，间接用于解释中国的发展导向。

例如，为了表明"以农立国"的国家人口寿命较短，吴景超精确列举了新西兰、丹麦、澳大利亚、英国等农民占比不超过 40% 的国家在 1920 年左右的男子平均寿命，与农业国印度 1910 年左右的男子平均寿命相对比。最后，他得出结论："这些统计所表现的事实，绝不是偶然的巧合，而是有集合的必然性的……中国素来是以农立国的，所以比较的穷，比较的人民多短命。"（吴景超，2008：79）

由此看来，李景汉批判一些"学者"及"谋国之士"不顾事实，"是由于根本不知道事实"，是有一定道理的。像陶孟和、吴景超这样受过专业训练、严谨负责的学者，尚且只能在无比贫乏的数据基础上形成观点，同时代其他水平有限的研究者"往往多靠理想"发表论断，也并非难以理解之事（洪大用、黄家亮，2019：3）。这也表明，即使留学生们已陆续从西方国家带回了系统的社会科学理论和社会调查方法，要在中国推行社会调查、得到真实数据、投入社会改造，依然道阻且长。

三 1926~1938 年："并重"与"对峙"

（一）社会学与人类学

老清华社会学系成立初期，仅有陈达一人，专为各系开社会学的课程。1928 年，清华学校更名为国立清华大学，与此同时，学校为原社会学系确立了"社会学与人类学并重"的原则，将其改名为社会人类学系。1930 年开始增聘教授，续招新生，扩充课程，并将课程按其性质分为理论社会学、应用社会学、人类学三组（清华大学校史编写组，1981：177~178）。人类学教授史禄国于 1930 年进入清华大学，任社会人类学系教授，1933 年收费孝通为学生。在他的理论影响下，费孝通前往广西大瑶山调查并完成了学术作品《花篮瑶社会组织》。

理想情况下，清华大学社会学系从一开始走的就是社会学与人类学兼顾的道路，但人类学组在战前发展尚不充分，师资、课程有限，主要由史禄国开设"体质人类学"。1934 年，清华大学社会学系恢复原名，而从建系一直到 1936 年毕业的六届、三十三名学生中，人类学的研究生只有费孝通一人（清华大学校史编写组，1981：178，445）。与之相比，社会学，特别是社会调查方面的课程则非常丰富，例如在 1937 年，仅李景汉一人就能开设"社会研究法入门""初级社会调查""高级社会调查"三门调查方法课（清华大学校史研究室，1991：353~354）。

可见，老清华社会学系在追求多元发展的同时，也具有自身的鲜明特色。在一些学者的回忆中，老清华社会科学的整体风格与自然科学的发展颇为近似，突出"实证科学"的一面，强调研究成果须经实验证伪或证实。相应地，社会学系也承继了实证主义和理性主义的传统（钱颖一、李强，2012）。以首任系主任陈达为例，他在1911年进入清华学堂，后赴美留学，就读于哥伦比亚大学社会学系，博士学位论文关注中国移民议题，也屡屡发表劳工相关研究论文。由于接受了美国社会学系统的学术训练，回国后的陈达依然走专业化、科学化的实证研究道路，强调实地调查，偏重问卷调查与定量方法，尤其主张基于调查材料发表观点："你有一分材料，便说一分话；有两分材料，便说两分话；有十分材料，可以只说九分话，但不可说十一分话。"（袁方，1998；苍山，2014；闻翔，2016）在其整个学术生涯中，陈达主持过至少几十项人口、劳工相关调查，也产出了丰富的研究成果。陈达是中国近代社会调查运动的先驱，也是清华社会学治学风格的一个标杆。

然而，老清华社会学系的多元发展之路并未因此断绝，系内始终有极为丰富甚至彼此殊途的研究传统，一如费孝通（1988）所讲，"这真正是一个百花园"。学术理念上的差异更进一步促进了学者们在交流互鉴中深化认知，把各自的道路越走越宽。例如，费孝通的研究路径与人类学方法更亲和，视角偏微观，"从中国内部实际情况去理解中国社会"，"常是从少数民族地区和农村所看到的各种现象出发探索"；吴景超的社会学研究则是更为宏观的，通过与世界各国的材料相比较来寻找中国社会的出路。两人还曾就中国工业化道路、机器生产与人性关系等问题展开过直接的观点交锋（李友梅，2010）。虽然立场和方法都有所不同，二人却能够从对方身上汲取灵感，用于充实自身。"宏观与微观应当是互相补充的，但做学问的人很难一个人兼顾全面。从这个出发点，我从吴先生的学术里看到他的成就，同时也看到形势的变化，看到他不能达到的地方，而采取了一个新的办法去进行研究。"（费孝通，1988）

从外部来看，正如闻翔（2016）所指出的，各家齐鸣、和而不同的局面导致后人很难描绘出一个形象鲜明的社会学的"清华学派"，因为无论以何种理论取向为概括性标志，都很容易导致遗漏另一些或许同样重要的声音。即使是陈达、潘光旦两位先后上任的系主任，其研究风格也大相径庭：前者关注人口、劳工与移民等社会问题，治学风格专精，以问卷调查与量化分析方法见长；后者则对优生学兴趣浓厚，不拘泥于学科界限，研究方法侧重于历史文献。如果细致分析，老清华社会学系的学者们各自将其在西方所受训练与中国传统思想、自身阅历秉性相结合，其迥乎不同的学术气质与追求，并不是简单的"社会学""人类学""人口学""历史学"等学科门类划分所能概括的。

（二）社会调查与社区研究

提起老清华的社会调查传统及其内部观点流派的丰富性，就不得不提同一时期声名鹊起的社区研究。两种实地调查模式的争锋，时至今日依然保持着一定的影响力。

吴文藻于 1917 年考入清华大学，学成归国后在燕京大学任教近十年。当前为学界所熟知的"燕京学派"，即由吴文藻奠基，并由费孝通、林耀华等学者发展起来（阎明，2010：172）。1932 年和 1935 年，吴文藻分别邀请了芝加哥大学的派克教授和伦敦政治经济学院的布朗教授到燕大讲学。经过两位具有世界级影响力的学者的推介，社会学人文区位学和社会人类学功能学派的理念为燕大社会学系的青年教师和学生指出了从事社会学研究的一条新路，进而被更广泛地引入中国社会学界。据费孝通描述，布朗在燕京大学演讲时进行了"社会调查"与"社会学调查"的区分。其认为"社会调查"是一种广泛流行于西方的"风气"，另一种"社会学调查"并不是搜集见闻，而是用调查的材料来验证一定的理论或假设（费孝通、张之毅，2021：12）。

虽然吴文藻等人有相当明确的主张，但这并不意味着"燕京学派"的治学思路能够迅速盖过社会调查的影响力，成为全国的主流。以一种"后见"的视角来看，所谓"燕京学派"的理念素来与社会调查相抵牾。但是，至少从 1922 年建系初至 20 世纪 30 年代早期，燕京大学社会学系师生之中盛行的依然是布斯式社会调查，即遵循设计表格、发放问卷、收集数据的基本流程，如 1928 年许仕廉与杨开道在北京组织的清河调查。有研究者统计，1922~1934 年，燕京大学社会学系的绝大多数实地调查都属于该种类型。燕京大学尚且如此，一直到民国结束前，其他高校社会学系中流行社会调查甚于社区研究的情况更是普遍（李章鹏，2021：295，322）。当社区研究理念开始在中国社会学界流传之时，社会调查发展得如日中天，其中已经涌现了陶孟和、陈达、李景汉这样一批富有代表性的知名学者，其他研究方法很难在短时间内达到同等的影响力（范伟达、范冰，2015：98）。

直到抗战时期，社区研究才逐渐在学术界取得话语权，这一过程的推进也伴随对主流社会调查的尖锐而深刻的批评。其中，一个典型的例子就是费孝通借由对《云南省农村调查》数据资料可靠性的质疑，批判"只为填表格而去调查"的行为，并上升到学术分工层面，表达对于"研究者根据以往经验预制表格、交由调查员实施"的调查模式的不满，称其为"用死的表格来说明活的事实"（费孝通、张之毅，2021：107～113）。

不过，在两派直接的对立之外，应当看到，这种自由开放的学术讨论其实也有助于社会调查本身的改进和完善。已经因定县调查而成名的李景汉，在面对社区研究的挑战时抱有相当程度的肯定和吸纳态度："若我们的人力、财力或时间有限，最好限制我们调查研究的范围于一较小的社区内……"（李景汉，1941a）"材料之搜集多靠研究者之观察与实际调查及熟习地方情形者之估计……若能多亲自参加村民生活，尤能得到深刻认识……随时得到个人或家庭'生活史'，随时得到个人对于新兴事物之态度与意见。"（李景汉、吴泽霖，1943）

四 1938～1945年：抗战时期的新进展

（一）"文庙"与"魁阁"

抗战时期，西南联大迁入昆明，一批社会学精英学者在昆明聚集。1938年，清华大学国情普查研究所成立，这是政府在战时设立的五个特种研究所之一，也是其中唯一一个社会科学方向的研究机构。该所的基础正是清华大学社会学系，系主任陈达出任所长，戴世光负责统计部工作，李景汉主持调查部工作。几乎与此同时，吴文藻于1938年筹建了云南大学社会学系，并在1939年与燕京大学合建社会学实地调查工作站，刚回国的费孝通也加入了吴文藻的事业，以云南大学教授的名义主持研究室工作，从事实地调查。在1939年和1940年，为躲避敌机轰炸，清华大学国情普查研究所、社会学实地调查工作站两个机构先后分别迁至文庙、魁星阁。一些研究者正是以"文庙""魁阁"两个地名来称呼两个学术团体的（杨海挺、石敏，2014）。

清华大学国情普查研究所的人员构成，在当时的社会调查界堪称"顶级阵容"。陈达、李景汉、戴世光三位负责人都在西方受过系统化的社会学训练，谙熟专业化的调查工作方法，又能主动将其与中国的实际相结合。陈达、李景汉主持的调查工作，早在抗战前就已享誉全国。孙本文认为，中国社会调查运动发源于各大学，又推广至各机关团体，在各类专家学者中，陶孟和、陈达、李景汉三人贡献最为突出（孙本文，2012：317）。陈达在移民、劳工方面的调查经历，前文已有提及。自 1928 年，李景汉以中华平民教育促进会总会调查部主任的身份主持了在定县的几次调查，在同时代的各类县级社会调查中最为系统而深入。戴世光于 1927 年考入清华大学经济系，1934 年考取留美公费生，赴美学习经济、社会与人口统计相关知识。"纸上得来终觉浅"，完成论文后，自 1937 年起，他又辗转前往美国国情普查局、英国人口普查局、德国统计局、法国统计局、印度人口普查局等地进行实习、调研，学习了不同国家普查统计工作的第一手经验（唐丽娜等，2023）。虽然戴世光比陈、李二人年龄更小，但并不因此而缺乏理论和实际工作的经验。

除了陈、李、戴三人之外，清华大学国情普查研究所还有教员倪因心、戴振东、苏汝江、周荣德，助教罗振庵、何其拔、廖宝昀、郑尧、史国衡、陈旭人、谷苞、黎宗献等 14 人先后参与工作。

"文庙"与"魁阁"两派的工作看似殊途异路，实际上都寄托了从微观的一村一县，由点到面，从局部到整体，最终认识中国社会的期望。费孝通等人从事的社区研究，是从归纳类型入手，再进行类型之间的"横向比较"（费孝通、张之毅，2021：Ⅶ）；而社会调查所遵循的认识逻辑，是纵向的时间延展，是从一个静止的时刻，到社会事实发展变化的全过程。正如李景汉的比喻：

> 以电影为例，从全体的观点来看，它是动的，但从各个单片来看，它又是静的。合在一起，映演起来，固有意义，而其中的各个单片，亦有其独立的价值。我们对于社会的认识，亦是如此。好比要抓住一串相连的环子，最初只能先抓住其中的一环，然后再抓住其相近的一环，如是逐步推进，可将整串的环子全部抓住。（李景汉，1944）

在抗战时期的艰苦条件下，社会学者们无不希望通过有限范围内的调查来回应全国层面的宏观议题，因为投身实地调查以"认识社会"，最终是为了"改造社会"，特别是在危亡之时为国家和民族的发展贡献力量。如果说"只见树木不见森林"是"文庙"与"魁阁"两派学者共同需要避免的一个陷阱，那么事实上，两派也是在以各自的方式迎接挑战，克服各自研究方法的局限性。社区研究者也许难以理解社会调查者"面面俱到"搜集事实的意义，例如费孝通就相当怀疑"地毯式"的社会调查恐有舍本逐末之嫌（费孝通、张之毅，2021：113），但在社会调查者的眼中，这种烦琐的工作也许正是从描绘好一个"单片"开始，为最终成形的"电影"做准备罢了。

（二）呈贡人口普查

1939 年，清华大学国情普查研究所组织开展了云南呈贡人口普查。从参与人员的专业性和投入程度、表格与研究流程设计的科学性、统计方法的先进性等方面来看，这次人口普查具有划时代的意义。

国家缺乏精确人口统计数据的问题，早已引起官方机构和社会各界的重视。中华民国成立后，内务部就着手在全国范围内排查人口，进行户口调查。随着 1928 年政局稳定，政府再推人口统计，制定户口调查规则及调查表格，并通知各省实施、上报。两次全国性调查各有一定的成果，但调查的实施过程中充满错漏，很难称得上令人满意（唐丽娜等，2023）。作为一个县域的人口普查，呈贡的实验自然很难产生能反映全国情况的数据，但在当时举国缺乏人口普查规范操作范例的情况下，一场由专业人员进行全过程设计并主持实施的人口普查，也就具有了特殊的意义。

清华大学国情普查研究所的工作之所以被称为"特种研究事业"，就是因为其使命不是纯粹的学理讨论，而是以研究结果配合国家各方面建设需要（吕文浩，2019），其中的户籍普查、人事登记与社会行政调查等工作均是在内政部、社会部和云南省政府的密切参与之下进行的，行政色彩非常浓厚，研究所需的数百万元经费也由政府拨付，清华大学"只负担一个零头"。事实上，当时社会学系的陈达、潘光旦、李景汉都以个人身份在政府兼职，作为社会行政计划委员会和人口政策委员会的委员，积极参与各种社会政策和法律的制定（清华大学校史编写组，1981：381，357）。吴景超在中途离开清华大学的一段时间里，供职于国民政府行政院。

对民族命运的牵挂和对国家良好治理的期望，始终是清华社会学者的情怀所在，尽管当时的国民政府并非一个好的合作对象。李景汉（1944）就曾直言，在开展社会调查方面，不能对"有名无实"的国民政府抱有太大希望。但以一种现实主义的眼光来看，社会弊病往往盘根错节，学术界无论是资源还是影响力都大为有限。在长远意义上，"真相"要切实成为社会改造的"依据"，不借助行政的力量几乎是不可能办到的，甚至"真相"的产生在相当程度上有赖于行政系统提供的便利。"在完成这套实地调查的学术研究之后，政府才能有方法上的一种根据，可以作大规模的全国或全省的调查，才能希望得到社会事实的真相。"（晏阳初，1932）在这种情况下，学者与行政系统如何维持合作关系、实现"双赢"，就成了一个值得重视的问题。

　　呈贡人口普查工作的内容既是"学术"的，又是"行政"的，这一点从调查的组织方式很容易看出。全县按地理环境及人口分布被分为若干调查和登记区，"以便调查人口，编整户籍，及实施人事登记"，亦即人口调查和户籍登记两项工作一同进行。若干个调查区合为一个监察区，若干个监察区又合为一个巡查区。调查组织结构与行政结构相交织，一个县设置一个总揽行政事务的普查委员会主任，由县长兼任；再另设一个调查队，队长兼任普查委员会副主任。每个巡查区都设有一名巡查员，每个监察区设一名监察员、一名管理员，由乡镇长兼任。每个调查区则设置一名调查员，一般由小学教员兼任；再加一名管理员，由保长兼任。监察员每日巡视、汇总表格的同时指导调查员的工作；巡查员则每周对各监察区的工作进行考评，统合项目指标上的分歧（李景汉，1944；戴世光，2008：14）。将调查的专业目的与行政目的相结合，同时推进动态人口登记与静态人口普查，也许是在当时国家能力与民众素养条件下"最能推动近代人口普查获得进展的途径之一"（吕文浩，2020）。在呈贡人口普查中，李景汉还借此缘由"恳切"提醒地方政府配合工作："国立清华大学国情普查研究所鉴于此项国情之急需，遂于人口普查方法的实验之外，又从事关于人事登记方法与技术的实验……若省政府认为这不过是学术机关的一种附带工作，仅给予一些便利而已的话，则此种工作用于那不能达到应该达到的程度。"（李景汉，1941b）

　　虽然费孝通等学者对"学术结合行政"颇有微词，讽刺"以技术人员自视"的社会调查者，但大规模的社会调查必须借助大量的资金和严密的组织，这的确是任何个体的学者难以承受的。呈贡人口普查的实际工作，就生动展现了社会调查作为一场"社会工程"的一面。当时的中国尚没有在全国范围内推行现代人口普查，一个重要原因就是缺乏恰当的方法，而何种方法能够称得上"恰当"，并不是一个简单的学理问题。实施者一方面需要考虑调查结果的准确性，另一方面还要考虑操作程序的困难程度、所需时间，以及如何最大限度地节省经费。因此，一项调查实施的好坏需要在综合性的框架下定夺，调查项目并不是多多益善，而是"不可太多，亦不可太少"，比如呈贡人口普查最终包括的"姓名、与户长关系、住所、籍贯、性别、年龄、婚姻、教育、信仰、职业、废疾"十一个项目，就经过了慎重妥当的计议（李景汉，1944；戴世光，2008：25）。调查的内容也要考虑一定程度的结构化，例如在进行农业普查时，戴世光（2008：171）主张将涉及的项目分为"普遍"和"特殊"两种性质，前者包括耕地面积、种植状况、农户地权等，是一项农业调查不可或缺的，确保了调查成果的有效性；后者则因地制宜，可以结合推广难易度、时间成本、经费情况等酌情考虑。

一些操作中的细节，在小规模、一次性的调查中也许无关紧要，但就呈贡人口普查的实验性目的而言，尤其需要斟酌。戴世光对先前从西方各国统计普查工作中学到的方法进行了系统性检验，并结合中国实际做出了调整。例如，对于职业编码问题，欧美国家已发展出自己的一套混合职业符码制度，而戴世光则认为职业、职务不宜融合为一个符码表，改成两项交叉制表更符合中国人的职业情况。他还对欧美和印度实行的划记法、条纸法、边洞法和机器法几种数据收集方式进行了归纳，比较准确性、实施难易度、经费等方面的优劣势，结合测试数据，谨慎地做出选择（戴世光，2008：48~54；唐丽娜等，2023）。普查使用的表格也不完全是凭借组织者以往经验制作的，在尝试了实地调查后，工作者非常重视发现和修正已有指标设置的问题，例如在调查表格中统一用"亩"来询问田地面积是否可行，是否符合农民的实际认知情况等，同时强调不可直接挪用政府统计工作的口径（戴世光，2008：234，448）。

总而言之，在一个市县范围内进行普查，最终的目的并不是获取该市县的人口状况，而是摸索出一条在当时的中国行之有效的普查道路，至少"一半是为了方法上的实验"（吕文浩，2019；戴世光，2008：193）。这种思路其实也符合一些中国社会调查先驱者的初衷："理论虽然十分要紧，但有了事实，我们自然可以得到理论，用不着特别宝藏。唯有方法，搜集事实的方法，推求理论的方法，是我们的无价之宝。"（杨开道，1929）

呈贡人口普查完成后，陈达以其数据资料为基础，完成了著名的《现代中国人口》。清华大学国情普查研究所还计划了后续的一系列专题研究，例如瓦窑业、劳动力制度、壮丁与抗战问题研究等（戴世光，2008：326）。可见，清华大学国情普查研究所将调查方法的探索与行政工作结合在一起，是为了努力寻找一条双方互利共赢的道路。事实上，学术研究的目的、社会服务的目的、学科建设的目的，在社会调查中常常难以分辨，而创造一套足够科学的、可供推广参考的"方法"，则在一定程度上实现了上述不同目的的交汇。

五　1945~1949 年：重聚清华

抗战胜利后，西南联大社会学系师生开始复员。由于北京大学和南开大学均未设立社会学系，原西南联大社会学系师生基本全部加入清华大学社会学系。一时间，清华大学社会学系聚集了众多国内社会学顶尖学者和一大批基础良好的学生。初复员时，系内有研究生五人，大学部学生八十一人，比战前多了三四倍。开学伊始，潘光旦、陈达、吴泽霖即已到校，戴世光于 1946 年到校，苏汝江、费孝通陆续从国外返回，抗战期间任职于国民政府行政院的吴景超也于 1947 年返校。除此之外，1946~1947 年，还有一批从西南联大成长起来的青年学者，如西南联大社会学系助教袁方、全慰天、云南大学社会学系助教王康、讲师胡庆钧也来到了清华大学社会学系（袁卫，2012；王立，2015）。

经历了西南联大时期的锻炼和积累，随着发展不同研究方法、怀有不同研究兴趣的学者们重聚清华园，清华大学社会学系再度呈现百花齐放、异彩纷呈的局面。各位学者发挥所长，在系里构造了一套相当体系化的培养方案。选修课程中，有潘光旦开设的优生学、家庭问题，有陈达开设的人口问题、劳工问题、华侨问题、社会立法，还有苏汝江讲授的人文区位学，费孝通讲授的农村社会学，吴景超讲授的贫穷问题等。1947 年，费孝通回到清华之后，与吴晗一同组织"中国社会结构"讨论班，带领青年学者共同开展专题研讨，成果于 1948 年出版为《皇权与绅权》。参与其中的袁方、全慰天、胡庆钧等都是当时随西南联大复员而从昆明到北京的学术新秀。费孝通本人经过禄村、易村、玉村等地的实地调查，对中国社会的认识趋向理性化和本质化，最终通向了对"中国社会结构"的思考（王立，2015）。其他学者针对各自话题的论述中，也不难发现云南调查经历的影子。抗战时期在云南开展的各类实地调查，对当时的一批学者产生了深刻的影响，也经由他们，在无形中塑造了中国社会学学科的精神气质与发展脉络。

六　结语

民国时期，"救亡"的时代旋律加上与西方文明的更深入接触，使得一批先进的中国知识分子开始吸收西方社会科学的精髓，以科学的、系统性的视角理解中国社会，发起了轰轰烈烈的社会调查运动。老清华社会学系正是这一时代潮流中的一个重要堡垒，其创立和发展的历程，能够在某种意义上串联起中国近代社会学史和社会调查史上的一些重要片段。

老清华社会学系始于社会调查工作，中国社会学早期的学科建设也是从社会调查起步的。在当时，这几乎是一项从零开始的事业。在材料极为匮乏的情况之下，"惟有一方面，把已有散乱的材料尽量搜集整理，归类分析，使有系统；再一方面，调查现在社会之各种实况，供给社会学家之研究。如此才能根据中国社会之事实材料渐渐产生中国的社会科学"（李景汉，2019：5）。外国人士和留学生在早期的社会调查中扮演了重要的角色，作为"留美预备学校"、中西交流窗口的清华大学，正是人员与思想互通的一个枢纽。

近代社会调查的发源受到西方学术范式的强烈影响，但总趋势上，也在渐渐孕育本土化的、相对自主的规范体系。随着调查经验的积累，案例内容上的"中国化"逐渐朝着研究方法上的"中国化"发展，人们意识到西式方法的先进之处固然可取，但完全照搬也无异于"望梅止渴""画饼充饥"。以呈贡人口普查为例，清华大学国情普查研究所的师生们结合西方专业方法与中国社会实情，进行了大量的归纳、比较、尝试，才设计出了一套具有推广意义和借鉴价值的普查方法。他们也试图寻求专业调查需要与行政系统需要之间的平衡点，以应对工作阻力、扫除调查障碍，更好地服务社会。

在老清华社会学系发展壮大的过程中，多元化乃至相互冲突的学术理念和研究方法并存而共生，这也是同时期中国社会学学科总体发展趋势的一个缩影。一个富有朝气和活力的新学科，正是由风格各异、各有千秋的学说和流派逐渐充实起来的。在不同观点之间形成互鉴格局的同时，最早流行的社会调查也可能更多地被质疑、被反思。不过，社会调查不仅与时俱进地吸纳其他流派的理念，而且在不同的声音中越发彰显自身的特色、明确自身的定位。虽然最初往往只能从局部入手，它却是一项长期性、积累性的工作。李景汉（1941a）就认为，不必因为调查所得材料"不为当道所利用"而灰心，"只要我们能够时刻注意到各部分间联锁的关系，以及各部分与整个问题的关系，所获得的材料都是有意义的，也是有实际用处的"。另外，社会学本身毕竟是一个综合性极强的学科，只有各领域、各流派的研究者通力合作，才能将推动学科与社会进步的合力发挥到最大。诚如吴景超所言：

> 社会上的问题，绝不是某一种人所能解决得了的，也不是实行某一种方案便能解决的……我们应当顾到自己的兴趣，自己的训练，选择一种我们能够做得最好的工作。要知道我们如把自己所能做而且做得最好的工作做到了，对于改良社会的事业中，我们便有贡献。（吴景超，1934）

参考文献

苍山，2014，《陈达与国情普查研究所》，《云南大学学报》（社会科学版）第 4 期。

戴世光，2008，《戴世光文集》，中国人民大学出版社。

范伟达、范冰，2015，《中国调查史》，复旦大学出版社。

费孝通，1988，《在纪念著名社会学家吴景超教授学术思想讨论会上的讲话》，载吴景超，2008，《第四种国家的出路——吴景超文集》，商务印书馆。

费孝通、张之毅，2021，《云南三村》，商务印书馆。

洪大用、黄家亮组编，2019，《李景汉文集·第五卷·实地社会调查方法》，中国人民大学出版社。

李景汉，1941a，《边疆社会调查研究应行注意之点》，载洪大用、黄家亮组编，2019，《李景汉文集·第六卷·社会调查反思》，中国人民大学出版社。

李景汉，1941b，《呈贡县动态人口调查的实验》，载洪大用、黄家亮组编，2019，《李景汉文集·第六卷·社会调查反思》，中国人民大学出版社。

李景汉，1944，《社会调查 演讲记录》，载洪大用、黄家亮组编，2019，《李景汉文集·第六卷·社会调查反思》，中国人民大学出版社。

李景汉、吴泽霖，1943，《社会调查》，载洪大用、黄家亮组编，2019，《李景汉文集·第六卷·社会调查反思》，中国人民大学出版社。

李友梅，2010，《文化主体性及其困境——费孝通文化观的社会学分析》，《社会学研究》第 4 期。

李章鹏，2021，《现代社会调查在中国的兴起：1897—1937》，西苑出版社。

吕文浩，2019，《国情意识与科学意识的结合——陈达关于全国人口普查方案的探索及其论争》，《江汉论坛》第 11 期。

吕文浩，2020，《机构、制度与运作：1931—1945 年的全国户口普查述论》，《理论学刊》第 6 期。

钱颖一、李强，2012，《"老清华"怎样办社会科学》，《教育》第 2 期。

清华大学校史编写组编著，1981，《清华大学校史稿》，中华书局。

清华大学校史研究室，1991，《清华大学史料选编》，清华大学出版社。

孙本文，2012，《孙本文文集·第三卷·近代社会学发展史 当代中国社会学》，社会科学文献出版社。

唐丽娜、潘月、申艳芳，2023，《我国现代人口普查的先驱与雏形——戴世光与呈贡人口普查试验》，《社会学评论》第 2 期。

陶孟和，1930，《中国目下的失业问题》，载陶孟和，2010，《北平生活费之分析》，商务印书馆。

王汎森，2018，《思想是生活的一种方式：中国近代思想史的再思考》，北京大学出版社。

王立，2015，《燕京、魁阁、清华：那些社会学先贤的心灵驿站——写在中国社会学重建 40 周年》，《魁阁》第 1 期。

王天夫，2023，《作为社会思想与记录社会变迁的社会调查——兼论学科自主知识体系的建立》，《社会发展研究》第 1 期。

韦伯，马克斯，2004，《中国的宗教：宗教与世界》，康乐、简惠美译，广西师范大学出版社。

闻翔，2016，《陈达、潘光旦与社会学的"清华学派"》，《学术交流》第 7 期。

吴景超，1934，《社会学观点的应用》，载吴景超，2008，《第四种国家的出路——吴景
　　超文集》，商务印书馆。

吴景超，2008，《第四种国家的出路——吴景超文集》，商务印书馆。

谢泳，2005，《清华三才子：罗隆基、闻一多、吴景超》，新华出版社。

阎明，2010，《中国社会学史：一门学科与一个时代》，清华大学出版社。

晏阳初，1932，《晏序》，载李景汉，2005，《定县社会概况调查》，上海人民出版社。

杨海挺、石敏，2014，《抗日战争时期云南呈贡县的"魁阁"与"文庙"：社会学中国
　　化进程中的两大学派》，《云南民族大学学报》（哲学社会科学版）第 6 期。

杨开道，1929，《社会研究法》，世界书局。

袁方，1998，《我的老师——著名社会学家陈达》，《中国社会工作》第 3 期。

袁卫，2012，《从"人口革命"到重构统计教育体系——戴世光教授的学术贡献》，
　　《中国人民大学学报》第 1 期。

朱君毅，1947，《中国政府超然统计制度》，《统计月报》第 5、6 号合刊。

Dittmer, C. G. 1918. "An Estimate of the Standard of Living in China." *The Quarterly Journal of Economics* 33（1）：107−128.

Towards Localization in Diversity and Integration: The Surveying Tradition of Tsinghua Sociology

Xueyin He

Abstract: From its foundation in 1926 until the reform in 1952, Tsinghua's department of sociology produced remarkable results in the field of social investigation. Following the development history of the department, this article focuses on the social investigations carried out by its faculty and students, outlining its tradition of social investigation, and indicating its position in a particular historical era as well as the development of sociology in China. The social investigation work of Tsinghua's sociology department presents the following two features: combining Eastern and Western approaches while exploring the way of sinicization in China; tolerating the coexistence of different schools, thus integrating diversity. In many ways these features can be seen as a microcosm of the early development of sociology in China.

Keywords: Sociology of Old Tsinghua; Social Survey; Sinicization of Sociology

《在多元共融中走向"中国化"——老清华社会学系的调查传统》评审意见

王天夫[*]

社会调查对于 20 世纪初的中国而言，不仅是获取明确的关于社会状况的数字资料，也不仅是开创现代中国社会科学研究的基础，更重要的是，社会调查是一种社会思想，是近代中国全新转变的、理解社会的根本性与基础性的哲学视角和价值观念。

毫无疑问，要完成这样一种社会思想的转变，并进一步推动中国社会变革的伟大历史进程，需要有识之士前赴后继地付出艰辛的努力。现在回头来看，可以清楚地发现，社会学学科经历了两代学人不懈追求的过程，不仅扭转了人们认识社会与理解社会的基本观念，同时也建立起一套多元视角并立、多种方式共存的社会调查方法体系。由此路径，中国的社会学学科迅速开辟出学科生长的领地，培养了一大批杰出的人才，也拓展到当时对整个中国社会发展的道路探索的讨论之中，充分显示了以社会调查为基石的社会学学科，既能够积累基础资料，探索本土方法，进而建立学科学术体系，又能够深入了解民情国情，探索社会改良方案，进而寻求民族复兴伟业的方向。

何雪吟的文章以老清华社会学系的历史详细梳理了以社会调查为"立系之本"的发展历程，将上述基本观点做了贴切的论述与讨论，显示了作者在学术史的写作中已经初显成熟功力，难能可贵。概括起来，至少有以下三点值得特别指出。

首先，该文围绕社会调查的学科历史史料，详细论证了老清华社会学系在早期中国社会学学科中的旗帜与标杆地位。作为理解社会的外来学科知识，最为基础与根本的是学习科学研究的方法，这是学科本土化的起

* 王天夫，教授，清华大学社会学系主任。

点。显然，老清华社会学系的前辈们就是从此出发，以此为支点来开辟中国社会学学科的。从清华社会学史前时期的学校杂役工家庭生计调查，1926年清华社会学系的建立，参与早期的"北平社会调查"，抗战时期"文庙"的调查方法提炼，到国家发展道路选择的论战，清华社会学系的前辈学者一直站立在学科历史的最前沿，以社会调查为本，引领着学科发展的潮流，成为早期中国社会学学科的标志性重镇。

其次，该文以老清华社会学系本身作为样本，展示了早期中国社会学发展进程中，多元视野共融、多种方法共存的情境。从资料收集的操作方法到整理分析的基本策略，社会调查与社区研究都大相径庭。然而，该文明确地展示出，这两条研究脉络都可以在老清华社会学系兼收并蓄、携手开花。最早的建系元老中，既有陈达、李景汉等以数据收集见长的社会调查专家，也有史禄国这样享有世界声誉的人类学家，还有吴景超这样从社区研究大本营的芝加哥大学学成归来的学术新锐，后来人类学家吴泽霖与杨堃等也加入其中。当然，最恰当的证据是从燕京大学来到清华大学社会学系读研究生的费孝通的学术经历。在清华大学这样的多种方法共存的学术环境中，费孝通不仅完成了他的研究生学业，学成归国后与西南联大（以老清华社会学为班底）联系紧密，1947年回京后加入了老清华社会学系，并逐渐成为新一代中国社会学学科的领军人物。

最后，该文还特别地将老清华的社会调查传统带入对当时中国社会发展道路的争论之中，让学术学科的发展与时代脉搏紧密相连。社会改良需要了解底层贫苦人群的社会生活状况与心理状况，这也是最初的中国社会调查所集中收集的数据资料内容。随着社会调查方法的成熟与研究领域的拓展，社会调查能够在更宏大的层面帮助我们认识与理解中国社会。由此，可以延展出探索当时中国社会发展道路的思考与争论。老清华社会学系的学者们本着学科学术的素养，认定了社会调查（包括社区研究）对于民族复兴道路选择的基础性作用。这也是社会学学科本土化的一个重要体现。

该文完整地展示了老清华社会学系在社会调查方面取得的令人瞩目的成就，并以此为出发点为中国社会学学科建设做出了卓越的贡献。这一段学科发展的历史，对于当前我们建构自主知识体系，建立中国社会学的学科体系、学术体系、话语体系都有着举足轻重的借鉴作用。

略论抗战时期云南环湖市县户籍示范工作

李立纲[*]

摘　要：抗战时期云南环湖市县户籍示范工作，是由当时南下的清华大学国情普查研究所与政府合作进行的一项区域性户籍示范工作。该项工作是由社会科学研究单位提出，并提供学术指导和技术支持，与地方政府密切合作的一项大型社会事项。在重庆举办的各省市户籍主管人员训练班结束后，在云南开展的这项环湖市县户籍示范工作，是全国性现代户籍制度开展的一个地区试点。该项工作由云南环湖市县户籍示范实施委员会领导，在环湖（滇池）一市三县开展。该项工作准备充分，包括工作人员的培训、社会宣传、示范区划分，以及巡查、抽查、数据核实等环节，保证了户籍示范工作的顺利完成。云南环湖市县户籍示范工作，在当年实现了现代社会科学研究单位与政府直接合作开展社会事业工作，在组织和开展社会工作方面积累了经验。但其最基本的价值和意义，是通过开展云南环湖市县户籍示范工作，达到在全省推行，乃至在全国普遍推广。这在逻辑上有合理性，在操作层面上来说是可行的。作为一项大型、全面的工作，这在政策实施上也是最常用的方法。

关键词：抗日战争时期　云南环湖市县户籍示范　户籍调查

本文所论之"抗战时期云南环湖市县户籍示范工作"，是由当时南下的清华大学国情普查研究所，与国民政府和云南省政府合作完成的一项具有现代意义的户籍示范工作。"示范"二字，既表明此项工作的试验之性质，又是不久前（1941年8月）在重庆举办的各省市户籍主管人员训练班在云南的一个具体落实和实施。因此，此项工作确为云南之户籍示范工作。为做好此项示范工作，云南省成立了云南环湖市县户籍示范实施委员

---

　*　李立纲，云南省社会科学院二级研究员。

会，以领导这项工作。工作具体实施方案，由清华大学国情普查研究所提出，并由其提供学术指导、技术支持。这项工作的具体实施，由清华大学国情普查研究所和示范区相关各县政府协作，共同完成。工作成果体现为《云南省户籍示范工作报告》一书。

《云南省户籍示范工作报告》（以下简称《报告》）是对此项工作全过程的实录以及工作成果的记载。《报告》是我国现代户籍管理工作史上，第一部由社会科学研究单位与地方政府合作，并由该社会科学研究单位撰写的，对区域性户籍示范工作进行总结的著作。《报告》既具有实录之性质，又是一部研究著作。《报告》出版于1944年，由清华大学国情普查研究所编撰和发行，由云南环湖市县户籍示范实施委员会出版。

《报告》包括了此项户籍示范工作的缘起、理念、计划、实施以及相关的工作标准、工作过程、技术方法、经费来源等内容，既是我们研究中国现代意义上的户籍示范工作全面和基本的参考资料，也是了解和研究中国现代户籍工作历史的一本经典著作。

一　背景

云南环湖市县户籍示范工作，是云南省在抗战时期在本省局部地区开展的户籍示范工作，可以理解为全国性现代户籍制度实施的一个地区试点。

户籍管理，本是一项政府所应进行之工作，但其中有较多的技术性和专业性工作，因此在管理制度设计、推行过程中，尤其是在初期开展阶段，必须有专业的部门和人员参与其中。

户籍制度，其实就是政府对户籍之管理的一系列制度。我国的户籍制度具有悠久的历史。这有丰富的文献资料和考古资料证据。

进入近代，中国的户籍制度开始了具有现代意义的变革，如西方的宪政理念进入户籍管理制度，权利与义务的协调，以人和户为基本记载单元，与身份证相结合的户籍管理，人口登记与人事登记相结合等。这对中华民国政府（包括北洋政府）实行户籍管理产生了重大的影响。在这种时代背景之下，南京国民政府于1931年正式颁布了第一部具有现代性质的《户籍法》（中华民国立法院172次会通过，1934年对该法做修订后由中华民国政府通过。1941年2月21日，行政院县政计划委员会通过《修正户籍法施行细则》）。

抗战初期，清华大学、北京大学与南开大学南下在昆明成立国立西南联合大学。清华大学国情普查研究所即成为西南联大下属的一个社会科学研究单位。来到云南后，清华大学国情普查研究所迅即开展了一系列紧密结合云南当地情况的调查和研究。据《国立西南联合大学史料》（三 教学科研卷）记载之"国情普查研究所概况（1940 年 5 月 12 日）"，"设置缘起近年来，我国社会科学研究者，感觉关于本国政府经济及社会各方面，缺乏基本事实，以致各种建设，各种讨论及研究，难得系统的发展。本所拟搜集关于本国人口、农业、工商业及天然富源等各种基本事实，并研究各种相关问题，以期对于国情有适当的认识，并将研究结果，贡献社会"。在这个文件中，涉及云南当地相关工作的情况如下。

（甲）呈贡县人口普查：此乃人口普查方法的试验，内容包括自材料的搜集至整理各主要步骤。其中整理方法两种已试验完毕，尚有两种方法正在试验中，俟四种方法试验完毕，拟印行报告一种。

（乙）呈贡县人事登记：自二十八年十月起，以二十七村为试验区，每村每月有报告。自二十九年二月一日起，登记区已推广至全县，每村每月有报告。

（丙）呈贡县农业普查：材料正在整理中，整理完毕后，拟印行报告一册。

（丁）中国人口问题文献索引（略）

……

将来工作计划

（甲）大规模人口普查：拟在昆明湖邻近，选出十县，作一大规模人口普查，并拟于二十九年冬举行。

（乙）人事登记：拟于三十年春将人事登记区增加一县。（北京大学、清华大学、南开大学，1998：695～697）

在"国立清华大学国情普查研究所工作报告（1941 年 7 月至 1942 年 6 月）"文件中，列有：

一、本年度已完成的工作

（甲）《云南个旧锡业调查》。本报告包括锡矿的经营及矿工的生活两部，近由教员苏汝江编著，由开智书局承印，约于本年年底出版。

（乙）《中国人口问题文献索引》。本著作近十余年来由本校社会学系编纂，由本所完成，近由贵阳文通书局承印，约于本年年底出版。

（丙）《呈贡农业普查》。呈贡县农业普查，前于民国廿九年由本所主办，其报告初稿近已完成，现在审查中。

二、进行中的工作

（甲）户籍示范。去年深秋本所提议与内政部及云南省政府合办户籍示范工作，未蒙采纳。云南省环湖市县户籍示范实施委员会，于今年一月十九日在昆明成立，选定昆明市郊昆阳及晋宁为户籍示范区。户口设籍工作已于三月一日起始，五月底完成；示范区各市县人事登记，亦于三月一日开始。关于户口材料的统计与整理，于六月一日起在本所集中进行，预计总报告约于本年年底可以印行。

（乙）呈贡县社会组织的研究。呈贡县内主要社会组织，如关于政治、经济、教育、卫生等项，由助教萧学渊负责研究，已历一年，近已着手编著报告。

（丙）呈贡县公路的研究。呈贡县乍抗战以来关于公路的修筑，近由助教罗振庵担任研究，其报告即可完成。

三、计划中的工作

（甲）关于昆阳县者，专题研究暂定下列各项：

（1）农民的社会生活。

（2）五种手工业调查。

（3）人口密度。

（4）铁制业研究。

（5）渔民生活。

（6）夷人汉化的经过。

（乙）关于呈贡县者，专题研究暂定下列各项：

（1）全县户籍工作。

（2）瓦窑业研究。

（3）人口密度。

（4）乡村劳力制度。

（5）壮丁与抗战。（北京大学、清华大学、南开大学，1998：699～700）

上述户籍示范工作由清华大学国情普查研究所开展。该研究所是一个以社会学为基础学科背景的机构，按陈达的说法，他较为擅长人口问题研究。所以研究所成立之初，就考虑了人口和户籍问题的调查和研究。陈达在《浪迹十年之联大琐记》中，对清华大学国情普查研究所的成立及意图，有简明切要的记载，1938 年，"余于离蒙自前一个月，接清华聘书一件，聘余为国情普查研究所所长，学校决定以预算有一部设立五研究所，内四所与自然科学有关，即：（一）金属，（二）无线电，（三）航空，（四）农业，其第五所与社会科学有关，特别注重人口，经费每年四万元……余拟选一试验区，作小规模的人口普查，请专修统计并注重人口统计的戴世光协助此事。戴君前在清华经济系毕业，考得游美公费，专修统计学，注重人口统计"（陈达，2013：188）。

陈达早在 1934 年即已出版在人口学界有重大影响的专业著作《人口问题》。陈达在 1946 年完成的《现代中国人口》一书中，深有感触地说道："社会学者大都需要人口学的资料，其主要是因为这些资料对于研究社会理论、社会问题都有裨益。在中国不幸得很，无论在历史上还是当代，可靠的人口资料都是极端缺乏，因而阻碍了政府行政效率的提高，并停滞了社会科学的正常发展。要挽救这种局面，中国政府及若干社会科学学者，最近诚恳地表示希望从事人口资料的搜集和分析工作，以资协助政府施政并借以激励研究。"（陈达，1981：1）

到昆明主持清华大学国情普查研究所后，陈达将人口问题作为一项持续展开的研究内容，真正"特别注重人口"。西南联大 8 年期间，虽然局限于西南后方，又受到调查条件、资料、经费和工作条件的制约，但陈达和该研究所基本上将全部精力投入了以云南人口、户籍等为重点的研究中，实施和完成了若干有重要影响的调查和研究项目。

二 缘起

1941 年 8 月 1 日至 15 日，内政部在重庆举办各省市户籍主管人员训练班。在训练班期间，陈达得知部长周悫甫对清华大学国情普查研究所之研究工作有兴趣，便借此机会提出建议：由内政部与云南省政府合作，在云南开展户籍示范工作。经周部长及张尊鸥次长同意，陈达便立即起草了一份《云南环湖市县户籍示范实施委员会组织大纲》。周部长于 10 月 8 日致函云南省政府主席龙云，提出合作办法。

"龙主席于 10 月 29 日复函赞成，一面电行政院蒋兼院长，呈《户籍示范大纲》，一面请周部长面请蒋兼院长批准计划，并请拨款补助。龙主席呈蒋院长电文有一段云：'查清华大学在云南设国情普查研究所，从事户籍人事登记实验，凡三年于兹；对于研讨方法、训练人材、改进技术、节约经费各点，确有收效。在呈贡昆阳两县业已举行人口调查、人事登记、农业普查，贡献行政学术研究。本省政府认为此项工作，对于内政教育国防卫生等的设施，俱关系至巨，拟与内政部及该校合作，设户籍示范区，由呈贡昆阳扩充至邻县，以利户政的推行。'同时龙主席致周部长函云：'顷电蒋院长报告本省政府现正筹备与贵部，及清华大学合作，设云南省环湖市县户籍示范实施委员会，试办户籍调查及人事登记实验工作，以利户政的推行。除附呈电外，将该委员会组织大纲草案，另纸抄奉，请求面呈蒋兼院长。至于经费除由本省政府及清华大学合筹 10 万元外，拟请贵部转请行政院核拨 20 万元，以资补助。'同年十二月二日周部长致余函，述云南户籍示范计划，业于十一月二十五日行政院第 541 次会议通过，中央补助费照数发给"（陈达，2013：291~292）。

1942 年 1 月 14 日，环湖市县户籍示范实施委员会在清华大学昆明办事处举行预备会。会议由云南省民政厅厅长李培天主持。出席会议的有：内政部代表张尊鸥次长、清华大学梅贻琦校长、民政厅王子祜科长，及研究所陈达、李景汉、戴世光三位教授。会议议决如下事项："（子）本会简章按内政部呈行政院原文通过。（丑）按照简章由内政部云南省政府及清华大学分别遴选委员 15 人，组织本会。（寅）决定以昆明市昆明县昆阳县及晋宁县为户籍示范区。"（国立清华大学国情普查研究所，1944：2）预备会后，环湖市县户籍示范实施委员会正式于 1942 年 1 月 19 日在省民政厅召开成立会。成立会由李培天厅长主持，龙主席颁训词，张尊鸥次长做演说。当天，委员会召开第一次会议，主要议决案如下："（子）决定户籍工作人员训练日期（包括监察员调查员登记员及管理员，并限于 2 月 10 日以前训练结束）。（丑）决定以 3 月 1 日（即农历正月十五）为户口普查及设籍开始日期。（寅）通过预算。（卯）通过调查队的组织。（辰）决定本会任期为一年。（巳）决定向内政部及云南省政府报告本会成立。"（国立清华大学国情普查研究所，1944：2）

会上成立的云南环湖市县户籍示范实施委员会名单如下：

主 任 委 员　李培天 云南民政厅厅长

副主任委员　梅贻琦 清华大学校长

　　　　　　陈葆仁 内政部户政司帮办

委　　　员　华秀升 云南省政府审计厅厅长

　　　　　　李鸿谟 云南省会（昆明市）警务处处长

　　　　　　王子祜 民政厅第三科科长

> 裴存藩 昆明市市长
>
> 高直青 昆明县县长
>
> 朱光明 昆阳县县长
>
> 张　伟 晋宁县县长
>
> 孟立人 昆明市社会局局长
>
> 陈　达 国情普查研究所所长兼本会总干事
>
> 李景汉 研究所调查主任
>
> 戴世光 研究所统计主任
>
> 苏汝江 研究所昆阳办事处主任（国立清华大学国情
> 普查研究所，1944：96）

　　紧接着，该委员会制订了《调查员须知》《户籍及人事登记须知》《监察员须知》，印刷了各种登记表格和统计表格，并进行了调查员的培训。因为得到了中央政府和省政府的重视和支持，工作经费也已经按照预定的计划落实。也就是说，领导机构、人员组织、工作经费等各项事宜都得到了落实。

　　至此，环湖市县户籍示范工作实施前的各项准备已经就绪。

三　实施

　　云南环湖市县户籍示范区，确定为昆明市、昆明县、昆阳县、晋宁县一市三县。示范区陆地面积 2880.51 平方公里，区域内有人口 507216 人。

　　实施环湖市县户籍示范工作，目的有三：一是"政府希望籍此得到基本材料，以利民政教育建设方面的各种设施"；二是"学校希望籍此得到人口问题的主要事实，以利社会科学的发展"；三是"本试验希望得到比较科学，比较经济，比较简单的户籍行政技术与方法，以便于最近期间推行于全省及全国"（国立清华大学国情普查研究所，1944：95）。

　　环湖市县户籍示范工作在一个确定的区域内实施。本来，呈贡县是理所当然的应选区域，但没有将其纳入。清华大学国情普查研究所前期在呈贡县已经做过人口普查和人事登记。其调查数据和研究成果，在另外几个县的户籍示范工作中亦可作为参照。"其（呈贡调查）人口资料的一部，已为本报告（指《云南省户籍示范工作报告》）所采用，以供参考。"（国立清华大学国情普查研究所，1944：3）

　　云南环湖市县户籍示范工作本身具有试验的性质。就陈达和研究所同仁来说，他们是将此项工作作为一项在更大范围推行之事业的前奏来对待的。云南环湖市县户籍示范工作"以面积及人口的数量论，国内现代式的户籍工作，截至现在为止，以本试验的范围为最大"（国立清华大学国情普查研究所，1944：3）。

此项工作的基本意义，可由下面的过程来表示：

云南环湖市县（试验）——全省（推广）——全国（普遍实施）
基础试验——省内推广——全面推广

在这三步当中，云南环湖市县（试验）自然是十分重要的一步，而且是基础性的一步，因为在这个过程当中，每一个环节，每一项经验或每一点不足，对于今后在全省或全国的推广都是值得重视的。

从内政部到云南省政府都对这项工作给予了应有的支持。省政府民政厅更是直接关心和办理相关事务；清华大学国情普查研究所对此项工作始终给予高度的重视。从表1呈现的监察员训练班课程表所列的课程，以及课程安排之紧凑来看，一开始就让人们看到此项工作有多繁重（见表1）。其一，仅4天训练时间，但所安排的课程就有6门之多，且课程大多数安排了实习和讨论。这是巩固学习成效的重要手段。其二，上课（包括实习、讨论）时间安排为上午3个小时、下午3个小时，晚上还要加2个小时，一天要上课8个小时。其三，学习的内容方面，既有重要的基础内容（如地方自治、《户籍法》），也有具体操作应用的知识和技术（比如各种须知）。这些都是监察员在认真听讲后必须掌握的。其四，课程表中有一个内容"死亡原因"，是指登记表格中的一个项目。之所以在课程中安排这个内容，是因为死亡情况复杂多样（登记表中有"二十七种死亡原因"），需要明确地辨认和准确地记录（国立清华大学国情普查研究所，1944：145）。其五，训练班还增加了关于登记讨论的课程安排，这是为了尽量减少实际操作中可能出现的问题。

表 1　监察员训练班课程

日期 ＼ 科目 ＼ 钟点	7—8	8—9	9—10	12—1	1—2	2—3	6—8
二十七（二）	地方自治	《户籍法》	《户籍法》	《调查员须知》	《调查员须知》	《调查员须知》	讨论（调查）
二十八（三）	《调查员须知》	《调查员须知》	《调查员须知》	填表实习（调查）	填表实习（调查）	填表实习（调查）	死亡原因

续表

日期　　科目　钟点	7—8	8—9	9—10	12—1	1—2	2—3	6—8
二十九（四）	户籍人事登记	户籍人事登记	户籍人事登记	填表实习（调查）	填表实习（调查）	填表实习（调查）	讨论（登记）
三十（五）	《监察员须知》	《监察员须知》	《监察员须知》	《监察员须知》	讨论（《监察员须知》）	讨论（《监察员须知》）	宣布办法发给证件用品

资料来源：陈达，2013：294。

训练班结束后的下一个环节是户政宣传，宣传期为 2 月 20 ~ 28 日。宣传方式大致有四种，第一种是政府发告示，有省民政厅发布的告示（共1245 字）和各市县发布的告示（主要由清华大学国情普查研究所人员拟写，字数不等）。第二种是宣传画，通过结婚、生育等画面，生动宣传户政工作。第三种是通过一些民间活动，如街期、庙会、唱花灯等进行宣传，或由保长、甲长、小学教师等，到人较多之处做演讲。第四种是召开大会进行宣传。这种形式一般以保为单位，由保长召集。开这种宣传会时，有时也和街期相结合，因为街期人多热闹，宣传效果好。

四　报告

户籍示范工作结束后，清华大学国情普查研究所便编撰出版了《云南省户籍示范工作报告》一书。这是一部形成于战争年代、具有特殊时代印迹的人口和户籍调查研究成果。

该书由云南省经济委员会印刷厂印制。抗战时期的经济水平较低、印刷条件较差，因此内文用纸、排版印刷、字体大小等方面均有若干瑕疵，实难与今日之出版物相提并论。全书共 383 页（另加序 7 页，实有 390页）。内文用纸粗糙暗黑，且以很小的六号字排版，亦有少数印刷模糊之处，阅读起来自然多一些困难。该书封面用的是当时较讲究的道林纸，并由周钟岳题写书名。该书之外观面貌又有一番吸引人之处：整体端庄大气，题字谨严，厚重示人。附带说一句，该书的错别字极少。

虽然该书内页字小纸黑，阅读起来很费事，但数据得来不易，内容相当丰富，常令读者和研究者爱不释手。①

《云南省户籍示范工作报告》为一大开本书籍，外形略呈方形，尺寸为 25.5cm×18cm。

该书目录如下：

序
云南户籍示范区简明地图
第一章　云南户籍示范的缘起
第二章　云南户籍示范区
第三章　户籍工作的经过
第四章　调查的基层组织与基层工作人员
第五章　统计方法
第六章　经费
第七章　户籍资料与我国的人口研究
第八章　户籍资料与国际的人口研究
第九章　建议
附录（略）

该书正文共有 81 页，附录 302 页。正文占总篇幅的 21%，附录占 79%。该书有 5 篇序，共 7 页，不包括在总页码之中。

该书正文标题如目录所示。附录包含两部分内容：一是户籍示范工作的法律依据、学习资料和工作人员培训材料等；二是各种统计表。前者可说是户籍示范工作的法律、政策依据以及工作规范、标准和各种技术性要求；后者则是工作的具体成果。

5 篇序分别由云南省政府主席龙云（"龙序"）、国民政府内政部政务次长张维翰（"张序"）、云南省民政厅厅长李培天（"李序"）、云南省经济委员会主任缪云台（"缪序"）、清华大学校长梅贻琦（"梅序"）撰写。

5 篇序对云南环湖市县户籍示范工作给予了极高的评价，从中国历史上的户籍渊源，到西方户政文明，从户籍示范工作对于政府庶政之帮助，

---

① 《云南省户籍示范工作报告》一书，现难得一见。本人有幸在约十年前以 300 元购得一本。目前，在各旧书网上查找此书，仅孔夫子旧书网有两家店铺在售且只有两本出售，要价 3600 元。

到其对于学术事业之助益，均有所阐述，言辞中肯，赞誉有加。龙主席说：
"本省曾于民国二十二年大举调查，并根据调查所得，编成全省户口统计
报告书。以后仍随时督饬所司赓续办理，近复于省训练团积极训练户政人
员，盖以为对此重大问题之工作，非时时出以试验之态度，具有研究之精
神不可。"梅校长说："我们今后的希望是，就研究所本身说，我们一方面
对于研究的题材还要推广。例如工商业的普查，又如人口品质资料的搜罗
分析，一方面对于研究的方法还要力求精进。就研究所以外说，一旦抗战
结束，建国的事业正式发轫，国家鉴于这种研究的尚非徒劳无功，加以采
纳，实行通国普查，下之使讲求社会科学的人，有具体的事实可资依据，
不再徒托空言，或仅仅攻错它山，以运用西洋的资料与成说为已足。而上
之可使谋国的人，在决定政策，拟具计划，推行政令的时候，也有精详的
册籍，可资凭证。孙中山先生在挟策上书的时代，就剀切的论到谋国的四
大原则，即所谓人尽其才，地尽其利，物尽其用，货畅其流；不过原则的
讲论虽已有四五十年，而原则的实现则尚有所待，一旦国家真能实施普查
的大政，我们离开这实现的日子也就不远了。"

该书第一章云南户籍示范的缘起，开宗明义地简要叙述了云南环湖市
县户籍示范工作的缘由，有三个重要方面。

第一，政府推行。"我国内政部近来积极推行户政，并于民国 30 年决
定推行的程序，认为主要项目，应包括下列三端：（1）编练户政人才，
（2）筹设并完成户政机构，（3）指定户政经费。自民国 30 年起，该部并
训练各省户政干部人员，以树楷模，乃于重庆创办了'各省市户籍主管人
员训练班'，召集各省市主管户政人员到部受训，于同年 8 月 1 日始，11
月 15 日结束。受训者计有学员 41 人，分布于 16 省 1 市 2 县。"

第二，要求设置关于户政的机构。"民国 31 年，内政部增设户政司，
以资统筹全国户籍行政事宜。地方各级户政机构，亦已决定逐渐设置；各
省政府于其直属机关（如民政厅）逐渐增设户籍科，县市政府逐渐设置户
籍室，乡镇公所逐渐增设户籍干事。凡属户政事宜，自中央以至地方业已
各有专员，分管负责，以便于推行时，得有一定的轨道，可资遵循。"

第三，经费问题。"各省财政自议决划归中央统收统支以来，中央业
已决定将户籍经费列入省预算，作为行政经常费用之一，从此户政有确定
的来源。虽各省于实行此项规定时，容或因地方情形的特殊，一时未能悉
符中央意旨；但户政经费的确定，业已确定的原则，非似从前中央对于户

政并不指定的款，以致法令徒托空文，往往难收实效。"①

云南户籍示范的缘起一章共有三节，分别叙述了三个方面：（甲）内政部各省市户籍干部训练班；（乙）清华大学国情普查研究所；（丙）云南环湖市县户籍示范实施委员会。

在介绍清华大学国情普查研究所一节中，有一句话比较关键："前述内政部对于推行户政的努力，正与国内学术机关注意人口问题的研究，依同一目标向前迈进。"（国立清华大学国情普查研究所，1944：1）这句话印证了上述缘起的三个重要方面的事实，同时也说明了清华大学国情普查研究所和政府合作实施云南环湖市县户籍示范工作的基本意义，从侧面提示了清华大学来到云南后，由国情普查研究所开展一系列与人口、户籍相关的调查背后的时代原因、学术追求和专业精神。

附带说一句，云南户籍示范的缘起这一章的内容，在陈达的《浪迹十年之联大琐记》中亦有较完整的记载（陈达，2013：291~293）。

该书第二章，分别介绍云南户籍示范区的自然环境、人口性质与人口区。在这一章中，我愿意特别提到的是第二节"人口性质与人口区"。其中值得注意之点有二，即"人口区划分的原则"和"人口区的种类"。之所以这个值得特别注意，不仅是因为在不同类别的人口区，人口性质有很大不同，调查难易差别很大，而且在统计指标的登记和数据分析时，也有不同的要求，相互具有比较的意义。报告中有一条注释："昆明市分为25'镇'，其中24'镇'划为市区，包括镇村人口；余一'镇'因系村庄，划为平原区。人口区的划分，其主要原因为谋监察及调查的便利，大致与监察区有相同的连界限。一区内的人口，未必有高度的相似性，例如，市区的人口，未必纯粹属于市镇人口等。市区的划分，与市镇人口的计算，有时未尽符合，参见第八章（乙）节：市镇化。"（国立清华大学国情普查研究所，1944：7）

关于人口区划分的原则："对于户籍示范工作的推行，为示便利起见，我们将示范区各市县依下述各点分成若干人口区：（1）自然环境：特别注意山脉，河流及交通状况。（2）行政区域或历史区域：依现在地方行政或根据历史，凡已有现成区者，我们于可能范围内采取之。（3）人口情形：特别注意人口密度及各户的居住情形。"

---

① 内有3省（赣粤陕）每省保送3人，有10省（鄂康桂豫甘青黔滇蜀皖）每省保送2人，有3省（浙川湘）每省保送1人；此外内政部保送2人，四川重庆市保送3人，巴县保送3人，江北县保送2人，巴县虎溪乡乡公所亦保送1人，以教官的书记员名义，随班听讲（原注）。

人口区的种类可划分为四个类型。第一种是市区。"有街市，交通极便，人口密集，住户栉比，凡市镇人口属此类，一般的人口亦属之。人口密度每平方公里约有 500 人以上。例如昆明市的市区 11 的全部人口……昆明县有市区 2，即大渔镇及官渡镇；昆阳镇有市区 1，即中和镇；晋宁县有市区 1，即晋益镇"。第二种是平原区。"地势平坦，往往有河流，交通便利，陆路利用马骡和汽车，水路用船；村落繁多，人口密集，人口密度每平方公里约有 239 人。附近市镇的村庄，其人口情形因与平原区相似，归入平原区不另立一项。例如昆明平原区 1，即凤翥镇（全系村庄）；昆明县有平原区 7，即珥踪镇，莲德镇，普自乡，三合乡，去卫乡，东波乡，灵源乡；昆阳县有平原区 2，即中宝乡及河西乡；晋宁县有平原区 2，即河东乡及河西乡"。第三种是丘陵区。"位于平原与山区之间者为丘陵区。有山或丘陵，或虽无山与丘陵而交通不便，仅有小路；旅行专特徒步或骑马，村落稀少，人口散居，人口密度每平方公里约有 141 人至 240 人。例如昆明县有丘陵区 3 即义和乡，苍竹乡及西碧乡；昆阳县有丘陵区 3 即宝山乡，仁德乡及平定乡"。第四种是山区。"有山环绕，地势崎岖不平，山间只有人行小道，骑马者有时下马步行；普通无村落，即使有之，两村相距亦往往在数里以上；人口散居，人口密度每平方公里约有 140 人或以下。例如昆明县有山区 4，即玉案乡，丹红新乡，板桥镇及龙泉镇；昆阳县有山区 2，即内甸乡与九渡乡；晋宁县有山区 1，即永宁乡"（国立清华大学国情普查研究所，1944：7~8）。

第三章是户籍工作的经过，包括户籍人员的训练、调查队、宣传、编户、户口普查、户口普查与户籍登记、总干事巡查、复查与抽查、人事登记和本届户籍工作所需要的时间，一共 10 项。

关于本章，以下几点可以提出来做讨论。

其一，户籍登记与人事登记。一般来说，户籍登记应当是与人事登记合在一起进行的。人事就是它的内容。但这里的问题是，户籍登记具有相对稳定性，可以理解为人口调查（普查），而人事登记是对户籍内的人员变动进行的登记，可以理解为日常人口管理。相较于户籍登记，人事变动会频繁发生。设籍以后，就形成了稳定的户籍："该户以后如遇到人事变动，可就变动的性质随时分别声请登记。"（国立清华大学国情普查研究所，1944：16~17）无论户籍登记还是人事登记，都涉及这一户的最基本的情况，"户籍与人事登记，实有密切的关系"（国立清华大学国情普查研究所，1944：17）。"户籍登记的项目凡 4，即设籍，转籍，迁徙，除籍"（国立清华大学国情普查研究所，1944：15）。又因人事登记是一项全新工作，登记的项目更多，还由于其中的登记项目会有频繁的变动，所以开展起来难度较大。"按《户籍法》（第51~89条），人事登记共列9种，关于人事变动包括至为详尽；惜因我国人民对于此项登记尚未养成习惯，一旦骤然施行如此严谨的法律，恐难生效"，因此"暂择其基本而易行者先行登记以资试办"。又有《修正户籍法施行细则》20条，明确表述："《户籍法》第二十四条规定之人事登记项未能全部举办时得以先举办出生、结婚、离婚、死亡四项。"（国立清华大学国情普查研究所，1944：17，94）此次云南环湖市县户籍示范工作中的人事登记便依此精神办理。

其二，调查数据错误问题。在云南环湖市县户籍示范工作的推行过程中，错误似乎难以避免。究其原因，不外乎这样几点：这是一件新鲜的事情，过去没有做过，缺少经验是必然的；那个时代的受教育人口非常少，对于登记内容的理解，困难自然会多，由此产生的错误也就难免（以户籍示范人口调查中晋宁县和昆明市的数据为例，当时人口的普遍文化水平可见一斑：晋宁县本籍人口53986人，未读书40839人，占75.65%；中学毕业41人，占0.08%；小学毕业1560人，占2.89%。再看昆明市，全市本籍人口74174人，未读书43904人，占59.19%；中学毕业1488人，占2.01%；小学毕业4498人，占6.06%）（国立清华大学国情普查研究所，1944：172，351）。在受教育水平如此低的人群中，完成这样一项前所未有（就本地而言）的复杂调查，并得到这样一份数据大全（《云南省户籍示范工作报告》），实属不易。对于调查中的错误，在设计中有复查和抽查的步骤。但在复查和抽查之前，就有一个环节，即挑选出一部分，查找错误，进行分析并纠正，属于自查自纠性质。在示范区的1249个分区中，选出有代表性的244个分区研究错误的基本来源。以有经验的监察员的标准，将错误分为七类，其中属于调查责任的有三类、被调查责任的有两类、调查时和抽查时回答者非同一人的有一类，其他有一类（国立清华大学国情普查研究所，1944：14~15）。"户口的错误，有一部分是根据于调查表的，例如对于项目的误解和误填。纠正此类错误，通常依赖复查。""对于发现或校正这些错误，除复查外尚凭抽查。"抽查的方法是："在户籍示范区内，我们按监察区依任意选样的原则举行抽查。要任何调查分区里，任意选出1户，作为被抽查的第1户；自此户起，每隔20户被抽查1户。如此第1户，第21户，第41户俱是被抽查者。万一被抽查的户因故不能被查，其前1户和后1户俱可替代。"（国立清华大学国情普查研究所，1944：16）

第四章是调查的基层组织与基层工作人员，包括如下两项内容："关于基层组织者""关于基层工作人员者"。

第五章是统计方法，包括"统计方法""纸条法的主要步骤""纸条法的修正""户籍示范统计工作的评价"。此部分对统计方法做了详尽的解说。"人口普查资料的整理,由运用人力到运用机器,普通有四种方法可资选择":划记法、纸条法、边洞法、机器法。对各种方法,报告有比较:"划记法因手续简单,我国一般的行政统计尚沿用之。国立清华大学于民国 28 年在云南呈贡举办人口普查时,曾用划记法整理资料以测验其准确程度,结果认为该法的可靠性甚低,不再采用整理大量的人口资料。"纸条法"亦利用人工,但错误容易指出并纠正,因此提高其准确率"。"边洞法介乎人工与机器之间……虽有其优点,但尚无人采用作人口材料的整理。我国的人口普查工作正在形如之期,似无急急采用本法的必要……根据以上的讨论,及国情普查研究所的经验,我国现时及最近的将来,对于整理人口资料,实以采用纸条法为比较适宜,因此云南户籍示范委员会即以此法整理资料。"(国立清华大学国情普查研究所,1944:30)

第六章至第八章,分析从略。

第九章是建议。包括四项内容:"户籍行政的基本概念"、"户口普查与户籍人事登记"、"户籍统计"和"户籍经费"。这里,需要着重弄清户籍行政的基本概念:"户政的基本工作,我们认为有三个方面,即(一)户口普查;(二)户籍登记;(三)人事登记……我国各省区至现在止大致尚未举行现代式的人口普查,因此对于人数及户数尚无确实的记载,所以户口普查应是推行户政的第一步工作。由普查的结果,可以依法分户,并令各户设籍,以便政府接办户籍登记。设籍之后,每户如遇人事变动,如出生死亡之类,可用登记的方法载明其变动。所以我们认为户口普查、户籍及人事登记系户政的三方面。"(国立清华大学国情普查研究所,1944:76)这也就清楚地说明了户口普查、户籍登记和人事登记的关系。

该书的附录共有十项内容:

(一)《户籍法》及施行细则;

(二)云南环湖市县户籍示范实施委员会组织大纲;

(三)云南环湖市县户籍示范实施委员会委员名单;

(四)云南环湖市县户籍示范实施委员会预算;

(五)户籍调查队主要职员;

(六)统计人员;

(七)《调查员须知》;

(八)《户政及人事登记须知》;

(九)《监察员须知》;

（十）主要户籍统计表：个人统计。

在这个内容丰富的附录中，统计表格（第十项）既是重要内容，也是调查的最终成果。但其中第一项至第九项也是不可以忽视的。现简要做些分析。附录一是一项重要的法律（《户籍法》，以及修正该法的施行细则），是开展云南环湖市县户籍示范工作的基本法律依据。附录二至六，不再评说。附录七、八、九，是实施户籍示范的工作人员前期学习的重要材料。这里要说的有两点，第一点是这三项须知篇幅相当大，在报告文本中，从第99页至第156页，达58页，字数近8万字。其中《调查员须知》占三个须知的近一半篇幅，近4万字。这完全可以说明对调查员的要求是相当严谨的，体现在要求调查员学习、熟悉这个须知和进行相关业务的培训上。在调查员训练班上，四天时间就要学完包括须知在内的各种课程，是非常不易的一件事。监察员和其他工作人员也一样接受了严谨的训练，学习了户籍示范工作的专业技能。这才使户籍示范工作得以圆满完成。报告中的调查表格，从第157页至第383页，共有227页，占全书总篇幅的近60%。这些表格，就是包含昆明市、昆明县、昆阳县和晋宁县的调查成果，是参与此项工作的所有成员的心血。

该书还附有一幅"云南环湖市县户籍示范区图"，相对于内文，从绘制和印刷两方面来看，都要清晰得多。该图有一项十分有价值的内容，就是在整个示范区域内，将各个调查点（村、寨）均标示出数字顺序，共143个。① 读者可直观地看到这些调查点在整个示范区的分布状况。这些数字，既有助于当时之工作安排，也有利于后来的资料整理和分析。而对于今天的读者来说，则是可以从一个更加细微的视角，看到当年调查者们工作之辛劳。这143个调查点，分布于环湖一市三县2880.51平方公里的土地上。当年，云南的交通极度不通畅，交通工具基本上就是人的双腿。② 当读者读到统计表中所列出的一个个具体调查数据时，无法不对当年这些调查员的工作表示敬意。

稍稍感到有一点缺憾的，就是该书缺少一篇后记。

---

① 示范区的一市三县，其中"一市"即昆明市。当时行政区划下的昆明市与今天的昆明市差别较大，其范围大致相当于今天昆明市环城路（一环公路）以内的区域。在设定调查点时，昆明市并没有编号，没有在143个调查点内，而是单独的一个调查区。

② 极少数时候，巡查员、监察员和保长在某些路段可骑马，比如陈达在对各个调查区、调查点进行巡查时，有时就是骑马。在离市区较近之处，可乘坐班次极少的公共交通，比如窄轨小火车、烧木炭的公共汽车。可参考陈达，2013：308~325。

五 意义

其一，云南环湖市县户籍示范工作是学术研究单位与政府合作的典范。龙云在序之末尾这样说道："由内政部、清华大学、本省政府合力办理本省环湖各县市户籍示范工作，经于一月十九日成立实施委员会，以专家之人才，从事实际之工作，与前述试验之态度，研究之精神，正有合也。今工作告竣，编为总报告，即将付印，以公诸世，岂惟各级行政人员可供借镜，即研究各种社会科学之学者，亦有所取资。"（国立清华大学国情普查研究所，1944）通过此次户籍示范工作，政府工作得以推进，学术单位的社会价值得以体现。

其二，工作实干。无论政府部门领导或工作人员、清华大学国情普查研究所的研究人员，还是所有参与此项工作的各市县基层人员，都兢兢业业，努力做事，合力协调，终成大业。陈达负责内外联系协调工作，沟通大事小事，并在户籍示范实施委员会的领导下，全面主持具体工作。陈达不仅身担户籍示范实施委员会副主任委员、巡查总干事等职务，而且为各训练班讲课，例如到学校、警察局、基层部门讲授人口、户政课程，同时，还在学校正常上课。作为巡查总干事，他翻山越岭，或步行或骑马亲赴调查区村庄巡查。陈达亲自撰写了《云南省户籍示范工作报告》全部正文，主持编写了近 8 万字的《调查员须知》等训练班教材。戴世光负责统计方面的工作，从预备工作，到统计方案设计，再到统计资料的分析整理，最后到《云南省户籍示范工作报告》的撰写（戴世光负责全部表格的数据分析整理工作）。戴世光还与李景汉等同事完成了户籍示范工作中的人口和户籍登记监察等质量保障工作。研究所全体人员也始终尽心尽力做好工作，保证了此次户籍示范工作的圆满完成。至于一市三县的各位监察员、调查员，领着微薄的报酬，每天往返于住家和调查点，按时按质完成每天的调查任务，他们不为今人所知的工作付出，也不应被忘记。

其三，规模大，时间短。"以面积及人口的数量论，国内现代式的户籍工作，截至现在为止，以本试验的范围为最大。"（国立清华大学国情普查研究所，1944：3）环湖一市三县的户籍示范工作，在 2880.51 平方公里的面积上开展，涉及人口 507216 人。经过调查、统计和整理，获得一市三县本籍人口和常住人口的大量数据，完成了由若干表格组成的调查成果。

1941 年 8 月 1 日到 11 月 15 日，内政部举办了各省市户籍主管人员训练班。在训练班上，陈达向内政部建议在云南合作开展户籍示范工作。10

月，内政部和云南省政府领导电文往来，谈妥合作事宜。11 月 25 日，内政部召开会议批准拨款资助。1942 年 1 月 14 日，云南环湖市县户籍示范实施委员会召开预备会，5 天后召开正式成立大会。1942 年 2 月 15 日，户籍工作人员训练班结束。接下来，调查正式开始。《报告》书稿于 1942 年 10 月 1 日至 1943 年 7 月 5 日期间完成，7 月 19 日交付印刷。1944 年 2 月，《云南省户籍示范工作报告》出版面世。

其四，云南环湖市县户籍示范工作是一项规模较大的现代户政变革大事。从之前的保甲户政转变为现代意义上的与人口普查、户籍登记和人事登记相结合的户政，在我国现代户政发展史上有着重要和持续的影响，在理念、方法上，对于我国的人口普查也有一定的借鉴意义，在我国的户籍管理方面，也有参考价值。

其五，云南环湖市县户籍示范工作在云南训练了一批人口调查方面的人员，提升了他们对科学调查的认识水平。云南环湖市县户籍示范工作也在一定程度上促使户籍示范区域内的百姓眼界大开。百姓不仅明白了户籍登记和人事登记的意义，而且知道了人口和户籍工作的意义，开始从一个特别的角度认识社会，认识政府在基层的工作。

参考文献

北京大学、清华大学、南开大学，1998，《国立西南联合大学史料》（一 总览卷；二 会议记录卷；三 教学科研卷），云南教育出版社。

陈达，2013，《浪迹十年之联大琐记》，商务印书馆。

陈达，1981，《现代中国人口》，廖宝昀译，天津人民出版社。

国立清华大学国情普查研究所编，1944，《云南省户籍示范工作报告》，云南环湖市县户籍示范实施委员会。

昆明市第五次人口普查办公室，2002，《昆明人口历史资料》，云南科技出版社。

A Brief Discussion on the Demonstration of Household Registration in the Cities and Counties Around Lake in Yunnan during the Anti-Japanese War

Ligang Li

Abstract：The "Demonstration Work of Household Registration in the

Cities and Counties around the Lake in Yunnan during the Anti-Japanese War"
was a regional project on household registration conducted by the National condi-
tions and Census Institute of Tsinghua University, which moved to the south
during that period, in collaboration with the government. The social science re-
search unit spearheaded this project, offering academic guidance and technical
support, and collaborating closely with the local government to tackle a major so-
cial issue. After conducting a training program for provincial and municipal house-
hold registration managers in Chongqing, a pilot program for a national modern
household registration system was launched in Yunnan. The program focuses on a
city and county household registration around the rim of a lake, and aims to serve
as a model for the rest of the region. Led by "the Yunnan Lake-rim City and
County Household Registration Demonstration Implementation Committee",
this project was conducted in one city and three counties around the lake (Dian-
chi Lake). The project was thoroughly planned, encompassing staff training, so-
cial publicity, and demarcation of the demonstration area. Additionally, inspec-
tions, spot checks, and data verification were carried out to ensure the successful
completion of the household registration demonstration. The Yunnan lakeshore
(Dianchi Lake) city-county household registration demonstration, in that year,
realized the direct cooperation between modern social science research units and
the government to carry out social work, and accumulated experience and knowl-
edge in organizing and carrying out social work. However, the primary value and
significance is that through the demonstration (experiment) of the city-county
household registration in Kunming around the lake, it can be implemented (pro-
moted) in the whole province, and even generalized (fully implemented) in the
whole country. This is logically reasonable and feasible on an operational level,
and as a large-scale, comprehensive endeavor, it is also the most common method
of policy implementation.

Keywords: Anti-Japanese War; Demonstration of Household Registration
in the Cities and Counties in Yunnan; Registered Residence Survey

从百县调查到中国乡村社会大调查、研究方法反思

从"百县调查"到"百村调查":方法反思

王春光[*]

摘　要: 20 世纪 80 年代中期以来,在陆学艺教授的带领下,我们开展了两个大型调查,即百县经济社会调查(简称"百县调查")和百村经济社会调查(简称"百村调查")。两者不但在时间上前后衔接,而且在出发点和调查方式上有不少相似甚至相同之处。首先,陆学艺教授认为,在社会学重建初期,大型调查是非常重要的基础研究工作,除了从县域层面去认识中国外,还得从村庄层面做更深度的调查和研究。其次,以团队为实施方式,尤其要调动和培养地方科研机构的科研力量,因此这两个大型调查的目标是以项目来培养急缺的社会调查和研究人才。最后,调查方法有着承袭的关系,特别是在"百村调查"开始之初。但是,由于调查对象不同以及科研队伍的更新,"百村调查"在承继"百县调查"的一些好做法的同时,会采用一些新的调查方法和研究理念,更强调每个村庄的个性化价值,采用混合型调查研究方法,吸纳一些生态人文地理学研究方法等。不管怎样,这两个调查在中国社会调查史上占有一席之地,具有重要的实践应用价值,特别是"百村调查"产生了一些新的理论观点,对推动村庄研究有着重要的理论价值。

关键词:"百县调查"　"百村调查"　调查方法　混合型调查研究方法

20 世纪 80 年代中期,陆学艺先生从中国社会科学院农业经济研究所调往社会学研究所任副所长,接着任所长。他发现当时中国缺乏对于基本

---

*　王春光,中国社会科学院社会学研究所副所长、研究员、博士生导师,中国社会科学院社会政策研究中心主任,中国社会学会副会长,中国社会学会农村社会学专业委员会主任。在《中国社会科学》《社会学研究》《社会》等刊物上发表多篇文章,出版过多部专著。

国情的大规模调查研究，深感抓紧这方面的工作，不仅对社会学的学科来说非常重要，更是服务当时的改革开放和经济建设所必需的。在他的积极争取和努力下中国社会科学院组建了百县经济社会国情调查课题组，由院领导任课题组组长，陆学艺先生任副组长，课题组的主要工作由他具体负责。"百县调查"历经 10 多年，动员了全国几万人参加，于 90 年代中期完成，出版 105 本专著，在国内外产生很大的影响。特别是国外不少研究中国的学者意识到此调查的价值，不断从中寻找自己需要的材料和数据，当然这与当时缺乏相关的调查数据密切相关。

在完成"百县调查"后，陆先生意识到，"在改革开放的大潮中，中国农村经历了空前的变化，早在 20 世纪 90 年代中期，在完成百县市调查研究后，中国社会科学院百县市调查组发现，县市调查属于中观层次，需要村落调查给予充实和完善"（陆学艺，2022：1）。村庄是中国社会的最基本单元，费孝通先生就是从研究村庄走上了其认识中国社会的学术之旅。但费先生对村庄的研究基本上是在 20 世纪二三十年代进行的，距 20 世纪 90 年代已经过去了六七十年。在过去的这段时间里，中国农村经历了抗日战争、解放战争、新中国成立以及随后进行的各种改造、建设及政治运动。改革开放之后，社会发生了巨变，其中农村的变化最为明显。虽然 80 年代费孝通先生多次进入江村调查，开启了他人生的第二次学术之旅，但是，中国行政村有近百万个，自然村有三四百万个，彼此有着丰富的多样性和差异性。对一个村的研究，固然有着解剖麻雀之功效，但是缺乏足够的代表性。由于先前的"百县调查"的经历和感知，陆学艺先生认为，将"百县调查"的做法复制到对村庄的研究，不但是可行的，而且是必要的，因此提出了百村经济社会调查课题，很快就获得国家社科基金规划办的支持，补入国家社科基金"九五"重点项目，后来又列入国家社科基金滚动课题。

对于村庄需要进行更广泛、更深入的社会学、经济学、人类学等多学科的调查研究，这在 20 世纪 90 年代的学术界是有共识的，像华中师范大学等高校、科研机构也着手开展相应的调查研究。就中国的现代人文社会科学研究而言，村落研究是早期的学术特色或者普遍做法，并产出了一批高质量的学术成果，提出了一些在国内外有相当大影响的观点和概念，如社会学和人类学的"中和位育""差序格局"，对"社区"等来自国外的社会学概念进行本土化改造，像林耀华的《金翼》、费孝通的《江村经济》、杨堃的《台头村》等一批经典著作问世，也涌现了一些对村庄进行问卷调查的定量研究成果。

由此可见，进入 20 世纪 80 年代，中国学术界重新认识到村庄研究的重要性，并在前人的研究基础上，纷纷谋划更深入、更大规模的研究。这也是改革开放后我们这个时代所需要的。正如英国人类学家在给费孝通先生的大作《江村经济》（英文版译为《中国农民的生活》）一书所作的序言中所说的，"中国越来越迫切地需要这种知识，因为这个国家再也承担不起因失误而损耗任何财富和能量"（费孝通，1987：6）。这话针对的是 20 世纪三四十年代的中国，但依旧适用于 20 世纪八九十年代的中国，尤其是经历了十年"文革"，又面临着重振经济社会的艰巨任务。而在改革开放中展现的农村活力，预示着中国发展的光明前景，但也暴露出大量发展中的问题，亟待通过深入的改革和创新来解决，前提是通过深入、大范围的调查研究来获得对农村的认识，了解以及生产出相应的知识。"当时（20 世纪 90 年代——作者注）农村人口依然占中国总人口的多数，尤其是改革开放以后，农村基层社会变化最深刻，这是决定中国社会主义现代化命运的基础，是弄清国情必不可少的。"（陆学艺，2022：1）

一 调查设计

按陆学艺先生的设想，"百村调查"照搬"百县调查"的做法，召集参加过"百县调查"的人员（他们分布在全国的各个高校和科研机构），组成总课题组和分课题组，其中总课题组由中国社会科学院社会学研究所的部分研究人员组成，主要是社会学研究所农村社会学研究室成员以及本所的在读硕士研究生和博士研究生；而分课题组由承担具体村庄调查的科研人员组成。但是，"百村调查"项目立项后，面临着不少问题。

第一，中国社会科学院并不像重视"百县调查"那样重视"百村调查"，背后的原因不得而知，但是，其直接影响是没有给予更多的经费支持，当时科研经费少也是事实。陆先生依然向国家社科基金办申请立项，"基金会的领导同志认为这个创意很好，很有价值。但因为此时国家社科基金'九五'重点课题已在 1996 年评审结束，立项时间已过，不好再单独立项"（陆学艺，2002：7）。后来经过多方努力，被添列为"九五"重点项目。一开始，有不少"百县调查"的参与者踊跃报名参加"百村调查"项目，"就收到各地社会科学界，特别是原来进行百县市经济社会调查的单位和专业工作者们的欢迎，至今已经有 30 多个单位组织了课题组，并已陆续选点、进点，开展了村情的调查"（陆学艺，2002：7）。但是，在后来的实践过程中，进展并不如陆先生所设想得那么顺利，一方面是陆先生的研究精力和时间转向中国社会阶层和结构方面的研究，另一方面与科研经费有限等因素有一定的关联，因为这点经费不足以支持各分课题组的调研。每本书稿只有 2 万元出版经费的支持，各分课题组只得自筹调查费。另外，相对于"百县调查"而言，"百村调查"获得的地方政府的热情支持也少很多，在他们看来，"百村调查"没有"百县调查"那么重要，而被调查的村庄自己也没有财力来支持对其的调查。刚开始，"百县调查"对参与者来说是很新鲜的事，以前没有参与过这样的活动，加上当时全国各科研机构和高校也没有多少课题，更没有像"百县调查"这么大的项目，因此，他们参与的积极性很强，有的省市社科院领导出面领衔组织课题组成员开展调查，动员力度很大，投入经费相对来说也不少。但是在完成了"百县调查"，对调查有了一次体验后，有一些参与单位和人员不再有以前那样大的热情对待"百村调查"了，再加上上面提到的经费问题，因此，对"百村调查"的响应没有像对"百县调查"那么热烈。还有一个影响因素是当时全国的课题和经费增多，不少人和机构都能拿到一些课题，所以他们也有了自己申请、承担课题调查和研究的机会，这使得一部分"百县调查"参与者不再参与"百村调查"。但是，这并没有给"百村调查"的开展造成太大的困难。一方面，还是有一部分参与者认识到"百村调查"的重要价值，同时也从合作中获得了很大的收获，特别是"百县调查"培养了一批全国性研究骨干，让陆先生最为得意的是一些省市社科院的社会学所所长乃至社科院领导是从参与"百县调查"中成长起来的。另一方面，陆先生凭借其人格魅力以及动员能力，挽留住一批"百县调查"参与者继续参与"百村调查"，使其继续成为骨干，同时也逐渐动员一些新成员加入"百村调查"行列。因为"百村调查"课题采用的是开放式组织方式，没有给课题申请加入设置明确的截止日期，因此，他就可以持续地吸纳感兴趣的人参与进来。

其次，"百村调查"是否照搬"百县调查"的调查框架？对此，课题组成员尤其是总课题组成员之间刚开始有不同的意见，主要是两种不同的意见。一种意见认为还是照搬"百县调查"的框架，重点调查村庄的基本情况，总课题组一开始还是把"百村调查"界定为"村情的调查"，跟"百县调查"的"县情的调查"是一样的定位。而另一种意见认为，仅限于调查基本情况，过于简单，从理论看，这样的调查只能算是社会调查，而谈不上是社会学调查。所谓社会学调查，就是带有学科问题意识的学术调查。当时，课题组成员越来越意识到学术调查的价值超过一般的社会调查，尤其是对社会学学科和学术发展来说更需要从社会学调查中进行社会学学术创新和社会学"本土化"的推进。最终，陆先生做出兼顾的决定，并先在行仁庄的调查中进行试点，以总结经验来改进后续的框架，强调村庄的个性化研究。在行仁庄的调查和研究中，课题组发现改革开放中村庄的产业、经济发展和变化得很快，但是"相对于经济体制的变革，政治特别是社会文化变革的难度要大得多"（陆学艺，2001：4）。于是课题组发现了另外三个重要的问题：农村地方行政管理问题、村民自治问题、文化和社会意识问题。从这里可以看出，"百村调查"更偏向社会学研究视角，当然对经济的研究依然很重视。同时，行仁庄研究确立了"百村调查"的个性化特点，即每个村庄要根据其自身的情况来确立研究议题、研究重点和研究框架。由此，《内发的村庄》一书根据家族与家庭的关系以及家与村的联系确立了一个村落类型的分析框架，而行仁庄则属于集体村落，即村优于家、以家庭为主体而不是以家族为主体的村庄类型，归入集体村庄（陆学艺，2001：27）。后来有的课题组在这个框架基础上进行改良和补充，提出用市场结合度和国家权力渗透度这两个维度对村庄进行分类的框架（黄进等，2022：35）。当然，社会变迁是村庄调查和研究应关注的重点，成为课题组力图进行社会理论创新的重要领域，实际上也回应了20世纪三四十年代中国社会学在农村研究上不断创新这一事实，彰显了农村社会学研究的学术价值。因此，在《内发的村庄》一书中，总课题组对"百村调查"的框架做了系统的调整，强调每个村研究的个性，即根据村庄的具体情况设置研究方案、研究框架以及要实现的研究目标和承担的任务。

二　"百村调查"的具体方法

调查和研究一个村庄，显然比调查和研究一个县，从直观上看相对容易些，因为一个村的规模远远小于县，而且差异性、多样性和复杂性都远弱于县。但是，这并不等于就能把一个村轻松地调查和研究好，并不一定就能拿出出色的成果来。这里的一个重要因素是使用的调查方法以及使用情况。

自社会学从外部引入中国伊始，村庄调查和研究就成了社会学的重点领域，由此中国社会学在村庄调查和研究上形成了一系列比较成熟的方法，特别是20世纪三四十年代，吴文藻、潘光旦、陈翰笙、晏阳初、李景汉、杨庆堃、梁漱溟、严景耀、杨开道、费孝通等社会学家做了大量的村庄调查和研究。他们使用的调查方法大致有这么几种：最有影响的是社区研究方法，它成了后来村庄研究的主导方法；人文生态方法被引入村庄研究中；问卷调查法、经济统计方法也是在村庄研究中普遍被采用的调查方法。当时的村庄调查和研究有一个很大的目标就是乡村建设，或者说村庄调查成了乡村建设的一个不可或缺的环节或者基础。比如李景汉的定县调查，就是他与晏阳初等人领导的乡村建设的一部分。因此，实际上干预行动研究又成了村庄研究的另一个方法。这些研究方法到了 20 世纪八九十年代又被社会学界捡起来，但并没有得到充分的使用和发展，在"百村调查"开启的时候也是如此。

虽然仿照"百县调查"那样，最初确定要调查一百个村庄。但是在众多村庄中如何选择一百个村庄，是首先要考虑的。一开始，陆学艺先生也没有真的确定要调查一百个村，他曾说，"百"只是一个大数而已，意味着要调查不少村庄。之所以这样想，一方面是因为经费能否支撑起做一百个村乃至更多村庄调查这个问题没有得到确定的解决方案，另一方面是因为参与者的调查时间和精力不一定都能得到百分之一百的保证。事实上在后来的调查中也证明了这一点。在这样的背景下，选择村庄不能采用严格的抽样方法，而应偏向于实际可行的操作方法。所谓实际可行，是指各分课题组根据自己的条件来确定其要调查的村庄，然后报总课题组来审核，最终决定是否敲定该村庄。一般来说，分课题组会选择本地经济发展比较好甚至最好的村庄作为调查对象，当然也会选择有特色的村庄，它们经济不一定是最发达的，但是有可能是一个出了名人的村庄。对此，总课题组最先还是尊重分课题组的选择，尤其是考虑到进村的可行性以及调研获得的经费支持，凡是对典型村庄进行调研，都更容易获得地方政府的支持，因为地方政府想通过科研人员对其典型村庄的调查，起到对外界宣传的作用。对此，总课题组是这样认为的：这些典型村庄虽然没有代表性，当然每个村都有其个性，不能从一个村的调研中获得对更多村的代表性的要求，但是按解剖麻雀的要求，对一个村的深度调查，既能挖掘其独特性和个性，又能找到一些共性的现象或机制，尤其是找到一类村庄的一些共性机制。在我们看来，经济发达的村庄在一定程度上展示了先发展带来的变化，这些变化也许有可能是后发村庄将来有可能发生的，而且先发村庄在发展中积累的经验也许对后发村庄有一定的参考价值。但是，总课题组在区域分布以及雷同性方面给出一些要求，比如，要求全国不同地区特别是东中西、南北尤其是东南北这些地区应该有"百村调查"的点，我们的预设是即使是典型村庄也会有区域之间的差别；另外我们还看选择的村庄之间是否有更多的相同性或相似性，比如在产业上是否有雷同，我们尽可能增强所选村庄之间的差异性和多样性。当然总课题组还有其他方面的一些要求，比如分课题组的研究方法以及可行性目标，还有课题组成员的构成等。

我们总课题组制定了一个调研方案，尤其是编制了村庄调查问卷和村民调查问卷，前者主要用于收集村庄总体情况，调查对象是村两委干部，尤其是村党支部书记、村委会主任（以前不是一肩挑的，而是分开的）以及村会计（文书）等；后者是针对村民的，以家庭为调查对象，一般选择家庭中的主事者，即通常所说的家长。对每个村都展开了问卷调查，而且调查了每个家庭，调查员亲自入户，采用面对面问答、调查员填报的方式。在村庄开展问卷调查，跟在城市做问卷调查，会碰到一些不同的问题。首先，采用问卷调查方法的背后似乎隐藏着一个自然的预设，即调查对象受过一定的教育能看懂问卷。但是，在中国乡村，村民受教育的程度很低，甚至还存在不少文盲，他们不认字，看不懂问卷，因此需要调查员当着他们的面问问题，如此才能让他们理解问题的意思。其次，问卷的问题设计要贴近农村生活，而调查员也必须了解农村生活，尤其是要能用村民能理解的语言与村民进行交谈，如此才能使调查对象理解问卷上的问题。最后，问卷调查在村庄开展，最容易碰到其他村民的围观和干扰，这需要调查员有解决围观问题的方法和技巧。当然这些都是问卷调查实施过程中碰到的具体问题，不是本文所重点讨论的。这里只是说明，采用问卷调查方法，在村庄环境中要处理好一些问题，才能更好地发挥这一方法的认知工具作用。

村庄是一个紧密的生活共同体，相对于城市社区而言，村庄内部不仅人际关系紧密，交往密切而频繁，而且人们还在长期的生活中形成了共同的规矩和文化，即通常所说的村规民约和有关生老病死以及信仰的文化。对此，不从关系互动中以及村庄整体上和村庄与外部的关系中进行考察，是不足以真正把握村庄的，仅仅靠问卷调查是不够的。多种研究方法是村庄调查和研究所必需的。首先，文献法是必不可少的，这也是所有调查研究都要考虑的。除了从期刊、媒体上找相关文献外，有一些村庄有自己的档案资料，比如行仁庄的村档案很完整和丰富，为调查研究提供了宝贵的资料，（行仁庄）"1951年以后的村档案分永久、长期、短期三类保管，共114卷，内容涉及土地改革以后土地制度、集体经济、人口流动、村庄组织、财政以及村规民约等方面"（陆学艺，2001：57）。还有一些村民勤于记事（比如账本）和保存历史资料（比如书信、契约等），对于这些材料，需要调查者深入村民中间，跟他们建立一定的信任关系才能获得。还有一些村会编写村志，像东南沿海这些家族观念浓厚的村落，都会有家谱这类材料，虽然有人认为家谱的真实性有待进一步考察，但是，它还是很有价值的文献资料。从这一点上看，在村庄调查中往往会碰到这样的文献"金库"。如果说"百县调查"能获得更多的官方文献资料，比如文件、研究报告、档案馆资料等，那么"百村调查"将会淘到民间的文献"宝物"。当然它们的价值没有高低之分，取决于研究者的研究问题和取向。

人类学方法早已经被引入中国乡村调查之中，费孝通先生采用的就是人类学方法。在人类学家看来，如果不在村庄生活较长时间（一般在一年以上），就无法了解村庄，甚至还要求调查者学会当地的方言，以便直接与调查对象开展日常的交流，不需要借助第三方，可以更好地联络彼此的感情。在人类学家看来，如果一个研究者不在一个村里待上一年，就不算是开展人类学调查。"百村调查"并没有要求要像人类学研究者们那样在村庄待那么长的时间，但是会要求他们在村里住上一段时间（一周乃至一个月），对村民展开访谈，并参与观察和体验。访谈一方面是了解村民的生活经历、村庄内部关系以及他们的态度，另一方面也是与村民交朋友，只有建立朋友关系，才能更好地开展调查，了解更多不易认识和了解到的事情。还有一个重要的功能是了解民情民风和村落文化传统。与之相配合的就是参与观察方法。对村庄、村民的了解，不走进村庄是不行的，不去观察村民的行为是不行的，在那么小小的范围内，村民以各种行为方式来展现他们丰富的日常生活，调研者只有通过参与观察，才能更深切地体验到村庄社会的运行方式、机制和逻辑，才能结合问卷调查资料、访谈内容和一些文字资料等，更深地认识和了解村庄社会的过去、现在和未来，才能从中寻找到一些新的理论亮点。费孝通在江村的一个半月的生活和调查就能写出轰动西方人类学界的专著《江村经济》，其导师马林诺夫斯基赞誉，"我敢于预言费孝通博士的《中国农民的生活》（又名《江村经济》）一书将被认为是人类学实地调查和理论工作发展中的一个里程碑"（费孝通，1987：5）。我不能说，"百村调查"出版的著作能达到费孝通先生的《江村经济》一书的理论水平，但是，有一些书提出了一些有价值的概念，比如"乡民社会""稻田社会"，这得益于采用深度的访谈、参与观察和问卷调查等方法。

"百村调查"项目从立项到现在，有 26 年时间，对各个村庄的调查在不同时期展开。随着对村庄调查和研究的深入，一些新的研究方法也被引进，比如人文地理学中使用的人文生态方法以及地图资源方法，在后期的"百村调查"中得以应用和改进。虽然早在 20 世纪 30 年代村庄研究已经采用人文生态方法，但是当时的科技没有现在发达，现在可以通过谷歌地图、百度地图等来立体展现村庄的地理空间布局以及相应的社会经济资源和文化设施配置情况，从而确定村庄的地理空间演变与社会空间乃至社会结构的构建关系，深入理解村落这个小社会的社会关系及日常经济、社会和文化活动轨迹等。课题组成员的构成对于"百村调查"的方法使用有着一定的影响，有的课题组能引进人文生态方法与地图资源方法，就在于该课题组成员中有成员从事地理经济研究。借鉴其他学科的方法，可以增强"百村调查"人员的研究能力。

三　反思和总结

"百村调查"没有达成百本书的出版这一目标，这是一个遗憾，而更大的遗憾是，研究的创新性并不如我们设想得那么好，而且有几部不错的书稿没有获得出版，让我们感到十分可惜。但是令人欣慰的是，"百村调查"的书稿越来越好，彰显了研究团队的研究能力的提升。从方法角度来思考"百村调查"，有这么几点经验值得总结和借鉴。

第一，与"百县调查"一样，"百村调查"也是一项集体研究课题。集体研究在人文社会科学中并不是一件容易的工作，一般来说，人文社会科学研究往往是研究者个体的活，不容易用集体研究的方式组织和展开。就我们社会学研究所而言，能真正开展集体研究的课题没有几项，从目前来看，在社会学研究所，由陆学艺先生牵头的集体研究可以说是最多的，其他研究者很少有这样的集体研究。而且即使有一些集体研究，大多也是在师徒之间进行的，而像"百县调查"和"百村调查"这样超出社会学研究所乃至中国社会科学院和北京，在全国范围内召集科研人员的研究寥寥无几。至于做如此长时间的集体研究，虽不能说前无古人，但是至少在过去的几十年中还是比较少见的。这说明大规模集体研究并不受人文社会科学界所重视，但并不意味着集体研究不重要，恰恰相反，其重要性往往被人们低估了。从方法论上看，集体研究不但不会降低研究效率，而且还可以将有限的资源进行最大化的利用和开发。就这两个大型调查而言，仅仅凭借其获得的课题经费，有可能只够为数几个有限的分课题开展研究，不足以用于几十个乃至上百个分课题研究。事实上，通过集体研究，这两个调查都成功了，而且还取得了不错的研究成果。从对参与者的培养和其收获来看，也是很明显的。有的研究者通过参与"百村调查"，发表和出版成果，获了奖，从副教授晋升为教授，从助理讲师晋升为副教授，博士生因此写就了毕业论文而顺利毕业，还有的参与者成为其研究部门的骨干和领导。参与者来自不同研究领域和学科领域，他们给"百村调查"带来了其他学科的研究方法，丰富了"百村调查"的方法类型，为村庄研究创新了方法。当然，在集体研究中也会出现搭便车问题，有个别人打着国家级重大课题的旗号为自己服务，但这些问题并不足以抹杀集体研究的重要价值。

第二，"百村调查"在一定程度上对中国农村研究起到了一个引领的作用。"百村调查"项目立项是很早的，在其之前，虽然已经有村庄研究，但大多是对一个村庄的研究，最多只是对几个村庄的比较研究，没有像"百村调查"这样的村庄研究。后来随着"百村调查"在全国铺开，尤其是一些调查研究成果出版发布，引起学术界同行的关注和重视，于是后面冠以"百村"之名的调查研究纷纷出现，其中有的直接也叫百村调查，有的叫百村精准扶贫调查研究，有的叫乡村大调查等，特别是乡村大调查虽然没有冠以"百村"之名，但是实质上就是对大量村庄的调查，只是"百村调查"的另一种表述而已。当然，后面的这些调查在方法上与我们的"百村调查"有一些相似的做法，但是也有一些明显的不同，尤其是它们更强调问卷调查，就是对所有所选择的村庄，按照定量的方法，进行入户问卷调查，除此之外的其他方法相对用的少一些，有的根本不用，只用一种方法，即问卷调查。

第三，"百村调查"采用混合型调查研究方法，从多角度、多维度和多侧面以不同的方法来剖析、揭示一个村庄的社会经济乃至文化运行逻辑和机制，从中提炼出有创意的理论观点和概念。混合型调查研究方法在一定程度上胜过一种研究方法，更容易帮助调查者清晰地认识所调查的村庄，并获得更多样的调研资料和数据，来分析和探讨开始提出的研究问题。问卷调查侧重于了解村庄的基本情况和特点，从整体上把握村庄的状况；而深度访谈和小组座谈旨在深挖我们思考的问题，尤其是可以从中挖掘出有价值的理论和实际问题；参与观察用来进一步验证我们的所听和所想，并对村民之间的交往和活动进行外部的观察，以探索人们的言行关系；人文生态方法和地图资源方法可以展示村庄资源配置与人口分布、社会结构的关系；等等。不同方法发挥了其自身的功能，又可以在人们认识村庄特性以及社会关系等方面起到相互弥补和支持的作用。

第四，引入历史比较研究，丰富村庄研究方法类型。村庄历史是"百村调查"的重要内容。所有村庄都有或长或短的历史，而且大部分村庄的历史都是很长的，有的长达上千年，是名副其实的古村落。而历史对村庄的今日来说不是可有可无的，而是在一定程度上奠定了村庄今日的基础并明确了未来有可能发展的方向。首先，历史影响村民对村庄的认同感，相对而言，村庄历史越是久远，村民就越有自豪感，越认同自己的村庄；村庄在历史上出现的名人或者曾发生的重要事件，会影响村民的现实认知，也会成为村庄发展可利用的资源。很多村庄正在将自己的历史故事挖掘出来讲给外来的陌生人听，以增强对后者的吸引力，使他们对村庄更尊重。越接近现在的历史对村庄的影响就越大。因此，历史比较研究增强了人们对村庄的历时认识，与社会学的调查方法构成了立体的调查方法体系，改变了原来对村庄的扁平认识，立体、多角度和动态地对村庄进行观照和认知。

"百村调查"的每部专著，确实都收集了很多的数据、资料和素材，并从多个层面呈现了村庄的历史性和丰富性，力图揭示村庄的经济、社会和文化运行逻辑。在此基础上，有一些专著尝试进行概念凝练和创新，在调查和研究方法上进行创新，提出了一些有价值的学术观点，用一个新的概念将其串联并与现有的理论进行链接和讨论，确实提供了一些新的村庄知识，无疑具有一定的理论和认知价值。但是，我们也很遗憾地意识到，我们在这方面的努力还是很不够的，一方面有可能是我们没有这样的一种强意识，另一方面我们在理论基础上还不够坚实，需要进行进一步的修炼。还有一个重要的原因是，我们对研究方法的掌握和应用很不够，有的专著还是照搬"百县调查"的做法，采用简单的问卷调查，短时间的实地参观、访谈，凭借官方提供的文本，在此基础上将材料通过"一二三四五"等方式进行组织和撰写，没有从机制和因果关系上围绕学术问题展开探讨。这也是大规模集体研究所不可避免会存在的问题，因为参与者对课题的理解以及参与课题的动机是很不相同的，而且他们也有着不同的学科背景和研究能力，因此不可能要求所有参与者都按照总课题组的想法和设计开展调查研究。值得欣慰的是，我们发现有一些年轻的参与者从初期对"百村调查"的懵懂和粗浅的认识，在经过长时间的田野调查以及广泛的资料阅读和思考之后，不论是写作水平、分析能力还是思考深度都有了明显的提高，不但撰写了不错的学术专著，而且还在学术期刊上陆续发表了一些不错的论文。这就是陆学艺先生生前不断强调的，集体研究的一个重要功能是培养一批从事村庄研究的青年才俊，奠定社会科学研究基础。

参考文献

费孝通，1987，《江村经济》，戴可景译，中华书局。

黄进等，2022，《城乡融合发展中的界牌村》，社会科学文献出版社。

陆学艺，2001，《内发的村庄》，社会科学文献出版社。

陆学艺，2022，《〈中国百村调查丛书〉总序》，载黄进等著《城乡融合发展中的界牌村》，社会科学文献出版社。

From "the Social and Economic Survey of 100 Counties" to "the Social and Economic Survey of 100 Villages": Methodological Reflection

Chunguang Wang

Abstract：Since the mid-1980s, under the leadership of Professor Lu Xueyi, the Chinese Academy of Social Sciences conducted two large-scale surveys：The Social and Economic Survey of 100 Counties and The Social and Economic Survey of 100 Villages. Both are connected back and forth in time, and at the starting point and in the survey methods there are many similarities. Firstly, professor Lu Xueyi thinks, at the beginning of the reconstruction of sociology, large-scale investigation is a very important basic research work, in addition to understanding China from the county level, but also from the village level do more in-depth investigation and research. Secondly, it is team-based implementation, in particular, we should mobilize and train the scientific research strength of local scientific research institutions. So another goal behind these two surveys is to cultivate and research personnel with social investigation projects. Thirdly, the method of investigation is to follow the 100 counties project, especially at the beginning of the 100 villages survey, however, due to the different respondents, and updates to the cleaning team, the 100 villages survey will adopt some new survey methods and research ideas while inheriting some good practices from the 100 counties survey. It will put more emphasis on the individual value of each village, adopt mixed survey methods, incorporate some ecological human geography research methods, and so on. Anyway, these two surveys occupy a place in the history of social surveys in China, and has important disciplinary methods and practical application value. In particular, the investigation and study of 100 villages survey has produced some new theoretical viewpoint and has important theoretical value to promote the study of villages.

Keywords：100 Counties Survey；100 Villages Survey；Survey Method；Mixed Survey Methods

社会调查的新视角：中国乡村社会大调查的方法设计与组织设计[*]

胡洪斌　郭茂灿[**]

摘　要： 本研究以中国乡村社会大调查（China Rural Social Survey，简称 CRSS）为基础，深入探索大型社会调查中的方法设计和组织设计的创新可能性及前景。在方法设计方面，本研究主要关注三个创新点：一是"定量+定性"的混合方法在大型调查中的应用，特别是在抽样设计和问卷设计等环节的应用；二是实验设计在大型调查中的应用，包括抽样过程中的匹配实验设计、问卷设计中的调查实验设计（如因子实验、列表实验、联合实验和背书实验）以及社会工作实践中的干预实验设计；三是在社会调查数据的数据库建设过程中，将"厚数据"、"大数据"和人工智能分析相结合，实现智能混合方法分析和智能文本写作。在组织设计方面，本研究主要关注四个方面：一是如何建立政府和学术机构紧密合作的调查模式；二是如何组建高水平专家团队以保障支持体系的运行；三是如何创建面向国内外的永久性调查基地，以便利后续的跟踪调查；四是如何打造具有多元应用场景的学习共同体，将一个社会调查项目变成一个服务科研、教学和政府决策的"工程"，以便更好地回馈当地。通过这些讨论，本研究试图为大型社会调查研究提供新的方法论视角和实践工具。

关键词： 中国乡村社会大调查　混合方法　实验设计　人工智能分析　调查组织方式

---

[*]　本文系云南大学"中国乡村社会大调查（CRSS）"项目的阶段性成果之一。感谢上海纽约大学"中国城市调查论坛"参与者的建议。文责自负。

[**]　胡洪斌，云南大学社会学系教授；郭茂灿，云南大学社会学系副教授。

在当今时代，随着科技、经济和社会的迅速发展，社会调查不仅是捕捉和反映社会现象的重要手段，而且是社会科学研究的核心工具。特别是在乡村振兴这一国家战略背景下，对乡村社会的深入了解和持续跟踪变得尤为重要。然而，面对当下乡村社会的复杂性和多样性，如何确保社会调查的准确性和科学性，又如何将传统的调查方法与现代科技手段相结合，成为当代社会学者面临的重大挑战。

中国社会学在乡村调查领域的深厚传统为我们提供了宝贵的经验和知识基础。自 20 世纪初以来，中国乡村社会调查已经从初步的实地考察，发展到涵盖全国范围的大型动态调查。这其中，不仅积累了大量的定量和定性数据，更为我们提供了丰富的方法论和实践经验。但在乡村振兴战略的大背景下，乡村社会的调查研究又面临新的机遇和挑战。如何在保持调查的动态性、科学性和准确性的同时，充分利用现代技术手段，如"厚数据"、"大数据"和人工智能等，来深化和拓展乡村社会的研究，以及如何建立高效、稳固和灵活的组织结构等问题，都需要深入讨论。

为了应对这些挑战和机遇，云南大学于 2022 年 10 月正式启动的中国乡村社会大调查（CRSS）为我们提供了一个有趣的案例。这个项目不仅是一项赓续魁阁传统的社会调查，而且是一个尝试结合传统方法和现代技术手段的创新项目。本研究以 CRSS 为例，尝试为大型社会调查研究提供新的方法论视角和实践工具，期望通过介绍 CRSS 创新的方法设计和组织设计，为未来的大型社会调查研究提供新的思路和有价值的洞察。

一 文献回顾

中国社会学拥有丰富的乡村调查传统（Sun，1949；郑杭生，2011）。自 20 世纪初陶孟和首倡实地社会调查以来，中国早期社会学即对广大农村社会进行了深入的调研（李培林，2008；郑杭生、李迎生，2000；周飞舟，2021），并留下了诸多经典著作。其中，历时十年的"定县调查"（李金铮，2008；洪大用等，2016）、长达八年的"清河实验区调查"（侯俊丹，2018；赵晓阳，2016）、前后四次的"无锡-保定农村调查"（史志宏，2007；赵学军，2013），以及在西南边疆地区以吴文藻、费孝通为代表的"魁阁派"和以陈达、李景汉为代表的"文庙派"（清华大学国情普查研究所）所做的一系列的社会调查（马玉华，2009；田耕，2019；杨海挺、石敏，2014），都为对乡村社会在时间和空间上的动态调查奠定了坚实的学术基础。

社会学恢复重建以后，中国社会学者秉承"与时俱进"的学术精神，进行了大量细致的社会调查（陈婴婴，2007；韩明谟，1997；李炜，2016），其中有一些是专门针对乡村社会的，如 1986 年的"全国十四省市农村婚姻与家庭调查"。还有一些全国性的大型动态调查，也累积了很多关于乡村社会的样本数据，比如 2003～2021 年的"中国综合社会调查"、2005～2021 年的"中国社会状况综合调查"和 2008～2020 年的"中国家庭追踪调查"（谢宇等，2014）。这些调查对包括乡村在内的中国社会转型与变迁进行了长时间、跨地域的动态记录与分析，已经成为社会学"从实求知"（费孝通，2000）、认识国情和改造社会的重要组成部分。

特别是，自 2017 年乡村振兴战略正式提出以来，已有一些社会调查专门围绕乡村振兴这一主题展开，如 2018～2021 年的"广东千村调查"、2021 年的"中国乡村振兴综合调查"和 2022 年的"乡村振兴千村大调查"。虽然这些调查有助于我们理解乡村振兴的实践过程和经验模式，但仍然存在一些值得关注的问题。

首先，相较于全国性的大型社会调查，专门针对乡村振兴的调查尚未形成具有强适应性、能长期跟踪乡村社会发展变化的动态调查机制。其理论前提、测量和问卷设计、抽样方法、资料收集过程等方面的经验和问题亟待总结。部分学者已经指出了这些方面在社会调查中的重要性（陈婴婴，2007；风笑天，2000；李炜，2016；刘少杰，2000），还有一些学者对调查过程中的问卷标准化（董海军、李希雨，2021）、应答率（郝大海，2008）、访员臆答（严洁等，2012）、拒访行为（孙妍等，2011）、并行数据和调查质量（任莉颖、严洁，2014）等问题进行了分析。然而，在专门针对乡村振兴的调查中，针对这些方面问题的研究仍较为匮乏。特别是，如何在研究设计上最大限度地保证调查的科学性、准确性和客观性，尽力避免系统性的偏见和误差，成为当前乡村社会调查面临的重要问题。

其次，在现有针对乡村振兴的调查中，数据形式多以定量为主，数据层次多集中于个人和行政村层面，较少涉及"厚数据"（Geertz，1973；李成熙、文庭孝，2022）和"大数据"（顾佳峰，2016；何晓斌、李强，2018）的应用。"厚数据"涵盖定量调查数据、定性访谈资料以及文本、图片、音频等多种数据类型，能够形成定量和定性相结合的"混合方法"（Kim，2019），甚至发展为"量化民族志"（quantitative ethnography）的研究方法（吴忭、彭晓玲，2021）。大数据则可以通过立体整合官方数据、过往调查资料等多样化的海量数据，深入挖掘潜在信息。将"厚数据"和"大数据"方法结合运用于乡村振兴研究，有助于全面理解乡村社会的复杂性、动态性和多样性。遗憾的是，目前充分挖掘和利用"厚数据"与"大数据"的社会调查还很少。

最后，随着人工智能、云计算和大数据技术的快速发展，乡村社会调查也面临着新的挑战和机遇。一方面，目前专门针对乡村振兴的调查，尚未形成融合人工智能技术、具备多元功能及应用场景、具有较强开放性的数据库。正如陈婴婴（2007：24）所观察到的，"多数调查独立进行……数据共享程度和可比较性较低"，这不仅可能导致人力与财力的浪费，还有可能造成宝贵调查资料的散失。另一方面，随着以 ChatGPT 为代表的人工智能技术的快速发展，研究者可以利用自然语言处理技术和机器学习算法，更高效地分析"厚数据"和"大数据"（Rahman et al.，2023），也可以借助人工智能写作及人工干预（Dönmez et al.，2023；Zheng and Zhan，2023），为社会调查、数据分析、学术写作和数据库建设开辟新的可能性。这是一个值得在乡村社会调查中积极探索的方向。

基于此，本研究以云南大学于 2022 年 10 月份正式启动的中国乡村社会大调查（CRSS）为例，深入探索大型社会调查中的方法设计和组织设计的创新可能性及前景。

二　中国乡村社会大调查的方法设计

在社会学的调查研究中，正确的方法设计是确保调查结果准确、可靠和具有学术价值的关键。对乡村社会的大型调查，由于其独特的背景和复杂性，方法设计的要求更为严格。本研究针对中国乡村社会大调查方法设计的介绍，主要关注三个方面：一是"定量＋定性"的混合方法（mixed-method）在大型调查中的应用，特别是在抽样设计和调查工具设计等环节的应用；二是实验设计在大型调查中的应用，包括抽样过程中的匹配实验设计、问卷设计中的调查实验设计（survey experiment design，见Mutz，2011），以及社会工作实践中的干预实验设计；三是如何在社会调查数据的数据库建设过程中，将"厚数据"、"大数据"和人工智能分析相结合，实现智能混合方法分析和智能文本写作。

（一）"定量＋定性"的混合方法

1. "定量＋定性"的抽样设计

中国乡村社会大调查是一项首先针对云南省乡村居民的大规模综合社会调查，后续也计划在其他省份以同样的模式开展类似的调查。该调查作为云南大学"双一流"建设的重要项目，于 2022 年 10 月正式启动。其中第一轮定量调查于 2023 年 1 月 28 日开始，到 3 月 3 日结束。本次调查的目标总体是云南省内所有居住在乡村的 15~69 岁居民，而调查总体则是年度调查时点所有居住在云南省乡村的具有中国国籍的 15~69 岁居民（不含在校学生）。为了明确"乡村"的定义，调查参考了国家统计局的官方定义和界定（《统计上划分城乡的规定》，2006）。这种基于地域的概念有助于调查的范围和目的具有明确性和一致性。

CRSS 采用的抽样方法为多阶段混合概率抽样（multi-stage composed probability sampling）。通过参考云南省"七普"资料、云南省乡村振兴局"巩固脱贫攻坚成果子系统"的数据，以及地方提供的自然村和人口花名册等资料，CRSS 在区县、行政村、自然村、家庭户、入户五个阶段都进行了随机抽样，以确保样本能够有效代表总体。调查最终涉及云南省 42 个县 348 个行政村的 9000 多个农户家庭，最终采集到了 9144 个有效样本。

在整个抽样设计过程中，CRSS 特别关注如何结合定量和定性的方法，以求将"地方性知识"（Geertz，1983）更多地纳入抽样过程中来。考虑到本次调查同时有定量问卷调查和定性田野调查两个部分，调查设计了一个定量和定性相互动的抽样机制，允许定性调查团队根据田野调查的"典型性"和/或"重要性"提供一个行政村参考名单，并将这一名单纳入行政村阶段抽样的考虑中来。这一点与传统的调查抽样设计略有不同。传统的抽样通常只做一次随机抽样方案，因为无定性研究的需求，不需要考虑能否抽到定性田野调查中通常所说的具有"典型性"或"重要性"的田野点；而本次调查在行政村阶段的抽样并不是仅进行一次随机抽样，而是通过随机种子的设置，进行了多次随机抽样，并在多次全部符合随机抽样原则的抽样方案中，选取一套能部分反映定性研究需求的抽样方案。同时，为了确保抽样方案的随机性，调查规定了在抽样方案内部不允许调整行政村的规则。

表 1 对本次 CRSS 调查数据与 2015 年 1% 人口抽样调查云南样本的描述统计进行了比较。从表 1 可以看出，加权后的随机样本县与 2015 年 1% 人口抽样调查云南样本的人口学特征除了性别偏差较大，[①] 其他大体一致，个别地方有较大差异（如 CRSS 调查数据中白族比例偏高、未婚人口比例偏低）。一个可能的原因是，CRSS 的调查样本中并没有包含在校学生；还有一个可能的原因是，2015 年 1% 人口抽样调查是在 2015 年进行的，并不

---

① 性别偏差较大这一点的原因还需要更多的分析，但可能部分地反映了调查期间云南省一些地区的女性外出务工较多的现实。

能完全反映 2023 年的情况。总的来说，表 1 表明 CRSS 数据大体反映了云南省的现实状况，并没有出现严重的样本偏差。另外，从表 1 还可以看出，非随机样本县与随机样本县最大的差别，就是在民族构成上，其他方面并没有统计上的显著差别。①

2. "定量+定性" 的调查工具设计

在调查工具（survey instruments）的设计过程中，中国乡村社会大调查也充分地考虑了 "定量" 与 "定性" 相结合的可能性。为了更加全面和深入地理解乡村社会的现状，调查工具被有意识地分为三个部分，即村居问卷、个人问卷和质性访谈提纲，并分别被赋予不同的定位。

表 1　CRSS 数据和 2015 年 1%人口抽样调查云南样本的描述统计比较

变量	CRSS 数据		2015 年 1%人口抽样调查云南样本
	随机样本县	非随机样本县	
性别（%）			
男	63.63	63.55	52.63
女	36.37	36.45	47.37
各年龄组人口构成（%）			
15~59 岁	84.65	85.82	89.07
15~64 岁	93.74	93.54	95.58
汉族占比（%）	57.94	30.46	61.20
主要少数民族占比（%）			
回族	1.15	0.33	1.28
藏族	2.37	0.59	1.09
苗族	2.76	0.21	1.87
彝族	10.66	20.00	10.56
壮族	1.21	—	2.47
白族	8.53	7.20	3.41
哈尼族	1.41	11.30	3.99
傣族	4.65	3.83	4.83
受教育程度（%）			
大专及以上	4.61	4.55	2.24
高中和中专	7.96	8.05	6.12

---

①　限于篇幅，并未在此处报告统计检验结果。

续表

变量	CRSS 数据		2015 年 1%人口抽样调查云南样本
	随机样本县	非随机样本县	
初中	32.00	31.59	38.52
小学	42.42	43.71	41.63
未上学	13.01	12.10	11.48
平均受教育年限（年）	6.10	6.30	6.90
人均年收入（元）	24262.58	26001.91	—
婚姻状况（%）			
未婚	8.45	9.73	14.55
已婚	84.47	82.35	79.52
离婚	2.82	3.18	1.91
丧偶/其他	4.25	4.75	4.02
参加农村养老保险与新农合（%）	95.96	96.52	90.90
N	7159	1985	18670

注：CRSS 在区县层次有 30 个随机抽取的样本县和 12 个非随机抽取的补充样本县。该调查的数据已加权。

其中，村居问卷的设计首先从行政村的角度回应了乡村振兴的五个维度，这为 CRSS 提供了一个宏观的视角来观察乡村社会的变化和挑战。通过此问卷，调查不仅试图描述和理解当前农村的生活情境，还拟通过收集到的定量数据构建立足于云南经验的村庄类型学，从而为乡村振兴战略提供有力支撑。为了增强数据的可靠性和实用性，CRSS 还将村居问卷与云南省的官方数据相结合，以便为研究者提供一个更加客观和全面的乡村画像。

个人问卷则更加聚焦个人层面。它不仅试图从个人层次用量化数据去描述和理解当前村庄的性质与农民生活，还意在为研究者提供从个人层次用量化数据去描述和总结云南特色经验的可能性。同时，为了确保数据的完整性和连贯性，个人问卷的问题与村居问卷的问题相互匹配、相互补充。与村居问卷相似，后续数据整理也将个人问卷与云南省的官方数据相结合，从而增强了调查数据层次上的丰富性。

然而，仅仅依赖定量数据是远远不够的。为此，本次调查还设计了一系列质性访谈工具，包括对区县行政部门的访谈提纲、对村干部的访谈提纲和对村民个人的访谈提纲。其中，对区县行政部门的访谈提纲补充了村居问卷中没有过多涉及的关于政府部门实际运作过程的信息，对村干部的访谈提纲则弥补了村居问卷在村级管理和日常实际运作模式、存在的问题以及解决方法等方面问题的缺失。同样，对村民个人的访谈提纲与个人问卷相辅相成。通过个人问卷虽然可以捕捉到村民的基本情况，但透过质性访谈研究人员更能深入了解村民的内心感受、生活困境、存在的需求和期望。通过与村民的深度对话，研究者可以更加细致地了解乡村社会的复杂性、动态性和多样性。

　　总之，通过问卷调查工具与质性访谈提纲设计，本次调查试图从多个层面深入挖掘乡村社会的细微之处，进一步捕捉到那些传统定量问卷可能忽略的重要信息。村居问卷、个人问卷和质性访谈三者相互补充，不仅试图为研究者提供更为全面、深入的数据和更加丰富、立体的视角，还试图描绘出一个更加真实、生动、多彩的乡村画像，从而为乡村振兴战略提供更具针对性和实效性的支持。

（二）实验设计的应用

1. 抽样设计过程中的匹配实验

　　在区县阶段的抽样过程中，CRSS 首先对全省 129 个区县层次的数据进行了潜类分析（latent class analysis），确定县级单位最重要的显性分层（explicit stratification）指标；之后使用 OLS 回归分析和回归分解（decomposition），筛选出六个隐性分层（implicit stratification）指标，最后采用显性分层和隐性分层相结合的分层 PPS 抽样方法，随机抽取了 30 个县作为随机县样本。为进一步增强区县样本的多样性，又根据专家的意见，用目的性抽样的方法，增加了 12 个县作为补充样本。

　　同时，为了对部分县的数据获得县级层次的推断样本，CRSS 进一步做了"大样本县"和"小样本县"的区分：大样本县有 4 个，每个县做780 份问卷，用以满足县级层次统计推断的要求；小样本县有 38 个，每个县做 156 份问卷，但这一类区县的样本不能够在县级层次上进行统计推断。通过对大样本县和小样本县的数据加权，可以得到对 129 个区县总体的有效估计，进而可以用来推断全省。

　　另外，为了能够对不同的县进行更深入的比较，根据区县阶段的抽样结果，结合专家意见，从 30 个随机县的每一个显性分层中选出 4 个有代表性的大样本县进行匹配实验设计。县级阶段的匹配方法为粗化的精确匹配方法（coarsened exact matching mthod，见 Iacus et al.，2011），以保证选出的 4 个大样本县在一些指标上具有相似性，但在另一些指标上不同，以便

可以进行实验组和控制组的比较。通过这种方法，CRSS 确保所选出的 4 个
大样本县在一些关键指标上，如人口结构、经济发展水平、教育发展水平
等，都有较强的相似性；但在其他一些指标上，如是否为脱贫或帮扶县、
是否为民族自治县、是否为边境口岸县、是否在地理上为山区县或坝区县
等，有一定的差异。最终选出的 4 个大样本县属性如表 2 所示。

表 2 CRSS 大样本县的匹配实验设计

显性分层	大样本县	大样本县属性
非脱贫县	河口瑶族自治县	自治、边境、山区
脱贫非帮扶县	勐腊	非自治、边境、半山半坝县
省级帮扶县	弥渡	非自治、非边境、半山半坝县
国家级帮扶县	宁蒗彝族自治县	自治、非边境、山区

总体上，这一抽样过程中的匹配实验设计方法保证了所选出的 4 个大
样本县既具有代表性，又具有可比性。这不仅为 CRSS 的后续研究提供了
有力的数据支持，也为其他大型社会调查提供了一个值得参考的实验设计
方法。

2. 问卷设计过程中的调查实验

问卷设计过程中的调查实验在中国乡村社会大调查中发挥了至关重要
的作用。为了更精确地捕捉被调查者的真实反应、意识和态度，以及消除
可能的社会期望偏差（social desirability bias）或答题偏见，我们采用了 4
种不同的实验方法，分别是因子实验（factorial experiment）、联合实验
（conjoint experiment）、列表实验（list experiment）和背书实验（endorse-
ment experiment）。

首先，教育获得上的因子实验方法针对的是教育领域的特定问题。在
这种实验设计中，被调查者会被随机分配到不同的教育情境（scenario）
中，从而评估不同的情境对他们主观判断的影响。通过因子实验，研究者
可以更准确地了解农民怎么看待具有不同属性的孩子在教育方面的社会流
动机会。

其次，族际婚姻匹配的联合实验方法主要关注的是族际的婚姻选择和
偏见。在此实验中，被调查者会被展示一对关于不同族群、文化和教育背
景的潜在配偶的描述，要求他们根据自己的偏好进行选择。通过此方法，
研究者可以深入了解乡村居民对于婚姻匹配的态度，以及哪些因素可能会
影响他们对婚姻匹配的主观态度。图 1 展示了 CRSS 个人问卷中的联合实

验设计。

F10_2.【访员读出】现在我给您描述一对处于适婚年龄的男女青年，他们都从没有结过婚。我想知道您觉得这对青年男女在婚姻方面有多般配？

【CAPI：对第一个变量随机加载选项，每个男青年和每个女青年各有（2*2*3*2*2）=24个可能性；加起来有24*24=576种可能性。】

	男青年	女青年
出生地	【城市/农村】	【城市/农村】
民族	【汉族/少数民族】	【汉族/少数民族】
教育程度	【大学/高中/初中】	【大学/高中/初中】
家庭条件	【比较好/比较不好】	【比较好/比较不好】
容貌	【比较好/比较普通】	【比较好/比较普通】

不考虑其他因素，您觉得这对青年男女在婚姻方面有多般配？

　　1.完全不般配　　　2.不太般配　　　3.一般般配

　　4.比较般配　　　　5.非常般配　　　6.说不清楚

【CAPI：　-2=拒绝回答】

图 1　CRSS 个人问卷中关于联合实验的设计

　　再次，铸牢中华民族共同体意识这一主题上的列表实验旨在评估乡村居民对于中华民族共同体意识的真实感受和态度。在列表实验中，被调查者会被展示一系列与中华民族共同体意识相关或无关的陈述，并被要求回答同意其中的某些陈述的总个数，但不需要回答是否同意具体某个或某些陈述。这种设计可以有效地避免直接询问可能带来的社会期望偏差，从而更真实地反映被调查者的意见和态度。

　　最后，文化保护和土地利用态度方面的背书实验方法关注的是乡村居民对于文化保护和土地利用的看法和态度。在背书实验中，被调查者会被展示一系列关于文化保护和土地利用的陈述，要求他们对这些陈述进行判断。这种方法可以帮助我们了解乡村居民在这两个问题上的真实态度，以及什么因素会影响他们的真正想法。

　　综上所述，通过这四种调查实验方法，中国乡村社会大调查不仅能够更准确地捕捉到被调查者的真实反应和态度，还能为后续的研究和政策制定提供有力的数据支持。这些调查实验方法在问卷中的应用也为其他研究者提供了有价值的参考。

　　3. 社会工作实践过程中的干预实验

　　社会工作实践过程中的干预实验是一种结合研究方法和实践的策略，旨在评估和提高特定社区或人群的福祉。在中国乡村社会大调查的实地调研中，部分调查团队针对少数民族进行了健康素养的基线干预实验。

干预实验的实施地点之一是临沧县。作为一个多民族聚居的地区，临沧县的居民在健康观念和健康行为上存在一些独特性。比如，他们的健康素养会受到传统民族文化、习俗和信仰的影响，这些因素可能与现代医疗健康知识存在差异或冲突。因此，如何提高这些群体的健康素养，使他们能够更好地维护自身健康，成为研究者关注的焦点。

为此，临沧县的调查团队首先进行了一轮预调查，旨在了解临沧县少数民族居民的健康素养现状。基于预调查的结果，又在正式调查中设计了一系列的干预策略。这些策略包括：健康宣传资料的发放以及与当地医疗机构合作开展健康检查和咨询服务等。

在干预实验的实施过程中，调查团队采用了随机控制实验的方法。选定的少数民族家庭被随机分为实验组和对照组。实验组接受了所设计的干预策略，而对照组则维持原有的问卷调查。经过一段时间的干预后，实验组再次接受了健康素养的调查，以评估干预的效果。结果显示，实验组的居民在健康知识、态度和行为上都有了明显的提高，与对照组相比，差异显著。这表明调查团队所设计的干预策略是有效的，能够有效提高少数民族居民的健康素养。

总的来说，社会工作实践过程中的干预实验为大型社会调查提供了一个有效的方法，既可以评估和提高特定人群的福祉，又可以为未来的社会工作提供有力的证据和经验。CRSS 将社会调查与干预实验结合起来的这一做法，为之后的大型调查设计提供了一个有效评估社会政策和更好回馈调查对象的新的思路。

（三）数据库建设与人工智能的应用

1. "厚数据" 和 "大数据" 的数据库集成

在中国乡村社会大调查的实施过程中，数据管理和整合显得尤为重要。为了更高效地整合研究数据，助力研究成果的推进，CRSS 将调查过程与数据库建设同步，并积极探索能够将社会调查数据与厚数据和大数据相结合的研究路径。

CRSS 的专题数据库（http://www.rdcci.ynu.edu.cn/sur/）作为一个集"大数据"和"厚数据"于一体的综合性数据平台，汇集了大量丰富的研究数据和资料。其中，"厚数据"包括但不限于问卷调查数据、田野访谈录音、官方数据、政策文件、实践案例、地理信息、照片、视频、村志等多种文本和非文本数据。它们的集成与应用，涉及了对田野调查、访谈、观察等方式收集的定性数据的深度解读和分析。与此不同，"大数据"的集成，不仅包括了从多个数据源收集的大量量化数据，如社会调查数据、云南省官方数据和网络爬取数据，而且涵盖了云南大学历次调查的历史资料，如文本、视频、照片等。通过数据挖掘、机器学习等技术可以得到与CRSS 数据相互关联而又互为补充的洞察和预测。

通过这样的设计，CRSS 试图建立一个具有多元应用场景的专题数据库，全面整合和利用乡村振兴调查中的各种"厚数据"和"大数据"，探讨构建多元一体化数据库的建设、应用、共享与服务机制，重点关注如何实现数据可视化、数据智能分析、知识管理服务、动态监控预警等功能，使其适用于研究、教学、决策和人才培养等场景。它含有六个核心数据库，分别为：数据集成管理库、知识管理服务库、数据可视化库、数据智能分析库、动态监控预警库和教学科研创新库。其中，数据集成管理库为所有数据提供统一、规范的管理和存储；知识管理服务库将研究成果、文献资料等知识资源进行整合和分类，便于检索和应用；数据可视化库通过图表、地图等形式直观展现数据，帮助用户快速理解和分析；数据智能分析库利用人工智能技术，为用户提供智能化的数据分析服务；动态监控预警库能够对乡村社会的关键指标进行实时监控，并及时发出预警；教学科研创新库则是为教育和科研人员提供的一个专门平台，集成了丰富的教育资源和研究工具。

CRSS 这样的设计，有助于更好地为研究者、决策者和公众提供具有多元应用场景的服务，也为之后的大型社会调查提供了一个可供参考的示范和启示。将"厚数据"与"大数据"相结合的专题数据库不仅展现了数据管理上的创新可能性，而且为数据分析和解释提供了更为丰富和深入的维度。这种整合方式丰富了数据展现的维度和层次，使研究者能够从不同的角度和层面对同一问题进行深入研究，也能帮助研究者更好地理解和揭示社会现象背后的复杂机制和深层次因果关系。

2. 人工智能分析与文本写作系统

除了六大核心库之外，CRSS 的专题数据库还引入了人工智能系统架构，实现了"6+1"的综合数据库建设模式。其中，"6"代表了六大核心数据库，而"1"则是一个全新的数据分析与文本写作（data analyses and text generation，简称 DATG）人工智能系统。该系统能够支持多种数据类型，实现智能混合分析，同时还具备智能文本生成功能。这意味着用户可以根据自己的研究需求，选择合适的数据和分析方法，系统会自动进行数据分析，并生成相应的分析报告或研究论文。这大大提高了研究效率，也为研究者提供了更多的创新空间。其具体架构如图 2 所示。

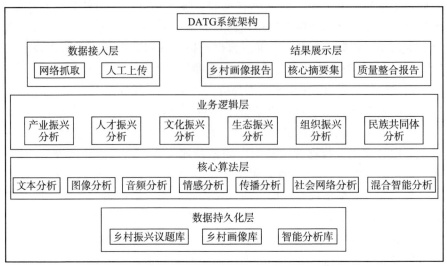

图 2　数据分析与文本写作（DATG）系统架构

其中，数据接入层主要用于完成项目的数据源收集、更新、维护等，为数据持久化层提供数据接入。数据接入的方式主要包括网络抓取和人工上传。结果展示层主要负责将业务逻辑层返回的结果进行可视化展示，将分析结果以清晰、易懂的形式呈现出来，包括根据分析结果自动生成高质量的研究报告、分析文章等文本内容。业务逻辑层包括对乡村振兴五大维度和民族共同体的分析。核心算法层通过自然语言处理技术和机器学习算法，进行文本分析、图像分析等操作，还可以进行混合智能分析，即将量化分析与质性分析进行整合性的混合研究分析。最后，数据持久化层存储多种数据源获取的数据。通过以上分层架构和关注点分离的设计，系统实现了高度模块化，便于维护、升级和扩展。

总之，通过打造融合人工智能的多元一体化专题数据库，CRSS 希望充分利用人工智能技术深度挖掘"厚数据"和"大数据"潜力，实现智能混合分析与智能文本生成。例如，在适当的人工干预下，根据"厚数据"和"大数据"生成的定量和定性相结合的分析结果，进一步产出高质量的研究报告和学术文章。这一尝试也为后续的大型社会科学调查和数据库建设提供了新的技术支持和创新可能。

三　中国乡村社会大调查的组织设计

在社会调查中，除了方法设计的精确性和可靠性之外，组织设计同样扮演着至关重要的角色。一项成功的大型调查需要一个稳固、高效且灵活的组织架构来支撑其复杂的研究活动。针对中国乡村社会大调查，其组织设计的挑战不仅源于调查的规模和复杂性，还包括了如何与各种利益相关者——包括政府部门、学术机构、当地社区与受访对象——进行有效合作。本研究针对中国乡村社会大调查的组织设计，主要关注四个方面：一是如何建立政府和学术机构紧密合作的调查模式；二是如何组建高水平专家团队以保障支持体系的运行；三是如何创建面向国内外的永久性调查基地，以便利后续的跟踪调查；四是如何打造具有多元应用场景的学习共同体，将一个社会调查项目变成一个服务科研、教学和政府决策的"工程"，从而更有效地回馈当地。

（一）政府与学术机构紧密合作的调查模式

在当前的社会背景下，政府与学术研究机构之间的合作是成功实施大规模社会调查的关键因素之一。政府部门，作为行政管理的核心，掌握着大量的行政资源、政策信息和社会网络，这对于大规模社会调查来说是不可或缺的。而学术机构，尤其是大学和研究所，具有丰富的学术研究和实地调查经验，可以为调查提供坚实的学术支撑。中国乡村社会大调查正是这种合作的典型代表之一。

一方面，政府部门的行政资源和社会网络为 CRSS 的成功实施提供了强大的后盾。CRSS 的实际执行过程中，就获得了云南省统计局、云南省乡村振兴局和地方区县等多个行政部门与职能部门的大力支持，包括获取必要的行政许可、行政协调与提供基础行政数据等。这些行政支持对于大规模社会调查来说是非常关键的。特别是，政府部门提供的行政支持有效地降低了入户的难度，且它们的基础行政数据又为调查提供了可贵的参考和对照。这种数据通常涵盖了广泛的领域，如人口统计、经济发展、社会状况等，为调查研究的进行（比如抽样）奠定了坚实的基础。当然，学术机构也可以为调查提供专业的调查团队、研究方法和数据分析支持。这些专业支持为调查提供了丰富的学术背景和实地调查经验，确保了调查的准确性和可靠性，还使调查结果更具学术价值。

此外，政府与学术机构的合作还能够提高调查的社会影响力。政府可以利用调查结果制定或调整相关政策，而学术机构则可以在国内外的学术平台上发布研究成果。这种合作不仅有助于提高调查的实际应用价值，还促进了学术研究和社会实践的深度融合。不仅如此，二者的合作还可以促进公众对调查的信任和支持。事实上，CRSS 的成功执行和当前的影响力，与各级政府的大力支持密不可分。这一组织设计，也为后续的大型社会调查提供了一个可资借鉴的参考模板。

（二）构建高水平专家团队的支持体系

在进行大型社会调查时，高水平专家团队的支持是不可或缺的。他们不仅为调查提供了坚实的学术基础，还能确保调查的科学性和专业性。

首先，高水平专家团队能够为调查提供多角度、深层次的研究视角。他们不仅具有深厚的学术背景，还拥有丰富的实地调查经验。这种支持体系的构建使得调查既有广度又有深度，大大提升了调查的格局。其次，高水平专家团队的存在也为调查提供了强大的技术支撑。他们不仅能够为调查设计提供有力的建议和指导，还可以为调查团队提供专业培训，确保调查的顺利进行。最后，专家团队还可以促进调查与国内外学术界的交流与合作。由于高水平的专家们通常在学术界拥有广泛的人脉和影响力，可以为调查引入更多的资源和机会。这不仅有助于提高调查的学术水平，还能为调查带来更大的社会影响力。

在 CRSS 的推进过程中，调查领导办公室多次邀请和组织高水平的专家团队来云南为调查设计和调查实地实施把关，这一点有效地保证了调查的顺利进行。同时，专家团队还帮助 CRSS 与其他重要的学术机构和研究项目建立了合作关系。通过这些合作，CRSS 得到了更多的学术资源，因此调查成果得以在更广泛的范围内传播和应用。此外，专家团队的存在也为 CRSS 吸引了更多的年轻研究者和学生，这些新鲜血液不仅为调查带来了新的活力和创意，而且确保了调查的可持续性和长远影响。更值得一提的是，专家团队的参与使得 CRSS 在学术界的声誉得到了极大提升。他们的权威性和专业性为调查赢得了更大的影响力。

（三）建设面向国内外的永久性调查基地

建立若干个永久性的调查基地是 CRSS 长远发展的关键，所以从一开始，建立面向国内外的永久性调查基地就是 CRSS 的整体布局之一。这些调查基地不仅为后续调查提供了持续的支持和服务，还将成为国内外研究者交流和合作的平台。

首先，这些调查基地将提供完备的研究设施和专业的研究团队。这为调查提供了持续的学术和技术支撑，确保了调查的连续性和稳定性。此外，基地还将为研究者提供丰富的数据资源，这些数据不仅来源于中国乡村社会大调查，还包括其他相关的研究项目。这为研究者提供了丰富的研究材料，使他们可以从更多的角度和更深的层次进行研究。另外，这些基地还将为国内外研究者提供一个开放、共享和合作的研究环境。通过定期举办各种学术活动，如研讨会、工作坊和培训班，永久性调查基地将为国内外研究者提供一个交流和共享的平台，有助于进一步促进学术交流与合作。

CRSS 将社会调查与永久性调查基地相结合的策略，为大型社会调查设定了一个新的标准。传统的社会调查多集中于数据的收集和分析，而 CRSS 则进一步思考了调查成果的持续利用和深度挖掘，因此调查不仅是一次性的数据收集，而且是一个持续、系统和开放的研究过程。这种模式的最大优势在于其可持续性和延续性。永久性调查基地为数据的长期存储、更新和管理提供了保障，确保了数据的活性和持续价值。这为后续的学者提供了一个珍贵的研究资源，使他们可以基于前人的基础，进行更深入、更细致的研究。此外，永久性调查基地作为一个开放的平台，打破了传统调查的封闭性，鼓励了国内外学者的广泛参与和合作。这不仅促进了学术交流，还有助于引入新的研究视角。

（四）打造具有多元应用场景的学习共同体

CRSS 不仅是一个学术调查项目，还已经成为一个具有多元应用场景的学习共同体。在这个共同体中，师生、学者、政府官员和社区成员共同参与，共同学习，共同探索乡村社会的现状和未来。这样的共同体不仅为参与者提供了一个研究和交流的平台，还为他们提供了一个实践和合作的机会，从而更有效地回馈当地社区。

首先，学习共同体为学者和学生提供了一个实地研究的机会。他们可以通过调查，深入到乡村社区，与当地居民直接交流，了解他们的生活和思想。这不仅为他们提供了宝贵的研究材料，还为他们提供了一个实践和学习的机会，甚至可以直接在实地调查中完成课堂教学。其次，学习共同体为政府提供了一个深入了解乡村社会的机会。通过参与调查，政府官员可以直接了解乡村的实际情况，包括经济发展、社会结构、文化传统等。这些信息对于政府制定相关政策和决策是非常有价值的。同时，政府也可以通过这个共同体与学者、企业和社区进行直接的交流，了解他们的需求和建议，从而更好地为他们提供服务。最后，学习共同体为社区提供了一个与外部交流和合作的机会。社区居民可以通过参与调查，向外界展示他们的文化和传统，与外界建立友好关系。同时，社区也可以通过这个共同体，获得外部的支持和帮助，促进社区的发展。

　　总的来说，基于社会调查的学习共同体不仅是一个调查项目，而且是一个为各方参与者构建的交流、学习和合作的平台。在这里，各方可以深入探讨乡村社会的各种现象和趋势，实现知识、技能和资源的共享与融合。这样的交互式模式确保了研究成果不再是仅仅停留在学术层面，而是能够真正地服务于乡村社区，为当地的发展提供有力支持。它有效地解决了传统社会调查在完成数据收集后与当地断开联系的问题，避免了村民因期望落空而产生的失望和不满。此种方式为社会调查带来了更为人性化、务实的角度，为未来的乡村研究提供了有益的参考。

四　总结与讨论

　　本研究对中国乡村社会大调查的方法设计和组织设计进行了深入的探讨和解析，展示了现代大型社会调查如何结合创新技术和组织策略来进行有效的研究。

　　在方法设计上，中国乡村社会大调查采用了"定量+定性"的混合方法。这一混合方法的优势在于其可以全方位地对乡村社会进行描绘，既考虑了数据的广泛性，又关注了深度的定性解读。通过对抽样设计、调查工具和实验设计的精心规划，该调查确保了数据的综合性与多维度，从而为后续的社会学研究和政策建议提供了有力的支持。

　　在组织设计上，中国乡村社会大调查展现了一个充满活力和创新精神的研究团队的形象。与政府、学校、企业和社区等各方紧密合作，确保了调查的顺利进行和高效完成。并且，通过建立专家团队、创建永久性的调查基地和打造多元应用场景的学习共同体，进一步强化了调查的持续性和影响力。

　　中国乡村社会大调查的方法设计和组织设计不仅对中国的乡村研究具有深远的意义，也为中国的大型调查提供了宝贵的经验和参考。在全球化和数字化的背景下，大型社会调查需要不断进行创新和改革，以应对日益复杂和多变的研究环境。中国乡村社会大调查为此提供了一个成功的范例，展示了如何通过创新的方法和组织策略来进行有效的研究。

　　此外，这种创新的方法和组织策略也具有很强的可推广性。其他地区和国家的乡村研究，可以参考和借鉴中国乡村社会大调查的经验，结合自己的实际情况进行调整和完善。这不仅能够提高研究的效率和质量，还能够为乡村的持续发展和全面振兴提供有力的支持。总之，中国乡村社会大调查通过创新的方法和组织策略，为乡村研究提供了新的视角和方法，为乡村研究的发展和大型调查的实施提供了值得关注的经验和启示。

参考文献

陈婴婴，2007，《改革开放以来中国社会调查的进展》，《中国社会科学院研究生院报》第 4 期。

董海军、李希雨，2021，《问卷调查的标准化：必要性、困境与出路》，《湖南师范大学社会科学学报》第 2 期。

费孝通，2000，《从实求知》，《社会学研究》第 4 期。

风笑天，2000，《社会学方法二十年：应用与研究》，《社会学研究》第 1 期。

顾佳峰，2016，《大数据时代下中国社会调查的科学新观》，《大数据》第 2 期。

韩明谟，1997，《中国社会学调查研究方法和方法论发展的三个里程碑》，《北京大学学报》（哲学社会科学版）第 4 期。

郝大海，2008，《抽样调查中的无应答替换与应答率》，《统计与决策》第 11 期。

何晓斌、李强，2018，《中国实证社会科学的演进及使用大数据研究之现状与挑战》，《学术界》第 5 期。

洪大用、黄家亮、杨峥威，2016，《定县调查的社会学意义》，《社会建设》第 5 期。

侯俊丹，2018，《市场、乡镇与区域：早期燕京学派的现代中国想象——反思清河调查与清河试验（1928-1937）》，《社会学研究》第 3 期。

李成熙、文庭孝，2022，《厚数据研究综述》，《高校图书馆工作》第 1 期。

李金铮，2008，《定县调查：中国农村社会调查的里程碑》，《社会学研究》第 2 期。

李培林，2008，《20 世纪上半叶社会学的"中国学派"》，《社会科学战线》第 12 期。

李炜，2016，《与时俱进：社会学恢复重建以来调查研究的发展》，《社会学研究》第 6 期。

刘少杰，2000，《中国社会调查的理论前提》，《社会学研究》第 2 期。

马玉华，2009，《西南联大与西南边疆研究》，《中南民族大学学报》（人文社会科学版）第 3 期。

任莉颖、严洁，2014，《并行数据与社会调查质量探讨》，《统计与决策》第 6 期。

史志宏，2007，《无锡、保定农村调查的历史及现存无、保资料概况》，《中国经济史研究》第 3 期。

孙妍、邹艳辉、丁华、严洁、顾佳峰、邱泽奇，2011，《跟踪调查中的拒访行为分析——以中国家庭动态跟踪调查为例》，《社会学研究》第 2 期。

田耕，2019，《中国社会研究史中的西南边疆调查：1928-1947》，《学海》第 2 期。

《统计上划分城乡的规定》，2006，http://www.stats.gov.cn/sj/tjbz/gjtjbz/202302/t20230213_1902742.html。

吴忭、彭晓玲，2021，《量化民族志：一种融合定性与定量的教育研究方法》，《现代远程教育研究》第 2 期。

谢宇、胡婧炜、张春泥，2014，《中国家庭追踪调查：理念与实践》，《社会》第 2 期。

严洁、邱泽奇、任莉颖、丁华、孙妍，2012，《社会调查质量研究：访员臆答与干预效果》，《社会学研究》第 2 期。

杨海挺、石敏，2014，《抗日战争时期云南呈贡县的"魁阁"与"文庙"：社会学中国化进程中的两大学派》，《云南民族大学学报》（哲学社会科学版）第 6 期。

赵晓阳，2016，《寻找中国社会生活史之途：以燕大社会调查为例》，《南京社会科学》第 2 期。

赵学军，2013，《华北农户借贷渠道变迁之管窥——基于"无锡保定农村调查"系列资料（1930-2010）的分析》，《中国经济史研究》第 4 期。

郑杭生，2011，《学术话语权与中国社会学发展》，《中国社会科学》第 2 期。

郑杭生、李迎生，2000，《中国早期社会学中的乡村建设学派》，《社会科学战线》第 3 期。

周飞舟，2021，《将心比心：论中国社会学的田野调查》，《中国社会科学》第 12 期。

Dönmez, İ., Idin, S. and Gülen, S. 2023. "Conducting Academic Research with the AI Interface ChatGPT: Challenges and Opportunities." *Journal of STEAM Education* 6 (2): 101-118.

Geertz, Clifford. 1973. "Thick Description: Toward an Interpretive Theory of Culture." In *The Interpretation of Cultures*, New York: Basic Books, 3-30.

Geertz, Clifford. 1983. *Local Knowledge: Further Essays in Interpretive Anthropology*. New York: Basic Books.

Iacus, Stefano M., Gary King and Giuseppe Porro. 2011. "Causal Inference without Balance Checking: Coarsened Exact Matching." *Political Analysis* 20 (1): 1-24.

Kim, Yeunchul. 2019. "New Opportunities for Sociological Research: A Discussion of the Usefulness of Mixed Methods with Data Science." *Journal of Asian Sociology* 48 (3): 343-358.

Mutz, Diana. 2011. *Population-based Survey Experiments*. NJ: Princeton University Press.

Rahman, M., Terano, H. J. R., Rahman, N., Salamzadeh, A. and Rahaman, S. 2023. "ChatGPT and Academic Research: A Review and Recommendations Based on Practical Examples." *Journal of Education, Management and Development Studies* 3 (1): 1-12.

Sun, Pen-Wen. 1949. "Sociology in China." *Social Forces* 27 (3): 247-251.

Zheng, Haoyi and Huichun Zhan. 2023. "ChatGPT in Scientific Writing: A Cautionary Tale." *The American Journal of Medicine* 5 (2): 24-37.

A New Perspective on Social Surveys: Methodological and Organizational Designs of the China Rural Social Survey

Hongbin Hu and Maocan Guo

Abstract: Based on the China Rural Social Survey, this study delves into the potential and prospects for methodological and organizational innovations in large-scale social surveys. In terms of methodological design, the study focuses on three innovative aspects: First, the application of the quantitative plus qualitative mixed methods in large-scale surveys, especially in sample design and questionnaire design; second, the application of experimental designs in large-scale surveys, including matched experimental designs during sampling, survey experimental designs in questionnaire development (such as factorial experiments, list experiments, conjoint experiments, and endorsement experiments), and intervention experimental designs in social work practices; third, how to combine big data, thick data, and artificial intelligence analysis in the construction of social survey databases, achieving intelligent mixed-method analysis and intelligent text writing. In terms of organizational design, the study primarily examines four aspects: First, how to establish a closely cooperative survey model between the government and academic institutions; second, how to set up a high-level expert team to ensure the operation of the support system; third, how to create a permanent survey base for both domestic and international researchers, facilitating subsequent follow-up surveys; fourth, how to build a learning community with diverse application scenarios, transforming a social survey project into an engineering service catering to research, teaching, and government decision-making. Through these discussions, this study aims to provide a fresh methodological perspective and practical tools for large-scale social survey research.

Keywords: China Rural Social Survey; Mixed Methods; Experimental Design; Artificial Intelligence Analysis; Survey Organization Methods

《社会调查的新视角：中国乡村社会大调查的方法设计与组织设计》评审意见

李春玲*

　　该文对"中国乡村社会大调查"的设计思路及其实施方案进行了全面、系统的方法说明，详细论证了此项调查设计在调查方法方面的三个创新点："定量+定性"的混合方法应用、实验设计应用以及"厚数据"、"大数据"和人工智能分析相结合等。全文结构合理，思路清晰，陈述明确，语言流畅，是一篇非常好的全面介绍"中国乡村社会大调查"数据的文章，对于使用该调查数据的研究者全面了解其数据质量和设计特点有极大帮助，对于类似大型社会调查的设计者和实施者有所启迪，同时也将会推进我国乡村社会调查的质量提升和方法探索。另外，该文还展示了作者在研究方法和调查方法方面的扎实基础，文章对一些较为前沿的调查方法介绍，也将使读者从中获益。

　　不过，如果从严格的学术论文标准来要求，该文作为一篇探讨调查方法的论文还有一些不足。按照通常的方法类的学术论文结构安排，论证的重点是某种或某些方法的创新性、突破性、实用性等，比如"定量+定性"的混合方法的特点及其在中国乡村调查中具有的优势，而"中国乡村社会大调查"可以作为其中的一个案例。该文则与通常的学术论文范式不同，论述重点是系统介绍"中国乡村社会大调查"的设计方案，此类文章比较适合作为"中国乡村社会大调查"研究专著中的一章，介绍其调查数据和方法。

　　该文是否适合发表在《魁阁学刊》上，取决于《魁阁学刊》的办刊特色和选文标准。考虑到《魁阁学刊》较为强调调查研究探索和地方特色，以及"中国乡村社会大调查"的重要性，本人建议可以采纳该文。

---

　　*　李春玲，中国社会科学院社会学研究所研究员，青少年与教育社会学研究室主任；中国社会科学院大学特聘教授，社会学系主任。

混合研究视角下的中国乡村调查

——以中国乡村社会大调查为例 *

许庆红　王德文**

摘　要： 在乡村振兴战略背景下，有关乡村的研究成为近年来各学科的热门主题。已有中国大型社会调查缺乏对乡村的专题调查，而传统上关于乡村的研究主要以个案式的质性研究为主，在缺乏借鉴、对话的同时也给了我们进一步的整合空间。中国乡村社会大调查从混合研究视角创新性地构建了"定量+定性+社会服务实践+文献资料集成"的调查设计，并采用分层、多阶段与人口规模成比例（PPS）的概率抽样方法，采集覆盖云南42个区县、348个行政村、696个自然村和9000多个农村家庭的大样本调查数据，并将调查数据和大数据、文献数据进行整合。本文指出对大型社会调查进行混合研究的难点是定量和定性研究往往同步进行，而混合研究设计需要贯彻整个调查研究过程。

关键词： 混合研究　乡村振兴　乡村调查

---

* 本文系云南大学2021年度本科校级教学成果奖培育项目、云南大学2022年度研究生校级优质课程、云南大学研究生科研创新基金项目（项目编号：KC-22221186）、云南大学新一轮双一流建设重大项目——中国乡村社会大调查系列成果。中国乡村社会大调查团队成员郭茂灿、游天龙、周文对本文的写作提供了宝贵意见。

** 许庆红，社会学博士，云南大学民族学与社会学学院社会学系副研究员，主要研究方向为社会分层与流动；王德文，社会学硕士，云南大学民族学与社会学学院硕士生，主要研究方向为社会分层与流动。

一　为什么研究中国乡村社会？

（一）政策背景：从脱贫攻坚到乡村振兴

1. 脱贫脆弱性和贫困动态性的要求

2020 年底，中国全面完成脱贫攻坚的历史性任务，标志着中国贫困治理由解决绝对贫困迈向巩固脱贫成果、破解相对贫困的时代。由于贫困县和贫困村在贫困治理过程中依靠福利政策和外生力量，存在巨大的返贫风险，所以需要通过乡村振兴和脱贫攻坚的有效衔接确保脱贫攻坚成果得到巩固和促进。2018 年 9 月，《乡村振兴战略规划（2018-2022 年）》提出要"推动脱贫攻坚与乡村振兴有机结合相互促进"。仲德涛（2021）认为，脱贫攻坚取得全面胜利，贫困县已经全部摘帽，但还存在部分地区对政策性收入依赖程度过高，农民发展内生动力不足、农村发展基础薄弱等问题，脱贫成果比较脆弱。李小云（2021）认为，农村绝对贫困人口数量清零，贫困县、贫困村摘帽更多依赖于政策性脱贫。然而一旦出现重大风险，脱贫群体就可能返贫。如果没有制度性的抵御风险机制，则可能发生规模性返贫。所以，在治理过程中存在高返贫风险、"政策悬崖"和"福利依赖"等遗留问题（徐晓军、张楠楠，2019）。因此，防止脱贫人口大规模返贫、巩固脱贫攻坚成果、增强农民的主体性仍将是乡村社会面临的长期艰巨任务。这些问题需要我们对乡村社会进行全方位和有深度的调查研究，从而发现脱贫县和脱贫村目前存在的短板和不足，以及促进发展需要的内在因素和外在因素，以便脱贫县和脱贫村顺利地从脱贫攻坚向乡村振兴过渡。

在中国，农村连片贫困问题主要集中在西北、西南和东北的边疆偏远山区与少数民族聚居区。西南边疆民族地区是脱贫攻坚的主战场，也是面临返贫风险最直接、最紧迫的区域之一。中国乡村社会大调查正是基于云南省科学抽样覆盖 42 个区县的大型乡村社会调查项目。

2. 乡村振兴对脱贫攻坚的超越与升华，需要重新审视乡村

乡村振兴对脱贫攻坚的超越和升华，主要体现在以下方面。其一，脱贫攻坚面向贫困地区和贫困户，着力解决绝对贫困问题；乡村振兴则面向整个乡村社会，着力解决相对贫困和发展不平衡不充分问题。冯丹萌（2019）认为，与脱贫攻坚具有紧迫性、突击性、局部性和特殊性的特点不同，乡村振兴则具有渐进性、持久性、整体性、综合性特征。张青与郭

雅媛（2020）认为，农村地区发展不充分、城乡发展不平衡是当前我国社会主要矛盾中最突出的问题，精准扶贫并不能完全解决这一问题。乡村振兴立足于第二个百年奋斗目标，通过进一步深化农业供给侧结构性改革，构建农业现代化体系，以期实现农业农村现代化和乡村治理现代化，解决相对贫困问题和发展不平衡不充分问题。王春光（2021）认为，精准扶贫和脱贫只是解决了贫困人口的基本生存问题，脱贫后贫困人口如何发展和致富的问题仍需要持续发力。盖志毅（2022）认为，扶贫攻坚着眼于全面建成小康社会目标如期实现，而乡村振兴着眼于农村经济社会发展的不平衡和不充分与农民日益增长的美好生活需要之间的矛盾。其二，脱贫攻坚依赖外生力量，乡村振兴需要发挥农民和市场主体性。王露璐（2018）认为，中国乡村是身处其中的农民之乡村，中国农民是中国乡村发展的主体，他们是乡村振兴发展的"在场者"，而不是"旁观者"。因此，在实施乡村振兴战略的过程中，应扩大战略实施范围，将全部农村地区和人口纳入振兴的对象范围，将各类优惠政策覆盖全体农村。在加大支持力度的基础上，充分发挥市场的作用，坚持农民的主体地位（王中原，2020）。同时，乡村振兴战略超越了脱贫攻坚阶段着力于贫困户和贫困地区的"点"，升华为全部农村人口和农村地区的"面"；超越了行政手段为主，升华为市场与行政手段相结合；农民为主体，超越了外生力量依赖，升华为内生力量依赖（盖志毅，2022）。叶敬忠等（2018）认为，脱贫攻坚和乡村振兴的核心都是通过对农业、农村、农民和农地等系统的优先性和综合性的现代化改造而推动中国城乡社会结构和关系的总体性变革。但二者指涉的对象、面向的点，以及依靠的力量存在根本性差异。

因此，乡村振兴对脱贫攻坚的超越与升华，需要我们重新审视乡村，更深入地调查与认识当代乡村的新变化与新特征。

3. 新社会转型视角下乡村发展的新需求

王春光（2021）认为，新社会转型不再是过去的二分或三分格局下的社会形态转化，而是迈向多元边界融合、模糊化、重组和更新的社会形态。在新社会转型期，传统与现代、农村与城市、一二三产业区域边界等趋于模糊、融合并产生新样态。在新社会转型视角下，城乡关系不再是二元对立的状态，也不单纯是工业与农业的产业关系，或城市与乡村的地缘关系，或农业与非农业的人口关系，而是人口、地缘、产业交织的综合关系。

在该视角下，乡村与城镇和城市密切联系，相互融合发展。也只有从县域视角促进城乡融合发展，才能真正实现乡村振兴（王春光，2020）。同时，乡村振兴战略推动农业全面升级、农村全面进步、农民全面发展，不能被简单理解为"工业取代农业""城市取代乡村""市民取代农民"的乡村现代化过程（王露璐，2021）。换言之，乡村振兴是城乡融合发展，是城乡边界的融合与重组。在推动农业、农村、农民全面进步发展的同时，要回答和解决乡村发展"为了谁"和"依靠谁"的问题。

在新社会转型视角下，乡村振兴的出发点在于融合发展。中国乡村社会大调查以县域研究为视角，充分考虑城乡融合、乡村三产融合和农民身份多样性的特征，以云南省为样本进行系统调查研究。

（二）现实需求：学界缺乏以乡村社会为研究对象的大型专题调查

1. 已有中国大型社会调查缺乏对乡村的专题调查

中国大型社会调查收集不同时间维度的资料，建立追踪或历时横截面的数据库，以反映我国的现代化进程。国内目前有 7 个大型社会调查项目，包括中国家庭追踪调查（CFPS）、中国综合社会调查（CGSS）、中国社会状况综合调查（CSS）、中国健康与养老追踪调查（CHARLS）、中国家庭金融调查（CHFS）、中国劳动力动态调查（CLDS）和中国教育追踪调查（CEPS），根据各主题收集关于社会、社区、家庭、个人等多个层次的数据，但缺乏对乡村的专题调查。一直以来，围绕如何推进农村社会现代化的实现，中国农村经历了 20 世纪 30 年代兴起的乡村建设运动，21 世纪的新农村建设、精准扶贫战略和乡村振兴战略等发展阶段。中国农村百年发展史可以看作农村现代化进程史，中国农村社会的维续和发展，表明社会转型与现代化并未在结构上终结农村（陆益龙，2021），农村现代化发展依然具有较大空间。在一定程度上，全面建设社会主义现代化国家，实现中华民族伟大复兴，最艰巨最繁重的任务依然在农村，最广泛最深厚的基础依然在农村。乡村是我国全面实现现代化的短板，这就要求社会科学界有较多以乡村为专题的大型社会调查。

目前大型乡村社会调查中影响较大的是广东千村调查。广东千村调查以广东乡村为研究对象，从精准扶贫战略、乡村治理、乡村生态环境、乡村教育、乡村土地改革、乡村金融改革等角度出发，每年采集广东省乡村发展的微观数据。但不足的是，广东千村调查只收集了量化数据，缺乏质性数据的收集。事实上，定量数据能够从"面"上反映乡村社会发展情况，但对村庄具体的社会现象和问题的分析还需要借助定性研究。

2. 传统上关于乡村的研究主要以质性研究为主

20 世纪二三十年代的乡村建设学派是近代早期乡村研究中有较大影响力的学派。该学派主张试图通过兴办教育、改良农业、流通金融、提倡合作、办理地方自治与自卫、建立公共卫生保健制度以及移风易俗等措施，复兴日益衰落的农村，实现"民族再造"与"民族自救"。到了20世纪三四十年代，魁阁学派也广泛开展了对后世颇有影响力的乡村研究，魁阁学派主张通过不断开展社会调查认识中国乡村社会乃至整个中国。1939年至1946年，短短七年间魁阁学派完成了以《云南三村》为代表的一批研究乡村的经典作品，创造了中国社会学、人类学和民族学的学术研究高峰（何明，2019）。21世纪前后，对"三农"问题的研究日益为学界所重视，并逐渐形成了一些以学派形式出现的"三农"研究团体。最有代表性的一个研究团队是以贺雪峰为核心的"华中乡土派"。该学派致力于扎根农村田野，从对村民自治到乡村治理研究，一直延伸到对农村社会运作逻辑的研究，以理解当下农村社会及其转型过程。另一个是以周飞舟为核心的"乡土社会基础派"。该学派强调乡村产业发展和乡村社会治理的社会基础的韧性。只有充分认知和发挥乡村社会原有的社会基础作用，才能实现乡村可持续发展。

对中国乡村社会的研究具有较大影响力的学派主要以个案式的质性研究为主，如《云南三村》中的《禄村农田》和《易村手工业》是费孝通先生深入云南省楚雄州禄丰市大北厂村、李珍庄村调查后取得的重要成果；《玉村农业和商业》是张之毅先生在玉溪市红塔区玉带街道中卫社区（玉村）深入调查后取得的重要成果（杨春华，2021）。他们希望通过深入某一具有代表性的村庄开展田野调查，"解剖"特定类型的村庄来认识整个乡村社会全貌。

中国乡村研究有长期的定性传统，但在社会加速变迁的背景下，面对新形势、新问题，也需要结合定量调查方法。马戎（2012）认为，"微型社会学"以小集体或大集体中的小单位（如村落、街区、企业、学校）为研究对象去分析其中各种关系的活动机制。以定性研究方法为主的中国乡村研究可视为"微型社会学"研究的典范，其逻辑出发点在于通过细致入微地"解剖"某个特定乡村，帮助我们认识和了解其他乡村的特点及各部分的功能。所以，乡村社会调查既需要"微型社会学"的定性研究，"解剖"好特定类型的乡村，也需要以整个乡村社会为研究视角的定量研究，二者的结合是目前乡村社会调查研究的趋势。

总体而言，近十几年来，国内各高校和科研机构启动了多项大型持续性调查项目，推动了国内以数据为驱动的实证社会科学研究，加深了对中国诸多现实问题的理解。但是，随着时代发展，现有调查项目的弊端也日趋明显。一是这批大型调查项目往往反应不够灵敏，对于不断涌现的新的重大社会议题不能及时有效地提供数据支持；二是难以满足各省各地区对优质调查数据的需求；三是形成的数据结构单一，仅为问卷调查数据。国内大型社会调查较少将定量与定性研究贯穿于整个研究过程，在缺乏借鉴、对话的同时也给了我们进一步的整合空间。

二　中国乡村社会大调查的方案设计

（一）设计理念

党的十八大以来，以习近平同志为核心的党中央把脱贫攻坚摆在治国理政的突出位置，全面打响脱贫攻坚战。2021 年中央一号文件将"全面推进乡村振兴、加快农业农村现代化"作为主题，标志着"三农"工作重心的历史性转移。2022 年中央一号文件明确部署 2022 年全面推进乡村振兴的重点工作。云南是传统农业大省，也曾是全国贫困县数量最多的省份。按照国家统计标准，2012 年底，云南省贫困人口超过 880 万人，其中少数民族贫困人口占比接近一半（46.4%），脱贫任务非常繁重。全省各族人民经过 8 年持续奋斗，2020 年云南如期完成了新时代脱贫攻坚目标任务，困扰云南千百年的绝对贫困问题得到历史性解决。在当前与今后一段时期，巩固拓展脱贫攻坚成果、接续推进乡村振兴是云南省非常重要的任务。

作为云南省唯一的"双一流"高校，主动服务和融入国家发展战略，服务云南经济社会发展是云南大学的重要使命。从 20 世纪 40 年代云大社会学系的"魁阁"学术共同体不畏艰难、坚持初心，试图以社会调查实践的科学方法探索云南乃至整个中国的社会问题，产生了以《云南三村》为代表的影响深远的系列学术著作，再到 21 世纪初云南大学组织开展的覆盖全国 55 个少数民族的"中国民族村寨调查"，真实书写中国少数民族半个世纪的经济社会变迁历程及文化态势。一路走来，云南大学一直积极探索中国特色社会主义大学的建设之路。

在"十四五"期间，云南大学以主动融入和服务国家战略为目标，举全校之力，设立重大专项课题"中国乡村社会大调查"。该调查将紧紧围绕铸牢中华民族共同体意识、推动新时代民族工作高质量发展的时代要求，以及乡村"产业振兴、人才振兴、文化振兴、生态振兴、组织振兴"的全面振兴，扎根云岭大地，彰显优势特色，深化内涵发展，为加快构建中国特色哲学社会科学学科体系、学术体系、话语体系，为民族地区现代化发展提供科学的决策依据及全面的治理视野，为我国实现第二个百年奋斗目标、最终实现中华民族伟大复兴提供云南样本，为全球人类命运共同体建设贡献中国方案、中国智慧。

（二）主要创新点

"中国乡村社会大调查"立足云南乡村的民族团结进步和经济社会发展，旨在搜集一套包含县、村、家庭、个人在内的多层次、科学性、可视化的"乡村发展数据库"，包括"定量研究""质性研究""社会工作服务实践""文献资料集成"四个子项目。开发一个基于数据可视化功能的"云南乡村振兴数据库"，成为集中展示和动态管理云南乡村振兴发展的数据集成创新与智能化应用平台。该调查在研究理论和方法上具有如下三大创新之处。

1. 以服务和融入国家发展战略为目标

云南既是我国经济社会发展比较落后的农业大省，又是我国民族最具多样性的省份，也是最能同时融合、反映和衡量民族团结进步与乡村振兴这两大"时代之问"的省份。云南大学充分发挥自身学科优势，调查主题涵盖民族团结、民族进步、守边固边、乡村发展、共同富裕等多项重要内容，在全国具有唯一性。此外，通过调查能够总结中国共产党领导边疆民族地区社会主义经济社会建设实践的成功经验。

2. 以县域研究为视角，着力构建中国特色哲学社会科学研究

本调查的创新点是以县域为视角考察乡村，不同于以往以基层乡村单位为视域的调查。自古以来，作为国家治理体系中的重要行政单元，县域既是联结城乡两端的社会经济活动交汇点、城乡融合发展的重要切入点，也是一个相对系统、独立的社会形态。在以往研究中，县域经济一直受到学术界和政府的关注，但有关县域社会的研究则比较匮乏。传统社会学、民族学、政治学等更注重对村庄社会、乡镇社会的研究，较少以县域为分析单元来开展研究。主要原因是县域内部社会多样性明显，难以找到有效的研究方法。"中国乡村社会大调查"以国家乡村振兴战略为抓手，突破以往大型社会调查项目"只见村居、不见县域"的局限性，在全省范围内通过科学系统抽样进行混合数据搜集与分析。以本土化视角研究民族、贫困等问题，有助于构建中国特色哲学社会科学研究，充分体现中国哲学社会科学研究的中国特色、中国风格、中国气派。

3. 采用混合调查研究模式，建立学术研究新范式

"中国乡村社会大调查"创新性地构建了"定量+定性+社会服务实践+文献资料集成"的调查设计。首先，调查采用分层、多阶段与人口规

模成比例（PPS）的概率抽样方法，以云南省 129 个县（市/区）级行政单位①为抽样总体，将脱贫县/帮扶县作为第一个显性分层指标，将少数民族自治县/非少数民族自治县作为第二个显性分层指标；按照贫困县、自治县、边境县、山区县、城市化率以及人均 GDP 为分层指标，进行内隐分层抽样。按照以下规则进行重复抽样：一是所抽出的边境县至少为 8 个；二是所抽出的自治县至少为 8 个；三是所抽出的县中包含河口县。在 Stata 中按规则重复抽样 10000 次，同时满足以上三个条件的抽样方案共有 57 个。选择其中最佳的一套方案为初级抽样单元（PSU 样本），见表 1。

表 1　云南省 30 个县（市/区）PSU 样本

行政区划代码	州/市名	区/县名	帮扶类型	是否自治县	是否边境县	地形	城市化率（%）	人均GDP（元）
530103	昆明市	盘龙区	非脱贫县	否	否	半山半坝县	93.84	90009.2
530128	昆明市	禄劝彝族苗族自治县	省级帮扶县	是	否	山区县	40.86	34939.7
530302	曲靖市	麒麟区	非脱贫县	否	否	坝区县	78.41	83091.2
530303	曲靖市	沾益区	非脱贫县	否	否	坝区县	48.10	68094.4
530322	曲靖市	陆良县	非脱贫县	否	否	坝区县	39.05	38972.7
530481	玉溪市	澄江市	非脱贫县	否	否	半山半坝县	47.06	80711.0
530521	保山市	施甸县	省级帮扶县	否	否	山区县	21.51	30885.1
530523	保山市	龙陵县	脱贫非帮扶县	否	是	山区县	24.72	39762.6
530622	昭通市	巧家县	国家级帮扶县	否	否	山区县	32.15	19596.6
530623	昭通市	盐津县	国家级帮扶县	否	否	山区县	32.25	16619.3
530625	昭通市	永善县	国家级帮扶县	否	否	山区县	39.14	36742.8
530724	丽江市	宁蒗彝族自治县	国家级帮扶县	是	否	山区县	39.97	23805.3
530821	普洱市	宁洱哈尼族彝族自治县	脱贫非帮扶县	是	否	山区县	42.33	37661.9
530829	普洱市	西盟佤族自治县	省级帮扶县	是	是	山区县	38.37	26738.2

① 云南省共 129 个县（市/区）级行政单位，其中包含 27 个国家级帮扶县、30 个省级帮扶县、31 个脱贫非帮扶县和 41 个非脱贫县。

续表

行政区划代码	州/市名	区/县名	帮扶类型	是否自治县	是否边境县	地形	城市化率（%）	人均GDP（元）
530902	临沧市	临翔区	脱贫非帮扶县	否	否	山区县	57.12	43901.2
532329	楚雄彝族自治州	武定县	国家级帮扶县	否	否	山区县	37.80	40672.0
532527	红河哈尼族彝族自治州	泸西县	脱贫非帮扶县	否	否	坝区县	36.81	36550.0
532530	红河哈尼族彝族自治州	金平苗族瑶族傣族自治县	国家级帮扶县	是	是	山区县	26.96	24081.3
532532	红河哈尼族彝族自治州	河口瑶族自治县	非脱贫县	是	是	山区县	60.27	96135.2
532625	文山壮族苗族自治州	马关县	国家级帮扶县	否	是	山区县	34.36	35220.8
532823	西双版纳傣族自治州	勐腊县	脱贫非帮扶县	否	是	半山半坝县	43.28	41278.9
532924	大理白族自治州	宾川县	脱贫非帮扶县	否	否	坝区县	30.94	37903.0
532925	大理白族自治州	弥渡县	省级帮扶县	否	否	半山半坝县	37.01	28226.9
532927	大理白族自治州	巍山彝族回族自治县	省级帮扶县	是	否	半山半坝县	44.37	29636.5
532929	大理白族自治州	云龙县	省级帮扶县	否	否	山区县	28.04	37343.5
532932	大理白族自治州	鹤庆县	脱贫非帮扶县	否	否	半山半坝县	33.68	39303.6
533102	德宏傣族景颇族自治州	瑞丽市	非脱贫县	否	是	坝区县	77.96	55702.1
533123	德宏傣族景颇族自治州	盈江县	省级帮扶县	否	是	坝区县	36.02	37725.5
533325	怒江傈僳族自治州	兰坪白族普米族自治县	国家级帮扶县	是	否	山区县	46.14	42170.0
533422	迪庆藏族自治州	德钦县	国家级帮扶县	否	否	山区县	15.85	72109.8

调查设计了"4 个大县"和"38 个小县"的抽样调查思路，其中 4 个大县具有县级代表性，而"4 个大县"和"38 个小县"共同构成具有省级代表性的样本。中国乡村社会大调查团队用实验思路对 4 个大县进行实验组、对照组的比较分析，根据粗化的精确匹配方法对抽出的 30 个样本进行

匹配模拟，得出 4 个大县，见表 2。

表 2　4 个大县的选择

类型	县名	属性
国家级帮扶县	宁蒗彝族自治县	自治县、非边境县、山区县
省级帮扶县	弥渡县	非自治县、非边境县、半山半坝县
脱贫非帮扶县	勐腊县	非自治县、边境县、半山半坝县
非脱贫县	河口瑶族自治县	自治县、边境县、山区县

在抽取 30 个 PSU 样本之外，结合云南大学对口县帮扶和国家乡村振兴示范县建设情况，增列 12 个县（市/区）为补充样本，包括大理市、元阳县、红河县、腾冲市、沧源佤族自治县、贡山独龙族怒族自治县、澜沧拉祜族自治县、新平彝族傣族自治县、永仁县、建水县、姚安县、凤庆县。在 42 个样本县（市/区）中获得下辖的行政村清单和人口、经济指标，抽取 348 个行政村（SSU 样本）；在 SSU 样本中，制作住户名册，而后抽取相应的住户样本；在抽中的名册住户样本中，各随机抽取 1 名 16～69 岁的具有中华人民共和国国籍的受访者。2023 年 1 月至 3 月开展问卷调查，共计采集 42 个县（市/区）、348 个行政村、696 个自然村和 9000 多个农村家庭的大样本问卷调查数据。问卷包括村居问卷和个人问卷，内容主要围绕乡村人口、土地、教育、治理、经济、文化、生态等领域。

其次，重点围绕"乡村五大振兴"和"铸牢中华民族共同体意识"，结合各县（市/区）课题负责人的研究专长，在样本县（市/区）开展质性研究，主要包括与县/乡镇/村干部的座谈、深度访谈和参与观察，以形成县域研究报告和"乡村振兴案例库"。

再次，在样本县（市/区）内选取几个样本行政村进行乡村振兴的社会服务工具包开发，并开发积极干预乡村振兴的 4 个社会服务工具，解决乡村振兴服务"最后一公里"问题。一是社工站服务乡村振兴的建设与服务工具包；二是儿童早期发展指导工具包；三是针对具有心理问题倾向或疾病的青少年的干预工具包；四是农村社区居家养老服务工具包。

最后，对云南省乡村研究相关"文献数据"进行收集、集成与研究。一是云南大学自有相关研究成果。包括从 20 世纪三四十年代费孝通等一批享誉世界的学术精英在昆明呈贡"魁星阁"开展田野调查研究的《云南三村》《生育制度》《祖荫下》《芒市边民的摆》等传世经典，到 21 世纪初云南大学开展的全国少数民族村寨调查形成的系列丛书，再到云南大学各学科扎根云南的优秀研究成果。二是对云南省各县基础人口、经济、社会、地理数据进行搜集，并着重搜集调查所覆盖的42个县（市/区）的相关多维数据，最终与调查数据合并形成"云南乡村社会发展数据库"，着力提升社会科学基础理论研究与应用对策研究的融合发展水平，为云南乡村振兴和民族团结进步示范区建设提供智库支持。

三　对中国乡村进行混合研究的几点思考

（一）国外混合研究的4种类型

混合研究作为调和量化研究与质性研究矛盾的"第三条道路"，肇始于20世纪50年代实证主义与建构主义之争，20世纪60年代后实用主义哲学基础确立奠定其理论根基，至20世纪80年代后研究步骤与策略的突破，迎来第三次方法论运动（尤莉，2010）。目前混合研究已成为学术界公认的实证研究三大范式之一（Johnson et al.，2007）。在经历了70多年的发展历程后，混合研究在国外已得到广泛应用，并且形成了4种类型的混合研究方法设计，包括三角互证设计、嵌套型设计、顺序解说型设计、顺序探究型设计（Creswell & Clark，2007）。

1. 三角互证设计

三角互证就是同时收集量化和质性这两类数据，并分别对其进行分析，将其结果相互比较、相互佐证（如图1所示）。三角互证设计认为，任何一种资料和方法都会存在偏差，只有纳入多种资料与方法进行相互验证，才能保持中立、客观，避免因偏差而得出错误的结论（Fielding，2012）。但当量化和质性分析的结果存在显著差异时，可能需要重新收集更多的数据以解决这种量化和质性结果不一致的问题，从而需要花费更多的人力和物力。

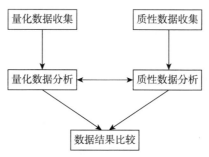

图1　混合研究三角互证设计图示

2. 嵌套型设计

嵌套型设计把不同类型的数据混合在一起，研究者可以将定性数据嵌入定量框架中，也可以将定量数据嵌入定性框架中。这种设计方法是在量化和质性研究中选择一种研究方法为主，另一种研究方法为辅（如图 2 所示）。采用这种方法的前提是量化或者质性研究所拥有的信息不足、不充分，需要运用另一种研究方法收集相应的数据来回答不同的问题，起到补充说明的作用。

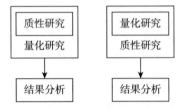

图 2 混合研究方法嵌套式设计图示

3. 顺序解说型设计

顺序解说型设计的目的是先进行量化数据的收集和分析，再用质性材料来解释初步的量化结果（如图 3 所示）。顺序解说型设计主要适用于以下三种情形：（1）需要用质性资料来解释量化研究部分显著或不显著的结果、极端的结果、与假设相矛盾的结果和出人意料的结果（Morse，2005）；（2）根据量化结果进行分组，通过质性研究追踪不同组别的情况（Tashakkori & Creswell，2007）；（3）利用量化研究的实验参与者特征，引导后续质性研究阶段的实验参与者取样，但是这种设计也存在一定的缺陷，需要研究者对两个相对独立的研究环境花费较长时间进行数据收集。

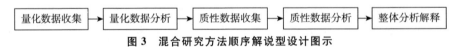

图 3 混合研究方法顺序解说型设计图示

4. 顺序探究型设计

与顺序解说型设计策略相反，这一模式的特点是首先进行质性研究数据的收集和分析（如图 4 所示）。顺序探究型设计适合于通过对定性资料的主题归纳分析，制定相应的问卷。所以，当缺乏现成的问卷或对某一现象缺乏相应的了解时，该设计能够很好地帮助研究者探索某种社会现象，为研究者确定关键变量，并在此基础上制定问卷。因此，这种研究设计是用量化的结果和数据来补充和说明质性研究的结论。这种研究设计适用于既想探究一种现象，又想拓展质性研究结果的研究。

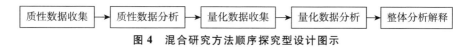

图 4　混合研究方法顺序探究型设计图示

　　以上是混合研究最常用的四种设计类型，研究者可以根据研究目的、研究内容以及对研究方法的掌握程度，选择合适的混合研究设计模型。

　　改革开放以来，中国乡村社会快速发展，呈现巨大的差异。从宏观层面来看，人口与资源分布的不均衡性以及地区之间发展的不平衡性使得不同地区的乡村发展存在较大差异；从微观层面来看，不同类型的乡村具备不同的资源禀赋条件，由此形成了乡村发展的不同动力与阻力。因此，巨大的差异性使乡村社会在发展进程中折射出的社会问题较为复杂，需要我们采取混合研究方法研究乡村社会。

（二）中国乡村调查进行混合研究的难点与应对

　　在国内的调查研究中，也涌现出越来越多的应用混合研究的案例。如李利文（2020）运用解释性研究设计对城市基层公共服务供给碎片化形成的组织逻辑进行研究；黄欢、任胜洪（2020）采用三角互证设计对乡村小规模学校教师专业发展困境进行研究。以上研究为我们运用混合研究方法提供了很好的经验，但正如徐建平等（2019）所指出的，目前在我国社会科学领域的研究中，混合方法研究范式在使用中往往定量方法与质性方法简单叠加使用，未能充分发挥这种研究范式的效用。同时，以上研究仅仅在资料的收集和分析中运用了混合研究方法，在其他研究维度如文献综述、抽样、结果解释等方面并没有运用混合研究方法。

　　一方面，混合研究的出发点和落脚点在于借助折中主义和三角测量法的理念，整合定量和质性研究方法来弥补实证研究中的逻辑解释的充分性，提升研究结果的可信度（臧雷振，2016）。在三角互证设计中，我们希望定量和定性资料分析同步进行，便于资料的相互验证；在嵌套式设计中，我们希望定量资料和定性资料互相补充；在顺序解说型设计中，我们希望通过定性资料解释量化研究的结果；在顺序探究型设计中，我们希望通过对定性资料的主题归纳分析，制定相应的问卷。以上四种设计类型都需要我们及时分析处理定量资料和定性资料，但在进行大型社会调查时，往往受到项目执行周期的影响，定量研究和定性研究几乎会同时进行，对问卷资料的分析具有滞后性，很难和访谈资料相互印证、相互检验。

　　另一方面，混合研究需要研究者有效掌握多种方法论工具，对一位研究者来说，同时要采用量化研究和质性研究方法可能会存在一定困难，特别是如果两种或多种研究方法要同时在一个研究中使用，困难会更加突出。一般而言，定性资料的收集主要是研究者带领学生一起完成，但定量资料的设计者通常不直接收集数据，而是通过招募访员集中完成，这导致在定量和定性资料的收集过程中，只是按照事先设计好的访谈提纲和问卷收集资料，缺乏沟通交流，也使得在之后的资料分析过程中两种资料缺乏互证、互补。

因此，如何在研究过程中将定量方法与质性方法有效结合并产生更好的解释力是社会研究方法领域面临的难题。中国乡村社会大调查在有效融合两种研究方法方面进行了尝试与突破。首先在抽样设计时充分考虑云南省情特征，将脱贫县/帮扶县和是否为少数民族自治县作为显性分层指标；以贫困县、自治县、边境县、山区县、城市化率以及人均 GDP 为分层指标，进行内隐分层抽样，共抽取 30 个样本县（市/区）和 12 个补充样本县（市/区）。其次，在抽取的 348 个行政村中选取部分行政村作为定性研究村。再次，通过问卷调查数据结果分析值得关注的问题，从而对定性专题研究进行规划与指导。最后，在研究问题的逻辑论证上，也充分运用定量和定性资料加以互证、互补。尽量避免定量研究与定性研究"两张皮"，将混合研究方法贯穿于整个调查和研究之中。

参考文献

冯丹萌，2019，《国际视角下脱贫攻坚与乡村振兴相融合的探索》，《当代经济管理》第 5 期。

盖志毅，2022，《从扶贫攻坚到乡村振兴：超越与升华》，《内蒙古农业大学学报》（社会科学版）第 1 期。

何明，2019，《"魁阁时代"社会科学中国化的实践》，《广西民族大学学报》（哲学社会科学版）第 6 期。

黄欢、任胜洪，2020，《外援抑或内生：乡村小规模学校教师专业发展的困境之思——基于混合研究方法的实证分析》，《荆楚学刊》第 3 期。

李利文，2020，《城市基层公共服务供给碎片化形成的组织逻辑——基于混合研究方法的实证分析》，《中国研究》第 2 期。

李小云，2021，《巩固拓展脱贫攻坚成果的政策与实践问题》，《华中农业大学学报》（社会科学版）第 2 期。

陆益龙，2021，《百年中国农村发展的社会学回眸》，《中国社会科学》第 7 期。

马戎，2012，《社区调查与中国社会学的"本土化"——纪念费孝通教授逝世 7 周年》，《青海民族研究》第 3 期。

邱泽奇，2020，《乡村振兴与城乡关系再探索：人口生计何以可转换？》，《社会发展研究》第 4 期。

王春光，2020，《县域社会学研究的学科价值和现实意义》，《中国社会科学评价》第 1 期。

王春光，2021，《新社会转型视角对乡村振兴的解读》，《学海》第 5 期。

王露璐，2018，《谁之乡村？何种发展？——以农民为本的乡村发展伦理探究》，《哲学动态》第 2 期。

王露璐，2021，《中国式现代化进程中的乡村振兴与伦理重建》，《中国社会科学》第 12 期。

王中原，2020，《精准识贫的顶层设计与调适性执行——贫困识别的中国经验》，《中国农业大学学报》（社会科学版）第 6 期。

徐建平、张雪岩、胡潼，2019，《量化和质性研究的超越：混合方法研究类型及应用》，《苏州大学学报》（教育科学版）第 1 期。

徐晓军、张楠楠，2019，《乡村振兴与脱贫攻坚的对接：逻辑转换与实践路径》，《湖北民族学院学报》（哲学社会科学版）第 6 期。

杨春华，2021，《费孝通先生"云南三村"调查的调研经验与启示》，《云南社会主义学院学报》第 2 期。

叶敬忠、张明皓、豆书龙，2018，《乡村振兴：谁在谈，谈什么？》，《中国农业大学学报》（社会科学版）第 3 期。

尤莉，2010，《第三次方法论运动——混合方法研究 60 年演变历程探析》，《教育学报》第 3 期。

臧雷振，2016，《政治社会学中的混合研究方法》，《国外社会科学》第 4 期。

张青、郭雅媛，2020，《脱贫攻坚与乡村振兴的内在逻辑与有机衔接》，《理论视野》第 10 期。

仲德涛，2021，《实现脱贫攻坚与乡村振兴有效衔接的路径选择》，《学习论坛》第 2 期。

Creswell, J. W. & Clark, V. L. P. 2007. *Designing and Conducting Mixed Methods Research*. California：Sage Publications，237.

Fielding, N. G. 2012. "Triangulation and Mixed Methods Designs, Data Integration with New Research Technologies." *Journal of Mixed Methods Research* 6（2）：124-136.

Johnson, R. B., Onwuegbuzie, A. J. & Turner L. A. 2007. "Toward a Definition of Mixed Methods Research." *Journal of Mixed Methods Research* 2（1）：112-133.

Morse, J. M. 2005. "Evolving Trends in Qualitative Research, Advances in Mixed-method Design." *Qualiative Health Research* 15（5）：583-585.

Tashakkori, A. & Creswell, J. W. 2007. "Editorial：The New Era of Mixed Methods." *Journal of Mixed Methods Research* 1（1）：1-5.

Chinese Rural Survey from a Mixed Research Perspective

——Taking the China Rural Social Survey as an Example

Qinghong Xu and Dewen Wang

Abstract：In the context of the national rural revitalization strategy, research on rural areas has become a hot topic in various disciplines in recent years. There is a lack of specialized research on rural areas in large-scale social surveys in China, while traditional research on rural areas mainly focuses on qualitative case studies. The lack of reference and dialogue also provides us with further integration space. The "China Rural Social Survey (Yunnan)" innovatively constructed a survey design of "quantitative+qualitative+social service practice+literature integration" from a mixed research perspective, using a stratified, multistage and proportional to population size (PPS) probability sampling method to collect large-scale survey data covering 42 districts and counties, 348 administrative villages, 696 natural villages, and more than 9000 rural households in Yunnan Integrate big data and literature data. At the end of the article, it is pointed out that the difficulty of conducting mixed research in large-scale social surveys is that quantitative and qualitative research execution often occurs simultaneously, and mixed research design needs to be implemented throughout the entire survey research process.

Keywords：Mixed Research；Rural Revitalization；Rural Survey

《混合研究视角下的中国乡村调查——以中国乡村社会大调查为例》评审意见

邱泽奇*

不只是在社会学学科，受社会学的影响，在几乎整个社会科学领域，都有定性定量的方法之争。争论的焦点覆盖了针对社会现象的从认识论到具体分析技术的几乎每一个层次，相关的文献汗牛充栋。尽管如此，我们依然可以将既有的争论归纳为三个基本问题。

第一，社会事物的属性、社会现象呈现的事物之间的关系是否可以用数值刻画？

第二，如果可以用数值刻画，那么如何刻画？如果不可以用数值刻画，那又如何刻画？

第三，数值刻画与非数值刻画是对立的还是兼容的？

其中，第三个问题是认识论问题，也是立场选择问题。任何一方都没有压倒性证据来证明自己的观点。人们熟知的论据无非支持定性方法的阵营强调社会现象和人类行为是复杂的，难以用简单的数值测量来捕捉；社会发展是多因促动的，且是动态的，不是单项指标可以解释的；社会文化是多样的，不存在先进落后之分，与数值大小在本质上的冲突等。因此，只能用定性方法进行探讨。而支持定量方法的阵营承认社会现象和人类行为是复杂的，却不是不可以用数值来捕捉的；社会发展是多因促动的、动态的，也是可以用多项指标来刻画的；社会文化是多样的，的确没有先进落后之分，数值大小的本质也不是区分先进落后，而是呈现差异性等。因此，定量方法是刻画社会事物的属性、呈现事物之间关系的有效方法。科学革命的发展历史也表明，社会科学的发展可以被归纳为计量方法向不同

* 邱泽奇，教授，北京大学中国社会与发展研究中心主任，北京大学数字治理研究中心主任，山西大学政治与公共管理学院院长，山西大学乡村振兴研究院院长。

学科领域渗透与应用的过程，生成式大模型的发展进一步证明了这一过程的最新进展。

如果一定要做选择，我历来的立场是，定性定量只是用于回答研究问题的工具而已。面对具体社会现象，两者既不是对立的，也不能说孰优孰劣。对我而言，主张由研究问题统领数据搜集与分析只是立场的选择；对不少同行者而言，即使向前迈进一步也还只是在单篇文章或单本著作中的实践。该文告诉我们，中国乡村社会大调查似乎走得更远，他们把定性定量的结合融入了大规模的数据搜集环节，用田野实践在回应相关的争论，带来的将不仅是单件学术作品，而且会影响一批学术研究的产出。

该文从社会现象的特征入手，解析研究问题的属性，明确指出了乡村振兴既是一个综合性的研究问题，也是一个动态性的、历时性的研究问题，除了对事物属性的刻画，还需要对事物之间关系的解释，以及对事物发展动态的理解。在此基础上，该文似乎走得更远。该文的主张是，除了在数据搜集环节混合定性与定量，还希望混合数据搜集环节和数据分析环节，即在整个研究进程中贯彻混合研究理念。

接下来，问题也随之而来。科学研究除了是一种理念，还是一项实践活动。理念，只有在落实到具体研究进程中时才能获得价值。数据搜集、数据分析、实践服务各自有不同的目标，也可能落到不同的实践主体，问题是，如何让多主体的实践可以协同回答同一个研究问题？文章第三节的第二点或许是需要详细展开或重点论述的，甚至应该置于文章的中心位置。遗憾的是，文章在介绍云南乡村社会大调查的设计及其在混合研究中的位置之后便力有不逮，没能对文章主张的"混合"展开探讨，而只是将其作为难点提出来了。

值得深入探讨的问题还有，用于多研究问题的概率性抽样调查通常要照顾多主题的基本变量测量，难以照顾到不同研究者对不同层次变量和同一层次变量对细节深入程度的不同需求。即使调查方有充分的资源可以利用，也难以满足研究者对变量广度和深度和诉求，理由是，那是研究者们的创新领域，在展开具体研究之前，或许研究者们自己都不甚明确或清楚。顺着这个逻辑，数据搜集者的定性访谈又在何种意义上呈现为研究者需要的广度和深度？针对什么研究问题的广度和深度呢？

如果希望从数据搜集环节便开展混合研究，除了调查设计和执行之外，如何让混合研究理念贯彻始终仍有更多议题有待探讨。

"过程-事件分析"方法作为乡村研究路径的回顾与反思

——兼谈费孝通"将心比心"的方法

谢 操*

摘 要："过程-事件分析"作为 20 世纪初中国社会学家乡村研究的重要方法，曾经掀起田野调查中的故事写作风潮。其相对于结构制度分析方法，具有捕捉动态、流动和鲜活的社会现象的特点，也对社会结构中的人具有"深描"的聚焦和关注，对于深化费孝通所说"人文世界"中的"心态"研究具有重要启发。本文通过回顾"过程-事件分析"方法及当代重要研究，认为其可被视作费孝通晚年反思"只见社会不见人"之方法论的重要实践。最后针对"过程-事件分析"方法所带来的问题和伦理困境，指出这种伦理困境可以在费孝通所提倡的"文化自觉"的文明关怀和"将心比心"的方法路径上得到自然化解。

关键词："过程-事件分析" 方法 心态 将心比心 文化自觉

一 "过程-事件分析"方法及其故事写作风潮

1. "过程-事件分析"方法概述

首先，针对结构制度分析方法偏重社会静态研究，孙立平（2001）提出"过程-事件分析"方法，希望通过此方法形成一种揭示和解释社会生活"隐秘"和"微妙"的社会科学。其指出过于偏重静态研究的结构制度

---

* 谢操，北京大学社会学系博士研究生。

分析方法有将制度结构与结果简单归因之嫌，容易忽视社会结构中鲜活的、动态的社会过程和偶然因素对研究主体所发挥的巨大作用。在他看来，从结构到结果，是一种简单的、抽象的逻辑归因，蕴含着强烈的决定论和目的论色彩。而过程因素的加入，可以帮助呈现复杂多元的因果关系，甚至超出了传统因果关系的视野，从而实现对动态情境的追求。因此其方法的基本思路是："力图将所要研究的对象由静态的结构转向由若干事件所构成的动态过程。"孙立平借用欧文·斯通在《梵高传》中针对梵高初次接触印象派绘画所发出的震撼来说明"过程-事件分析"方法为社会学研究注入的生命力：

> 这些画家使他们的画上充满了空气！正是这有生命的、流动的、充实的空气对画面中的物体起了作用。（孙立平，2001）

这种研究策略，"在对待社会现象的时候，就如同印象派画家将空气和阳光看作流动的一样，将社会现象看作流动的、鲜活的、在动态中充满着种种'隐秘'"（孙立平，2001）。

其次，事件是此种研究方法所关注的重点对象，也是促使研究者得以进入社会现象深层内核的切入点，通过对事件过程的描述与分析，静态的社会结构得以彰显，其社会生活主体之间更丰富的关系与情感等也可能得到解释。在这里，孙立平借用格尔茨有关巴厘岛斗鸡游戏中"深层游戏"与"浅层游戏"的区分，进一步指出"深层游戏"（斗鸡之荣誉）才是"过程-事件分析"所要获得的"事件"，而非简单以物质利益（斗鸡的金钱回报等）为目的的"浅层游戏"。

> 能够作为"过程-事件分析"对象的，就是能够真正展示事物深层逻辑（深层游戏）的那些过程和事件。（孙立平，2001）

他举"下岗"问题为例，指出"静态的结构分析"只会告诉我们第一产业、第二产业、第三产业总共能提供多少就业机会、劳动力人口有多少、结构性的失业及其严重性等。而从"过程-事件分析"研究策略来看，先将下岗看作一个事件，然后分析"下岗"的事件中更小的其他事件过程。即"通过对这个事件性过程的描述和分析，来揭示'下岗'这样一件事情中那些更为微妙的逻辑和机制"（孙立平，2001）。

最后，他认为"过程-事件分析"方法可以在一定程度上突破"国家与社会"理论框架的二元对立,调和乡村研究的国家视角与本土视角之矛盾。在当时的背景下,前一种视角过于强调国家制度结构对地方的渗透及影响,而后者则受到文化人类学家格尔茨"地方知识"概念的深刻影响,太过于强调地方的主动性,事事寻找本土性知识来解释,容易造成二者非此即彼的对立局面。事实上,在一个事件之中,国家和本土、正式和非正式、结构和文化等因素往往并非孤立存在,而是共同融入一个过程之中,"过程-事件分析"方法恰能把这种复杂的互动和建构过程整合起来进行呈现和研究。

同样,以乡镇为研究单位还是以村庄为研究单位,二者之间的矛盾也在运用"过程-事件分析"方法时得以解决。受"国家与社会"二元对立框架的影响,强调国家因素的研究往往选择乡镇作为研究单位,常常呈现国家作为绝对控制者的形象;而强调地方知识和本土文化资源的研究则选择乡村作为研究单位,呈现抽离国家的田园风光和自治实体形象。而"过程-事件分析"方法恰能作为突破这种二元对立的有益尝试。

2. "过程-事件分析"方法的经典研究与故事书写风潮

应星《大河移民上访的故事》可以视作"过程-事件分析"方法在乡镇和村庄中的经典应用,也是尝试突破国家与社会二元框架,从而走向动态过程分析的研究尝试。其通过对"修水库冲刷耕地"这一问题事件的动态挖掘,展现这一问题背后引发的无数叠加问题,搁置传统官民对立冲突的研究框架,细致展现每个事件的动态过程和其背后复杂的勾连关系,将基层民众上访的多重利益诉求与官僚体制内复杂的层级关系、处事逻辑等充分展现出来,并深刻地看到差序格局、人情、面子和"普通人的国家理论"(项飙,2010)等在其中发挥的"策略"作用:

> 当由于修水库而淹没或冲刷了耕地的时候,"问题"本身就已经自然地存在了。但自然存在的问题,并不意味着进入"解决的日程"。我们可以看到,在上访的农民一方,目标是使得由于建电站造成的耕地损失以及由此提出的赔偿要求,能够成为一个"问题",即成为一个被政府承认并加以解决的"问题"。而在政府一边,则面临的是对问题的接受和以政府的方案加以解决的问题……大河电站上访事件研究表明,国家与社会两分法是过于简单化的,其中很难将这些层次简单地归结为国家与社会两方面。(应星,2001)

应星在其书的开篇就提到其受到老师孙立平"过程-事件分析"方法

的影响，指出此方法在其著作酝酿、讨论和行文的整个过程中都产生了非常重要的影响（应星，2001：1）。但该书比一般的"过程－事件分析"方法研究更出彩之处在于其将"过程－事件"用故事的方式叙述出来，并将其与理论分析分开，把理论分析置于尾注部分。

之所以要用故事书写的方式，有两个原因。

首先，故事可以帮助展现事件背后的多元隐喻，把那些非线性和多义的关系呈现出来，呈现结构和制度之外更复杂的必然性和偶然性，挖掘行动与结构之间复杂的动态勾连关系（应星，2001：340）。

其次，通过故事的方式保留结构与正式制度之外"沉默的大多数"。

行文至此，应星进一步澄清了"过程－事件分析"方法及当前一些社会学、人类学研究流行的讲故事方法所存在的问题。首先，"过程－事件分析"方法所呈现的故事并不是为了描述而描述，即不是像一般文学书写那样天马行空地虚构和塑造故事情节和人物形象。作为社会学视角下的研究，仍然要在材料的基础上通过"深描"的方式呈现"行动与制度之间复杂的、适合的因果关系"。其次，"过程－事件分析"方法也不是像自然科学那样呈现一般性和客观性的规律，而是要发现线性叙事之外的更多元丰富的因素，即在单线叙事中被忽略的"沉默的大多数"，而这些"沉默的大多数"往往是传统社会学研究所忽略的，也属于费孝通晚年所提出来的"只可意会"的领域。

而关于将正文的故事与理论分析分开的安排，应星指出，把理论分析写在注释里，不让理论分析来切割叙事：

> 正文之所以用日常语言来写，是想尽可能详细地将事件整个的过程与背景勾画出来。而辅线上的尾注尽管无法像正文那样连贯地阅读，但我却尝试使它们之间产生某种结构性的关联，就如同音乐中的"变奏"一样。（应星，2001：352～353）

> 这样处理，主要是为了将故事的场景建构得更"逼真"一点，使叙事效果的完整性不被破坏，叙事材料的生命力不被我个人的理论视角所阉割。从某种意义上说，本书的叙事是一种隐喻，所以，突出事件的细节正是为了尽可能地保持理解和诠释空间的开放性。（应星，2001：352～353）

社会学研究者张静曾在《基层政权：乡村制度诸问题》中就结构制度

分析方法与"过程-事件分析"方法二者之间的辩证关系与各自的优缺点做过论述，其指出"结构制度分析方法的主要追求和论证目的不在于描述社会现象，也不在于资料收集，而在于评估一种作为认识工具的分析概念或框架"（张静，2018：XXXI）。张静同时也对自身所倡导的结构制度分析方法及其框架做了一定的反思，承认结构制度分析框架容易带来"前见"切割真实，导致"使用定义的真实去理解事实的真实"之问题。与此不同，应星采用故事书写的方式，且将连贯叙事与理论分析用正文与尾注的方式分开，正好避免了这种切割，尽最大努力理解"事实的真实"。

3. "过程-事件分析"方法的问题及故事书写的滥觞

"过程-事件分析"方法及其故事的呈现方式曾掀起过社会学研究乡村的写故事风潮。以华中乡土派[①]为代表的乡村基层治理研究就曾明确表示"过程-事件分析"方法给他们提供了本土化的社会学理论资源和方法指导（贺雪峰等，2007），同时也为他们拒斥"有色眼镜"的西方理论提供了一定支撑（吴毅等，2005）。其更在之后的研究中将此种方法运用到对基层选举的观察中，把选举视作"搅动原有村庄日常政治逻辑，激活和牵扯日常乡村生活中长期层累的种种关系和矛盾网络之事件"，而把这一选举事件牵扯出来的村庄政治及其背后隐秘的、流动的社会关系呈现出来，就能一窥乡村社会基层治理的秘密所在（吴毅等，2005）。因此，华中乡土派的乡村治理研究大部分采取此方法并以故事叙述的方式呈现。

但正如应星所批评的那样，以华中乡土派为代表的研究虽然兼采"过程-事件分析"策略和多个案比较分析。但对此方法的代表性问题没有足够的自信，而是急着追求多个案比较。注重叙述的广度而非深度，导致他们的研究仅做了简单的描述而非对深层次问题的揭示。

> 因为他们看到了过程-事件分析策略对于他欲探究村庄内部关系的适用性，却又担心自己只作一个村的调查，无法展现选举参与的丰富性……（应星，2005）

格尔茨在巴厘岛研究斗鸡时区分过"浅层游戏"和"深层游戏"，指出为了获得荣誉的斗鸡是一种"深层游戏"，而为了金钱回报的物质利益的斗鸡只是一种"浅层游戏"。探寻当地人的文化内核需要拨开"浅层游戏"的迷障达致"深层游戏"的阐释。格尔茨用"眨眼示意"来形象地

① 参见应星（2005）文章对华中乡土派的定义。

比喻不同情境下的不同人物通过"眨眼"所传达的多元意义解释系统。人类学家的目的就在于通过解释不同层次的"眨眼"而达致一种"深描"状态，从而获得对当地社会文化核心问题的理解与揭示（格尔茨，2014）。而华中乡土派的问题则在于，一方面，其并没有深刻领悟和实践好"过程-事件分析"方法的内核，陷入了代表性问题的无谓挣扎中；另一方面，其对西方理论的拒斥很容易导致简单滑向完全依赖田野调查的纯粹描述，忽略了研究的本质仍然是要通过叙事来揭示问题，不是为了写故事而写故事。

总结下来，可以看到"过程-事件分析"方法存在的三个问题。

首先，"过程-事件分析"方法容易让缺少理论的研究者形成对此方法的过度依赖，滑向完全依赖田野调查的故事写作，最后变成"为了叙述而叙述"。缺乏理论涵养和自省的描述最后很可能变成一种统计学描述和新闻式报道，很难为揭示真正社会核心问题提供社会学的深层次理解。

其次，"过程-事件分析"方法所带来的故事书写不应该是抓住什么都写，而是要抓住"深层游戏"之事件过程。这对研究者的理论涵养与田野实践能力有极高的要求，在"深层游戏"主体书写之外能兼顾应星所说的"沉默的大多数"则更是难上加难。

最后，"过程-事件分析"方法本身所带有田野调查的伦理矛盾，即好的"过程-事件分析"要求参与观察者需要对研究对象与事件有更深入的了解和接触，但这就不可避免地涉及暴露研究对象更多的隐私。如何平衡这二者的关系并让有关这二者关系的讨论不成为一个循环论证的问题，可能需要到下一部分有关费孝通"将心比心"田野调查方法的讨论时才能得到进一步探讨。

二　方法论思考与自省：将心比心的"客观性"

结合上面我们所讨论的"过程-事件分析"方法之特点与困境，下文将简要回顾费孝通早年乡村研究方法论的特点，并进一步论述费孝通晚年转入人文世界"心态"研究思考之后所提出的"将心比心"方法路径。本文尝试对以上提到的"过程-事件分析"方法的问题做出解答并给未来的"心态"研究更多启发。

1. 从"生态"到"心态"：费孝通乡村研究路径回顾①

费孝通先生的乡村研究方法和路径可以概括为从"生态"到"心态"，从早期追求典型性的类型比较法，到突破代表性问题建立在文化自觉和"将心比心"方法之上的"人文世界"研究。其方法论的形成与发展可以从费先生的师承、实地研究及晚年由人类学家利奇所激发的方法论思考与反思中得到线索。

费孝通早期的"生态"研究与类型比较法受到以吴文藻为代表的燕京学派"社会学中国化"研究方法体系和英国功能主义人类学大师马林诺夫斯基的影响，由此发展出追求典型性和整体视野的"类型比较法"和解剖麻雀式的微型研究。

以吴文藻为代表的燕京学派深受芝加哥学派社区研究方法和英国功能主义强调整体视野的方法影响。结合中国实际，吴文藻对芝加哥学派社区研究方法更为青睐，认为其不仅能避免之前普通"社会调查"只捕捉静态社会事实，止步于描述阶段的情况，还能对以乡村为主体的中国社会进行深入地微型解剖，从而通过类型比较以了解中国社会（吴文藻，2010）。而功能主义所带来的整体观视野，让燕京学派尝试在乡村社区研究的基础上进行整体性的比较，从而形成最早的以类型比较法为基础的一大批研究成果。

费孝通的《花篮瑶社会组织》、《江村经济》和《禄村农田》等都是在这些方法论和研究视野下得出的成果，同时也是费孝通从社会调查向社区研究转变的实践。其中，他将《禄村农田》视作"表现了社区研究的方法"，并在之后的文章中将这种以乡村为单位的社区研究总结为"微型研究"，在此之上进行类型比较从而达到总揽全局认识总体社会特征的目的。

而费孝通晚年在回应弗里德曼和人类学家利奇的质疑时更进一步言明了何为类型比较法。针对弗里德曼有关村庄研究提出的问题，费孝通回应只有把其共性与特殊性搞清楚，才能避免弗里德曼所说的"局部概论全体"和"满足于历史的切片"（费孝通，1981）。1990年，针对人类学家利奇就《江村经济》所提出的方法论质疑："个别社区的微型研究能否概括中国国情"，费孝通在《人的研究在中国——缺席的对话》一文中首次予以回应：

中国各地的农村在地理和人文各方面的条件是不同的，所以江村

---

① 此部分得到北京大学社会学系在读博士研究生任春旭的诸多启发，特此致谢。

不能作为中国农村的典型……但如果我们用比较方法把中国农村的各种类型一个一个地描述出来，那就不需要把千千万万个农村——地加以观察而接近于了解中国所有的农村了。（费孝通，1990）

但费孝通并不满足于此，其在 80 年代中期开展的有关小城镇的研究就已经开始对"类型比较法"进行了进一步反思，并朝着"人文世界"的"心态"领域迈进。改革开放后重获第二次学术生命的费孝通仍然以"行行重行行"的精神进行着小城镇研究，而这些研究则为他反思"类型比较法"并开启"人文世界"的转向提供了丰富的实地材料和经验感。在随后开展的"苏南模式"、"温州模式"和"珠三角模式"等研究中，前两者虽然从形式上看有很大差异，但最后都落脚在以"家庭"为单位，并形成了集体凝聚力与商业活力并存的发展模式。这不得不让他开始思考社会结构之中更重要的伦理文化与个人因素。与之前从燕京学派类型比较法的传统中回应利奇有关方法论的质疑不同，1996 年费孝通在《重读〈江村经济·序言〉》里再次谈到了利奇有关类型比较法的质疑，并在类型比较法的基础之上"又有所启发"，指出人文世界中的"整体"与数学"总数"之差别。这已经超越了传统类型比较法从"足够多的类型进行比较，从而逼近整体社会事实"的路径（费孝通，1996）。

费孝通在此转向中提出了有关人文世界的研究，开始尝试迈入人文世界中有关"心态"和"只可意会"领域的探索，这也是他反思"社会学只见社会不见人"的阶段性成果。对此的进一步阐发，是他在 2003 年发表的《试谈扩展社会学的传统界限》。这篇文章指出社会学的研究不仅要关注社会学"科学"的面向，而且需要关注社会学"人文世界"的面向，尤其是"只能意会，难以言说"的精神世界：

> 人的精神世界，可以笼统地说成"人的一种意识能力"，但实际上，这是一个远远没有搞清楚的问题……忽视了精神世界这个重要的因素，我们就无法真正理解人、人的生活、人的思想、人的感受，也就无法理解社会的存在和运行。（费孝通，2003）

2. 重返自身文明的"将心比心"

费孝通在反思此前方法并转向人的"精神世界"研究的过程中提出了"将心比心"的田野调查方法指导。在有关"将心比心"方法的论述里，他从中国文明的传统展开，指出中国文明与西方主客二分文明之不同，由此引出对中国社会的理解重在一个"心"字：

> 传统意的中国人，对于"人""社会""历史"的认知框架，既不是西方的"主观""客观"二分的体系，也不完全如中根千枝先生所概括的日本文化的"纵向"特征；中国的世界观，更像是一种基于"内""外"这个维度而构建的世界图景：一切事物，都在"由内到外"或"由表及里"的一层层递增或递减的"差序格局"中体现出来。因此，在中国的传统思想探索中，对于"我"的关注，自然地就继续向"内"的方向深入，也就引出比"我"更接近"内"的概念——"心"这个范畴。（费孝通，2003）

而"心"这个概念在费老所论述的传统中国文化范畴中具有很强的道德伦理的含义，也自然地代表了"做人""为人"方面最生死攸关、最需要珍重的东西：

> 当你使用这个概念的时候，背后假设的"我"与世界的关系已经是一种"由里及外""由己及人"的具有"伦理"意义的"差序格局"，而从"心"出发的这种"内""外"之间一层层外推的关系，应该是"诚""正""仁""爱""恕"等，翻译成今天的语言，就是说这种"内""外"之间的关系应该是真诚、共存、协调、和睦、温和、宽厚、利他、建设性的等等，这种关系是符合"天人合一""推己及人""己所不欲，勿施于人"等人际关系的基本伦理道德的。"心"的主观性和它的道德性，包含着对认知主体的"人"本身的鞭策和制约。（费孝通，2003）

由中国文明本身的特征及"心"这个概念的意义出发，费老提出了中国社会研究与西方之不同。进一步来说，我们联系费孝通本人一生"学以致用""为国为民"的研究实践，也可以知道，西方社会那种"为学术而学术"的"智力游戏"难以在中国社会完全适用：

> 这种观念，不同于我们今天很多学术研究强调的那种超然置身事外、回避是非的"价值中立""客观性"等观念，而坦诚地承认"价值判断"的不可避免性；它不试图回避、掩盖一种价值偏好的道德责任，而是反过来，直接把"我"和世界的关系公开地"伦理化"，理

直气壮地把探索世界的过程本身解释为一种"修身"以达到"经世济民"的过程（而不是以旁观者的姿态"纯客观""中立"地"观察"），从"心"开始，通过"修、齐、治、平"这一层层"伦"的次序，由内向外推广开去，构建每个人心中的世界图景。（费孝通，2003）

而这种"将心比心"的研究方法及其背后的文明土壤，也可以解决上面"过程－事件分析"方法所导致的研究伦理问题，即田野调查者在研究中与被研究对象的互动是否构成了西方学术圈，尤其是后现代主义常常讨论的田野调查学术剥削与伦理困境等问题。在费老这里，如果研究者能够进行足够的自省，坦率地承认自身的研究关怀，并采用"将心比心"的方式，那么这种所谓循环论证的道德伦理困境可以自然得到化解。

周飞舟在《将心比心：论中国社会学的田野调查》一文中对费孝通"将心比心"的方法论有进一步的发扬和阐释。周飞舟指出，中国的田野调查之所以要触及伦理，而不仅仅是行动利益，和中国社会本身的文明传统有关：

> 这其中的核心是人与人关系中的伦理或者"道义"，或是费孝通所说的"心态"（psycho-mentalcomplex）。在西方社会中，这个层面的伦理和价值意义属于宗教和意识形态研究的范畴，社会学则主要处理的是行动与权力和利益结构的关系问题。但中国社会并无专门的宗教领域，伦理和价值体现在日常生活与制度运作的行动之中。虽然在分析上可以将价值理性与工具理性分开，但是脱离了价值和伦理的讨论，很难深入理解中国人的行动乃至制度运行。梁漱溟将中国社会叫作"伦理本位"的社会，其原因就在于此。（周飞舟，2021）

而对于前文所提出的深受西方影响的"价值无涉"问题，周飞舟继承了费孝通的思想资源，把"我"和世界公开"伦理化"。他指出"价值无涉"不是让研究者变成在行动分析时剥离或摒弃"价值"，更不是变成没有价值立场的研究机器，而是为了强调以行动和行动者为中心的"客观性"：

> 研究者若不能同情地理解这种立场而持有对立的、中立的甚至无价值立场，则对该行动的研究就不是"客观的"；如果作为研究对象

的行动是偏于情感类型的行动，则研究者若不能投入地体会这种情感而纯粹依靠理性对其进行研究，则对该行动的研究就不是"客观的"。这种"客观性"，看似以行动和行动者为中心，但实际上对研究者提出了更高的要求，即研究者应该保持一种开放的态度，在理性观察和分析的基础上，用自己的主观心态去感受研究对象的主观心态。（周飞舟，2021）

这里的客观性已经不是西方社会科学长期以来坚持的去个人化和去情感化，甚至类似科学实验的客观性，而是建立在中国传统文明内核特征之上并对研究者有更高要求的一种"将心比心"式的客观性。这种客观性也体现在中国社会学的研究目的上，即费孝通所说的中国社会学调查具有的"制度优势"。简单来说就是与西方强调学术"价值无涉"不同，中国社会中的调查者与被调查者根本利益一致，且必须有价值一致的前提和目标才能做好社会学调查，才能真正做到"将心比心"，不然所谓后现代式的田野调查反思不过是永无止境的循环论证。

更加重要的是，田野调查不但要求获得事实性的资料、研究调查对象的"生态"，而且还要深入到社会结构和伦理层面，触摸和感受调查对象的"心态"。如果调查者抱有不利于调查者甚至与调查者无关的目的，田野调查就不可能步步深入，更不可能"将心比心"。（周飞舟，2021）

费孝通晚年对社会学方法的反思自省，既与其"行行重行行"的田野调查积累有关，也受与其亦师亦友的潘光旦的影响。潘先生从儒家传统伦理"中和位育"思想出发，毕生关注"人化的社会学"，并在研究与为人上实践着这种追求（周飞舟，2019；费孝通，2009）。而这种从"生态"到"心态"，从类型比较、微型社区研究到人文世界的转化，也体现了费先生社会学本土化的从实求知历程。他在这一转向中提出的"将心比心"田野调查方法指导，寄托了对扩展社会学研究内容及方法的鼓励，也对上文所提到的"过程-事件分析"方法，尤其是其伦理困境有重要启发。

三 《金翼》：故事书写与"将心比心"的运用

上面讨论了费孝通先生晚年对方法论思考的转变及其与"过程-事件

分析"方法之勾连。实际上，在中国社会学最早的研究传统里，兼顾了
"事件化"过程的故事书写与"将心比心"的人文世界研究的著作早已有
之。与费先生师出同门的林耀华先生之《金翼》就是典范之作。林耀华用
自传体和生活史的故事书写方式，用白描的笔法将一个传统中国东南地区
乡村家庭的日常生活与社会关系等随着时间维度徐徐展开，在这生动的故
事中我们看到他所表达的传统东南地区乡村家庭的社会生命、个人心态、
价值观及宇宙观等。

　　具体来说，在这个故事的书写中，"过程-事件"通过各个人物人生历
程中发生的重要事件得以展现，这些"事件"对于推动本书的情节发展及
展现作者想要表达的传统乡村社会结构与文化等内容具有十分重要的作
用。加上作者本身对所描写社会之熟悉程度非一般人可比拟，展现的内容
就不局限于"事件"本身及事件各主体之间的冲突与联合关系，辅之以白
描手法，更能深入呈现家族与个人整体生命历程和文化要义。《金翼》给
研究者的第一个启发就是，社会学者需要做好叙述复杂社会生活的准备，
抓住重要事件进行"事件化"处理，使之成为推动日常生活运转的引擎和
展现社会结构与文化要义的"催化剂"：

　　　　社会中的各个主体，都不是死寂的陈设，而是"心身功能所凑成
　　的有机历程"，因而传记法不是解剖术，不是用死人的躯体来解剖活
　　人的生命。（渠敬东，2019；林耀华，2000：211~213）

　　渠敬东通过具体分析，指出《金翼》所采取的不是简单地从宗族到家
族的结构解析路径，而是用"事件化"的过程作为全书的情节枢纽。具体
来说，就是从东林和芬洲两位姻亲兄弟合伙开店铺，到有一定积蓄之后开
始看风水起新房，因为起新房需要木材所以与欧家发生械斗。这场械斗的
种子早在东林祖父那一代就已种下，东林祖母是欧家的女儿，祖父曾得到
欧家的允许到欧家地界种树，过了两代之后，木已成林，但树归属于谁在
两代之后成了一个问题（渠敬东，2019）。这样的事件化过程，尤其"看
风水起新房"是东林作为宗族普通一员必须要经历的人生礼仪，即在人生
历程中需要经历的事件。只有把这些必然事件呈现出来，才能让读者一窥
特定文化系统下家庭与宗族的丰富样态。

　　同样，"事件"中除了人生礼仪等重要的必然事件之外，偶然事件也
具有同等重要的价值。在《金翼》中，很多事件看似偶然，实为必然。用
故事的写法恰能呈现偶然事件所激发的社会结构与文化的反映，更进一步

来说，就是这个社会所蕴含的"人性之意义"。

《金翼》中东林家族在一场官司中幸运地发现一份文件从而赢得了官司，让其家族在深渊处迎来一个转机，最后整个宗族的人在大街上敲锣打鼓宣示胜利。这样的偶然事件看似对于事件本身起到了重要的推动作用，但真正的命运存在于各个人的心中：

> 一个人选择善或恶、聪明或愚蠢，确实不取决于兴之所至或偶然的机遇，而是由他本人或他人那些本来具备的爱好和习惯所决定。（渠敬东，2019）

而这种由必然决定的偶然正好对应《金翼》中的这句话："我们今天可以将'上苍'理解为人类本身，把'命运'理解为人类社会。"（林耀华，2015：8）这里，"所谓'上苍'，即是中国人先天被赋予的东西，是人类本身先天注定拥有的属性"（渠敬东，2019）。而命运这种看似不确定的东西，往往通过诸多偶然事件得以形塑和呈现。看似偶然，实则必然，处处体现着中国人生命中家庭本位及非个体主义的家世绵延，类似于莫斯在《礼物》中所说的"总体呈献体系"。在莫斯所研究的礼物交换中，交换体系不是只限于两个独立个体之间"物"的交换，而是处于整个社会关系网中的各方"礼物"永远不停地流动。在自然权利学说那里，商业社会中两个人之间"物"的交换完成之后，交换就已经结束。但在莫斯这里，礼物交换永远不停且嵌套在整个社会体系中，而驱使人们行使各种义务的"礼物之灵"就是社会的神圣性来源（莫斯，2002）。而在林耀华的《金翼》中，这个先天赋予的社会和"礼物之灵"就是中国人的家庭本位主义与宗族文化背后的人伦关系、宗法结构等。看似难以捉摸的命运，实则已经嵌套在中国人常常讨论的"命"（中）。

同样，家庭与社会中的整体关系也是牵一发而动全身，绝不是自然权利学说所认为的从个体出发的社会构造。

总体上，林耀华用故事的书写方式呈现了中国人的生命历程与传统乡村社会的文化要义及宇宙观等。不过，这种写故事的方式，一方面，"如非用活泼的文笔来描述生活，则不能使读者感兴趣"；另一方面，"不要希望做出光辉灿烂的文辞，以致分散作者或读者的注意力于庄严的真理之外"（林耀华，2000：211，214）。这同上文应星所提到的故事书写方式一方面不能太科学，另一方面又不能太文学的道理一致，终极目的仍然是要呈现社会学的研究视角和目的，而这就是费孝通晚年所追寻的"将心比心"与"文化自觉"。可以说，林耀华的《金翼》较好地践行了费老晚年所追寻的"既见社会又见人"的追求。两位同门虽然后来的研究方向殊异，但同样继承了以吴文藻为代表的燕京学派从西方返归自身文明的思考路径。对自身文明的深刻领悟与研究方法的应用都体现在自己的著作和对社会学研究方法的思考中，因此才有林耀华所说的："假若没有同情的自省的洞察，人性真理就不可得而知。"（林耀华，2000：209）

小 结

"过程-事件分析"方法作为 20 世纪初乡村研究的重要方法，关注动态、鲜活的社会过程与"人心"的特点为深入了解乡村结构及农民、政府等各方行动逻辑带来了重要的社会学实践路径。但其仍然没有深入中国社会深层次的文化与伦理层面，大部分仅是就事件论事件，或就事件论关系与结构，或只是写了一个"描述性"故事等。因此其也面临"为故事而故事"、"理论分析不足"与陷入西方式的方法论伦理问题等质疑。为此，我们需要回到费孝通先生晚年对类型比较法的反思与对人文世界"心态"的关注，从中获得理论视野的扩展与方法论的启发。同费孝通一样，林耀华用生命史和故事书写方式完成的社会研究代表作《金翼》，也建立在深刻的文化自觉与文明感悟的基础上，是用"同情的、内省的、直觉的"方法切入研究对象，从而把握社会动态鲜活的脉搏。这些都提醒我们，无论是结构制度方法，还是"过程-事件分析"方法，如果所用方法没有对自身文化与文明的深刻自觉，那么就容易陷入唯方法主义[①]的圈套，本末倒置，从而导致上面所说的"过程-事件分析"方法本身存在的一些问题。

至此，我们以下面两段话作为结语：

> 一个社会研究者主要的资格，在乎同情的视察，在乎敏慧的眼光，在乎鉴别事物大小精粗的能力；最好研究者能够设身处地，好像自己也在所研究的事物中生活一般。（林耀华，2000：209）

---

① 渠敬东（2016）曾提到什么是方法主义，"就是认为只要找到确当的方法，便能够发现和解析一切现实经验及其历史过程。今天社会科学更充分地表现出了这个方法论危机"。而这个危机的原因正在于对方法的盲目崇拜所导致的唯方法主义，却忘了方法运用背后更大的社会文明传统才是方法能起到作用所必须考虑的因素。由此我们必须回到费孝通所说的对方法与文明的思考中来看待这个问题。

　　当所有人迷恋于技术方法，以为靠明证的科学就可探究到社会的真相时，他（指林耀华）却主张用同情的、内省的、直觉的办法切入人性的深处，去把握社会生命的气息和脉动。（渠敬东，2019）

参考文献

费孝通，1981，《三访江村——英国皇家人类学会 1981 年赫胥黎纪念演讲》，《江苏社会科学》第 17 期。

费孝通，1990，《人的研究在中国——缺席的对话》，《读书》第 10 期。

费孝通，1996，《重读〈江村经济·序言〉》，《北京大学学报》（哲学社会科学版）第 4 期。

费孝通，2003，《试谈扩展社会学的传统界限》，《北京大学学报》（哲学社会科学版）第 5 期。

费孝通，2009，《推己及人》，载《费孝通全集》（第十六卷），内蒙古人民出版社。

格尔茨，克利福德，2014，《文化的解释》，韩莉译，译林出版社。

贺雪峰、董磊明、陈柏峰，2007，《乡村治理研究的现状与前瞻》，《学习与实践》第 8 期。

林耀华，2000，《从书斋到田野：林耀华先生早期学术作品精选》，中央民族大学出版社。

林耀华，2015，《金翼——中国家族制度的社会学研究》，庄孔韶、林宗成译，商务印书馆。

莫斯，马塞尔，2002，《礼物》，汲喆译，上海人民出版社。

渠敬东，2016，《破除"方法主义"迷信：中国学术自立的出路》，《文化纵横》第 2 期。

渠敬东，2019，《探寻中国人的社会生命 ———以〈金翼〉的社会学研究为例》，《中国社会科学》第 4 期。

孙立平，2001，《"过程-事件分析"与对当代中国农村社会生活的洞察》，载王汉生、杨善华主编《农村基层政权运行与村民自治》，中国社会科学出版社。

吴文藻，[1935] 2010，《西方社区的近今趋势》，载《论社会学中国化》，商务印书馆。

吴文藻，[1935] 2010，《现代社区实地研究的意义和功用》，载《论社会学中国化》，商务印书馆。

吴文藻，[1935] 2010，《中国社区研究的西洋影响与国内现状》，载《论社会学中国化》，商务印书馆。

吴毅、贺雪峰、罗兴佐、董磊明、吴理财，2005，《村治研究的路径与主体——兼答应星先生的批评》，《开放时代》第 4 期。

项飙，2010，《普通人的"国家"理论》，《开放时代》第 10 期。

应星，2001，《大河移民上访的故事》，生活·读书·新知三联书店。

应星，2005，《评村民自治研究的新取向——以〈选举事件与村庄政治〉为例》，《社会学研究》第 1 期。

张静，2018，《基层政权：乡村制度诸问题》，社会科学文献出版社。

周飞舟，2019，《人伦与位育：潘光旦先生的社会学思想及其儒学基础》，《社会学评论》第 4 期。

周飞舟，2021，《将心比心：论中国社会学的田野调查》，《中国社会科学》第 12 期。

Retrospection and Reflection on the "Process-Event Analysis" as the Rural-Research Method

——with Fei Xiaotong's "Heart to Heart"

Cao Xie

Abstract："Process-event analysis", as an important method of rural research by Chinese sociologists in the early 20th century, once set off a trend of storytelling in the fieldwork. Compared with "Structural-institutional analysis" method, it has the characteristics of capturing dynamic, fluid and vivid social phenomena, and also has the function of "thick description" on people in social structure, which has important inspiration for deepening the research on "mentality" in the "human-centered world" mentioned by Fei Xiaotong. By reviewing "Process-event analysis" method and some contemporary symbolic researches based on it, this paper argues that "Process-event analysis" method can be regarded as an important practice for Fei Xiaotong's self-examination of "only seeing society but not people" in his senior years. Finally, for the problems and ethical dilemmas brought by "Process-event analysis" method, it is pointed out that this ethical dilemma can be naturally solved in the "culturally self-conscious" and the method of "Heart to Heart" advocated by Fei Xiaotong.

Keywords：Process-event Analysis；Method；Mentality；Heart to Heart；Being Culturally Self-conscious

《"过程-事件分析"方法作为乡村研究路径的回顾与反思——兼谈费孝通"将心比心"的方法》评审意见

周飞舟*

这篇文章试图将过程-事件分析、华中乡土派分析、费老晚年的方法论讨论与林耀华在《金翼》中的分析方法等串联在一起讨论，指出这些方法背后的一些共同特征，对于我们深入理解个案研究方法或者作为一种类型的乡村研究路径是有意义的。但是文章需要改进之处颇多，兹粗举如下。

第一，文章讨论的核心问题是一种不同于结构制度分析的案例研究方法，但是在讨论过程中又掺杂了对于案例代表性、伦理性等定性研究方法论经典问题讨论，逻辑比较杂乱。如何进入现实社会的"深层"是作者讨论问题的核心，如何有代表性、如何解决价值涉入、学以致用等问题是定性研究的一般方法论问题，这两个线索杂乱出现。建议把一般的方法论问题讨论去掉或者在文章开始单列一个文献讨论。从文中看出作者对学界关于这两个方法论问题讨论的文献不熟悉。

第二，文章的总体线索不明朗。费老的讨论和《金翼》在方法论层次上在哪些方面可以解决过程-事件分析所导致的一般研究者面临的"故事化"和"肤浅化/表面化"的问题？而且文章的时间次序也比较混乱，最早的《金翼》放在最后，过程-事件分析放在最先，中间的编排也看不出逻辑。费孝通和林耀华针对的问题与过程-事件分析没有本质的关系，孙立平在过程-事件分析中也很少涉及林耀华和费老所讨论的问题。虽然这中间有些联系，但是作者并没有说清楚。

第三，孙立平所说的"微妙""隐秘"、费老所说的"心态"与林耀

---

* 周飞舟，教授，北京大学社会学系主任。

华所说的"命"是什么关系？既然要把这几个人拉在一篇文章里，那么就应该说清楚。作者的分析不够，大量引用原文之处过多，造成了明显的逻辑跳跃感，至少没有将自己的意思清晰、明白和有逻辑地表达出来。

第四，这些讨论和"乡村研究"的关系不明确。其中涉及的问题好像超出了乡村研究的范围。如果所谓"将心比心"的方法是研究乡村而非其他对象的方法，则作者需要重点讨论一下，以明确这是对"乡村研究路径"的反思。

第五，文中病句、跳跃之处甚多，需要认真修改。

社会调查中并行数据的价值、采集与应用[*]

——以"上海都市社区调查（SUNS）"数据为例

叶锦涛[**]

摘　要：并行数据（paradata）产生于社会调查过程之中，是社会调查的副产品，但已有关于并行数据的研究忽视了对并行数据采集、开发和应用的关注。本文结合已有研究和"上海都市社区调查"（SUNS）的调查经验，认为并行数据有监测、评估和提高社会调查数据质量、提高社会调查数据使用价值、丰富大数据的应用场景、增强大数据和小数据结合能力等方面的价值。在此基础上，本文结合已有研究和相关社会调查经验具体论述和分析了在都市调查中并行数据的采集方法（采集过程、采集类型）、采集层次、采集内容。随后，本文使用"上海都市社区调查"数据对并行数据在提高调查数据质量，降低社会调查成本和开展经典议题研究等方面进行了实证探索和延展。最后，本文建议在开展社会调查过程中需要做好社会调查并行数据采集内容、采集流程、采集标准设计等工作，以提高社会调查数据和大数据的使用质量和价值，促进社会调查执行。

关键词：并行数据　社会调查　数据质量　数据价值

一　研究背景和研究问题

并行数据是计算机辅助系统应用于社会调查的副产品，是关于调查/田野过程数据（survey/field process data）和访问过程的数据（Couper，

---

　*　本文系中国人民大学 2021 年度拔尖创新人才培育资助计划成果。
　**　叶锦涛，中国人民大学社会学理论与方法研究中心博士研究生。

1998；Couper，2000；Durrant and Kreuter，2013）。随着社会调查方法、计算机辅助技术、网络调查和移动终端的不断发展，与社会调查相关的并行数据种类已经较为丰富，并且数据结构比较清晰，采集过程比较便利，采集技术比较成熟。当前，并行数据有访员（interviewer）、计算机辅助系统（computer-assisted system）、网络问卷后台和电子设备（electronic devices）四个来源。其中，访员观察数据（interviewer Observation Data）已经成为并行数据的重要组成部分，并且不少社会调查已经开始收集和分析访员观察数据（Beaumont，2005；Kreuter et al.，2010；Horwitz et al.，2012）。总体而言，在社会调查过程中产生和采集的并行数据具体包括以下类型：联系记录数据、访员观察数据、访问录音数据、访问痕迹数据、受访者应答数据、样本调配数据等（Couper，2000；Barrett et al.，2006；Kreuter et al.，2010；Horwitz et al.，2012；Olson，2013；任莉颖、严洁，2014）。

当前，有关并行数据的研究大多集中在使用并行数据如何降低和评估调查误差和测量误差（Wagner and Olson，2017；Lynn and Nicolaas，2010；Sinibaldi et al.，2013；Purdam et al.，2020；Da Silva et al.，2016；Da Silva and Skinner，2021）、预测追踪样本损耗（Rossmann and Gummer，2015）、无应答调整（West et al.，2014；West，2013；Biemer et al.，2013；Sinibaldi et al.，2014）、改善和优化调查①（Mirel and Chowdhury，2017；Tudor-Locke et al.，2015；Kreuter et al.，2010）、预测和提高应答率（Bristle et al.，2019；Couper and Kreuter，2013；Sinibaldi and Eckman，2015）等方面。遗憾的是，已有研究既忽视了如何在社会调查过程之中采集更多并行数据，也忽视了对并行数据使用价值的开发和应用的关注，例如如何更好地与社会调查数据结合（对调查数据与并行数据的结合研究等）。基于此，本文将结合上海都市社区调查的经验和并行数据，试图对以上问题进行论述和回答，以拓展关于并行数据采集、应用和开发方面的研究。

二 并行数据与社会调查数据

在传统的纸笔调查模式下，不仅并行数据的采集有一定的难度，而且数据质量也难以得到保证。但随着计算机技术不断成熟和便携式电脑等移动终端在社会调查中的普及程度不断提高，并行数据采集的便利程度得到了极大提升。结合已有研究和实地调查经验，总括起来，并行数据具有如

---

① 例如提高样本代表性、降低调查成本等。

下三方面的价值：监测、评估和提高社会调查数据质量；提高社会调查数据使用价值；丰富大数据的应用场景，增强大数据和小数据的结合能力。

（一）监测、评估和提高社会调查数据质量

数据质量是社会调查数据的生命线，是调查数据最核心的竞争力所在。但在调查前、中、后等阶段存在诸多影响社会调查数据质量的因素。社会调查数据误差主要有两个来源，抽样误差（sampling error）和非抽样误差（Non-Sampling Error）。其中，抽样误差可以在抽样阶段得到较好的控制，例如通过扩大样本规模等。在抽样开始前，结合相关社会调查数据中的并行数据也可有效降低抽样误差。非抽样误差，包括无应答（non-response）、测量误差（measurement error）（Groves，1989）和访员效应（West et al.，2013）等带来的误差。相较于抽样误差，非抽样误差存在于调查的各个阶段，因此较难控制。然而根据多年的调查经验和学术研究，影响非抽样误差的因素已经较为明确。用于降低非抽样误差的方法也得到了不断完善，其中就包括对并行数据的采用和开发（Zhang et al.，2013）。

并行数据产生于社会调查过程之中，不同社会调查主题不同，因此不同类型的社会调查产生的并行数据既有差异，也有共同点，差异主要在于面访开始前和结束后的访员观察部分。此外，随着研究者们对并行数据的进一步开发和挖掘，越来越多的研究结果被应用到调查数据质量的评估和改善中。大体而言，并行数据可以在规范访员行为、提高应答率、降低测量误差和辅助调查执行四方面来监测、评估和提高社会调查数据质量。

1. 并行数据与访员效应

访员的调查经验（experience）、调查技能（skill）和调查时间（Tenure）都在不同程度上影响了调查数据的质量和应答率（Safir et al.，2001）。需要指出的是，访员不仅会影响社会调查数据的质量，还会影响并行数据的质量（Sinibaldi et al.，2014）。当然，大量实证研究发现，调查过程中产生的并行数据可以有效监测、规范和管理访员的数据采集过程，进而提高调查数据的质量。具体而言，通过对访员访问过程中并行数据（如完成问卷的用时）的分析，结合实验设计方法，可以有效甄别调查过程中访员可能存在的不规范访问行为（例如臆答），并及时对不规范的访问行为进行干预和管理，有效规范访员的访问行为，以达到改善访员访问方法，提高调查数据质量的目的（Wagner et al.，2012；严洁等，2012；邹艳辉、孙妍，2014；孙玉环等，2018）。此外，还可以通过并行数据来分析访员特征对数据质量和调查应答的影响（Safir et al.，2001；Couper and

Kreuter，2013）。更进一步的研究，通过对并行数据中的访问时长、无应答和访员操作痕迹等数据进行深入分析，实现改进问卷设计和调查管理，从根本上改善数据质量（丁华等，2017；孙玉环等，2018）。总而言之，通过对并行数据的分析，可以加强对访员访问过程的监控，及时发现并纠正不规范的访问行为，有效控制访员效应，从而保证和提高数据质量（丁华，2014；Wagner et al.，2017）。

2. 并行数据与应答率和测量误差

除了访员因素之外，社会调查的无应答（项目无应答和单位无应答）也是影响调查数据质量的重要因素之一。当然，应答率既与受访者相关，也与访员有关，还与调查主题、调查环境等因素相关。在社会调查应答率越来越低的背景下，不少研究开始关注如何利用并行数据来预测和提高社会调查应答率（Olson，2013；West et al.，2014），并对受访者的拒访行为进行预测。总之，并行数据开始被广泛用于预测和提高社会调查的应答率。

大量实证研究发现，并行数据、辅助数据和行政数据对社会调查中的应答率的评估和改善有较为明显的优势，因此研究者开始在社会调查中收集并行数据。一项实证研究发现，对于无应答的改善，并行数据拥有商业数据所无法比拟的优势（Sinibaldi et al.，2014），采集并行数据（家庭层次）可以帮助更好地评估和改善无应答（Groves，2006；Lynn and Nicolaas，2010）。例如，在调查过程中利用并行数据来预测调查的参与率、应答率，并对应答偏差进行预测、测量和调整（Durrant et al.，2011；McClamroch，2011；Wagner et al.，2012；Olson，2013；Biemer et al.，2013；Wagner et al.，2014；Sinibaldi and Eckman，2015；Santin et al.，2017；Tienda and Koffman，2021）。通过对受访家庭（者）及其周边（街区、社区、邻居等）并行数据进行开发，可以预测与受访家庭（者）的最佳接触或联系时间，并告知访员最佳联系（入户）时间和联系（入户）策略，[①] 还可以提高样本的应答率（Durrant et al.，2011）。在项目的无应答方面，有研究使用受访者的回答语气数据来预测受访者是否会提供收入数据（Matthew，2010），进而预测社会调查中敏感问题的应答率。此外，还有研究发现，使用并行数据对调查中的误差和错误进行研究和分析，可以有效甄别调查中的无应答和事件数据漏报（Hu et al.，2017）。另有研究采用访员努力水平层面（Level of Effort，LOE）的并行数据偏差来解释社会调查数据中存在的不可忽视的无应答偏差（Biemer et al.，2013）。样本损耗一直是影响应答率的重要原

① 一般来说，工作日晚上和周末是电话访问的最佳时间。

因之一，也是影响追踪调查的最大挑战之一，但利用并行数据①可以有效预测和纠正追踪调查（面板数据）中的样本损耗（attrition）及其带来的数据的偏差（Rossmann and Gummer，2015）。

测量误差是非抽样误差的重要来源，并且这类误差极不容易被发现和校正，毕竟受访者并不总是像问卷设计者所期望的那样理解和回答特定的调查问题。而并行数据与测量误差之间存在密切关系，可以用来测试、评估和校正社会调查数据中存在的测量误差（Heerwegh，2003；Lynn and Nicolaas，2010；Sinibaldi et al.，2013；Da Silva et al.，2016；Purdam et al.，2020；Da Silva and Skinner，2021），还可以更好地理解受访者如何与调查进行互动和理解调查，并为研究人员提供减少测量误差的工具（Horwitz et al.，2012）。因此，通过对并行数据的使用和开发，可以实现有效优化问卷设计和控制测量误差的目标（孙玉环等，2018），进而提高调查问卷中具体问题的测量信度和效度，提高调查问卷采集数据的质量。

3. 并行数据和社会调查执行

社会调查是一个系统工程，需要投入大量的人力、物力和财力。随着调查设计日益复杂，调查管理者需要更好的工具来评估、检测和助力数据收集和调查执行过程。而产生于社会调查过程之中的并行数据则提供了一个较为理想的工具，因为并行数据可以有效辅助社会调查管理，可用于及时评价数据采集调查过程的状态。具体而言，可以使用并行数据来监测和评估调查数据收集过程，如使用访员观察数据来监控样本构成（Kreuter et al.，2010），及时发现调查数据之中存在的误差和问题，并及时采取措施来进行沟通和纠正。进而实现在社会调查过程中，有效利用并行数据资源，有效平衡数据质量（包括及时性）和调查目标，实现更有效地分配人员和时间资源的目标（Durrant et al.，2011）。

从实地执行的角度来看，在调查过程中如果可以改进执行过程，即优化组织环节或调查监督等，不仅可以有效减少调查投入和支出，还可以提高调查数据的质量，增加样本量等。而大量研究发现，对并行数据的开发和应用，可以为有效改进执行过程、优化调查环节和抽样方案、促进调查管理方法改进提供数据指导，实现降低调查成本的目标（Lynn and Nicolaas，2010；Couper and Wagner，2011；Zhang et al.，2013；Tudor-Locke et al.，2015；Mirel and Chowdhury，2017）。例如，可以通过对并行数据的分

---

① 例如，并行数据中的回应时间（response time）、参与历史（participation history）和调查兴趣（Rossmann and Gummer，2015）。

析，发现当前调查执行和组织过程中存在的问题，并对调查过程中数据质量的监控、调查策略的及时调整提供帮助（丁华等，2016）。

除此之外，并行数据还可以为响应式设计的社会调查带来显著的推动作用（Groves and Heeringa，2006；Couper and Wagner，2011），并且使用相关调查中的并行数据为后续调查的抽样方案提供改进的可能性。尤其是对那些由于各种原因难以接触或联系到受访群体的调查而言，使用并行数据可以帮助实现在保证样本量的前提下，提高样本的应答率，进而有效减少调查的成本和花费（Mirel and Chowdhury，2017）。

4. 并行数据与社会调查数据质量

并行数据还为研究人员提供了一个可以用来检测和评估社会调查数据质量的工具，如采用访员观察数据①来评估调查问卷质量与调查数据的信度和效度。这突破了以往通过应答率和抽样误差来对数据进行评估和检测的局限（Safir et al.，2001；丁华，2014），即通过对并行数据和调查数据的分析，构建评估调查数据质量的指标（Wagner et al.，2012；任莉颖、严洁，2014）。此外，还能通过使用并行数据，在调查开始前、开展期间和结束之后三个阶段对调查数据质量进行监测，以此来提高调查数据的质量（Choumert-Nkolo et al.，2019）。基于此，可以进一步丰富并行数据对调查数据质量和测量误差的评估方式，分析在何种访问情境下，受访者回答的可信度更高；具有何种特征的访员访问质量较高；对于何种类型的题目受访者更有兴趣回答；何种类型的题目发生拒答或者无应答的比例更高。通过对并行数据的全方位分析和挖掘，来检测和评估现有调查数据的质量。

在调查过程中，部分并行数据与调查数据同时产生，也会随着调查数据 同上传。因此可通过对并行数据的分析，加强对调查数据质量的动态监控。例如，在数据上传之后，可以通过对访问时长（问卷访问时长和具体每题访问时长）、访员观察数据等并行数据进行具体分析，查找异常值。一旦发现异常值，则需要立刻查找产生异常值的原因，明确是访员操作不当引起（尤其是故意跳答等），还是由于受访者的特殊情况引起（例如受访者对调查的态度）。如果是由前者造成，那么需要对产生问题的访员的所有问卷进行核查。如果是由后者造成，那么需要项目组、督导和访员共同采取行动，改善受访者群体对调查的印象和态度；或者是查看这些受访者是否都是同一类型群体，例如城市中的外来人口、老年人、学生等；或

---

① 这些数据一般包括：受访者对调查的兴趣、对调查的合作度、对调查的疑虑、受访者回答的可信度、受访者的理解能力等方面。

者是查看访问地点、访问环境和访问意愿等数据，避免造成调查数据的结构性误差。

近年来，随着互联网普及程度的快速提高，不少研究者纷纷开始使用网络问卷开展社会调查，收集调查数据。毕竟，相较于传统的线下面访调查，网络调查具有成本低、覆盖范围广、调查周期短等优势。但网络问卷调查是受访者个人填写，填写内容和填写行为等均不受访员的引导和规范，因此在网络调查中出现作弊的可能性更高，导致网络数据评估难度更高、数据质量更差。但是，通过分析嵌入网页或网络问卷中的程序和软件产生的并行数据，例如回答问题所花费的时间、是否更改选择答案、中途是否退出或长时间离开、点击次数、使用设备，甚至是地理位置等，都可以对受访者的填答行为、填答过程和填答态度等进行记录和分析，更好地理解受访者填写答案的方式和填答问卷的过程（Heerwegh, 2003；Stern, 2008；Stieger and Reips, 2010；Sendelbah et al. , 2016；Hohne and Schlosser, 2018）。在网络调查中，一方面，可以采用后台发送通知等方式引导受访者的填答行为，减少作弊行为，降低中途退出率，并提高网络问卷的应答率；另一方面，采用以上并行数据也可对作弊行为进行识别，在此基础上，对存在作弊嫌疑的问卷数据进行清理，并对调查中经常出现的错误和误差进行检测（Horwitz et al. , 2017；McClain et al. , 2019）。

（二）提高调查数据的使用价值

一些研究通过将社会调查中的并行数据与人口普查数据或其他外部数据进行比较，来评估由访员在调查数据收集过程中采集和记录的观察数据质量，得出结论：观察数据与人口普查数据具有高度一致性（Sinibaldi et al. , 2013；West, 2013）。换言之，利用并行数据可以开展常规性的社会研究。并行数据，尤其是访员观察数据，与样本家庭和社区有密切联系，开发并行数据可以增加与家庭和社区层面有关的信息（Blom et al. , 2011；Durrant et al. , 2011），如利用访员观察数据生成与样本家庭和社区相关的数据和变量。但在以往的研究中，研究者大多只使用社会调查数据中的面访数据（或受访者自填数据），在一定程度上忽视了对并行数据研究价值的开发和利用，即利用并行数据开展更进一步的学术研究。因此，并行数据不仅可以有效提高社会调查数据的整体质量和价值，而且能开展常规性的社会研究，对经典议题进行再研究和检验，或者对前沿议题开展探索性研究。

以住房质量与健康议题为例，以往对这一议题的研究基本是将受访者自报的住房条件作为自变量，而将身体健康、精神健康或自评健康作为因变量来进行分析。但是这类受访者自报数据，忽视了对受访者所在社区、居住环境和受访者外部特征的关注，容易产生一定的内生性问题。但是若将访员在入户调查结束后记录的关于受访者的住房条件的观察数据作为自变量，而将身体健康或精神健康等作为因变量，那么结论是否会与已有关于住房质量与健康关系的研究的结论有差异？如果有差异，又是什么呢？个体健康除了与住房质量存在紧密的关系之外，还与其所居住的社区环境存在明显的关系，例如社区的绿化程度、空气质量、环境污染程度、噪声污染情况等。也就是说，在未来的研究中还可以将社区层次的并行数据变量考虑进去，进一步探索在住房质量与健康的关系中社区层次的调节效应，以及社区环境与健康之间的关系等。进而在一定程度上推进这一经典议题的研究。不难发现，并行数据可以为已有研究议题提供新的数据资料。

除了社区和住房层面的并行数据之外，我们还可以充分使用受访者个人层面的并行数据。例如，受访者对调查的态度、受访者的家庭关系、受访者的住宅是否有电梯等。受访者个体层面的并行数据，不仅可以用来检测和校准社会调查数据，而且可以用来开展新的研究。例如，阶层研究、社区研究等。在阶层研究方面，大量实证分析发现阶层在教育获得、初职获得等方面存在巨大差异，不同阶层的收入、社会交往、生活方式存在诸多差异，这也会直接导致他们在身体健康等方面存在一定的差异。在社区研究方面，可以分析有电梯小区和无电梯小区邻里与社区关系的差异。换言之，当一份社会调查数据中的变量达到一定量之后，在此基础上每增加一个有价值的变量，这份社会调查数据的价值都可能会呈指数级增加，而并行数据无疑可以为调查数据增加更多有价值的变量，进而提高社会调查数据的使用价值。

（三）丰富大数据的应用场景，增强大数据和小数据的结合能力

由于大数据拥有多个有利于研究的特性：海量性、持续性、不反应性（萨尔加尼克，2019），所以其学术价值逐渐得到了学术界的认可和接纳，并已经成为部分社会科学研究的主要数据。近年来，随着社会研究方法的快速进步，大数据开始广泛用于社会科学研究，并且已经开始出了大量使用大数据开展的高质量研究（陈华珊，2015；陈云松、严飞，2017；黄荣贵，2017；龚为纲等，2019；Browning et al.，2021；罗家德等，2021）。但是，不可否认的是，大数据不是为社会研究而创建的，以至于大数据存在诸多不利于社会研究的特质。加之大数据一方面往往以商业数据为主，而

商业数据存在诸多不足，例如无法提供个人层面的社会人口特征，以及商业数据的概念测量与社会调查数据存在差异；另一方面，大数据具有不完整性、难以获取性、不具代表性、易受算法干扰、存在脏数据以及敏感性等特性（萨尔加尼克，2019），造成研究有效变量太少及不确定性等问题，以至于在使用大数据进行社会研究的过程中，还存在明显的不足和缺陷。除此之外，大数据往往只包含宏观层面的数据，缺乏社会个体层面的数据，也难以与个体层面的数据进行匹配，难以开展较为深入的社会研究。但是幸运的是，以上这些问题，可以借助与社会调查数据及其并行数据进行结合的方式来解决，从而有效弥补在利用大数据开展社会研究时的不足和缺陷。

大数据虽包含一些重要的测量变量，同时也缺少一些有效的测量变量（萨尔加尼克，2019），但通过社会调查有针对性地获取大数据中所缺失的测量变量和数据，尤其是具有代表性的个体层面的数据，进而打通大数据与小数据之间的鸿沟，可以非常有效地提高大数据的学术价值。众所周知，大数据可以让我们看得更细，却看不到整体，即大数据虽精度有余，但不是抽样数据，代表性不足，而调查数据可以让我们看到模糊的整体，但却无法看清细节。若有针对性地将两者结合起来，则可以还原一个较为真实、清晰的社会全貌和社会过程，能够帮助我们更好地认识我们所身处的社会，开展因果推断工作和社会研究。因此，我们可以将大数据与小数据（调查数据和并行数据）结合起来，并以研究问题为导向，来选取、采集和开发调查数据、并行数据和大数据。

以城市社区研究为例，通过爬取获得的互联网数据和购买的商业数据，可以获得城市社区的大量外部数据，例如社区附近的公交车站和地铁站，社区附近的各类公共服务设施，甚至是居民的公交卡刷卡数据。但这类数据往往过于宏观，容易忽视人们所生活的社区的情境性，也容易忽视生活于社区中的人。调查数据是抽样获取的，具有较强的代表性，从互联网上爬取而来的大数据中包含大量的社区层面的数据，将两者中社区层面的数据进行匹配，随后，以社区数据为中介，通过匹配社区中个人层面的数据，形成新的数据库。这一方面保证了大数据的代表性，增加了大数据的在社区层面的数据变量，提高了大数据的学术研究价值；另一方面，也提高了调查数据的使用价值。一项新研究通过 GPS 收集调查样本社区中居民的活动和出行数据，并将其与社会调查数据进行匹配，分析了社区环境与青少年的社区暴露、社区活动和居家暴露之间的关系（Browning et al.，2021）。

再如，在研究中通过对大数据的分析发现，某论坛或 App 的使用者在行为选择方面呈现几种明显的差异，但是爬取的大数据无法获得使用者的人口社会特征。若通过社会调查或者通过使用已有相关的社会调查数据来获得这些使用者个体层面的数据，则无疑可以提高大数据的学术价值和商业价值。综上所述，通过将大数据与调查数据、关于受访者的家庭环境与社区环境等并行数据进行有效结合，可以开拓新的研究视野，有效地探索以往研究中存在的盲区，进而更好地理解人们在城市中的行为模式（孙秀林、陈华珊，2016；Browning et al.，2021）。

三　并行数据的采集

在社会调查中有些并行数据是伴随访问过程产生的，例如问卷题目平均回答时间和样本调配状况，这部分数据不需要采集，是调查系统自动生成的标准化数据。但是有部分并行数据需要访员在面访开始前和面访结束后，根据标准化的观察流程进行填写，即访谈观察数据（interview observation data）。值得注意的是，当前越来越多的并行数据得到了来自社区、家庭等层面的访员观察数据的补充和完善（Couper and Wagner，2011）。并且，在社会调查应答率不断下降的大背景下，作为调查数据采集者的访员，需要在实地入户过程中采集更多与家庭、住房、社区等方面相关的信息，进而获得更多与家庭样本相关的辅助信息。基于此，结合实地调查经验和已有相关研究，我们认为访员观察数据部分的并行数据一般包括三个层次，分别是社区层次、住户层次和个人层次。当然，不同层次并行数据的采集内容、采集方式和采集流程也存在一定的差异。

（一）社区并行数据的采集

以往的社会调查更注重"人"，即更加关注社会个体的特征，例如收入、社会信任、社会心态、邻里关系、通勤时间、工作满意度等，但忽视了人所生活的环境（社区环境和住房条件），在开展社会研究的过程中容易陷入"只见树木、不见森林"的窘境，这既限制了社会科学研究的视阈，也不利于因果推断的进一步推进。但是在面访调查开始前和结束后，通过标准化的观察问卷，从客观、外在和宏观视角来记录社区（小区）的生活和娱乐设施及其便利度等信息，不仅可以巧妙避免以上问题，而且可以将产生在访员层面的非抽样误差降到最低。

根据以往的调查经验和中国城市社区规划状况，社区层面并行数据的采集包括两个层次，样本所在社区居委会（村委会）和所在小区，其中部分社区比较特殊，居委会（村委会）与小区是完全一致的，因此只有一个层次。社区观察的范围主要是居委会（村委会）及其四周道路周边的设施和环境。社区层次的观察可以包括：街区道路、街区环境、街区公共服务设施、街区游乐健身设施、街区生活便利设施、街区餐饮设施、街区商业娱乐设施、街区晚间情况、街区晚间生活、街区晚间环境。

除了对社区环境进行观察之外，还可以对一些重要的、具有一致性的设施等进行拍照观察，因为这些观察数据一方面可以与调查数据结合起来，另一方面可以与大数据分析方法结合起来，拓展城市社区研究的视阈。那么，拍照的部分可以包括哪些呢？一般而言，拍照观察包括两部分，居委会（村委会）办公地点和辖区范围道路的情况，具体内容根据不同社会调查主题，可以有所侧重。例如其他大型社会追踪调查会要求访员记录受访者社区所在的城镇等级、社区整洁程度、拥挤程度、绿化程度等。

在小区层面，与社区观察结构一致，小区观察也分为问卷观察和拍照观察两部分，其中小区问卷观察包含基础设施、垃圾分类情况、社会环境、社区生活状况、宠物饲养情况、停车状况、安全状况、住宅类型、建筑质量和便利程度等方面。拍照观察分为两部分，小区层次（小区外围和小区内部）和楼宇层次（楼道外部和楼道内部）。此外，还可以观察和记录小区的特征，例如进小区大门是否需要登记、[①] 小区内的公共服务设施和配套服务设施等。[②] 值得注意的是，社区观察不仅需要观察社区和小区白天的相关指标，而且要观察社区和小区晚上的环境，如晚上小区的亮灯率和居民活动情况（如广场舞）等，从而实现对城市社区的生活、环境等各个层面的全方位、宽领域、多层次的观察和记录。

社区观察获得的并行数据不仅可以与住户调查数据进行匹配，也可以与外部大数据进行对接，还可以采用新的数据开发和呈现方式，比如在问卷未尽的部分，会有大量的文字记录和照片呈现，一方面真实记录了城市社区现状，另一方面也可以与机器学习、文本分析等新兴研究范式进行对接，发展社区研究新范式。

需要注意的是，与受访者具有较高的流动性和拒访率不同，社区的流动性几乎为零（除了被拆除和合并之外），并且也不存在拒访问题。换言

---

① 有的小区虽然有保安，但是进出比较自由；有的小区不仅需要登记，还需要业主直接给物业工作人员打电话才能进出。

② 例如社区卫生服务中心、健身设施、公交车站、地铁站等。

之，在调查过程中采集的社区观察并行数据，不会面临传统社会追踪调查由于拒访和样本搬迁等原因带来的样本流失的困境，具有非常强的连续性，既可以得到质量更高的数据，也可以比较全面地记录城市社区的变迁，还可以为政策制定的和学术研究提供翔实的数据和资料，更好地助力城市社区治理，为城市管理和城市发展建言献策，开拓城市社区研究新视野。

（二）住户并行数据的采集

住房环境与居民的生活息息相关，一方面住房环境是居民自我选择的结果，是其社会经济地位的体现；另一方面，住房环境也会影响他们的生活、社交和身心健康等。因此，对住房环境进行观察并记录的数据具有比较重要的研究价值。在完成社区环境并行数据采集并成功入户和完成访问之后，就可以开始对受访者的居住环境数据进行采集，包括两个部分：住房外部和住房内部。

在住房外部环境并行数据采集方面，主要包括楼道、走廊、电梯、住房类型、住房总楼层和所在楼层、住房朝向等方面。具体而言，主要包括受访者的住房类型、[1] 住房楼层总数和所在楼层（部分抽样调查中可根据样本所在地址判断具体楼层）、住房朝向、[2] 是否有门禁、同一楼层有多少住户、是否有电梯（如果有，是几梯几户）、整洁程度，[3] 甚至是入户当天的天气情况。

在住房内部环境并行数据采集方面，具体包括住房的装修情况（是否有墙体脱落、油漆掉落）、家具电器及陈设（多少、整洁和新旧程度）、通风状况、空气清新程度、整洁程度、采光状况、拥挤程度、周围噪音情况、家庭经济状况、家庭成员关系、访问时家里是否有老人和小孩，甚至是厕所类型（如是否使用抽水马桶）。

（三）个人并行数据的采集

以往社会调查收集的调查数据基本是受访者的数据，即受访者自报或

---

[1] 在城市中，住房类型是一个比较重要的概念，例如在上海，住房类型较为复杂，具体包括老住房/老公房、商品房/别墅、廉租房/经济适用房/拆迁安置房、自建房（平房或楼房）/单位宿舍/非居住房屋改建房、生产经营和生活两用房。

[2] 住房朝向会影响住房的采光状况，采光会直接影响住房的温度、湿度等，进而会影响居民的心理健康和身体健康。

[3] 电梯和楼道是否有小广告、乱涂乱画等状况。

自填的内容，但忽视了那些能够改善调查数据质量且具有较高学术价值，而受访者不自报的数据，或难以直接通过访问受访者而获得的数据，这类数据就是需要访员在面访结束以后进行采集和记录的并行数据。当然，当前已有部分社会调查在个人问卷结束之后，要求访员填写受访者的一些特征和受访者在面访过程中的态度和表现。

在受访者个人特征方面，已有大型社会追踪调查开始采集这方面的数据，具体内容包括：受访者对调查的兴趣、[①] 疑虑、合作程度、可信程度、理解能力、语言表达能力、衣着整洁程度、健康状况、普通话熟练程度、理解能力、智力水平、受访者的精神状态（精神状态可以与受访者心理健康数据相匹配使用，并可以相互检验）等。还有面访环境数据，包括面访时有哪些人在现场（家庭成员、社区工作人员、督导等）、在场者是否干扰了受访者的回答等。

为了更好地助力问卷优化（包括具体问题提问方式）和调查数据质量评估等工作，在并行数据的采集内容中，还应该包括受访者对哪个模块最感兴趣、[②] 对哪个模块最不感兴趣、访问中途是否出现过拒访行为、是否有急于结束调查的态度，以及受访者对问卷中的哪些提问内容和问题存在疑问、不理解或听不懂等。

四　并行数据开发与应用的案例

（一）数据和变量

表 1　并行数据样本描述

	均值	标准差	变量说明	备注
调查兴趣	5.02	1.06	最小值＝1；最大值＝7	N＝7667
调查疑虑	3.37	1.79	最小值＝1；最大值＝7	N＝7667
调查合作度	5.85	1.25	最小值＝1；最大值＝7	N＝7667
回答可信度	5.68	1.25	最小值＝1；最大值＝7	N＝7667
住房装修情况	4.97	1.98	最小值＝1；最大值＝10	N＝5337

① 在中国家庭金融追踪调查中，并行数据的采集还包括对样本家庭类型的分类，具体包括忠实受访户、一般受访户、需要争取的受访户、需要攻坚的受访户、不愿意再接受回访的受访户。

② 当然，也可以是由访员填写受访者对哪个模块回答的可信度最低等。

	均值	标准差	变量说明	备注
住房通风状况	5.32	1.95	最小值 = 1；最大值 = 10	N = 5337
住房空气清新状况	5.46	1.92	最小值 = 1；最大值 = 10	N = 5337
住房卫生整洁程度	5.51	1.97	最小值 = 1；最大值 = 10	N = 5337
住房采光状况	5.52	1.99	最小值 = 1；最大值 = 10	N = 5337
住房拥挤程度	5.25	2.13	最小值 = 1；最大值 = 10	N = 5337
住房噪音状况	5.51	2.07	最小值 = 1；最大值 = 10	N = 5337

注：限于篇幅，本文样本描述部分不再对控制变量进行分析。

自变量包括调查兴趣（5.02）、调查疑虑（3.37）、调查合作度（5.85）、回答可信度（5.68）、住房装修情况（4.97）、住房通风状况（5.32）、住房空气清新状况（5.46）、住房卫生整洁程度（5.51）、住房采光状况（5.52）、住房拥挤程度（5.25）和住房噪音状况（5.51）等，均为并行数据。控制变量包括年龄、性别、户口所在地、婚姻状况、政治面貌、宗教信仰、月收入、学历、单位性质、所在城区、访员性别、访问时是否有他人在场、访问总时长。

第一组因变量分别为是否成功追访和是否拒绝追访，追访成功（1）和追访失败（0），占比分别为 52.58% 和 47.42%，追访失败的原因包括拆迁、搬迁（包括离开上海）和拒访等。第二个因变量为拒访与否，拒绝追访（1）和没拒绝追访（0），占比分别为 5.45% 和 94.55%。第二组因变量为是否患有慢性疾病和精神健康状况。患有慢性疾病（1）和未患有慢性疾病（0），分别占比为 85.53% 和 14.47%。在精神健康状况方面，是将抑郁测量量表的 6 个题目（1~4 分）进行加总，得分越低表明抑郁状况越严重，均值为 21.42，标准差为 4.33。

（二）用并行数据进行追访预测

表 2　追访成功影响因素的逻辑斯蒂回归估计结果

	模型 1	模型 2	模型 3	模型 4	模型 5
户口所在地					
上海	1.211*** (0.061)	1.217*** (0.061)	1.220*** (0.061)	1.217*** (0.061)	1.217*** (0.061)

续表

	模型 1	模型 2	模型 3	模型 4	模型 5
宗教信仰					
有	-0.075	-0.068	-0.076	-0.070	-0.078
	(0.072)	(0.072)	(0.072)	(0.072)	(0.072)
月收入					
中等收入	0.013	0.022	0.014	0.009	0.008
	(0.068)	(0.068)	(0.068)	(0.068)	(0.068)
高收入	0.001	0.003	-0.006	-0.010	-0.009
	(0.109)	(0.109)	(0.109)	(0.109)	(0.109)
政治面貌					
党员	-0.059	-0.040	-0.049	-0.059	-0.059
	(0.080)	(0.080)	(0.080)	(0.080)	(0.080)
性别					
男性	-0.052	-0.049	-0.055	-0.052	-0.057
	(0.050)	(0.050)	(0.050)	(0.050)	(0.050)
婚姻状况					
已婚	0.327***	0.338***	0.335***	0.332***	0.334***
	(0.065)	(0.065)	(0.065)	(0.065)	(0.065)
年龄	0.014***	0.013***	0.014***	0.014***	0.014***
	(0.002)	(0.002)	(0.002)	(0.002)	(0.002)
学历					
高中	-0.167**	-0.152*	-0.165**	-0.172**	-0.172**
	(0.064)	(0.064)	(0.064)	(0.064)	(0.064)
大专及以上	-0.101	-0.075	-0.096	-0.110	-0.108
	(0.074)	(0.073)	(0.073)	(0.074)	(0.074)
访员性别					
男性	-0.049	-0.041	-0.035	-0.036	-0.038
	(0.062)	(0.062)	(0.062)	(0.062)	(0.062)
访问时是否有他人在场					
没有	-0.072	-0.059	-0.071	-0.071	-0.075
	(0.052)	(0.051)	(0.052)	(0.052)	(0.052)
访问总时长	0.001	0.000	0.001	0.001	0.001
	(0.001)	(0.001)	(0.001)	(0.001)	(0.001)
调查兴趣	0.091***				0.055*
	(0.018)				(0.023)

续表

	模型 1	模型 2	模型 3	模型 4	模型 5
调查疑虑		-0.036** (0.014)			-0.023 (0.014)
调查合作度			0.096*** (0.020)		0.032 (0.031)
回答可信度				0.095*** (0.020)	0.029 (0.030)
截距	-1.912*** (0.145)	-1.339*** (0.123)	-2.029*** (0.164)	-1.999*** (0.161)	-2.006*** (0.186)
N	7667	7667	7667	7667	7667
Pseudo R^2	0.093	0.091	0.093	0.093	0.094

注：1. 控制变量包括"户口所在地""宗教信仰""月收入""政治面貌""性别""婚姻状况""年龄""学历""访员性别""访问时是否有他人在场""访问总时长"；参照组分别为："非上海户口""没有宗教信仰""低收入""非党员""女性""未婚""初中及以下""女性""访问时有他人在场"；"年龄"和"访问总时长"为连续型变量；2. 显著性水平：*** $p<0.001$，** $p<0.01$，* $p<0.05$，括号内为标准误。

表 2 报告了追踪调查中追访成功的影响因素，其中四个模型中的核心自变量均为访员采集的并行数据变量。从表 2 中的模型 1 到模型 4 的回归估计结果可知，在控制受访者人口社会特征变量的基础上，受访者的调查兴趣、调查疑虑、调查合作度和回答可信度四个变量均对成功追访有显著影响，受访者关于调查兴趣、调查合作度和回答可信度的得分越高，接受追访的可能性也越高，而受访者关于调查疑虑的得分越高，受访者接受追访的可能性越低。但表 2 模型 5 的回归估计结果却表明，仅受访者的调查兴趣这一个变量对追访成功具有显著影响（$p<0.05$）。表 2 的回归结果表明，调查过程中访员采集的部分并行数据（受访者的调查兴趣）能够较好地预测调研样本的追访结果。在此基础上，可以在前期调查结束后和后期调查开始前采取一定措施来改善受访者在基线调查和追访调查中对调查的态度，进行样本维护。也可以在下一轮追访开始前，针对可能出现拒访的样本的人口社会特征，进行事前抽样，设置好补充样本库；并且在追访过程中，一并对补充样本执行。

基于此，我们猜想在基线调查之后，接受了追访的受访者是否会在后续追踪调查之中对调查的信任度和合作度更高，而拒访率和在后续调查中的样本损耗率更低呢？我们对追访样本两期调查并行数据进行 T 检验分析，检验结果表明，从基线调查到追访调查，接受追访的受访者的调查兴趣、调查合作度和回答可信度三个方面，都是在上升的，T 检验结果显著，并且受访者的调查疑虑也在下降，T 检验结果显著。这也意味着在社会追踪调查之中，基线调查结束之后，接受了第二期追访的受访者在后续追访中发生拒访的可能性更低，即样本的损耗率会更低。

（三）运用并行数据对传统议题进行研究：住房质量与健康

已有关于住房质量与健康的研究已经得出较为清晰的结论。住房作为人们生活时间最长的场所之一，其质量对居住者的身体健康和精神健康有直接影响。总体而言，住房条件越差的居住者，越容易患慢性疾病、传染性疾病和心理疾病（Krieger and Higgins, 2002；Evans et al. , 2003；Lawrence, 2010）。因为住房的内部环境与某些特定的疾病有密切关系。不合格的居住条件，包括阴暗潮湿、通风条件不佳、空气质量差、采光不足、过度拥挤等，往往伴随各类病菌和病虫害等，导致室内污染物和残留过多，极易引起呼吸系统疾病（例如哮喘）、皮肤过敏、精神疾病和心脏病等疾病，并有可能引发其他慢性疾病（Dunn and Hayes, 2000；Krieger and Higgins, 2002；Evans, 2003；Perdue et al, 2003；Miles and Jacobs, 2008；Shenassa et al. , 2007；Lawrence, 2010；Shah et al. , 2018）。此外，住房外部的噪声也会影响居住者的健康（Saelens et al. , 2003；Miles and Jacobs, 2008）。

表 3　城市居民患慢性疾病影响因素的逻辑斯蒂回归估计结果

	模型 1	模型 2	模型 3	模型 4	模型 5	模型 6	模型 7	模型 8
年龄	0. 069***	0. 069***	0. 069***	0. 069***	0. 069***	0. 069***	0. 068***	0. 069***
	(0. 005)	(0. 005)	(0. 005)	(0. 005)	(0. 005)	(0. 005)	(0. 005)	(0. 005)
学历								
高中	-0. 171	-0. 181+	-0. 186+	-0. 168	-0. 176+	-0. 195+	-0. 197+	-0. 168
	(0. 106)	(0. 105)	(0. 105)	(0. 106)	(0. 105)	(0. 105)	(0. 105)	(0. 106)
大专及以上	-0. 247+	-0. 261+	-0. 272*	-0. 252+	-0. 249+	-0. 290*	-0. 293*	-0. 242+
	(0. 139)	(0. 138)	(0. 138)	(0. 139)	(0. 138)	(0. 137)	(0. 137)	(0. 140)
性别								
男性	-0. 217*	-0. 216*	-0. 212*	-0. 220*	-0. 221*	-0. 207*	-0. 206*	-0. 222*
	(0. 086)	(0. 086)	(0. 086)	(0. 086)	(0. 086)	(0. 086)	(0. 086)	(0. 086)
单位性质								
体制内	-0. 179	-0. 176	-0. 172	-0. 177	-0. 172	-0. 173	-0. 173	-0. 175
	(0. 118)	(0. 118)	(0. 118)	(0. 118)	(0. 118)	(0. 118)	(0. 118)	(0. 118)

续表

	模型 1	模型 2	模型 3	模型 4	模型 5	模型 6	模型 7	模型 8
政治面貌								
党员	-0.023	-0.022	-0.028	-0.021	-0.025	-0.037	-0.040	-0.023
	(0.162)	(0.162)	(0.162)	(0.162)	(0.162)	(0.162)	(0.162)	(0.162)
婚姻状况								
已婚	-0.219**	-0.221**	-0.224**	-0.222**	-0.224**	-0.232**	-0.231**	-0.222**
	(0.076)	(0.076)	(0.076)	(0.076)	(0.076)	(0.076)	(0.076)	(0.076)
户口所在地								
上海	0.418***	0.420***	0.399***	0.414***	0.429***	0.380***	0.378***	0.426***
	(0.105)	(0.105)	(0.104)	(0.104)	(0.104)	(0.104)	(0.103)	(0.105)
居住城区								
近郊区	-0.182	-0.182	-0.185+	-0.190+	-0.178	-0.186+	-0.195+	-0.185+
	(0.111)	(0.111)	(0.111)	(0.111)	(0.112)	(0.111)	(0.111)	(0.112)
远郊区	0.099	0.104	0.093	0.094	0.122	0.084	0.074	0.112
	(0.107)	(0.107)	(0.107)	(0.107)	(0.108)	(0.107)	(0.106)	(0.108)
月收入								
中等收入	-0.082	-0.082	-0.092	-0.087	-0.079	-0.099	-0.102	-0.079
	(0.122)	(0.122)	(0.121)	(0.121)	(0.122)	(0.121)	(0.121)	(0.122)
高收入	-0.243	-0.244	-0.262	-0.256	-0.234	-0.270	-0.274	-0.235
	(0.200)	(0.200)	(0.199)	(0.199)	(0.200)	(0.199)	(0.199)	(0.200)
住房装修情况	-0.058*							-0.019
	(0.023)							(0.043)
住房通风状况		-0.060**						-0.042
		(0.023)						(0.056)
住房空气清新状况			-0.043+					0.091+
			(0.023)					(0.054)
住房卫生整洁程度				-0.059**				-0.027
				(0.022)				(0.047)
住房采光状况					-0.070**			-0.089+
					(0.022)			(0.047)
住房拥挤程度						-0.024		0.026
						(0.020)		(0.030)
住房噪音状况							-0.026	-0.004
							(0.020)	(0.027)
截距	-4.004***	-3.967***	-4.020***	-3.963***	-3.934***	-4.089***	-4.064***	-3.979***
	(0.244)	(0.247)	(0.248)	(0.247)	(0.246)	(0.245)	(0.250)	(0.255)

续表

	模型 1	模型 2	模型 3	模型 4	模型 5	模型 6	模型 7	模型 8
N	5337	5337	5337	5337	5337	5337	5337	5337
Pseudo R^2	0.114	0.114	0.114	0.114	0.115	0.113	0.113	0.116

注：1. 控制变量包括："年龄""学历""性别""单位性质""政治面貌""婚姻状况""户口所在地""居住城区""月收入"；参照组分别为："初中及以下""女性""体制外""非党员""未婚""非上海户口""中心区""低收入"；"年龄"为连续型变量。2. 显著性水平：$^{***}p<0.001$，$^{**}p<0.01$，$^{*}p<0.05$，$^{+}p<0.1$，括号内为标准误。

表 3 中的模型 1 到模型 7 的回归估计结果表明，城市居民的住房质量与其患慢性疾病之间有非常密切的关系。具体而言，住房装修情况、住房通风状况、住房空气清新状况、住房卫生整洁程度、住房采光状况越好，其居住者患有慢性疾病的可能性越低。而住房拥挤程度和住房噪音状况与居住者患慢性疾病之间没有显著性关系，但影响方向均为负向。但模型 8 的回归估计结果表明，在住房条件中，只有住房空气清新状况和住房采光状况会对居民的慢性疾病产生显著影响。空气清新状况越好，居民患慢性疾病的发生比越高（$p<0.1$）；而住房采光状况越好，居民患慢性疾病的发生比越低（$p<0.1$）。

表 4　城市居民精神健康状况影响因素的 OLS 回归估计结果

	模型 1	模型 2	模型 3	模型 4	模型 5	模型 6	模型 7	模型 8
年龄	-0.013* (0.007)	-0.013* (0.007)	-0.013* (0.007)	-0.014* (0.007)	-0.014* (0.007)	-0.014* (0.007)	-0.014* (0.007)	-0.014* (0.007)
学历								
高中	0.821*** (0.157)	0.856*** (0.157)	0.858*** (0.157)	0.830*** (0.157)	0.845*** (0.157)	0.875*** (0.157)	0.884*** (0.156)	0.814*** (0.157)
大专及以上	0.883*** (0.183)	0.941*** (0.182)	0.948*** (0.182)	0.915*** (0.183)	0.918*** (0.182)	0.989*** (0.181)	0.991*** (0.181)	0.870*** (0.183)
性别								
男性	0.196 (0.122)	0.188 (0.122)	0.185 (0.122)	0.199 (0.122)	0.197 (0.122)	0.175 (0.122)	0.171 (0.122)	0.203$^+$ (0.122)
单位性质								
体制内	0.379* (0.166)	0.375* (0.167)	0.367* (0.167)	0.375* (0.166)	0.363* (0.166)	0.371* (0.167)	0.370* (0.167)	0.377* (0.167)

续表

	模型 1	模型 2	模型 3	模型 4	模型 5	模型 6	模型 7	模型 8
政治面貌								
党员	0.138	0.140	0.143	0.134	0.147	0.153	0.162	0.144
	(0.221)	(0.221)	(0.221)	(0.221)	(0.221)	(0.221)	(0.221)	(0.221)
婚姻状况								
已婚	0.603***	0.611***	0.612***	0.610***	0.614***	0.628***	0.628***	0.608***
	(0.093)	(0.093)	(0.093)	(0.093)	(0.093)	(0.093)	(0.093)	(0.093)
户口所在地								
上海	-0.203	-0.177	-0.152	-0.172	-0.180	-0.124	-0.112	-0.207
	(0.144)	(0.144)	(0.143)	(0.143)	(0.143)	(0.142)	(0.142)	(0.144)
居住城区								
近郊区	-0.267+	-0.265+	-0.268+	-0.257+	-0.276+	-0.271+	-0.247	-0.264+
	(0.155)	(0.155)	(0.155)	(0.155)	(0.155)	(0.155)	(0.155)	(0.155)
远郊区	-0.212	-0.204	-0.195	-0.195	-0.233	-0.185	-0.160	-0.225
	(0.154)	(0.154)	(0.154)	(0.154)	(0.155)	(0.154)	(0.154)	(0.155)
月收入								
中等收入	0.249	0.257+	0.268+	0.261+	0.253	0.274+	0.286+	0.245
	(0.154)	(0.155)	(0.155)	(0.154)	(0.155)	(0.155)	(0.154)	(0.155)
高收入	0.138	0.167	0.188	0.179	0.151	0.204	0.219	0.126
	(0.241)	(0.241)	(0.241)	(0.240)	(0.241)	(0.240)	(0.240)	(0.241)
住房装修情况	0.156***							0.136*
	(0.032)							(0.062)
住房通风状况		0.131***						-0.003
		(0.032)						(0.079)
住房空气清新状况			0.113***					-0.123
			(0.033)					(0.079)
住房卫生整洁程度				0.138***				0.043
				(0.032)				(0.069)
住房采光状况					0.142***			0.106
					(0.032)			(0.068)
住房拥挤程度						0.085**		-0.017
						(0.029)		(0.042)
住房噪音状况							0.086**	0.025
							(0.029)	(0.039)
截距	19.700***	19.716***	19.777***	19.678***	19.673***	19.893***	19.838***	19.638***
	(0.303)	(0.310)	(0.312)	(0.311)	(0.309)	(0.306)	(0.314)	(0.323)

	模型 1	模型 2	模型 3	模型 4	模型 5	模型 6	模型 7	模型 8
N	5337	5337	5337	5337	5337	5337	5337	5337
R^2	0.032	0.031	0.030	0.031	0.032	0.030	0.030	0.033

注：1. 控制变量包括："年龄""学历""性别""单位性质""政治面貌""婚姻状况""户口所在地""居住城区""月收入"；参照组分别为："初中及以下""女性""体制外""非党员""未婚""非上海户口""中心区""低收入"；"年龄"为连续型变量。2. 显著性水平：$^{***}p<0.001$，$^{**}p<0.01$，$^{*}p<0.05$，$^{+}p<0.1$，括号内为标准误。

表 4 的模型 1 到模型 7 中分别加入了住房装修情况、住房通风状况、住房空气清新状况、住房卫生整洁程度、住房采光状况、住房拥挤程度和住房噪音状况变量，回归估计结果表明，这些变量都在不同程度上对居住者的精神健康状况产生了显著的正向影响。但将 7 个测量住房条件的变量加入后，根据模型 8 的回归估计结果可知，仅住房装修情况对居民的精神健康产生了显著的影响（$p<0.05$）。

表 3 和表 4 的回归估计结果表明，对城市居民而言，住房条件越好，患有慢性疾病的可能性越低，并且精神健康状况越好，即健康状况越好。显而易见，采用并行数据的分析结果与已有研究的结论既有一致的部分，也存在差异。住房条件数据是访员在受访者住房内结束面访后，采集而来的并行数据，与以往采用受访者自报数据不同，在一定程度上减少了内生性。

五　结论与讨论

（一）结论

调查数据是社会科学研究者开展研究，获得对社会的认知的重要来源。随着社会结构日益复杂、社会科学研究的不断深入，社会科学研究方法日益丰富，传统社会调查数据对社会研究难免乏力。因而，需要进一步开发在社会调查过程中产生的并行数据，并且国外不少社会调查项目已经开始收集和开发并行数据（Beaumont，2005；Kreuter et al.，2010），并将其广泛用于学术研究、改善和评估调查数据、指导社会调查。国内大多数研究忽视了采用并行数据开展社会研究，也在一定程度上忽视了对并行数据采集的探索。当然，这主要是由于国内相关调查采集的并行数据较少，并且对外公开的数据版本中不包含调查的并行数据。

基于此，本文首先对并行数据的价值进行了总结和分析，主要包含如下方面：一是监测、评估和提高社会调查数据质量；二是提高社会调查数据使用价值；三是丰富大数据的应用场景和价值。随后，本文结合"上海都市社区调查（SUNS）"的经验和国内已有大型社会追踪调查内容，提出了在社会调查过程中，尤其是城市调查过程中，并行数据的采集过程具体包括采集层次、采集方法和采集内容。其中，采集层次包含社区、住户和个人三个层次；采集方法为采用标准化的观察问卷；采集内容可根据社会调查的不同主体来具体确定。依据采集层次的不同，采集内容也不同，但主要内容需要包括受访者所生活的社区和家庭环境、受访者的外部特征及其在面访过程中的表现。最后，本文使用"上海都市社区调查（SUNS）"数据中来自个人和家庭层面的并行数据，对并行数据在提高调查数据质量、降低社会调查成本和开展经典议题研究方面进行了探索和延展。

（二）讨论

如前所述，并行数据具有较高的学术价值，我们应该开始重视对并行数据的采集、开发和应用，重视并行数据的价值。因此，我们认为在设计问卷阶段，可以在面访开始之前和结束之后，在问卷中加入一定量的由访员观察记录的标准化的问题。观察问题可以包含社区、住户和个人三个层面，问题内容可以根据调查主题和具体研究需求进行设置。需要指出的是，在调查过程中，要求访员在实地调查过程之中记录和采集并行数据是可行的（West and Kreuter，2018），因为访员并不会因此而耽误入户时间和影响入户工作。根据以往的调查经验，访员在入户过程中最大的问题除了拒访以外，就是受访者不在家，因此，等待受访者所花的时间往往比面访所花的时间还多，而采集社区环境数据的方式能够有效地利用访员的时间，也可以让访员在采集并行数据的过程中，增加对受访者居住社区的了解。此外，当访员搭乘公共交通工具在入户地址下车之后，到受访者家门口的路程中就包含以上所有观察问题的答案。[①] 这样还可以提高访员的观察和判断能力，访员在入户前，根据此前的观察，基于对受访者所居住社区（小区）的基本情况的了解，在向受访者介绍调查内容、主题、[②] 意义时，可以有突出、有重点，进而更容易吸引受访者，增强他们对调查的兴

---

① 当然，有很多访员是居住在调查社区的附近，观察起来就更加方便了。

② 根据我们的调查经验，不同的受访者对同一调查中不同模块的感兴趣程度是完全不一样的。如果能够在初次介绍时，依据受访者的特征，突出我们调查内容的重点，可以非常有效地降低拒访率。

趣，降低其对社会调查的排斥感，提高初次入户率（应答率），降低拒访率。

因此，在大型社会调查之中，尤其是在城市调查之中，可以尝试加入由访员观察并填答的并行数据。这一尝试具有如下价值和优势。第一，可以作为评估调查数据质量的有效指标，为调查数据质量进行有效评估和开展样本维护工作提供参考。第二，可以有效利用并行数据对样本追访和损耗情况进行预测，还可有效甄别未来可能流失的样本。如果需要补充样本，则可根据并行数据的预测结果，在调查开始前依据可能流失样本的社会人口等特征对样本进行有针对性的补充，及时补充样本库中的样本。在调查开展过程之中可根据流失样本的特征进行补充，而不是事后补充。这种方法不仅可以有效提高调查效率和样本代表性，而且可以极大地降低调查成本，因为不需要在事后进行样本补充。第三，可以丰富调查数据的层次、内容和维度，扩展调查数据的应用范围和价值，并对相关传统议题进行再研究，拓展相关议题研究的新视野。具体而言，可以将观察获得的并行数据作为新的变量，或者是对观察数据进行处理，生成新的变量，[①]从而开发新的研究议题，或者对已有的研究议题使用新的方法开展研究，例如可以加入家庭、社区等社会个体特征之外的变量进行分析。[②]当然，也可以将调查数据和大数据进行结合，实现大数据和小数据的结合，充分开发大数据和小数据的研究价值。毕竟，大数据和小数据是相互补充的，而不是相互对立的。

需要指出的是，通过观察而来的并行数据并不是完美无缺的，也存在不足和缺陷。观察数据是访员通过主观判断所得到和记录的，而不同的访员在实地观察过程中往往会采取不同的观察策略，因此不可避免地存在测量（观察/记录）误差（measurement error）问题（West，2010；West，2013；West and Little，2013；West and Kreuter，2018）。这也在一定程度上限制了观察数据的使用范围（West et al.，2014），例如在调查数据的无应答推论方面存在较大的局限性，这也会给社会调查数据的无应答调整的有效性带来影响。针对这些不足，除了可以通过辅助数据和行政统计数据对访员观察数据中可能存在的误差和错误进行识别和校正之外（Wagner et al.，2017），还可通过对访员进行统一培训来规范观察的标准和观察策略（Durrant et al.，2011；West and Kreuter，2018）。我们也期待未来能够开展更多关于并行数据的研究和分析，进一步明确并行数据的误差产生来源和误差调整及

---

①　在利用观察数据的过程中，可将居住社区的公共服务设施等指标合成新的 SES 变量。

②　现在较多采用多层回归模型。

纠正方法，例如可以通过准实验设计来分析和检验不同访员对同一受访者特征、受访者住房和社区环境的观察数据是否存在差异？如果存在差异，这种差异是否是显著的？

参考文献

陈华珊，2015，《虚拟社区是否增进社区在线参与？一个基于日常观测数据的社会网络分析案例》，《社会》第 5 期。

陈云松、严飞，2107，《网络舆情是否影响股市行情？基于新浪微博大数据的 ARDL 模型边限分析》，《社会》第 2 期。

丁华，2014，《计算机辅助调查与数据质量》，《统计与决策》第 3 期。

丁华、任莉颖、严洁，2016，《基于并行数据的调查质量管理》，《统计与决策》第 20 期。

丁华、姚佳慧、严洁，2017，《基于 CAI 模式的调查数据质量控制》，《统计与决策》第 7 期。

龚为纲、朱萌、张赛、罗教讲，2019，《媒介霸权、文化圈群与东方主义话语的全球传播——以舆情大数据 GDELT 中的涉华舆情为例》，《社会学研究》第 5 期。

黄荣贵，2017，《网络场域、文化认同与劳工关注社群：基于话题模型与社群侦测的大数据分析》，《社会》第 2 期。

罗家德、高馨、周涛、刘黎春、傅晓明、刘知远、苏毓淞，2021，《大数据和结构化数据整合的方法论——以中国人脉圈研究为例》，《社会学研究》第 2 期。

任莉颖、严洁，2014，《并行数据与社会调查质量探讨》，《统计与决策》第 6 期。

萨尔加尼克，马修，2019《计算社会学：数据时代的社会研究》，赵红梅、赵婷译，中信出版集团。

孙秀林、陈华珊，2016，《互联网与社会学定量研究》，《中国社会科学》第 7 期。

孙玉环、孙佳星、陈爽，2018，《CAI 模式下并行数据的种类及应用》，《调研世界》第 3 期。

严洁、邱泽奇、任莉颖、丁华、孙妍，2016，《社会调查质量研究：访员臆答与干预效果》，《社会学研究》第 2 期。

邹艳辉、孙妍，2014，《计算机辅助调查系统设计与数据质量的提高》，《统计与决》第 5 期。

Barrett, K. , Sloan, M. and Wright, D. 2006. "Interviewer Perception and Interview Quality in Proceedings of the Section on Survey Research Methods. " Alexandria, VA: American Statistical Association, 4026-4033.

Beaumont, J. F. 2005. "On the Use of Data Collection Process Information for the Treatment of Unit Nonresponse through Weight Adjustment. " *Survey Methodology* 31 (2): 227-231.

Biemer, P. , Chen, P. and Wang, K. 2013. "Using Level-of-Effort Paradata in Non-Response Adjustments with Application to Field Surveys. " *Journal of the Royal Statistical Socie-*

ty: *Series A* (*Statistics in Society*) 176 (1): 147-168.

Blom, A. G., De Leeuw, E. D. and Hox, J. J. 2011. "Interviewer Effects on Nonresponse in the European Social Survey." *Journal of the Royal Statistical Society*: *Series A* (*Statistics in Society*) 27 (2): 359-377.

Bristle, J., Celidoni, M. et al. 2019. "The Contributions of Paradata and Features of Respondents, Interviewers and Survey Agencies to Panel Co-operation in the Survey of Health, Ageing and Retirement in Europe." *Journal of the Royal Statistical Society*: *Series A* (*Statistics in Society*) 182 (1): 3-35.

Browning, C. R., Calder, C. A. et al. 2021. "Neighborhoods, Activity Spaces, and the Span of Adolescent Exposures." *American Sociological Review* 86 (2): 201-233.

Choumert-Nkolo, Johanna, Cust, H. and Taylor, C. 2019. "Using Paradata to Collect Better Survey Data: Evidence from a Household Survey in Tanzania." *Review of Development Economics* 23 (2): 598-618.

Couper, M. P. 1998. "Measuring Survey Quality in a CASIC Environment." *Proceedings of the Survey Research Methods Section of the American Statistical Association*, 41-49.

Couper, M. P. 2000. "Usability Evaluation of Computer-Assisted Survey Instruments." *Social Science Computer Review* 18 (4): 384-396.

Couper, M. P. and Kreuter, F. 2013. "Using Paradata to Explore Item Level Response Times in Surveys." *Journal of the Royal Statistical Society*: *Series A* (*Statistics in Society*) 176 (1): 271-286.

Couper, M. P. and Wagner, J. 2011. "Using Paradata and Responsive Design to Manage Survey Nonresponse." ISI World Statistics Congress, Dublin, Ireland.

Da Silva, D. N. and Skinner, C. J. 2021. "Testing for Measurement Error in Survey Data Analysis Using Paradata." *Biometrika* 108 (1): 239-246.

Da Silva, D. N., Skinner, C. and Kim, J. K. 2016. "Using Binary Paradata to Correct for Measurement Error in Survey Data Analysis." *Journal of the American Statistical Association* 111 (514): 526-537.

Dunn, J. R. and Hayes, M. V. 2000. "Social Inequality, Population Health, and Housing: A Study of Two Vancouver Neighborhoods." *Social Science & Medicine* 51 (4): 563-587.

Durrant. G. and Kreuter, F. 2013. "The Use of Paradata in Social Survey Research." *Journal of the Royal Statistical Society*: *Series A* (*Statistics in Society*) 176 (1): 1-3.

Durrant, G. B., D'Arrigo, J. and Steele, F. 2011. "Using Paradata to Predict Best Times of Contact, Conditioning on Household and Interviewer Influences." *Journal of the Royal Statistical Society*: *Series A* (*Statistics in Society*) 174 (4): 1029-1049.

Evans, G. W. 2003. "The Built Environment and Mental Health." *Journal of Urban Health* 80 (4), 536-555.

Evans. G. W., Wells, N. M. and Moch, A. 2003. "Housing and Mental Health: A Review of the Evidence and a Methodological and Conceptual Critique." *Journal of Social Issues* 59 (3): 475-500.

Groves, R. M. 1989. *Survey Error and Survey Costs.* New York: John Wily.

Groves, R. M. 2006. "Nonresponse Rates and Nonresponse Error in Household Surveys." *Public Opinion Quarterly* 70（5）：646-675.

Groves, R. M. and Couper, M. P. 1998. *Nonresponse in Household Interview Surveys.* New York：John Wiley.

Groves, R. M. and Heeringa, S. G. 2006. "Responsive Design for Household Surveys：Tools for Actively Controlling Survey Nonresponse and Costs." *Journal of the Royal Statistical Society：Series A（Statistics in Society）* 169（3）：439-457.

Heerwegh, D. 2003. "Explaining Response Latencies and Changing Answers Using Client-Side Paradata from a Web Survey." *Social Science Computer Review* 21：360-373.

Höhne, J. K. and Schlosser, S. 2018. "Investigating the Adequacy of Response Time Outlier Definitions in Computer-Based Web Surveys Using Paradata Survey Focus." *Social Science Computer Review* 36（03）：369-378.

Hohne, J. K. and Schlosser, S. 2018. "Investigating the Adequacy of Response Time Outlier Definitions in Computer-Based Web Surveys Using Paradata Survey Focus." *Social Science Computer Review* 36（3）：369-378.

Horwitz, R. , Kreuter, F. and Conrad, F. 2017. "Using Mouse Movements to Predict Web Survey Response Difficulty." *Social Science Computer Review* 35（3）：388-405.

Horwitz, R. , Tancreto, J. G. , Zelenak, M. F. et al. 2012. "Use of Paradata to Assess the Quality and Functionality of the American Community Survey." *Proceedings of the Survey Research Methods Section, American Statistical Association*, 5329-5343.

Hu, M. , Gremel, G. W. , Kirlin, J. A. et al. 2017. "Nonresponse and Underreporting Errors Increase over the Data Collection Week Based on Paradata from the National Household Food Acquisition and Purchase Survey." *The Journal of Nutrition* 147（5）：964-975.

Kreuter, F. , Couper, M. P. and Lyberg, L. E. 2010. "The Use of Paradata to Monitor and Manage Survey Data Collection." *Proceedings of the Survey Research Methods*, 282-296.

Krieger, J. and Higgins, D. L. 2002. "Housing and Health：Time Again for Public Health Action." *American Journal of Public Health* 92（5）：758-768.

Lawrence, R. J. 2010. "Housing and Health Promotion：Moving Forward." *International Journal of Public Health* 3：145-146.

Lynn, P. and Nicolaas, G. 2010. "Making Good Use of Survey Paradata." *Survey Practice* 3（2）：1-5.

McClain, C. A. , Couper, M. P. , Hupp, A. L. et al. 2019. "A Typology of Web Survey Paradata for Assessing Total Survey Error." *Social Science Computer Review* 37（2）：196-213.

McClamroch, K. J. 2011. "Evaluating the Usability of Personal Digital Assistants to Collect Behavioral Data on Adolescents with Paradata." *Field Methods* 23（3）：219-242.

Miles, R. and Jacobs, D. E. 2008. "Future Directions in Housing and Public Health：Findings from Europe with Broader Implications for Planners." *Journal of the American Planning Association* 74（1）：77-89.

Mirel, L. B. and Chowdhury, S. R. 2017. "Using Linked Survey Paradata to Improve Sampling Strategies in the Medical Expenditure Panel Survey." *Journal of Official Statistics* 33

(2): 367-383.

Olson, K. 2013. "Paradata for Nonresponse Adjustment." *Annals of the American Academy of Political and Social Science* 645 (1): 142-170.

Perdue, W. C., Stone, L. A. and Gostin, L. O. 2003. "The Built Environment and its Relationship to the Public's Health: The Legal Framework." *American Journal of Public Health* 93 (9): 1390-1394

Purdam, K., Sakshaug, J., Bourne, M. et al. 2020. "Understanding 'Don't Know' Answers to Survey Questions: An International Comparative Analysis Using Interview Paradata." *Innovation: The European Journal of Social Science Research* 5: 1-23.

Rossmann, J. and Gummer, T. 2015. "Using Paradata to Predict and Correct for Panel Attrition." *Social Science Computer Review* 34 (3): 312-332.

Saelens, B. E., Sallis, J. F. and Frank, L. D. 2003. "Environmental Correlates of Walking and Cycling: Findings from the Transportation, Urban Design, and Planning Literatures." *Annals of Behavioral Medicine* 25 (2): 80-91.

Safir, A., Black, T. and Steinbach, R. 2001. "Using Paradata to Examine the Effects of Interviewer Characteristics on Survey Response and Data Quality." *Proceedings of the Annual Meeting of the American Statistical Association*, 1-6.

Santin, G., Bénézet, L., Geoffroy-Perez, B., Bouyer, J. and Guéguen, A. 2017. "A Two-Phase Sampling Survey for Nonresponse and Its Paradata to Correct Nonresponse bias in a Health Surveillance Survey." *Revue Epidemiologie Sante Publique* 65 (1): 71-79.

Sendelbah, A., Vehovar, V., Slavec, A. et al. 2016. "Investigating Respondent Multitasking in Web Surveys Using Paradata." *Computer Human Behavior.* 55: 777-787.

Shah, S. N., Alan, F., Steiner, A. S. et al. 2018. "Housing Quality and Mental Health: The Associationbetween Pest Infestation and Depressive Symptoms among Public Housing Residents." *Journal of Urban Health* 95 (5): 691-702.

Shenassa, E. D., Daskalakis, C., Liebhaber, A. et al. 2007. "Dampness and Mold in the Home and Depression: An Examination of Mold-Related Illness and Perceived Control of One's Home as Possible Depression Pathways." *American Journal of Public Health* 97 (10): 1893-1899.

Sinibaldi, J. and Eckman, S. 2015. "Using Call-Level Interviewer Observations to Improve Response Propensity Models." *Public Opinion Quarterly* 79 (4): 976-993.

Sinibaldi, J., Durrant, G. and Kreuter, F. 2013. "Evaluating the Measurement Error of Interviewer Observed Paradata." *Public Opinion Quarterly* 77 (S1): 173-193.

Sinibaldi, J., Trappmann, M. and Kreuter, F. 2014. "Which is the Better Investment for Nonresponse Adjustment: Purchasing Commercial Auxiliary Data or Collecting Interviewer Observations?" *Public Opinion Quarterly* 78 (2): 440-473.

Stern, M. 2008. "The Use of Client-side Paradata in Analyzing the Effects of Visual Layout on Changing Responses in Web Surveys." *Field Methods* 20 (4): 377-398.

Stieger, S. and Reips, U. D. 2010. "What Are Participants Doing While Filling in an Online Questionnaire: A Paradata Collection Tool and an Empirical Study." *Computers in Hu-*

man Behavior 26 （6）: 1488-1495.

Tienda, M. and Koffman, D. 2021. "Using Paradata to Evaluate Youth Participation in a Digital Diary Study." *Social Science Computer Review* 39 （4）: 666-686.

Tudor-Locke, C., Mire, E. F. and Dentro, K. N. 2015. "A Model for Presenting Accelerometer Paradata in Large Studies: ISCOLE." *International Journal of Behavioral Nutrition and Physical Activity* 12 （1）: 52.

Wagner, J. and Olson, K. M. 2017. "Assessing Potential Errors in Level-of-Effort Paradata Using GPS Data." *Survey Research Methods* 11 （3）: 219-233.

Wagner. J., Valliant, R., Hubbard, F. et al. 2014. "Level-of-Effort Paradata and Nonresponse Adjustment Models for a National Face-to-Face Survey." *Journal of Survey Statistics and Methodology* 2 （4）: 410-432.

Wagner, J., West, B. T., Kirgis, N. et al. 2012. "Use of Paradata in a Responsive Design Framework to Manage a Field Data Collection." *Journal of Official Statistics* 28 （4）: 477-499.

West, B. and Kreuter, F. 2018. "Strategies for Increasing the Accuracy of Interviewer Observations of Respondent Features: Evidence from the US National Survey of Family Growth." *Methodology European Journal of Research Methods for the Behavioral and Social Sciences* 14 （1）: 16-29.

West, B. T. 2013. "An Examination of the Quality and Utility of Interviewer Observations in the National Survey of Family Growth." *Journal of the Royal Statistical Society: Series A (Statistics in Society)* 176 （1）: 211-225.

West, B. T., Frauke, K. and Mark, T. 2014. "Is the Collection of Interviewer Observations Worthwhile in an Economic Panel Survey? New Evidence from the German Labor Market and Social Security (PASS) Study." *Journal of Survey Statistics & Methodology* 2 （2）: 159-181.

West, B. T., Kreuter, F. and Jaenichen, U. 2013. "Interviewer Effects in Face-to-face Surveys: A Function of Sampling, Measurement Error, or Nonresponse?" *Journal of Official Statistics* 29 （2）: 277-297.

Zhang, L. C., Thomsen, I. and Kleven, O. 2013. "On the Use of Auxiliary and Paradata for Dealing with Non-Sampling Errors in Household Surveys." *International Statistical Review* 81 （2）: 270-288.

The Value, Collection and Application of the Paradata in the Social Survey

——An Empirical Study Based on SUNS

Jintao Ye

Abstract: Paradata comes from being in the process of social survey and is a by-product of social survey. However, the existing research concerning paradata ignore the attention to the collection, development and application of parada-ta. Based on the existing research and the experience of "Shanghai Urban Neigh-borhood Survey (SUNS)", this article thinks that the paradata of social survey can improving, evaluating and monitoring the quality of social survey data. Improving the use value of social survey data; Enriching the application value of big data and en-hancing the combination ability of big data and small data. On this basis, com-bined with the relevant social survey experience, this paper discusses and analyzes the parallel data collection method (collection process, collection type), collec-tion level and collection content in urban survey. Then, using the parallel data called "SUNS", this paper makes a positive exploration on how paradata can im-prove the quality of survey data, reduce the cost of social survey and research clas-sical topics. Finally, we suggest that the content, process and standard design of paradata collection should be well done in the process of social survey, so as to improve the quality and value of social survey data use and promote the imple-mentation of social survey.

Keywords: Paradata; Social Survey; Data Quality; The Value of Data

《社会调查中并行数据的价值、采集与应用——以"上海都市社区调查（SUNS）"数据为例》评审意见

郭茂灿*

社会科学研究在持续发展的科技背景下正经历一个转型期。如何有效地采集、处理和分析数据，包括社会调查中的并行数据，越来越受到学者们的重视。在中国，尽管对并行数据的研究还处于起步阶段，关注度相对较低，但其在社会调查中的潜在应用价值不容忽视。该文为我们提供了一个良好的实例，展示了如何利用"上海都市社区调查"（SUNS）数据来深化我们对并行数据的理解，并为我们揭示了如何将这一创新数据资源应用于实际的社会科学研究。文章结合已有研究和实际调查经验，介绍了并行数据的采集方法、层次和内容，还通过实证分析，探讨了并行数据在提高调查数据质量、降低社会调查成本和深化传统议题研究等方面的应用前景。

该文的主要优点在于其对并行数据全面、深入的剖析。作者不仅系统地介绍了并行数据的定义、来源和分类，而且利用实证研究生动地展示了并行数据在实际应用中的独特价值。在探讨住房质量与居民健康之间的联系时，文章呈现了大量的统计数据和回归分析结果，为读者提供了一个内容丰富且具有深度的研究案例。同时，文章也着重于并行数据的采集方法、内容、流程和标准，为后续研究提供了有力的参考。然而，该文在数据分析方法的选择与结果的解读上有些许简化，可能使部分读者难以捕捉到并行数据的复杂性和深度。此外，虽然文章对并行数据做了详细的探讨，但在分类和定义上仍缺乏一定的系统性和深度。而且，文章在关注并行数据的采集和应用时，对于数据安全和隐私保护方面的重要性，似乎没

---

* 　郭茂灿，哈佛大学社会学博士，云南大学民族学与社会学学院副教授、东陆青年学者。

有给予足够的关注。

　　该文对当前的社会调查方法具有重要的启示。在科学技术日新月异的今天，传统的社会调查方法已经难以满足现代研究的需求。并行数据的采集和应用不仅为我们提供了一个新的研究视角，也为社会科学研究者提供了新的方法和工具。尤其在提高数据质量、优化问卷设计、提高追访成功率以及扩展研究领域等方面，该文对并行数据的深入探讨为我们提供了宝贵的经验和建议。此外，文章对并行数据与传统社会调查数据相结合的强调，不仅可以启发研究者深入挖掘数据的内在价值，还可以为社会科学研究提供新的研究思路和策略。

　　关于 SUNS 数据与中国乡村社会大调查数据，两者在多个维度上都存在明显的互补性。SUNS 数据重点关注都市社区，涵盖了城市居民的生活状态、社区环境以及其他相关议题；而中国乡村社会大调查数据则更聚焦乡村地区，探讨了乡村的社会经济状况、族群关系以及地域特性等。这两种数据的结合可以为我们提供一个独特的研究机会，使我们能够更为全面、深入地理解和分析城市与乡村之间的相互联系和差异。而且，二者都收集了来源和层次丰富的数据资源，包括并行数据。随着科技的发展和研究方法的创新，我们有理由期待未来的研究能更好地结合和利用这两种数据资源，为社会科学研究带来更为深入的洞见和成果。

译　文

农村社会学的问题：农民共同体及其历史-社会学问题[*]

亨利·列斐伏尔 著   王立秋 译[**]

I

在那些经过一个村子，发现它原始的或不确定的面貌，惊叹于它的懒散或欣赏它的"风景如画"的公民、知识分子甚至是历史学家或社会学家里面，有多少人知道，我们不能把这个村子简化为一个偶然的，人、畜、物的大杂烩？又有多少人知道，通过考察这个村子，我们会发现一种复杂的组织，一个"结构"？

在研究全世界的农村共同体时，我们会发现比我们一开始想得更加微妙的平衡：可耕种土地、森林、牧场的面积之间的比例以及靠土地维持生计的各个生物群之间的比例的平衡。通过这样的研究，在从客观事实转向与客观事实相关的人文事实的过程中，我们会发现，物质的平衡，虽然不是人理性地规划出来的，却也不是盲目机械地形成的。它们出自一种难以把握，更难以定义的意识（conscience），这种以一种奇妙的方式混合了人的审慎、主动性、怀疑、轻信和循规蹈矩的意识，即所谓的农民的智慧

---

[*]   Henri Lefebvre, "Problèmes de Sociologie Rurale：La Communauté Paysanne et ses Problémes Historico-Sociologiques", *Cahiers internationaux de Sociologie*, No. 6（1949）：78- 100. 译文对英译本有所参考，参见 Henri Lefebvre, "Problems of Rural Sociology：The Peasant Community and Its Historical-Sociological Problems", *On the Rural：Economy, Sociology, Geography*, Stuart Elden and Adam David Morton eds. , Robert Bononno trans. , University of Minnesota Press, 2022, chapter 2, pp. 17-36。

[**]   亨利·列斐伏尔（Henri Lefebvre），法国著名马克思主义哲学家和社会学家，著有《空间的生产》等；王立秋，北京大学国际关系学院比较政治学博士，现为哈尔滨工程大学人文社会科学学院讲师。

(la sagesse paysanne)。最后，通过分析，我们还会发现秩序中的裂缝，这种智慧中的不确定，由或多或少深刻的原因造成的或多或少持久的不平衡。也就是说，最终我们会发现各种各样的问题、需求、倾向、冲突以及对成功和不成功的适应……

这个我们不总是知道怎样去看的有机体，和它的结构、它的地平线一起，就在我们眼前。至于这个有组织的共同体的意识，则隐藏在参与这个共同体的个体的生活中，和可感现实的直接性一样神秘。组织和意识包含并延续着历史。它们都有过去。早在熟悉的城市出现之前，一个就建在山坡上，看起来一点儿也不神秘的宁静村庄就存在和繁荣于此了。城市支持我们的希望和梦想，是现在才有的事。[1] 而另一个早就陷入沉闷和平静的村落，则还在延续着它反对领主、王公和国王的激烈斗争。这个过去，了无痕迹，什么也没留下来。什么也没有，却又什么都在——村子的形式本身就是一切！

它们的过去显著地标示出我们的城市。在巴黎街头，中世纪的府邸把自己从周围的"现代性"上扯下来，在时间上保持着它的距离。从罗马遗址到银行，并置的建筑在空间中再生产了历史的各个年代和时代的演替。过去被写在了石头的伤口里面。相反，在村子里，被村子的田地、农夫和佃农围绕的城堡及特权和权力，依然是农村生活一个非常现实、非常活跃的元素。古老的封建宅邸有时和农民的宗族大宅没什么区别，而已然是"资产阶级"的房屋也像是更加"舒适的"农家。对不加分析的人来说，在直接可见的当下，过去要么消失、消散了，要么就是一个时代错乱的、过时的铁板一块的东西。因此也就有了农村社会学（sociologie rurale）既难又新的特征：它是一门离不开历史的，研究"当前"（l'actuel）的科学，因为在这里，和在其他地方一样并且更甚于其他地方，"历史"（l'historique）持续存在并作用于"当前"。

II

我首先要指出能帮助我们了解农民生活的档案和文献，尤其是在农业

---

[1] 近代科学出现以前一些研究法国乡村的历史学家比如说加斯东·鲁普内尔（Gaston Roupnel）很可能夸大了我们村落的古老和长久。他们几乎到处发现了新石器时代的元素、原始共同体的痕迹，因此也就屈服于那种影响我们的历史和社会学推理的"原始主义"神话。这些古怪的历史学家甚至以历史和神话起源的名义，来否认真实的历史！

大体来说还是主流的历史时期的档案和文献的稀缺性。这个重要事实表明，在意识形态的表达中，大量现实的碎片消失了！

在不深入过去的情况下，17 世纪留下来的还有什么？[①] 几部技术性的作品，如奥利维耶·德·塞尔（Olivier de Serres）的《农戏》（*Théâtre d'Agriculture*，1600）、勒南（Le Nain）的某些画作；一些著名的文本，如莫里哀《唐璜》中的几幕戏、拉封丹的《寓言》或拉布吕耶尔书的黑页；还有一些不那么为人所知的文本，如夏尔·索莱尔（Charles Sorel）的《弗朗西翁的真实滑稽经历》（*La Vraie Histoire comique de Francion*），这些就是全部。

在 18 世纪，在农民生活的传统现实已成为回忆的情况下，它随卢梭而在文学中出现。一种新的资本主义式的农业出现了，随之而出现的还有这种农业的理论家和思想家——重农主义者。不过，直到所谓的 18 世纪"农业革命"——根据一些历史学家有些夸大的说法——结束，直到经济上的"工业"革命爆发，工业逐渐超越农业，城市逐渐取得对农村的压倒性优势，思想家们才发现了自在和自为的农民的现实。他们直到这个现实开始崩溃，在一场深刻的危机中，直到这个现实的传统形式开始消失才做到这点。从作家和历史学家的角度，我们该怎样解释这种突然出现的、对农民的现实的兴趣呢？它是面对宗法生活（这种生活虽然有各种局限，却也有它的美和壮丽）消失的懊悔呢，还是在表达农村资产阶级和地主、"贵族"所具有的政治重要性？很可能二者皆有。在不进行过度分析的情况下，我们可以想一想，两位伟大的作家——巴尔扎克和乔治·桑——就给我们留下了关于 19 世纪乡村生活的宝贵记录。

开启对法国农民史的科学研究的殊荣，落到了一些今天在很大程度上被忽视的伟大学者头上。这些学者在 19 世纪下半叶做的研究依然很有价值：利奥波德·德里勒（Léopold Delisle）关于诺曼底地区的研究、夏尔·德·里布（Charles de Ribbe）关于普罗旺斯地区的研究、让–奥古斯特·布吕塔耶（Jean-Auguste Brutails）关于加泰罗尼亚鲁西永地区的研究、让–弗朗索瓦·布拉代（Jean-François Bladé）关于加斯科尼地区的研究、阿尔西德·居里–桑布尔（Alcide Curie-Seimbres）和朱斯坦·塞纳克–蒙科（Justiin Cenac-Moncaut）关于法国南部比利牛斯山脉设防城镇的研

---

① 在大量不讨喜的、肮脏的经济档案文献（全都与封建权力和税收相关）中，建立在对农民的压迫和剥削的基础上的阶级社会中的现实和各种形式的意识形成了鲜明的对照。

究等。①

　　刚刚出现的农村史和农村社会学，还被意识形态明目张胆地劫持了。如果说重农主义者的学说反映了 18 世纪上层的、进步的资产阶级的观念和利益的话，那么，弗雷德里克·勒·普拉伊（Frédéric Le Play）的理论则明确地表达了已经掌握权力的资产阶级关心的问题和目标。为什么勒·普拉伊会对农民、家族和农村共同体感兴趣呢？因为他在它们那里发现了稳定、服从和顺从的"美德"与道德"价值"。他说得如此直白，甚至一点儿都不怀疑那些"道德的"价值是否为"政治的"价值。勒·普拉伊梦想恢复当时已经在瓦解的传统的共同体、家族和村子。通过研究比利牛斯山脉的这些社会事实，他大胆地提出一种常态和典型的观点：一个由 15 个人组成的家族［科特莱（Cauterets）的梅卢加人（les Melouga）］，在一个由 3 个房间组成的居所生活，每年消费 3 公斤糖和 15 升酒！在这些作品中，反动意识形态的不连贯清晰可见，随市场扩张而变得富裕的资产阶级同时出于非常明显的政治原因赞扬以前的，在工业和商业经济之前和之外的生活形式。②

　　虽然有这些缺陷，但从某些方面来看，勒·普拉伊的专著依然是此类文献的典范。他列出的梅卢加家族预算之精确及其社会学观察之细致至今无人能及（虽然这个文件对其作者来说起到了反作用）。不过，勒·普拉伊经验主义的、实证主义的、描述性的社会学，虽然掩饰了它极其可疑的规范性的、形而上学的主张，却也确实引出了一系列专门研究农民生活的社会学和文学著作，故而倒也不能说它们没有为促进科学的理解做出任何贡献！

　　考察法国和其他地方的研究状况与问题，也即学术研究"政治化"的问题是不是一种有偏见的做法？完全不是，因为这本身就是一个事实，一

---

① 现在有些过时但依然重要的欧仁·博纳梅尔（Eugène Bonnemère）的《中世纪至今的农民史》（*Histoire des paysans depuis la fin du moyen âge jusqu'à nos jours*, Paris, 1956）和本雅明·盖拉尔（Benjamin Guérard）的杰作《圣日耳曼德普雷修道院张伊尔米农的多联画》（*Polyptyque de l'abbé Irminon de Saint-Germain-des-Prés*, 2 vols., Paris, 1844）也值得一提。

② 从方法的角度（一边是经验主义的和规范的，另一边则是历史的、唯物主义的和辩证的）和从内容的角度（一边是反动的，另一边是革命的）来比较勒·普拉伊的主要作品和恩格斯研究农民问题的作品会很有趣。它们的书名本身就很能说明问题：勒·普拉伊的《家族的组织：根据种族观察证明的永恒模式》（*L'organisation de la famille, d'après le modèle éternel prouvé par l'observation des races*）和恩格斯的《家庭、私有制和国家的起源》。［勒·普拉伊的作品实为《家族的组织，根据所有时代和所有种族所表明的真实模式》（L'organisation de la famille, selon le vrai modèle signalé par l'histoire de toutes les races et de tous les temps, Paris : Alfred Marne et fils, 1871）。——英译本编者注］

个极为重要的社会学事实！

应该指出，与关于农民问题（农民的过去、当下和未来）的研究中的"右"的倾向相对的，是一种"左"的倾向。与试图用经验主义的描述来为各种道德、形而上学和政治论断正名的著作相对的，是到现实的运动及其倾向中把握现实的，也就是客观的历史著作，即受马克思主义影响或明确属于马克思主义的著作。无须赘述，这一大批社会史学家——他们在研究档案的同时，也在观察活的现实——中最著名的那几位已经大大丰富了我们对法国乡村的认识。[①]

同样值得指出的是，人文地理学（*géographie humain*）学派也做出了很大贡献，虽然这个学派中的一些作品和一种有点狭隘的"地理主义"几乎没什么区别，另一些作品看起来则像是地区大百科全书，里面什么都有一点：地质学，自然地理学，关于居住环境和生活方式的描述性研究，政治经济学，甚至是历史学和社会学。顺带说一句，我们需要修订和更加清晰地定义人文地理学这个概念。

20年来，在法国国内和国外，在法属殖民地，行政人员、社会学家、民族志学家和地理学家已经摆脱了源于形式逻辑的哲学特权和来自罗马法的法律偏见。这些偏见通过把各种现实——共同的生活、习惯性、自发的思考……——斥为荒谬或野蛮来歪曲观点。在非洲、马达加斯加、印度支那，研究者已经在不同的名称下发现了这个现实，一个和我们自己的现实非常接近的现实：村子、农民和农民共同体［参见拉布雷（Labouret）、乌勒斯（Weulersse）、西加尔（Sicard）等人的作品］。[②] 这些新近的贡献延

---

① 并非当代法国历史学派得出的所有结论都坚实可靠。就像在一切还在进步的科学中那样，可能是时候进行修正了。比如说，在法国南部甚至是普罗旺斯，当一个农场大到超过一定面积时，它往往会从两年轮作向三年轮作转变，而这仅仅是因为农场总面积的三分之一，种上小麦、土豆等就已经满足了农场的需要。那么，两年轮作是法国南部农业受气候或古老传统影响决定的吗？财产的"结构"这个重要问题不也一样吗？这个问题需要回答。也只有这个问题能引出对不久前看似一劳永逸地解决了问题的论证的重新思考。

② 我特别想指出罗马尼亚社会学家的作品，特别是1938年出版的那部关于弗朗恰山区古代村落的三卷本专著（Nerej）。此外，研究古代的历史学家关于希腊或罗马城市起源的研究也在同一个方向上起到了推进作用。［参见路易·热尔奈特（Louis Gernet）作品中参考的文献和 *Annales d'Histoire Économique et Sociale* 9，324 et seq.］前一本书指的是 H. H. Stahl, Nerej: Un village d'une region archaïque; Monographic sociologique, 3 vols.（Bucharest: Institut des Sciences Sociales de Roumanie, 1939）.《年鉴》后的数字指什么尚不明确，因为在列斐伏尔写这篇文章的时候第9卷尚未出版，而该刊的第9卷又没有注释中标的页码。他提到的人很可能是亨利·拉布雷（Henri Labouret）、雅克·乌勒斯（Jacques Weulersse）和哈拉尔德·冯·西加尔（Harald von Sicard）。——英译本编者注

续并丰富了更早的，亨利·詹姆斯·萨姆奈·梅因（Henry James Sumner Maine）和罗伯特·巴登-鲍威尔（Robert Baden-Powell）的作品。

最近，在美国，农村社会学已经变成一门独特的科学，一般社会学的一个分支，大学里也有了相应的课程。之所以会这样，是因为美国农业有了严肃的问题。不过，看起来，大量关于农村社会学的专题论文的贡献，并不总是与其广度相称。关于农村共同体——村子——这些著作的作者用地图和图标详细地研究了既定共同体中邮差、医生、学校、"交易中心"、寺庙等的劳务交换和边界（les périmètres）（服务区域）。他们也会从社会计量学的角度，研究邻近家族周日的串门活动。① 社会学经常表现出描述性和规范性。作者们是这样研究的，仿佛这些东西只是和其他事实没有任何区别的事实，是某些或多或少制度性的结社或组织（委员会、俱乐部等）的努力，这些努力使农村共同体的成员能够"忘记"声望也即财富的差异。因此，根据雅各布·L. 莫雷诺（Jacob L. Moreno）的说法，科尔布（Kolb）和布伦纳（Brunner）认为一切强化"共同体的认同和意识"的东西都有某种"治疗的力量"。在这里我们很容易发现，虽然术语和情况不一样了，但态度还是勒·普拉伊的态度。② 总的来说，这些社会学家对这样一个事实感到不满，即他们面对的，是一种没有过去，也可以说，没有历史的厚重的现实。他们的研究因此是经验性、描述性、非历史性的。

在苏联，对农民现实的研究必然和改变那个现实的努力，也即经济学和政治学理论相关。不过，农村社会学有一个主题，它分析还活着的地方或民族传统。它研究农民生活的具体状况和历史演变生产出来的、在一定程度上涉及农业生物学（轮作等）的耕作系统。最后，大量的历史著作也延续了由来已久的，对农民共同体（*mir*）和家族（*dvor*）及其形成、衰落

---

① 例见 John H. Kolb and Edmund de S. Brunner, *A Study of Rural Society*, edited by William F. Ogburn（Boston：Houghton Miffin Company，1944），313 et seq. 不过，一些引人注目的著作也特别值得一提，比如说保罗·兰迪斯的《过程中的农村生活》，见 Paul Landis, Rural Life in Process [2nd ed.（New York：McGraw-Hill）]，1948. 兰迪斯几乎凭一己之力研究了农村生活的展开。他描述了东北部的欧式村落（集中居住、组织轮作、共同生活）和密西西比的法式村落。他考察了玉米带的黑人和白人穷人问题。兰迪斯还描述了穷苦和中产阶级农民的负债（418）、缺电（432）和南方种植园的封建性质。

② 此外，这两位作者还得出一个悲观的结论："不幸的是，这样崇高的理想在许多地方农村共同体中还有待实现。就借方而言，一些研究者报告说，甚至教堂和学校都在维持阶级界限、强调差异。"（Kolb and Brunner, *A Study of Rural Society*, 23）。

和解体的研究。[①]

III

我们应该首先区分问题的三个方面，或者更准确地说，三个相关但不容混淆的社会历史现实：（a）最大的共同体——氏族、村落联合或联盟（association ou fédération de villages）；[②]（b）确切而言的村落共同体，或农村共同体；（c）家族共同体［我们历史学家所知道的不言而喻的共同体（communauté taisible），尤其是家族、zadruga、dvor 等］。

这三个术语中的第二个，即村落共同体是所有形式的共同体中研究最少的，也是我在这里最感兴趣的。村落共同体是什么？澄清概念，提供能够结合分析揭示的不同方面的定义很重要。（这个定义看起来可能是抽象或"先验"的，但它具体地总结了之前的分析，使我们能够进一步丰富后者。）

1. 农村或村落共同体不是生产力或生产关系。它不是生产力，虽然它显然与生产力的发展和对特定技术（工具）及社会（劳动分工、合作形态）条件下的土地劳动的组织相关。

所有研究农村共同体的历史学家都坚持这样一个事实，即在特定时期（在法国是 18 世纪，在俄国则是 19 世纪到 20 世纪头 20 年），它通过限制耕作自由、阻止农业上进步的创举和个体主义、使个体服从传统的制约、防止引入新的作物和工具等阻碍了生产力的发展。在这点上，乔治·勒费弗尔（Georges Lefebvre）、亨利·西（Henri Sée）和马克·布洛赫（Marc Bloch）都提供过关键的文献记录。[③]

在历史上与生产力冲突的农村共同体不可能与之等同，但它也不是一种生产方式。实际上，一旦一个游牧或半游牧的人群和土地绑定，村子就出现了。而按这个词的准确含义来说，村子也会在特定条件下——主要是在出现大规模农业经营的情况下［古代的罗马别墅（villae romaines）和大庄园（latifundia）、封建时代的采邑（domaine seigneurial）、工业时代的资

---

① 参见 Bulletin de l'Académie des Sciences de l'U. R. S. S., no. 2（1947），里面包含一个 B. D. 格列博夫关于俄国农民史的重要著作的长篇报告。

② 如罗马尼亚社会学家研究的弗朗恰以及法国比利牛斯山谷的联合和集团。

③ 三位法国历史学家，其中布洛赫最著名，为年鉴学派成员；乔治·勒费弗尔（和列斐伏尔没有亲属关系）是研究法国大革命的历史学家；亨利·西是经济史家，专攻中世纪。——英译本编者注

本主义大型农场和社会主义国营农场（sovkhoz）] ——消失。①

农村共同体在不同的生产方式（奴隶、封建、资本主义、社会主义）下自我维持、自我保护、消失或自我重塑。它从最遥远的过去一直活到了今天，时而兴盛，时而衰微。它当然没有跳出历史的变迁和经济与政治的转变，但它也保持着自己的生命和历史。

因此，它和家族、民族一样，是共同体的一种形式（une forme de communau），在特定的，由生产力的进步和生产方式决定的条件下出现、转变、发展或消亡，但它和这些社会经济进程的决定因素不是一回事。

2. 农村共同体是一种有机共同体（communauté organique），不能把它简化为个体要素的机械团结（solidarité mécanique）。无论在哪里，只要商业交易、金钱、货币经济或个体主义获胜，共同体就会解体，为个体相互的外部性（l'extériorité réciproque des individu）和"自由的"劳动契约所取代。它有机地聚合的不是个体，而是部分的、次级的共同体，是家族（家族本身属于不同的种类，但与共同体的一般组织密不可分）。

在这里，我们会惊奇地重新发现社会学要素的有机团结和机械团结之分。需要强调的是，在这里，不能按涂尔干的意思来理解这个区分。共同体中的有机团结在历史上先于机械团结，后者代表"纯粹"个体主义造成的，有机共同体的分散、裂解和原子化；前者只有在裂解后，在新的基础得到重建的情况下，才会在机械团结之后出现。

3. 显然，在农村共同体的概念中，我们无法对财产制度进行抽象。只要罗马法意义上的财产（市民法财产权）取得胜利，共同体就会开始消失或完全消失。这种私人财产、"使用权和滥用权（jus utendi et abutendi）"的胜利，只代表一个抽象的极限案例：事实上，私人（个体）财产一经宣告，家族或民族或国家的权力就会对它进行限制。

同时，绝对的"集体"财产也是一个极限案例。从最遥远的过去起，私人就一直在占有他们消费的商品和他们使用的一部分工具了。从我们现有的经济、政治和社会学知识来看，在最遥远的未来也将如此！生产方式和消费品之间这个既简单又明显的区分的缺失，使许多关于所有权的问题变得混乱。事实上，所有社会都位于这些抽象的极限——集体财产和私人

---

① *sovkhoz* 是一种苏联农场，和 *kolkhoz*——一种集体农场——同为苏联于 1917 年建立，1929 年后广泛存在的两种农场。集体农场相对不受国家控制，可自行决定产量，但要满足配额；国营农场为国家所有，农场工人领工资。随着时间的推移，这两种农场变得越来越常见。——英译本编者注

财产——之间，或多或少地接近这个或那个极限，过去如此，未来也将如此。基于这些术语之间的可变关系，我们可以识别一个共同体形式的分类原则：

集体财产和未分割财产（*Propriété collective et propriété indivise*）。应该谨慎区分这两种财产。在极端情境下，集体财产是指一种社会组织形式，其中，还没有或者说完全没有任何私人的占有。在过去，专事狩猎和采集、捕鱼的氏族的社会制度，就接近于这个极限案例。但集体财产也指某些把对土地的享用、使用、用益、有效占有留给其基本群体（家族甚至是村子）的共同体保留的征用权（*le droit éminen*）。比如说，只要有——即使在后来的某些形式如18世纪和之后的*mir*中——对土地的定期再分配，只要每个基本群体的份额只被认为是这种临时分配，在某些情况下，我们依然会谈论集体财产。

相反，未分割财产是指在私人财产已经稳定的同时，没有分给或还没有分给基本群体的那部分土地。未分割财产与私人财产共存，虽然这两个术语之间存在深刻的冲突。因此，历史上世界各国既有的所有者（*les propriétaires déjà établis*）都有蚕食或瓜分农村共同体的未分割财产（比如说英国历史上的"公地"和法国18世纪末的公用地）的倾向。在法国的农村共同体中，牧场、山、森林、水一直是未分割财产。在家族的层面，遗产和房子也经常是家族共同体的未分割财产[虽然在这里，财产制度通常很快就会向族长、罗马法中"家长"（*paterfamilias*）的个人财产演变]。从法律的角度来看，一切共同体都建立在集体或未分割财产的基础之上，这点在很大程度上是不证自明的。

等额分配（*Attribution par parts égales*）。在更大的村落联合框架下的村落共同体——在村落共同体框架下的家族共同体，在家族共同体框架下的个体成员——可能有对集体或未分割物品的平等权利。在这种情况下，他们会在临时的、定期的或最终的分配中获得同等的份额。在共同体解体的情况下，他们也会分到同等的份额。

不等额-配额分配（*Attribution par quote-parts inégale*）。同样的群体或群体要素可能有或分得（有时通过诡计或暴力，或通过自然的分化过程）不平等的权利。比如说，在更大单位的框架下，村落共同体得到的好处，和它们的人口、它们的财富或它们的力量相称。在村落共同体的框架下，家族得到的（临时的或确定的）份额与要养活的人口、持有的农具、拥有的牲口、分摊的支出，抑或获得的财富（货币经济建立时的货币财富）相称。类似地，在更小的家族的框架下，某些成员——女人、女儿、幼儿和普遍而言的儿童——的权利可能会被某个特权成员——父亲、长子，有时也可能是最大的女儿或最小的儿子——分走。

4. 这个对财产关系的分析远没有把农村共同体的概念说透。农村共同体也包含各种形态多样、力度不一的集体规训（*disciplines collective*）。研究这些规训能把社会学家引入农民群体的具体生活：村子的牧羊人，有时是牧业共同体的"集体"羊圈；有组织的游牧活动；按扇区或"轮作田"（*soles*）排列的，管制耕作（轮作）的田地；空牧场，也就是说，割完家里的草就对共同体所有动物开放的田地。这些还只是我们最熟悉的、离我们最近的、在法国许多农村地区还看得到的集体规训的例子。在我们现代的农业合作社——它在某种意义上，在新的技术、经济和政治基础上重构了有组织的共同体——中，19 世纪的个体主义又一次为集体的规训留出了空间！

重要的是，不能按涂尔干的图式——义务 - 惩罚（obligation-sanction）——来想象这些规训。这些规训有实用的基础。除开某些共同体"硬化"的时期，想退出的人总可以退出。但这种独立有什么好处吗？让我们来看一个具体的例子。在所有农村共同体，那些正在瓦解的农村共同体，甚至是那些极其个体化的农村共同体中，邻近关系（*relations de voisinage*）都极其重要。这些关系的形式和内容不一：有时是纯粹实用性的〔在大规模生产项目上的互助，即法国中部加蒂奈地区所谓的"祝"（*souhaitage*）和利木赞与拉马尔什所谓的"群"（*arban*）〕；有时是在实用中高度仪式化了的（在巴斯克地区和贝阿恩，邻人在家族仪式、婚姻和葬礼中扮演正式角色）；有时又几乎完全是不具实用性的（somptuaires）（如美国社会学家研究的互相串门）。邻近关系几乎总有或总是保持一个实用的基础。显然，在法国古老的农村共同体中，在毗连的份地上劳作和在此劳作中互助要求人们同时种植作物。这不是因为什么集体的心态或本质，原因非常简单！与实用的要求相对应的，是同样实用的惩罚：独立的、靠自己的劳动者，如果不幸地主动把自己的土地移出轮作系统，就会看到自己的份地被共同体的牲口入侵。可份地之所以会有引发历史学家和社会学家兴趣的整齐划一的形状，不也是因为实用的原因，而非神秘的传统。在古代共同体中，由于没有界标——树篱、围栏——整齐划一的形状能够在最大限度上避免财产界限的争吵、争论和诉讼。

倘若真是如此，那么我们就可以讲集体规训，而不讲集体义务；讲协调的轮作，而不讲强制的轮作了。这意味着，传统的农民智慧中是没有集体限制的概念的（当然也有一些例外）……

5. 这些组织方式总是倾向于产生领导功能（function de direction）。起先，这些功能几乎完全是技术性的：共同体大会或族长的有限会议把权力委托给某些以知识见长的成员，先是长者，然后是各种各样的贵族。这个技术理事决定重要的日子（什么时候收割作物，什么时候采葡萄，什么时候开始游牧）；管理涉及集体利益的行动，讨论各种事务；监管节日的安排和习惯仪式的执行。因此，理事会决定了共同体在时间（工作和节日的日程）和空间（对份地和份额的分配，对涉及整体利益的劳动的分配等）上的组织。

但这些起初（民主地）分配给代表共同体的个体的功能，随着时间的推移变得和另外一种功能即政治的功能无法区分。这些功能有以下几个方面：保卫共同体不受外部的压力和危险影响；在已经分化的共同体内部，在已经存在的或新生的利益团体和社会阶级之间进行仲裁；最终，由一名成员或一个外部要素以更高级的国家的名义，对共同体行使权力……

因此，我们得出这样一个定义：农村（农民）共同体是一种根据历史决定的模态组织的社会群体形式，一个由固定在土地上的家族组成的整体。这些基本群体一方面占有集体的或未分割的物品，另一方面也按一定比例（这个比例会发生变化，但它总是由历史决定的）占有"私人的"物品。他们通过集体规训联系在一起，并委任——只要共同体还有它自己的生活——负责人来指导完成涉及整体利益的任务。[①]

IV

现在，让我们来讨论这样定义的社会历史现实的问题——这个定义本身引出的和它在一定程度上澄清或解决的问题。

1. 起源问题。我们可以从历史学和社会学的角度，把农民共同体的形式，和一些原初的、原始的、基本的、未分化的群体联系起来吗？就像我们之前看到的那样，工具（生产方式，土地本身就是这些生产方式之一）和消费品（直接的或间接的）之间区分的缺失，使关于原始共产主义的讨论变得混乱。这个假设虽然遭到了各种反对（特别是与上面提到的区分的缺失相关的反对），在今天依然是最令人满意的。

---

① 与科尔布和布伦纳的定义比较，"农村共同体由地方区域的人与其制度的社会互动构成"。科尔布和布伦纳的定义取自 Charles Galpin, *Rural Social Problems* (New York ：The Century Co. , 1914)。事实上，这个定义来自 Dwight Sanderson, *The Rural Community：The Natural History of a Sociological Group* (Boston：Ginn, 1932), 481。——英译本编者注

　　我们还必须确定游牧或半游牧群体定居化的确切条件。关于农业的发明（发明农业的无疑是女人），其最初的进步，半游牧群体实行的轮耕，那些群体的流动，农业劳动和畜牧业的结合（以及与战争、劫掠和对奴隶的抓捕和使用的结合），我们已经积累了大量有待理论解释的历史学和民族志文献。更确切地说，就村落共同体而言，我们可以这样表达起源的问题：它是原始群体（氏族）分散或解体的结果，还是基本群体（家族共同）联合的结果？

　　看起来，在以抽象的两难形式提出的情况下，这个问题是一个伪问题，一个无法解决的问题。在某些情况下，在某些历史条件下，很可能是原始群体的分散、分化或解体。因此，村落是在先前存在的共同体的基础上形成的。在另一些情况下——在开垦荒地，在移居，在征服，在某个区域人口越来越多的情况下——村落可能是通过更加有限的家族群体的联合形成的。俄国农民共同体、*obshchina*（原始共同体）、*mir*（行政构成的共同体）的历史，俄国南部广大地区的开垦和殖民史，看起来证明了两种情况皆有，并且它们总是在具体的历史和社会条件下发生的。

　　2. 演变、继承、社会学因果关系的问题。与 19 世纪末以埃米尔·德·拉弗莱（Émile de Laveleye）为代表的过分简单化的进化论相反，我们必须承认，农民共同体的"演变"比人们一开始相信得更复杂、更反复无常。[①] 这些最早的理论家，尤其是拉弗莱的功劳，在于预见了问题的统一，及共同体先后出现的形式。但他们建立的类比，在现代的我们看来太过于草率了。比如说，拉弗莱拿旧法国的"不言而喻的共同体"来和巴尔干地区的 *zadruga*、俄国的 *mir* 比较，把它们都和原始共同体联系起来。但现在我们知道，*mir* 是 18 世纪沙皇权力的行政创造——虽然它的确也是在古代农民传统的基础上创造出来的。在这里，国家权力和弗雷德里克·勒·普拉伊的追随者一样，决定抓住一个变动的现实来为自己服务。至于不言而喻的共同体和 *zadruga*——它们都是家族共同体，而非像 *mir* 那样的村落共

① *De la Propriété et de ses Formes primitives*（Paris：F. Alcan, 1877）；*La Péninsule des Balkans*（Paris：F. Alcan, 1888）. 亦见 Maxime Kowalevsky, *Coup d'oeil sur l'évolution du régime économique et sa division en périodes*（Paris：V. Giard & E. Brière, 1896）；*Passage historique de la propriété collective à la propriété individuelle*（Paris：Giard & E. Brière, 1895.）Émile de Laveleye, Primitive Property, trans. G. R. L. Marriott（London, 1878）；Émile de Laveleye, The Balkan Peninsula, trans. Mrs. Thorpe（New York：G. P. Putnam's Sons, 1887.）看起来 Maxime Kowalevsky 的作品没有英译本，他的名字也可以写作 Maksim Kovalewsky 或 Kovalevskii。——英译本编者注

同体。它们在族长的角色和权威上也有很大区别。

历史学家和社会学家不再接受持续进化的假设（从 19 世纪开始，恩格斯就已经超越了这个假设）。法国的农民共同体已经经历了转变和分化，并且在罗马人到来之前就已经开始解体了。恺撒在指出"高卢人"那里存在地方和地区首领与附庸群体的时候就承认了这点。罗马法、罗马的财产概念、广阔疆域的建立突出了这个解体并可能导致农民共同体的部分消失。可无论在哪里，只要这个共同体在古代社会的缓慢解体期间，尤其是在入侵的野蛮人定居下来之后被保存下来，它就会自我重建（"村子"取代了"罗马别墅"）和巩固。这些人复兴了共同体，不是因为他们是日耳曼人，而是因为他们是"野蛮人"，也就是说，更接近原始社会。这个重要的历史和社会学事实可以通过分析一系列文本来证明，包括《西哥特罗马法典》（*Lex Romana Visigothorum*）、《尤里乌斯·保卢斯的判决》（*Sentences de Paul*）、《阿拉里克罗马法辑要》（*Bréviaire d'Alari*）［含《西哥特法典》（*Liber ou Forum-Iudicum*）、雷克斯文斯（Reaswind）的法、万巴（Vamba）的法等］。看起来，对这些文本和罗马法与野蛮人的（习俗性的、共同体的）法律之间的这一妥协在法国和西班牙南部的影响进行历史的和社会学的分析能够令人满意地证明，在这个地区，农民共同体（农-牧业）得到了重建或者说强化。过去，历史学家经常错误地把西哥特法当作日耳曼法，而不是野蛮人的习惯法。

当代社会学的发现清晰展示了人文现象的复杂与互联。今天，我们可以看到宗法家族的深层次残留，甚至是某种对它的巩固。在这种类型的家族中，遗产向族长（家长）的不间断传承是其组织的基本目标。长子权依然存在，为保护它我们抛开继承法转向民法典（最近的立法正式修正了这点）。在巴斯克地区，在贝阿恩和比戈尔，这种对宗法家族的保护还结合了强烈的村落共同体元素。在其他地方，我们看到了极端的个体化，这种个体化在家族和村落中导致了共同心态和共同财产的消失。不过，广泛的合作运动——这个运动本身复杂且极其多样，包含各种相互冲突的倾向——也表明，村落共同体在全新的技术、经济和政治基础上得到了重建。

虽然有各种多样互联的形式，虽然存在切断社会历史进程的不连续性，但我们还是必须对这一假设——各种财产和共同体形式之间存在一个因果顺序——进行考察。只有这样我们才能发展出一个能够解释事实的科学理论。只有这样我们才能主导社会学过程，才能在其中发现一个可理解的结构，并因此而吸收对历史上的和当前的具体事实的分析。基于这个假设，被研究群体从原始的、未分化的共同体向分化的个体的分散——从集体财产向私人财产，从平等向不平等，从有机的共同集团向其解体发展。但同时，在各个历史时期，尤其是在我们自己所处的历史时期，相反的倾向，趋向个体的法律和社会平等、趋向在或多或少新的基础上重建共同体的倾向也会变得明显。

因此，社会学理论可以且应该与历史学、政治经济学合作，以达到在不同时忽略偶然或反常的形式，不同时忽视事实的极端复杂性的情况下，揭示进程的普遍规律的目的。

3. 历史的问题：各种形式的互动。如果上面说的是对的，那么农民共同体就没有什么是不变的，没有什么是永恒的了。它会在特定条件下消失或开始消失。它可能完全消失，分解为工业化形式的农业（资本主义的大规模农场或 *sovkhoz*，虽然后者的经济和社会结构与前者截然不同），所以我们不能再在精确的意义上谈论村落或农村共同体了。和一切历史现实一样，农民共同体也经历了变化、强化或解体。但这些变化是在什么条件下发生的？这是一个极其重要的历史问题。

我们才刚开始重建这段历史，才刚开始理解比如说那些剧烈的斗争，那些农民共同体反对外部势力、反对中世纪的封建主义或后来的中央集权国家的战斗（在世界大部分地区如非洲和亚洲等地区，这个冲突以新的形式、在各种旗号下一直延续到今天）。

研究我们的中世纪和旧制度的历史学家把注意力几乎完全集中在市镇公社和城市上。不过，在所有时代，农民运动都和城市一样重要。它先于后者，与后者相伴，或支撑后者。我们可以把古代世界的衰亡，封建无政府状态的结束归因于在农村共同体中集合和重新集合的农民大众的根本努力。[①] 在现代遥远的黎明时分，在法国（可能在其他地方也一样），我们看到了一种 "农奴革命"，一种不彻底的、阵发性的、深刻的经济、社会、法律和政治革命，它有时暴力，有时又缓慢而深刻，在农民阶级的部分解放和农民对土地的部分占有中达到顶点。

值得指出的一个从社会学的角度来看很重要的事实是，分裂共同体的，不是或不只是社会的分化和状况的不平等。分裂共同体需要市场经济采取分解的行动，和国家施加有技术的或野蛮的压力。在这里和在其他地方一样，历史进程都是通过摧毁曾经壮丽而强大的形式来完成的。顺带说一句，同样值得指出的还有农民共同体和更高级的经济形式（市场经济，工业的因此也是资本主义的经济和最终的社会主义经济）的关系及其与国

---

① 作者应该把这个命题当作一个有待事实支持且有待后续研究订正的假设来接受。

家的关系问题。只举一例，比如说，旧制度的农村政治就是一个历史学家很少研究的大问题。

类似形式（这些形式在其生命的不同阶段共存）的不平等发展和互动规律看起来是历史的大规律之一。虽然法国某些地区（北部、东部、中部和南部的比利牛斯山脉地区）的农民共同体在"野蛮人"的影响下焕发新生，但在其他地区，这个重建并没有完成或者说不存在。罗马法的影响在南部地中海沿岸几乎没有减弱过；在法国西部，这一地区迟来的清理必然加剧共同体的解体和一种非常古老的个体主义。但也有互动和相互的影响。从 11~12 世纪开始，地中海的影响开始削弱比利牛斯山脉习惯法对加泰罗尼亚-鲁西永地区的影响。如果这里提出的假设是正确的，那么法国就不会有多个无论是按气候、技术还是按族群来定的农业文明了。有的只会是农民共同体解体或重建的不同程度和模态。

问题已经提出。我的提议是，把对农民共同体的历史-社会学研究当作解开人类事实线团的主要线索之一来考虑。

4. 其他问题。只提以下几个：当时和现在个人（女人、幼儿）在农民共同体中的状况，以及和意识与意识形态相关的问题：农民的智慧，对神圣者的感觉，共同体中时间和空间的组织与仪式化等。

在这里，历史学和社会学的分析与民俗研究，和对神话之创造的研究相遇了。

V

结论——如此，一门既科学又具体的社会学的各种看法，被集中到一个特定的部分。

今天，农民的生活毫无自主可言了。它不能再根据独特的规律演变了，它以多种方式与总体的经济、国民生活、城市生活、现代技术等绑定。但对这个丰富而复杂的现实研究，在过去和当下都总要面对一种原始形构——农村共同体——的存在或延伸。今天除最近的一些趋势外，我们的村子都处在什么状况呢？这些共同体都在解体！……

在这个简短的研究中，我试图建立或至少是提出一种解释这种原始形构、促进其发展的各个时刻，并把这些时刻串联起来，同时又不把它们和普遍的历史和社会生活分开的理论的可能性。如果今天，我们真的能够根据现代的要求，在现代的基础上复兴农民共同体的话，那么没有什么比这个复兴更有趣的了。也许，这个复兴将给大地带来一种新的意义。

书　评

在乡土社会认识中国

——读《魁阁时期村庄再研究》

袁美娜[*]

  作为中国社会学与人类学史上的高峰，"魁阁"所出版的一系列著述如今业已成为相关学科的经典文献，围绕"魁阁"学术遗产的整理与阐释工作亦生产了相当数量的研究作品。这些对于"魁阁"的研究主要集中于两方面的工作：一方面是系统搜集"魁阁"时期诸学者的著作、手稿、访谈、档案、图片等材料，加以校订后结集出版，如马雪峰、张美川和苏敏近年主编出版的四卷本《魁阁文献》便是这方面工作的体现；另一方面则是通过对"魁阁"曾研究过的村庄社区进行田野重访和"再研究"，以求反思性地继承"魁阁"学术遗产，《魁阁时期村庄再研究》即对安村、化城、尾村、喜洲、易村、玉村6个"魁阁"时期田野点进行"再研究"的成果。

  由社会科学文献出版社2023年7月出版的《魁阁时期村庄再研究》共分为四卷。第一卷主要是对谷苞先生和胡庆钧先生所研究过的化城和安村的"再研究"。该卷延续谷苞和胡庆钧两位先生对于乡村传统社会体系的讨论，聚焦空间、市场、民间信仰等内容，通过呈现中国基层乡村社区近80年以来社会变迁的不同面向，以期在一个长时段内理解中国乡村社会秩序生成的问题。

  第二卷则承继"魁阁"时期李有义先生《汉夷杂区经济》一书对尾村的研究。该卷的两位作者从经济生活、社会结构两个方面呈现尾村在不同历史时期所发生的变化，以此，该卷展现了国家与市场因素对于乡土社会结构和经济生活的巨大影响。

---

  * 袁美娜，云南大学民族学与社会学学院、西南联合研究生院2023级民族学博士研究生。

　　第三卷的田野点是许烺光先生曾调查过的喜洲（西镇）。该卷回应了关于许烺光先生《祖荫下》一书的讨论，从喜洲人的社会想象与身份建构切入，呈现喜洲重要的社会组织洞经会与莲池会的实践，进而基于喜洲的"社群"层面，展现了喜洲人如何想象与建构他们所生活的世界。

　　最后一卷是对易村和玉村的"再研究"。易村和玉村因费孝通先生和张之毅先生合著的《云南三村》闻名于学界，该卷通过对易村"从土纸到大棚"、玉村"从种地到种房子"的经济生活变迁的考察，希望呈现易村和玉村所遭遇的社会变迁过程，进而尝试解释中国乡村社会变迁的某些结构性动因。

　　在《魁阁时期村庄再研究》序言部分，马雪峰指出，该书的目的在于通过将"魁阁"的研究与当下的实地调查结合起来，从而"在一个较长的时段内把握中国基层社区社会结构变迁的基本逻辑"。故此，该书所辑诸文，皆以一个长时段的田野工作为基础，通过研读与承继"魁阁"经典文本，并与当下的问题进行对话，该书的一系列写作尝试恢复"魁阁"的席明纳（seminar）传统，通过田野与研讨之间的反复往来，以求通过坚实的田野调查，科学地认识中国乡土社会。

　　事实上，"认识中国"正是"魁阁"最重要的学术关怀。费孝通先生认为，当时的中国在抗战胜利之后，最重要的事情是"建设一个什么样的国家"，而在此之前，首要的是"如何认识中国社会"。在《社会调查自白》一书中，费先生指出，"农村调查是达到我们认识中国社会，解决中国问题的最基本的手段和途径"。在抗战的大后方云南，"魁阁"对滇池沿岸、滇缅公路和滇越铁路沿线的数个农村社区进行了卓有成效的实地调查和比较研究。

该书的意义在于对当年"魁阁"社区研究的补充讨论与知识增添。该书从不同面向呈现了中国西南边地多个村庄历时性的变迁形态，既在民族志层面提供了更多新的经验材料，亦在某些方面涉及社会理论的讨论。该书各卷分别以经济生活、村落空间、社会组织与精神生活等为主题展开，而这种研究旨趣的差异，又因社会结构这一主轴殊途同归，从而在比较研究的意义上，总体呈现了中国基层社会结构变迁的图景和逻辑。

当然，该书亦存在某些方面的不足，如只完成了对部分"魁阁"田野点的"再研究"，尚未完全覆盖"魁阁"所研究过的禄村等经典田野点，并且在民族志写作和某些理论的运用阐释方面，尚有值得商榷的地方。因此，如该书序所指出的，这仍然"只是完成了一些基础性工作"。而我们同样期待，在该书完成之后开展的档案整理与实地研究整合性研究工作，能够为"魁阁""再研究"带来更多知识层面的增益。

最后，值得注意的是，该书的作者大多为刚刚步入学术之路的年轻学者，而活跃于"魁阁"时代的学者，田汝康、张之毅、谷苞等先生也是二十来岁的年轻人，年龄最长者费孝通先生不过三十来岁。如费先生所言，"年轻人是有闯劲的"。正因如此，即使该书还存在某些方面的不成熟，但就继承"魁阁"学术传统而言，这样的由多位年轻学者所写作的著作，或许正体现了费先生所讲的那样一种"闯劲"，而这也是对"魁阁"的另一种纪念与致敬。

个人之忧，时代之伤

——《老年抑郁的忧与伤》书评

符仲芳[*]

读完这本由社会科学文献出版社于 2023 年 4 月出版的唐谭老师的专著《老年抑郁的忧与伤》，内心久难平静。

作为拥有一名临床心理学背景的研究者和实务工作者，我通常延续医学的思路来看待心理疾病，就像书中前面部分综述的那样，我会先根据一套权威的诊断标准来诊断患者是否患有抑郁症或者具有明显的抑郁症状，并希望从生物学、心理学的角度去寻找造成心理疾病的根源，比如神经递质、不合理的信念等，继而"对症下药"。在这一过程中我更多从个体的视角去理解抑郁症的表现和含义，基于此，我能够目标明确、清晰高效地解决"症状"和"问题"，的确也为提升人们的幸福感做出了很大贡献。但不可否认的是，这个治疗过程会塑造患者"病人"的角色，忽略了个人痛苦背后更深层次的社会因素和时代背景。

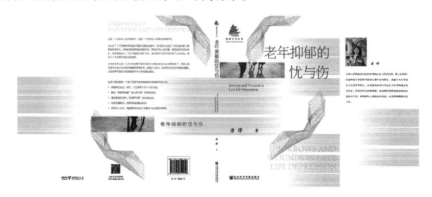

---

* 符仲芳，北京大学心理与认知科学学院研究员、博士生导师。

　　唐老师的这本书给我打开了一种全新的视角，从更宏观的维度、更动态的角度来理解个人痛苦，带着批判性思维来看待我们常用的治疗方法，这对我来说无疑是一种全新的认识论。这本书开始带着我们去反思，我们所定义的抑郁症是不是黄金标准？社会发展和主流论述在这一定义的过程中发挥了怎样的作用？作为临床心理学的工作者，在聚焦问题、解决问题的过程中如何去理解老年抑郁症患者痛苦深层次的来源，去看到个体与社会文化之间的博弈与挣扎，继而将其结合进入我们的实务工作中？如果我们只会在疾病的框架下去认识患者，那我们就忽视了书中所描述的那些患者丰富的疾病体验，忽视了伴随疾病而来的误解、歧视、自我怀疑、自我否定，忽视了"病人"的身份如何在无形之中被塑造、被强化、被固化，忽视了"老"与"病"这两个承载了无数消极意涵的字在患者心中留下的伤痛，忽视了除了疾病之外，他们还是母亲、是孩子、是朋友、是这个社会中的一员。

　　因此，我向精神医学、临床与咨询心理学同行强烈推荐唐谭老师的这本书，它让我们对自己的工作有了另一个视角的审视，帮助我们向理解人、爱人再迈进一步。当然，我也愿意向社会学方向的学者推荐这本书，人是社会的人，个人之忧亦是时代之伤，社会学在理解个人痛苦上有着无可取代的深度和广度。

　　随着社会的发展与进步，生物-心理-社会整合的干预模式必然成为未来社会服务人的主流视角，个人痛苦的减轻需要各领域专家们共同出谋划策。希望在不久的将来，我们会迎来一个对长者友好的、对患者友好的社会，每个人都能够在真正以人为中心、服务全人类的模式中获益。这就是《老年抑郁的忧与伤》给我的最大的启示。

征稿启事

《魁阁学刊》创刊于 2019 年，由云南大学民族学与社会学学院创办，是一本面向青年学者、面向全球学界的社会学类中文集刊。自 2023 年起，《魁阁学刊》已被中国社会科学研究评价中心遴选为"中国社会科学引文索引"（CSSCI）来源集刊，并被中国知网（CNKI）中国期刊全文数据库全文收录。

1938 年，费孝通先生学成归来，到云南大学任教并成立社会研究室开展调查工作。在日军空袭的艰难环境下，以费先生为首的一批青年学者迁往昆明东南呈贡魁星阁，在炮火中坚持学术研究。他们这种以国家民族的命运为自己的责任担当、把学术研究与改造社会的实践相结合的精神，被后世誉为"魁阁精神"。

2021 年，著名学术集刊出版人、社会学者谢寿光受聘担任云南大学魁阁特聘教授，并担任《魁阁学刊》主编。在中国社会学会的指导下，定期举办"魁阁青年学者论坛/工作坊"，旨在搭建一个高水平学术平台，加强国内外社科学者的沟通交流，让更多青年学者有机会与学界前辈交流，从而取得进步、得到提高。

《魁阁》这本集刊由社会科学文献出版社出版发行，从第 6 辑开始，正式定名为《魁阁学刊》，在征稿内容和形式方面进行全新改版，以专题化、前沿化、青年化为基本特征，并同步创办"魁阁青年学者论坛/工作坊"，邀请国内社会学名家担任入选论文评审专家，旨在为中国青年社会学者搭建一个成长平台。

《魁阁学刊》主要栏目包括（1）专题研讨、（2）学术论文、（3）会议纪要、（4）书评。本刊欢迎社会学、民族学、人类学、社会工作、社会心理学等相关学科的海内外专家学者投稿或主持专题组稿。

出版形式与文章格式

（1）《魁阁学刊》每年出版两期，每期为 25 万~30 万字，专题研讨、学术论文一般以 15000 字为宜。

（2）本刊坚持赐稿的唯一性，论文一经刊用，即寄奉样刊，并相邀出席"魁阁青年学者论坛/工作坊"。

（3）欢迎包括青年学者和博士研究生在内的学界同仁踊跃投稿。

（4）稿件采用中文，并请附英文标题，各 200 字以内的中英文摘要、中英文关键词。

（5）写作体例及规范参考谢寿光主编的社会科学文献出版社 2020 年版的《作者手册》。

投稿信息

（1）投稿邮箱：kuigexuekan@ ynu. edu. cn

（2）编辑部地址：云南省昆明市五华区翠湖北路 2 号云南大学民族学与社会学学院《魁阁学刊》编辑部

（3）编务助理：管悦

《魁阁学刊》暨云南大学民族学与社会学学院全体同仁真诚地欢迎来自全球社会科学研究学界的赐稿和监督批评。

云南大学民族学与社会学学院《魁阁学刊》编辑部

2023 年 10 月 8 日

图书在版编目（CIP）数据

魁阁学刊. 2023 年. 第 1 辑：总第 8 辑／谢寿光，胡
洪斌主编；高万红，张雨龙副主编；马雪峰，郭茂灿执
行主编. -- 北京：社会科学文献出版社，2023.11
　　ISBN 978-7-5228-2842-8

　　Ⅰ.①魁… 　Ⅱ.①谢… ②胡… ③高… ④张… ⑤马
… ⑥郭… 　Ⅲ.①社会学-文集 　Ⅳ.①C91-53

中国国家版本馆 CIP 数据核字（2023）第 206631 号

魁阁学刊　2023 年第 1 辑 总第 8 辑

主　　编／谢寿光　胡洪斌
副 主 编／高万红　张雨龙
本辑执行主编／马雪峰　郭茂灿

出 版 人／冀祥德
责任编辑／庄士龙　胡庆英
文稿编辑／刘　扬　谭紫倩
责任印制／王京美

出　　版／社会科学文献出版社·群学出版分社（010）59367002
　　　　　地址：北京市北三环中路甲 29 号院华龙大厦　邮编：100029
　　　　　网址：www.ssap.com.cn
发　　行／社会科学文献出版社（010）59367028
印　　装／三河市龙林印务有限公司

规　　格／开　本：787mm×1092mm　1/16
　　　　　印　张：21.25　字　数：371 千字
版　　次／2023 年 11 月第 1 版　2023 年 11 月第 1 次印刷
书　　号／ISBN 978-7-5228-2842-8
定　　价／128.00 元

读者服务电话：4008918866